教育部人文社会科学重点研

本书系教育部人文社会科学重点研究基地重大项目"城乡一体化的义务教育发展机制研究"（课题批准号:12JJD880014）研究成果

Zhongguo Chengxiang Jiaoyu Guanxi Zhidu de
Bianqian Yanjiu

中国城乡教育关系制度的变迁研究

杨卫安/著

东北师范大学出版社　长春

图书在版编目（CIP）数据

中国城乡教育关系制度的变迁研究/杨卫安著. —2
版. —长春：东北师范大学出版社，2015.4（2024.
8重印）
　ISBN 978 - 7 - 5681 - 0356 - 5

　Ⅰ.①中… 　Ⅱ.①杨… 　Ⅲ.①教育制度—教育史—研
究—中国 　Ⅳ.①G529

中国版本图书馆CIP数据核字（2015）第280504号

　　　　　　　　　　　　　　　　　□策划编辑：刘晓军

　　　　　　　□责任编辑：王宏志　□封面设计：张　然

　　　　　　　□责任校对：曲　颖　□责任印制：刘兆辉

东北师范大学出版社出版发行
长春净月经济开发区金宝街118号（邮政编码：130117）
网址：http：//www.nenup.com
东北师范大学出版社激光照排中心制版
河北省廊坊市永清县晔盛亚胶印有限公司
河北省廊坊市永清县燃气工业园榕花路3号（065600）
2015年4月第2版　2024年8月第3次印刷
幅面尺寸：169mm×239mm　印张：19.5　字数：318千

定价：**59.00**元

序　言

　　中国正处在重大的社会转型时期。在社会转型的诸多结构性矛盾中，城乡结构变迁严重滞后于其他社会结构变迁，而城乡教育差距比城乡其他差距大的问题已经引起学术界的广泛关注。突破城乡二元教育格局、实现城乡教育一体化发展成为未来十年中国教育发展的战略性目标。然而，在中国的历史上，乡村教育并不是一直落后于城市教育的，毋宁说，古代乡村社会一直存在着"耕读文化"，有着深厚的"且耕且读"的文明传统，甚至可以说，中国最早的义务教育并不是由政府提供的，而是由开明乡绅提供的。但是，近代以来，当我们遇到问题的时候总是喜欢向外国寻求解决问题的灵丹妙药，而忽视了对中国本土经验的深度挖掘。正如梁漱溟先生所说："中国近百年史，就是一部乡村破坏史。"因此，在我们对城乡教育一体化发展进行制度设计的时候，重新回过头来看看中国城乡教育关系的变迁历程——我们过去是怎么走过来的？现在在哪里？未来应该向哪里去？深究其背后的发展规律，明晰中国城乡教育关系制度变迁的路径依赖，无疑是有重要学术价值和实践意义的。

　　《中国城乡教育关系制度的变迁研究》一书是杨卫安博士在其博士论文基础上经过修改充实后完成的，是对这一问题进行探索性研究所取得的一个阶段性结果。他关注的问题是：我国的城乡教育制度是如何在历史中一步步发展过来的？它遵循怎样的发展逻辑？现在我国正处于历史的哪个节点上？城乡教育关系处于一种怎样的结构状态？城乡教育一体化建设应该是什么样子的？它又需要遵循什么样的发展逻辑？在高度城镇化时代，城乡教育关系又会是一番怎样的景象？

在研究方法论上，他以"城乡教育关系制度之变迁"为题眼，借鉴新制度经济学的制度变迁理论，从城乡教育关系变迁的"外部史"（社会政治、经济、文化等外生性制度变量对城乡教育关系的影响）和"内部史"（城乡教育在办学体制、管理体制、投入体制上的差别）两个维度，全景式地分析了在政府、社会与受教育者三方力量博弈下的几千年来中国城乡教育关系制度之演变。作者提出了"城乡教育关系就是城乡教育关系制度"、"中国城乡教育关系制度变迁是由外部环境变化以及由此引起的相关主体利益格局及力量强弱变化引起的"等命题，这些观点对于理解"为何今天的城乡教育关系制度变迁如此之难"有重要的启示意义。

作为杨卫安博士的指导老师，我深知这一课题是相当富有挑战性的，在有限的时间内要完成跨度上千年的城乡教育关系制度的变迁史，这本身就是一个开创性的工作。作者能够勇敢地挑战这一高难度的课题，并作出有史观、有史实、有史论的分析与阐述，甚至能跳出史学本身的域限，探讨城乡教育关系制度变迁背后的一般规律性议题，是非常难能可贵的。我对这位年轻学者的学术勇气和学术精神充满敬意。尽管作者在此问题上辛勤耕耘，但我也不得不说，著作中对城乡教育关系制度变迁一般规律的揭示还有许多可以进一步深化的空间，我相信他对学术的执著，也期盼他能在今后的学术道路上"咬定青山不放松"，继续深化对这一问题的研究。人生本做不了几件事，能把一两件事做好则不易，而能把一两个问题研究明白就更不易，如果能引起读者的兴趣来一起研究，此乃幸事。

虽为序，实为盼！

邬志辉

2012 年 3 月于长春南园寓所

前　言

　　城乡教育一体化问题是当前我国教育理论与实践中的一个重要问题。对城乡教育一体化问题的研究，实质上就是对当下如何处理城乡教育关系的研究。在这种形势下，考察中国城乡教育关系的制度演进路线和制度依赖路径，探索城乡教育一体化构建的影响因素群及其内在的规律性关系，为构建城乡一体化教育政策的内涵和教育制度的设计奠定理论基础，成为亟待解决的问题。本书试图采用经济学中经常使用的制度分析方法，对城乡教育关系制度的变迁史进行研究，以期对上述问题作出回答。教育作为一种社会制度安排，它本身是作为一种社会建制而存在的。在借鉴已有研究的基础上，本研究试图突破以往研究缺少理论与历史关照的局限性，把城乡教育关系作为一种制度来进行历史的分析，并从历史中总结规律，进行理论归纳，以更好地指导实践问题。

　　除绪论外，全书共分六章进行阐述。第一章是基础理论部分，主要阐述作者对制度及制度变迁所持的基本理解和看法，它是作者对城乡教育关系制度变迁进行分析的基础和前提，主要从本体论、价值论和实践论三个维度来探讨。

　　第二章到第五章是本体部分，主要对先秦到现在不同时期的城乡教育关系的制度变迁及其成因进行分析。每一章又分为三部分。第一部分属于教育的"外部史"，是城乡教育制度变迁的外生变量，分别从政治、经济、文化等方面对不同时期的城乡教育关系进行探讨；第二和第三部分是各个时期城乡教育制度变迁的"内部史"。其中，第二部分是城乡教育关系制度的史实部分，主要以教育的供给制度，即投入制度为主进行阐述。第三部分是从制度分析的视角对城乡教育关系制度的变迁进行分析，对第二部分城乡教育关系制度的变迁进行"内生"解释。

第六章是对第二章到第五章的总结与启示。首先对前四章城乡教育关系制度的变迁进行规律性探索，包括对城乡教育关系制度变迁一些基本理论问题的架构和对城乡教育关系制度变迁一般过程的分析。其次再探讨我国现阶段的城乡教育关系应当如何处理，具体包括城乡教育关系制度变迁价值目标的定位，需要重点解决的制度问题以及如何保证能解决这些制度问题。

最后是结语，要求我们用历史的眼光看待城乡教育关系制度的变迁。对城乡教育关系制度的变迁史进行回顾和分析，不仅是为了总结历史规律，并以此来改造当下，更是为了要把今天的实践看成正在形成中的历史，高度重视并努力把握其对未来的影响和作用。

目　　录

绪　论

一、研究背景与问题

（一）从城乡关系看我国所处的历史阶段

从世界范围来看，城乡关系的发展经历了一个从分离对立走向融合统一、由二元走向一体的发展过程。具体来说，人类的城乡关系史可以概括为乡育城市→城乡分离→城乡对立→城乡融合等几个阶段，而最高阶段就是城乡融合，即我们所说的城乡一体化。那么，我国目前处于城乡关系的什么阶段呢？

2009 年 6 月 1 日中国社会科学研究院发布的《中国经济转型 30 年》认为，改革开放 30 年是中国工业高速增长的 30 年，其增长速度位居世界前列，在世界工业中的地位也得到不断提升。无论是从工业总产值和工业品产量，还是从吸引外商直接投资和工业品进出口情况看，中国已经成为名副其实的工业大国。如果将工业化进程按照工业化初期、中期和后期三个阶段划分，并将每个阶段划分为前半阶段和后半阶段，那么通过对经济发展水平、产业结构、工业结构、就业结构、空间结构等多方面指标进行计量分析，结果显示 2005 年中国整体上进入了工业化中期的后半阶段。

按国家统计局 2009 年国民经济和社会发展统计公报公布的数据计算，2009 年我国人均 GDP 已经突破 3 500 美元大关，达到 3 699.02 美元，[①] 农

---

① 据《中华人民共和国 2009 年国民经济和社会发展统计公报》显示，我国 2009 年国内生产总值达 335 353 亿元人民币，我国人口约为 13.28 亿，按 2010 年 3 月 26 日中国人民银行公布的 1 美元可兑换 6.826 8 元人民币的汇率计算，我国 2009 年的人均 GDP 为 3699.02 美元。

业与非农产业的产值结构大约为 10.58：89.42，农业与非农产业的就业结构也已低于 40：60，城镇化水平接近 46.6%。这些指标都表明，目前我国已进入工业化中期阶段，而且是中期的后半阶段。根据国际上的一般经验，这时候采取相应措施，以工业反哺农业，以城市带动农村发展，是带有普遍性质的现象。例如，日本在"二战"之前还处于以农养工阶段，但到了 20 世纪的 50 年代末 60 年代初，随着工业的迅速发展，工农地位发生转变，开始转向工业反哺农业阶段。韩国也经历了类似的历程，20 世纪 60 年代中期以前韩国还从农业部门抽取工业化资本，以发展城市工业，自 60 年代末开始即转向保护农业。因此，从整个城乡关系发展的历史阶段来看，我国已处于城乡融合，即城乡一体化发展的起步阶段，"以工补农，以城带乡"成为我国现阶段城乡关系发展的战略重点。教育作为整个社会政治、经济、文化体系的一个重要组成部分，同样也面临着这样的发展阶段。研究城乡教育关系制度的发展历史，总结经验，摸清规律，为构建符合当前中国教育发展需要的城乡教育关系制度，促进城乡教育的一体化发展就成为一个十分必要的课题。

（二）城乡教育的二元结构

教育的城乡差别是整个二元经济社会结构的一个组成部分。新中国成立之初，由于采取了"重工业优先"的发展战略，结果形成了"资本排斥劳动"的内在机制。为了从第一产业获得工业化发展的"启动资本"，20 世纪 50 年代政府进行了一系列的强制性制度变迁（如以户籍制度、粮油供应制度、土地制度、劳动就业制度、社会保障制度等为核心的制度体系的实施），结果导致在很长一段时期内，城市中小学教育是国家投资，农村中小学教育是农民自己掏腰包的城乡二元化教育制度结构。虽然改革开放 30 年来，我国的教育发展无论城乡都取得了巨大的成就，但仍存在巨大差距，主要表现如下：

1. 城乡教育经费投入差距开始缩小，但距均衡化要求尚远

1993 年，《中国教育改革和发展纲要》确定到 20 世纪末财政性教育经费支出占 GDP 的比重要达到 4%。但到了 2008 年，这一比例也不过 3.48%。不仅低于 2005 年发达国家（OECD）5.0% 的平均水平[①]，甚至低

---

① 马国贤，马志远. 教育支出占 GDP 的比重：国际比较与政策建议 [J]. 教育发展研究，2009（3）：8—12.

于发展中国家 1999 年 4.4％的平均水平①。可见，中国的教育投入水平还是比较低的，农村与城市相比，显得更低。近几年来，我国教育经费呈现出迅猛增长的趋势，国家财政性教育经费也在不断增加，且新增教育经费主要用于农村，使得城乡教育经费的差距不断缩小。以城乡生均经费差异为例：2001 年全国小学生均预算内教育事业费和农村小学生均预算内教育事业费分别为 645.28 元和 550.96 元，2007 年两项指标达到 2 207.04 元和 2 084.28 元，6 年间分别提高了 2.42 倍和 2.78 倍；农村小学生均预算内教育事业费与全国小学生均预算内事业费相比，差异系数（农村与全国的比值）由 2001 年的 85.38％提高到 2007 年的 94.43％。②全国初中生均预算内教育事业费从 2001 年的 817.02 元增加到 2007 年的 2 679.42 元，农村地区也由 656.18 元提高到 2 433.23 元，分别增加了 2.28 倍和 2.71 倍，农村初中生均预算内教育事业费与全国的差异系数从 2001 年的 80.31％提高到 2007 年的 90.81％。③生均预算内公用经费也呈现出同样的变化趋势，即城乡整体水平大幅提高的同时，城乡差距在不断缩小，并出现均衡化的趋势。

但是，城乡财政教育经费投入差距的缩小掩盖了事实上城乡依然存在的巨大经费投入差距。因为，城乡教育对财政教育经费投入的依赖程度是不一样的。根据对北京、上海、重庆、长春、武汉、西安六个城市 50 所学校（初中和小学各占一半）的抽样调查，2007 年小学校均总收入达 8 865 万元/年，小学生均总收入平均为 5 288 元/年，非财政收入占学校总收入的比例平均达 48.77％，而农村小学免费前（2006 年）校均总收入只有 31 万元/年，小学生均总收入平均为 2 728 元/年，非财政收入仅占学校总收入的 13.56％；城市初中校均总收入达 1 035 万元/年，初中生均总收入平均达到 8 698 元/年，非财政收入占学校总收入的比例平均为 40.56％，而农村初中免费前（2006 年）校均总收入仅有 170 万元/年，初中生均总收入平均为 2 650 元/年，非财政收入仅占学校总收入的 7.41％。城市小学中有 73.91％

日常支出超过财政拨款，超额最高的达 1 282 万元，最少的也有 8.7 万元；城市初中有 65.38％日常支出超出财政拨款，超额最高达 1 615 万元，最少为 11 万元。[①] 可见，如果加上非财政性教育经费投入，城乡之间的教育经费差距依然是巨大的。

2. 在硬件设施上，城乡之间也还存在着较大的差距

出于比较方便的考虑，这里仅以城乡生均固定资产为例进行比较。

表 0 - 1　农村与城镇小学生均固定资产总值比较

年份	农村生均固定资产总值（元/生）	城镇生均固定资产总值（元/生）	差值
2003	2 242.12	3 685.30	1 443.18
2004	2 336.78	3 698.49	1 361.71
2005	2 555.25	4 086.59	1 531.34
2006	2 792.86	4 159.63	1 366.76
2007	2 826.46	4 540.86	1 714.4

表 0 - 2　农村与城镇初中生均固定资产总值比较

年份	农村生均固定资产总值（元/生）	城镇生均固定资产总值（元/生）	差值
2003	2 640.68	3 494.37	853.70
2004	2 693.29	3 802.98	1 109.70
2005	3 095.09	4 163.14	1 068.06
2006	3 702.03	4 684.72	982.70
2007	4 045.76	5 127.06	1 081.3

如表 0 - 1 和表 0 - 2 所示，2003 年城乡小学的生均固定资产总值分别为 3 685.30 元/生和 2 242.12 元/生，两者相差 1 443.18 元；到了 2007 年，这一数据分别变为 4 540.86 元/生和 2 826.46 元/生，两者相差 1 714.4 元[②]，差距依然很大。城乡初中的生均固定资产总值也存在着同样的问题。这说明，农村教育发展依然面临硬件上的困境，城乡学校之间办学条件差距过

①　邬志辉. 正确理解城市义务教育免费政策 [J]. 教育发展研究，2009 (1)：50－53.

②　根据"中国咨讯行——中国统计数据库"中的相关数据计算得出。

中国城乡教育关系制度的变迁研究

大。生均固定资产总值表明政府对教育的努力程度和教育经费的分配状况。通过农村与城镇生均固定资产总值的比较可以看出，由于城乡经济社会发展不平衡，城乡二元结构矛盾突出，尽管近年来各地的义务教育都有了新的发展，但城乡之间在硬件资源上的差距依然悬殊。

3. 城乡基础教育师资水平的差距

目前，城乡基础教育师资之间的差距是多方面的，包括生师比、学历、职称、代课教师的比例以及教师的年龄结构、学科结构等，严重影响着城乡教育结果的不平等。下面仅以城乡基础教育专任教师学历、职称分布情况为例，来说明城乡师资水平的差距。

表 0 - 3 2007 年城乡小学专任教师学历、职称分布情况（单位：人）

项　目	总数	研究生	本科	高中以下	中学高级	小学高级
城镇	2 212 143	1 951	461 160	6 891	21 191	1 147 801
所占百分比	100.00%	0.09%	20.85%	0.31%	0.96%	51.89%
农村	3 400 420	388	224 141	43 467	12 810	1 523 242
所占百分比	100.00%	0.01%	6.59%	1.28%	0.38%	44.80%

表 0 - 4 2007 年城乡普通初中专任教师学历、职称分布情况（单位：人）

项　目	教师总数	研究生	本科	高中以下	中学高级	中学一级
城镇	2 068 933	9 345	1 126 096	34 409	228 498	865 685
所占百分比	100.00%	0.45%	54.43%	1.66%	11.04%	41.84%
农村	1 395 363	1 414	500 437	1 329	76 549	516 125
所占百分比	100.00%	0.10%	35.86%	0.10%	5.49%	36.99%

从表 0 - 3 和表 0 - 4 可以看出，不管是小学还是初中，高学历（本科以上）和高职称（高级或一级职称）教师都向城镇倾斜。如 2007 年城镇小学研究生和本科学历专任教师占城镇专任教师总数的比例分别为 0.09% 和 20.85%，而农村这一比例分别为 0.01% 和 6.59%；城镇小学中学高级和小学高级专任教师占城镇专任教师总数的比例分别为 0.96% 和 51.89%，而农村这一比例分别为 0.38% 和 44.80%。2007 年城乡普通初中专任教师学

历、职称分布情况与小学的情况是类似的。^① 这足以说明城乡师资水平的差距。

4. 教育结果的城乡差距

城乡教育结果的差距表现也是多方面的，突出反映在城乡获取更高层次教育资源和城乡人力资本差距上。从某种程度上说，近年来高校扩招的成果主要由城市居民子女分享，农村学生所占比重有所下降。2009 年 1 月，新华社播发了温家宝的署名文章，文中指出：过去我们上大学的时候，班里农村的孩子几乎占到 80％，甚至还要高，现在不同了，农村学生的比重下降了。这是我常想的一件事情。^② 虽然农村学生上大学的绝对数量没有减少，但是农村学生在大学生源中所占的比例在下降，目前在校大学生中，城镇居民的子女约占 70％，农村子女约占 30％。^③ 在人力资本存量方面，城乡也存在巨大差距，据 2006 年 1 月国家教育科学"十五"规划课题"我国高等教育公平问题的研究"课题组的研究表明，随着学历的增加，城乡之间的差距逐渐拉大。在城市，高中、中专、大专、本科、研究生学历人口的比例分别是农村的 3.5 倍、16.5 倍、55.5 倍、281.55 倍、323 倍。^④

城乡教育差距只是表面现象，它的生成有着深刻的原因。那么，到底是什么原因导致了城乡教育的巨大差异呢？从根本上来说，我国城乡教育差距是由于存在二元结构下的户籍制度、统购统销制度、土地制度、税收制度、社会保障制度，城市取向的教育投资政策、考试制度、重点校政策和教师政策，以及教育法律法规缺乏对作为弱势群体的农村人口的关注和执行力不够而造成的。^⑤ 也就是说，城乡教育差距是由城乡教育制度的不同造成的。从这个意义上讲，破解城乡教育二元结构，消除城乡教育差距，就必须对城乡教育关系制度的发展进行历史的研究，以弄清到底是哪些制度促成了城乡教育二元结构的形成，并从历史经验中对城乡教育关系制度的安排得到有益的启示。

---

① 根据"中国咨讯行——中国统计数据库"中的相关数据计算得出。

② 温家宝. 百年大计　教育为本 [N]. 人民日报，2009－1－5 (002).

③ 樊继达. 公共经济视角下的城乡义务教育：差距及收敛 [J]. 中央财经大学学报，2009 (9)：1－6.

④ 学习月刊编辑. 重视城乡教育的巨大差距 [J]. 学习月刊，2009 (7 上半月)：26.

⑤ 黄龙威，邹立君. 城乡教育统筹发展：目标、责任与监测 [J]. 教育研究，2009 (2)：39－41，51.

（三）城乡一体化与城乡教育一体化建设的提出

从我国的政策实践来看，科学发展观、城乡一体化建设以及城乡教育一体化建设的提出都对探索城乡教育关系发展的一般规律提出了要求。我国苏南地区在1983年最先使用"城乡一体化"这个概念，这可能与当时苏南地区乡镇企业迅速发展、城乡之间差距缩小及联系日益密切相关，也与实行"市管县"的行政管理体制有关。1990年前后，城乡一体化研究开始向兼具城市与乡村两种地域特征的城乡边缘区推进，90年代中后期，城乡一体化研究开始了理论上的探索，使研究更趋清晰化和具体化，针对某一领域或专题的研究开始出现。进入21世纪，特别是2003年以后随着党的十六届三中全会提出"科学发展观"和"统筹城乡发展"思想，这一概念作为党和国家的大政方针及工作思路开始出现并逐渐明晰化。2002年，党的十六次全国代表大会提出要统筹城乡经济社会发展，2003年十六届三中全会提出要按照统筹城乡发展、统筹区域发展、统筹经济社会发展、统筹人与自然和谐发展、统筹国内发展和对外开放的要求，更大程度地发挥市场在资源配置中的基础性作用，为全面建设小康社会提供强有力的体制保障。2004年，十六届四中全会胡锦涛提出了关于"两个趋向"的论断，即"纵观一些工业化国家的发展历程，在工业化初始阶段，农业支持工业、为工业提供积累是带有普遍性的趋向；但在工业化达到相当程度以后，工业反哺农业，城市支持农村，实现工业与农业、城市与农村协调发展，也是带有普遍性的趋向"。2005年，十六届五中全会提出了建设社会主义新农村的重大历史任务。2006年，十六届六中全会通过了《关于构建社会主义和谐社会若干重大问题的决定》，提出要逐步扭转城乡发展差距扩大的趋势，建立覆盖城乡居民的社会保障体系，逐步实现公共服务均等化。2007年，党的十七次全国代表大会提出要走中国特色农业现代化道路，建立以工促农、以城带乡长效机制，形成城乡经济社会发展一体化新格局。2008年，十七届三中全会通过了《中共中央关于推进农村改革发展若干重大问题的决定》，明确提出到2020年基本建立城乡经济社会发展一体化体制机制的工作目标。至此，作为一项方针政策，建立城乡经济社会发展一体化的工作目标已基本确立下来。对教育来说，针对城乡教育差距不断拉大的状况，国家也在政策层面对缩小城乡差距，进行城乡教育一体化建设进行了探索。例如，2007年6月7日国家发展和改革委员会下发了《国家发展改革委关于批准重庆市和成都市设立全国统筹城乡综合配套改革试验区的通知》，重庆市和成都市被国务院正式批准设立"全国统筹城乡综合配套改革试验区"。《通知》要求成都市和重庆市从实际出发，根据统筹城乡综合配套改革试验的要求，全面推进各个领域的体制改革，并在重点领域和关键环节率先突破，大胆创新，尽快形成统筹城乡发展的体制机制，促进城乡经济社会协调发展，为推动全国深化改革，实现科学发展与和谐发展，发挥示范和带动作用。2008年7月24日教育部与重庆市人民政府签订《中华人民共和国教育部、重庆市人民政府建设国家统筹城乡教育综合改革试验区战略合作协议》，标志着重庆市被教育部正式批准为"统筹城乡教育综合改革实验区"。2009年4月5日教育部、四川省政府与成都市政府共同签署了共建统筹城乡教育综合改革试验区合作协议，这是教育部首次与副省级城市共建教育综合改革试验区。2010年2月23日发布的《国家中长期教育改革和发展规划纲要（2010－2020年）（公开征求意见稿）》中明确提出了"建立城乡一体化的义务教育发展机制"的战略要求。这种超常规的教育发展模式和战略目标的提出，将为我国城乡教育一体化建设提供重要的方向和经验。

随着党和国家关于构建城乡经济社会发展一体化政策目标的逐步确立，有关城乡统筹与城乡一体化的相关研究开始大量出现。十六大以来，以城乡统筹与城乡一体化为题名的相关研究成果（主要指各种期刊、会议与学位论文）数量占到了同类研究论文（以城乡统筹与城乡一体化为题名的论文）总量的90％。作为经济社会发展的重要组成部分，关于统筹城乡教育发展与城乡教育一体化的研究也出现了类似的情况，几乎所有以统筹城乡教育发展与城乡教育一体化为题名的学术论文都是在十六大以后发表的，在十六大之前只有零星的几篇文章。可以说，城乡教育一体化建设的提出，也为我们研究城乡教育关系提供了很好的政策背景。

（四）研究问题

从实质上说，对统筹城乡教育发展，促进城乡教育一体化问题的研究，就是对当下如何处理城乡教育关系的研究。在这种形势下，考察中国城乡教育关系制度的演进路线与制度依赖路径，探索城乡一体化教育体制构建的影响因素群及其内在的规律性关系，分析中国城乡教育二元结构变化与计划体制和市场体制之间的作用关系，为科学理解城乡一体化的教育政策内涵，设计城乡一体化的教育制度体系奠定理论基础，就成为需要亟待解决的问题。

具体来说，本书重点探讨以下几个问题：

（1）城乡教育关系如何受到外部条件的约束？

（2）城乡教育关系演变的内在逻辑是什么？

（3）现在我国城乡教育关系处在哪个历史节点上？

（4）如何根据现时的政治、经济、文化背景以及教育发展的内在逻辑对当下的城乡教育关系进行恰切的制度设计？

二、国内外研究现状

（一）关于城乡关系的研究

1. 马克思主义的城乡关系理论

在马克思之前，一批空想社会主义者，如莫尔、圣西门、傅立叶和欧文等提出了企图在资本主义条件下消除城乡对立的空想社会主义学说。马克思主义是社会主义由空想走向科学的关键一步。马克思主义是用历史的、发展的唯物主义辩证思想认识城乡关系的。马克思认为，人类社会的发展和进步，都是生产力与生产关系矛盾运动的结果。城市的产生过程，就是生产力发展而使社会分工不断深化的过程，城乡差别、城乡对立只是生产力发展到一定历史阶段的产物。在人类社会初期，由于生产力低下，社会分工不发达，农业与畜牧业、手工业直接结合在一起，整个社会浑然一体，无所谓城乡关系问题。当生产力有了一定程度的发展，社会分工深化了，于是出现了城市，开始了城乡分离甚至对立的历史。在城乡关系的发展趋向上，马克思主义理论提出，城乡的分离对立也就是社会的不协调，是社会进一步发展的障碍，未来的社会不是固化城乡的分离，而是实现城乡融合，达到城乡融合是一个漫长的社会历史过程，要通过大力发展社会生产力以及伴随着工业化和城市化的发展来最终实现城乡融合，实现城乡一体化的最高境界。随着社会主义由理论走向实践的成功，列宁、斯大林丰富和发展了马克思、恩格斯的城市发展理论，提出了新的城乡结合理论。

2. 社会学和城市经济学对城乡关系问题的研究

自近代工业革命以后，西方社会学者和城市学者面对社会发展普遍出现的城市居住拥挤、交通不便、环境污染等问题，在城乡关系研究领域均提出了城乡协调发展的观点。早期的理论研究主要以重农主义学者乔万尼·波特罗（Ginvanni Botero，1544—1617）为代表，他在《论城市伟大至尊之因由》（后人通称为《城市论》）中特别研究了农业生产与城市发展之间的关系，认为农产品剩余是城市存在的基础。随后，杜能（Johann Heinrich von Thünen，1783－1850）于1826年在《孤立国同农业和国民经济的关系》（后人简称《孤立国》）一书中，树立了城乡联系研究的一个典范。他设定的"杜能圈"成为区域经济学和空间经济学的理论基础。18世纪以后，城市普遍受到古典经济学家的重视，亚当·斯密（Adam Smith，1723－1790）在《国民财富的性质和原因的研究》（后人简称《国富论》）中提出，要先增加农村产品的剩余，才谈得上增设城市。其后，马克思将古典经济学的城市研究推向了新的高度。1898年，英国人埃比尼泽·霍华德（Ebenezer How-ard，1850－1928）提出了田园城市（Garden City）理论，认为应该从城市和农村相结合的角度来管理土地，以便解决城市发展问题，并用图解的形式描述了田园城市的结构，从城乡协调的角度重新阐释了城市发展，对后人研究城市规划与城市发展产生了很大影响。20世纪以来，城市经济学和社会学者从经济、社会、地理、环境、人口、生态等不同的角度，在探讨农村城市化过程中形成了众多的研究成果。沙里宁（Eliel Saarinen，1873－1950）全面考察了中世纪欧洲城市和工业革命后城市发展的历史，分析了有机城市形成的条件，揭示了现代城市衰败的根源，提出了有机疏散（Organic De-centralization）理论。1932年，赖特（Frank Lioy Wright，1867－1959）提出广亩城（Broadacre City）设想，将城市分散理论发展到了极致。这是一个把集中的城市重新分散在一个地区性农业的网格之上的方案。关于城乡关系，美国著名城市地理学家芒福德（Lewis Mumford，1895－1990）主张建立许多新的城市中心，形成一个更大的区域统一体，通过以现有城市（但要大大地分散）为主体，把"区域统一体"的发展引到许多平衡的社区里，就可以使区域得到整体发展，重建城乡之间的平衡。加拿大著名学者麦基（Terence Gary McGee，1936）30多年来通过对亚洲许多国家和地区的社会经济发展的实证研究发现，亚洲国家的城乡关系日益密切，城乡之间的传统差别和城乡之间的地域界限日渐模糊，城乡之间在地域组织结构上出现了一种以农业活动和非农业活动并存、趋向城乡融合的地域组织结构。[①] 在此基

中国城乡教育关系制度的变迁研究

---

① 高惠芳. 马克思、恩格斯城乡关系理论与中国城乡关系问题 [D]：[硕士学位论文]. 兰州：兰州大学，2008：10－11.

础上，他提出了城乡一体化发展模式。

3. 发展经济学等对城乡关系问题的研究

20 世纪 50 年代以来，各国发展经济学家、现代化理论家、区域科学家，不约而同地注重研究经济增长模式和现代化道路，特别是发展中国家或地区的经济增长模式和现代化道路。二元结构的概念和理论逐步形成、发展和完善。最初提出的二元结构，主要是二元经济结构和社会结构。后来，研究的重点完全转向了二元经济结构，取得了一系列重大成果。70 年代以后，二元结构研究延伸并且拓展到经济以外的政治、文化、社会等各个领域。在二元经济论中，城乡关系是最重要的研究对象之一，它探讨了发展中国家在经济发展过程中普遍面临的城乡关系、结构变迁、劳动力转移、资本积累、技术选择、环境污染、生态恶化、人口增长及变化等一系列重要问题，形成了基本的理论分析框架。这一理论用二元结构解释了经济发展过程中的城乡工农关系以及二元经济向一体化经济的转换问题。①

荷兰社会学家伯克（Julius H. Boeke，1899－1988）调查研究了印度尼西亚的社会经济状况，在 1953 年出版了专著《二元社会的经济学和经济政策》，最早提出了二元结构的概念和理论。威廉·阿瑟·刘易斯（William Arthur Lewis，1915－1991）1954 年发表了《劳动力无限供给条件下的经济发展》，注重考虑工业与农业、城市与农村之间的联系，揭示了现代工业与城市发展对农业和农村经济发展的牵引作用。20 世纪 60 年代，费景汉（John C. H. Fei，1923－1999）和拉尼斯（Gustav Ranis，1929）提出了以微观经济学基本理论和计量经济学方法为基础的二元经济论，认为伴随着劳动力从农业部门向工业部门的转移，在不断实现经济发展的同时还可以完全实现商品化，但首要的前提是工业化过程中必须保持农业生产率的同步提高，进而增加农业剩余和释放农业劳动力。而美国经济学家戴尔·乔根森（Dale W. Jorgenson，1933）提出的乔根森模型则对刘易斯以及费景汉—拉尼斯模型的农村剩余劳动力转移假设提出了质疑，并试图在一个纯粹新古典主义框架内探讨工业部门的增长是如何依赖于农业部门发展的。到了 1970年，一个具有启发意义的哈里斯—托达罗假说（Harris Todaro Model）提出，在被分割的但同质的劳动市场上用预期工资的均等取代工资的均等，并

11

绪论

———————

① 李泉. 中外城乡关系问题研究综述 [J]. 甘肃社会科学，2005（4）：207－212.

指出发展农村经济，提高农民收入是解决城市失业和"城市病"及"农村病"的根本途径。后来的缪尔达尔（Karl Gunnar Myrdal，1898—1987）则利用"扩散效应"和"回流效应"概念把二元结构理论引入了经济发展理论，指出城乡的诸多差异会产生进而引起"累积性因果循环"，导致城市区域发展更快，乡村区域发展更慢，要改变这种地理上的二元经济，政府应该在某些发达地区累积起发展优势时采取不平衡发展战略，促进其扩散效应的形成。① 在此基础上，阿尔伯特·赫希曼（Albert Otto Hirschman，1915）进一步提出了"极化效应"与"涓流效应"。

4. 国内城乡关系研究进展

在中国，城乡关系问题研究一直与社会经济发展实践紧密相连。新中国成立初期，由于城乡居民可以自由流动和迁徙，国家提倡工农联盟、城乡互助，城乡矛盾不是特别突出，之后我国实行重工业优先发展的赶超型发展战略，实行城乡分治的发展策略，城乡矛盾开始凸显。改革开放至今，中国的城乡发展差距急剧扩大，城乡关系日益成为一个不能回避的研究课题，相关研究逐渐增多，大都针对现实中的重大问题，并在理论上先后形成了城乡协调配套改革、城乡良性互动、统筹城乡发展及构建和谐社会等政策性主张。在研究的方法上主要是根据现实问题的特点借鉴西方比较成熟的理论框架，并在运用过程中不断进行多学科的交叉融合和创造性的发展。由于研究的现实性很强，所以政策性建议多也是一大特色，而且，这些建议在实际应用中对解决现实问题起到了很好的积极作用。从研究的趋势看，不断突破思想禁区，并根据先发国家的经验教训有针对性地思考中国问题的研究日益增多，理论的前瞻性和现实的关切性的紧密结合正形成该领域研究的一个重要特征。但不容否认，对这一问题的研究并没有完全从解释政策、为政策寻找理论合理性的套路中完全解放出来。②

从不同学者对城乡关系的研究和论述来看，他们都把城乡分离、城乡对立、城乡二元结构等看成社会发展的一个必经阶段，但从城乡分离对立走向融合统一、由二元走向一元也是社会发展的必然趋势。北京市社会科学院城

中国城乡教育关系制度的变迁研究

---

① 高惠芳. 马克思、恩格斯城乡关系理论与中国城乡关系问题 [D]：[硕士学位论文]. 兰州：兰州大学，2008：10.

② 高惠芳. 马克思、恩格斯城乡关系理论与中国城乡关系问题 [D]：[硕士学位论文]. 兰州：兰州大学，2008：11—12.

市问题研究所的陈光庭研究员对这一规律作了很好的概括。他认为，人类的发展历史可以概括为乡育城市→城乡分离→城乡对立→城乡融合等几个阶段，而最高阶段就是城乡融合，即我们所说的城乡一体化。

（二）中国城乡教育二元结构的相关研究

城乡教育二元结构是城乡二元结构概念的延伸。我国城乡二元结构的特征可以概括为两个方面：第一，城乡之间发展差异巨大。表现为城乡经济二元结构以及在此基础上形成的城乡之间在社会、文化、道德、居民生活等方面的巨大差异。第二，城乡之间的分割与封闭。在城乡二元对立社会中，城乡之间是断裂和分化的，两者之间交流很少，形成两个相对独立的经济社会系统，不能促进两者良性互动、共同发展。① 我们可以把城乡二元结构的第一个特征概括为均衡问题，第二个特征概括为联系问题。作为城乡二元结构的一个方面，城乡教育二元结构也应该具有类似的特征，即城乡教育之间的均衡与城乡教育之间的联系问题。

从以往的研究来看，直接以城乡教育二元结构为题进行研究的成果较少，大多数学者是对城乡教育均衡及其制度分割问题展开的研究。城乡教育二元结构问题研究是城乡教育一体化研究的前奏阶段，研究主题如下：

1. 城乡教育发展的差距问题研究

有学者把城乡教育差距看成教育差距的重要方面，并指出了城乡教育差距在经费、师资、设备、校舍等诸多方面的表现，并以城乡教育经费差距为例对城乡教育差异进行了比较分析。② 也有学者以公平为视角指出，随着九年义务教育的逐渐普及，农村教育有了很大的发展，但整体仍然落后，教育机会不均等的现象依然严重存在。城镇和农村之间适龄儿童的小学入学率、初中入学率、在校生的比例差距明显；农村学生辍学率、流失率仍然较高；中西部农村地区存在着相当比例的危房；大面积拖欠教师工资的问题仍然没有得到根本解决；等等。③ 有学者从义务教育的维度指出，虽然自 1986 年我国义务教育法实施以来，义务教育均衡发展状况取得了巨大成就，但还面临着巨大的挑战，现实情况是，不论硬件资源，包括经费、仪器设备、图

---

① 邬志辉，杨卫安. "离农"抑或"为农"：农村教育价值选择的悖论及消解 [J]. 教育发展研究，2008（3/4）：52—57.
② 袁振国. 缩小教育差距促进教育和谐发展 [J]. 教育研究，2005（7）：3—11.
③ 杨东平. 对我国教育公平问题的认识和思考 [J]. 教育发展研究，2000（8）：5—8.

书、信息化水平等，还是软件资源，包括教师、课程、管理等，在地区、城乡、学校之间都存在配置不均衡的问题，农村义务教育辍学率远高于全国平均水平，并且在管理体制方面也面临挑战。[①] 教育部教育发展研究中心主任张力研究员对我国改革开放 30 年来教育取得的成就进行了肯定，指出在我国九年义务教育接近全面普及的情况下，城乡之间发展还很不平衡。虽然近年来财政投入力度不断加大，农村义务教育生均预算内的事业费及公用经费逐年增加，但还比全国平均水平落后 10 个百分点，再加上师资和基础设施等条件，城乡义务教育差距依然十分明显，目前全国一半左右的县农村义务教育办学条件，特别是生均公用经费尚未达到国家标准，农村 15 岁及以上人口平均受教育程度仅为 7.28 年，比城镇低 2.4 年。[②] 除此之外，国内许多其他学者也从不同层面、不同角度对我国城乡教育发展的均衡问题进行了论述。

2. 关于城乡教育差距的归因研究

针对我国城乡教育发展不平衡的状况，许多学者都进行了归因分析。有学者认为，严重的城乡教育差距是多因素、多层次、多类型矛盾长期未能解决形成的。因此，对城乡教育差距应当进行多视角的归因分析。这些多视角的归因包括：从历史的视角看，城乡教育差距是工业化、城市化过程中城乡二元结构的伴生产物；从经济的视角看，政府对农村教育的投入未达到下限；从法治的视角看，作为弱势的农村教育未能享有法律上的公平；从管理的视角看，农村教育始终未解决谁负责、应该负什么责的问题；从教育的视角看，农村教育缺乏教育学的真正关注而难以按教育规律办学。[③] 这五种视角都或多或少地与国家的政策或制度有关，或者说可以最终归结到国家的政策或制度层面，也许正是因为这个原因，许多学者都从政策或制度层面对我国城乡教育差距进行归因分析。如杨东平认为，我国当前出现的种种教育不平等是由制度的不平等造成的，而这种制度性的不平等主要表现在两个方面：一是教育资源配置不公，二是教育政策和规则不公。而一些政策、制度安排不当，也是造成地区之内、阶层之间教育差别的原因。[④] 有学者从分类

---

① 曾天山等. 义务教育均衡发展是实现教育公平的基石 [J]. 当代教育论坛，2007 (1)：5-16.

② 张力. 促进城乡义务教育均衡发展，加快普及农村高中阶段教育 [J]. 人民教育，2009 (1)：6-8.

③ 陈敬朴. 城乡教育差距的归因分析 [J]. 教育发展研究，2004 (11)：34-37.

④ 杨东平. 影响我国教育发展的制度原因 [J]. 科学咨询（教育科研），2003 (3)：6.

的角度认为，导致城乡教育差别的制度因素表现在两个方面：一是社会制度因素，二是教育自身的制度因素。从社会制度层面看，中国社会长期存在的城乡分割对立的二元经济结构和社会体制是使城乡教育产生严重差别的社会制度原因。从教育制度的层面看，我国现行的教育制度实际上仍存在着较严重的城乡分野，在教育机会认可与教育资源配置上存在着某种不平等的倾向。这是导致城乡教育差别的另一个制度原因。① 还有学者从政策视角对形成城乡义务教育差距的原因进行了分析，认为与城乡二元结构相适应的一系列制度安排，包括户籍制度、土地制度、税收制度、社会保障制度等是中国城乡教育差距形成的制度根源；而精英（或城市）取向的教育政策，是造成和加剧城乡教育差距的直接内部因素，这包括："分级办学"体制下的教育投资政策、重点校政策或示范校政策，城乡义务教育阶段教师政策等。② 其他许多学者也从某一具体制度入手对城乡教育差距问题进行了探讨，如有学者系统考察过分级办学制度下的城乡教育资源分配及城乡教育差距问题。③

3. 缩小城乡教育差距的对策研究

有学者认为，现实中的教育不平等往往是由政府公共政策的不同取向或偏差造成的。相对于缩小历史上形成的发展差距而言，通过制度安排和政策调整来增进社会公平，则更为容易实现。④ 有人指出，缩小城乡教育差别，不仅依赖于宏观制度环境的变革与改善，同时更应加强教育制度与教育政策自身的改革。当代中国教育制度与教育政策，需要按照促进社会公平的原则进行更深刻的解构与建构。"缩小差别"应该成为教育制度与政策建设的主题，成为现阶段最重要的政策导向。在全面建设小康社会的进程中，我国教育制度、教育政策的变革与调整应努力为缩小教育的城乡差别服务。⑤ 有人从政策建议入手，提出要以现代公平理论和科学发展观为指导，确立城乡统

① 张乐天. 城乡教育差别的制度归因与缩小差别的政策建议 [J]. 南京师大学报：社会科学版，2004（3）：71—75.
② 鲍传友. 中国城乡义务教育差距的政策审视 [J]. 北京师范大学学报：社会科学版，2005（3）：16—24.
③ 张玉林. 分级办学制度下的教育资源分配与城乡教育差距：关于教育机会均等问题的政治经济学探讨 [J]. 中国农村观察，2003（1）：10—22.
④ 杨东平. 影响我国教育发展的制度原因 [J]. 科学咨询（教育科研），2003（3）：6.
⑤ 张乐天. 城乡教育差别的制度归因与缩小差别的政策建议 [J]. 南京师范大学学报：社会科学版，2004（3）：71—75.

一、协调发展的政策理念；制定《义务教育投入法》，以法律形式确定农村基础教育投资的底线标准；构建新的义务教育财政体制，明确中央政府和地方各级政府对农村义务教育的责任，加大中央政府对农村义务教育的投资力度；设立百万"国家农村教师岗位"，支持农村教育发展；改革教育管理体制，制定有利于市场力量参与的教育管理和投资政策，激发个人、企业以及第三部门投身农村教育的热情。[①] 还有学者以地区实践探索为例，提出了统筹城乡教育发展的思路与对策：以教育公平为基准，着力形成政府主导、城乡联动、均衡发展的政策格局；完善经费保障机制，加大对农村教育的投入；加强对农村薄弱学校的改造，统筹城乡教学设施建设；统筹城乡教师待遇，使优质师资得到均衡配置；通过专项补贴，为贫困学生就学提供直接援助；完善督导评估制度，明确学校办学方向。[②] 针对城乡教育某一具体差距，学者们提出了具体的解决思路，如有学者针对我国义务教育阶段教师资源分布的城乡差距，提出要建立义务教育城乡教师交流制度。[③]

可见，从众多学者的研究来看，城乡教育差距问题只是具体表现，其背后有着更为深刻的社会原因，这些社会原因都可以或多或少地归结为政策或制度层面。所以，从城乡教育二元结构向城乡教育一体化的发展过程，从根本上说就是城乡教育体制机制（即教育制度体系）的一体化过程。

（三）中国城乡教育一体化发展的相关研究

1. 城乡教育统筹与城乡教育一体化的关系研究

城乡教育统筹与城乡教育一体化研究是随着国家政策的出台才大量出现的，之前的相关研究多是理论研究且以教育均衡发展为题的成果较多。作为两个政策概念，城乡统筹先于城乡一体化被提出。但是，关于城乡教育统筹与城乡教育一体化关系研究的论文寥寥，我们可以从城乡统筹与城乡一体化关系的有关论述中找出它们之间的一些内在联系。

从已有的文献来看，多数学者或政府官员大都把城乡统筹作为一种工作方法，而把城乡一体化作为一种目标，这与科学发展观把统筹兼顾作为根本

---

① 鲍传友. 中国城乡义务教育差距的政策审视 [J]. 北京师范大学学报：社会科学版，2005（3）：16—24.

② 汪时珍. 统筹城乡教育发展的制度安排与体制选择：福州市统筹城乡教育发展的思路与对策 [J]. 福建教育学院学报，2005（10）：47—50.

③ 范诚梅. 对建立义务教育城乡教师交流制度的思考 [J]. 教育探索，2006（7）：118—120.

方法是一致的。从文献看，当两个概念同时出现时，总是以诸如"统筹城乡发展，走向城乡一体化"、"实行城乡统筹规划，推进城乡一体化"这样的次序出现的。沈立人在《城乡一体化：统筹城乡协调发展的终极目标》一文中指出，科学发展观要求五个统筹，第一位的就是统筹城乡发展。当前推进工业化、城市化、市场化，要与解决"三农"问题紧密结合，破解城乡二元结构。从长远看，终极目标是城乡一体化。① 姜作培在《城乡一体化：统筹城乡发展的目标》一文中也指出，彻底消除现存的城乡二元结构，实现城乡一体化，是统筹城乡经济社会发展的目标选择。城乡一体化是一项复杂的社会系统工程，只有辩证分析、科学把握城乡统筹发展中的若干矛盾关系，方能顺利、健康地实现这一梦寐以求的宏伟目标。② 赵立新以胶东半岛城乡一体化研究为例，指出只有以城乡统筹理念为指导，才能真正实现城乡一体化目标。③ 而浙江师范大学商学院副院长、农村经济研究中心主任王景新教授则提出要"坚定不移地加快形成城乡经济社会发展一体化新格局"的目标，由"城乡统筹"到"城乡一体化"是一次跨越，预示着科学发展观认识的深化，预示着城乡统筹战略的提升，也预示着工农业关系、城乡关系调整将进入一个全新的阶段。④ 作为城乡经济社会发展的一个子系统，城乡教育统筹与城乡教育一体化也应该是手段与目标的关系。

2. 城乡教育一体化的内涵与实现策略研究

（1）城乡教育一体化的内涵研究。

就目前查阅到的文献看，最早以城乡教育一体化为题的学术成果是王克勤先生在 1995 年发表的《论城乡教育一体化》一文。文中指出，城乡教育一体化是指在教育发展中，把城乡教育置于由城市和乡村所构成的同一个大系统之中，打破城乡二元经济结构和社会结构的束缚，把它们视为同一个整体，以系统思维方式，推动城乡教育相互支持、相互促进、协调发展，共同实施教育的现代化。⑤ 随后，许多学者开始探索城乡教育一体化的学术内

---

① 沈立人. 城乡一体化：统筹城乡协调发展的终极目标 [J]. 唯实，2005（10）：51—53.

② 姜作培. 城乡一体化：统筹城乡发展的目标 [J]. 攀登，2003（6）：41—46.

③ 赵立新. 城乡统筹、城乡和谐与胶东半岛城乡一体化研究 [J]. 华东经济管理，2006（10）：4—8.

④ 陈叶军，王景新. 十七届三中全会最大突破是城乡一体化？意义非凡 [EB/OL]. http：//theory. people. com. cn，2008—10—14.

⑤ 王克勤. 论城乡教育一体化 [J]. 普教研究，1995（1）：6—8.

涵。有学者指出，所谓城乡教育一体化是指把城市教育与农村教育作为一个整体，统筹谋划、综合研究，通过体制改革和政策调整，切实打破城乡教育二元结构，促进城乡教育特别是义务教育的均衡发展，确保城乡教育在规划发展、政策保障、资源配置、信息分享方面的一体化，实现城乡教育均衡、协调、可持续发展，最终实现城乡教育共同现代化。[①] 还有学者认为，城乡教育一体化是由城乡一体化引发出来的一个概念。城乡教育一体化是在教育领域内实现城乡和谐发展，城乡共享优质教育资源，并通过教育传承、分享和发展共同的人类文化成果。所谓城乡教育一体化不是消灭城乡教育各自的特色，使学校变得千篇一律，而是寻求交流和共享。[②] 此外，北京师范大学的褚宏启教授也对城乡教育一体化的内涵进行了界定，他认为，城乡教育一体化是指统筹城乡教育发展，整合城乡教育资源，打破城乡二元经济结构和社会结构的束缚，构建动态均衡、双向沟通、良性互动的教育体系和机制，促进城乡教育资源共享、优势互补，推动城乡教育相互支持、相互促进，缩小城乡之间的教育差距，有效消除地域、经济等原因导致的教育不公平，改变农村地区教育的落后状况，使均衡化的公共教育服务覆盖城乡全体居民，实现城乡教育均衡发展、协调发展、共同发展。[③]

虽然学者们对城乡教育一体化的内涵界定有所不同，却存在着许多相似之处，他们都直接或隐含表达了这样几个层面的意思：城乡教育一体化都是针对城乡教育的二元结构提出的；城乡教育一体化所要达到的最终目标是建立城乡教育联系，实现城乡教育良性互动，最终使城乡教育均衡、协调、共同发展；实现城乡教育一体化需要外力尤其是政府的大力推动，核心是进行制度建设。

（2）城乡教育一体化的实现策略研究。

在全国较早进行城乡教育一体化系统研究与探索的《淄博市城乡一体化教育发展研究》课题组以淄博市城乡一体化教育发展研究为例，指出要实现

---

① 廖德斌. 推进成都市城乡教育一体化过程中加强中学化学教师队伍建设的研究 [D]：[硕士学位论文]. 成都：四川师范大学，2006：3.

② 李敏，万正维. 城乡教育一体化进程中的文化建设初探 [J]. 成都大学学报：教育科学版，2007（4）：9—11.

③ 褚宏启. 城乡教育一体化：体系重构与制度创新：中国教育二元结构及其破解 [J]. 教育研究，2009（11）：3—10，26.

淄博教育强市和城乡一体化发展目标，必须采取三大类八项措施和对策：①以科研为先导，坚持科研兴教；②深化教育教学改革，转换教育运行机制；③扩大教育对外开放，增强学校的生机和活力；④增加教育投入，提高办学效益；⑤加强师资队伍建设，提高队伍整体素质；⑥加速现代化建设，建成计算机辅助教育、教学和管理网络；⑦加强教育法制建设和教育督导工作；⑧加强党和政府对教育事业的统筹规划和领导。①

王克勤认为，必须以深化改革来推进城乡教育一体化。第一，要加强宏观指导，实施规划协调。包括：坚持城乡总体推进的工作方略；坚持从实际出发，分类指导的原则；形成协同化的发展布局。第二，坚持以城带乡，城乡协调发展。包括以城带乡，实施城市辐射；城乡优势互补，实现协调发展。第三，推进小城镇教育发展。通过小城镇这个沟通城乡的中继站和连接枢纽，不断扩大城乡教育一体化的效应，带动大乡村的教育发展。②

成都市教育局杨伟以成都市为经验，认为要加快城乡教育一体化步伐，办人民满意的教育，必须要推进落实以下措施：①实施农村中小学标准化建设工程；②实施帮困助学工程；③实施农村中小学现代远程教育工程；④实施农民教育与培训工程；⑤实施教育强乡（镇）建设工程；⑥大力推进高中阶段教育的普及；⑦加大城区和县城学校对农村学校的对口支援；⑧开展成都教育分区域推进战略研究。③

汤翠娥等以嘉兴市为例，介绍了嘉兴市推进城乡教育一体化的主要做法：同步谋划城乡教育规划，一体化配置城乡教育资源；同步改造基础设施，一体化改善城乡办学条件；同步培养师资队伍，一体化提升城乡教师素质；同等支持各类教育，一体化推进终身教育。④ 此外，成都武侯、安徽铜陵、重庆梁平等地都进行了非常成功的实践探索。

（四）关于农村教育的发展方向研究

在现代化的发展道路上，一直存在着西方化和本土化的争论。但无论如

---

① 《淄博市城乡一体化教育发展研究》课题组. 淄博市城乡一体化教育发展研究 [J]. 教育研究，1998 (4)：23—28, 53.

② 王克勤. 论城乡教育一体化 [J]. 普教研究，1995 (1)：6—8.

③ 杨伟. 加快城乡教育一体化步伐，办人民满意的教育 [J]. 成都教育学院学报，2005 (1)：1—2.

④ 汤翠娥，等. 城乡教育一体化的嘉兴实践 [J]. 今日浙江，2008 (19)：47—48.

何，以工业化和城镇化为方向的现代化道路是不可逆转的历史趋势，我们所要思考的就是在现代化发展的道路上如何兼顾我国的乡土本色，走出一条有中国特色的现代化道路。反映在教育领域，在未来我国农村教育发展的路径选择上，也存在着以农村为中心的农本主义价值取向和以城市为中心的城本主义价值取向的争论。概括起来，在农村教育的未来发展上存在城市化、农村化及中间化的发展道路。

完全坚持以农村化为农村教育发展方向的学者并不多见，但主张以中国乡土文化为根本来发展农村教育的学者并不少见，刘铁芳就是其中的代表人物之一。他认为，我国现行的教育过分关注城市的文化，而忽视了乡村世界中原本就拥有的东西，这导致了农村教育对农村世界的疏离。乡村地域文化中长期积淀而形成的地域、民俗文化传统，以及乡村生活现实中原本就存在着许多合理的文化因素，有着对于乡村生活以及乡村生活秩序建构弥足珍贵的价值成分。换言之，乡村地域文化中原本潜藏着丰富的教育资源，但被我们忽略了。因此，农村教育的发展离不开农村环境，我们要在把握城市教育的优势和问题的同时，积极探寻乡村教育的劣势和优势，并且尽可能多一些地尊重并彰显其优势，让乡村少年能更多地且乐于去感受、发现、利用乡村世界的独特教育资源，而不是单纯隅于我们所设计的各种知识、技能训练之中。① 除刘铁芳之外，还有学者持类似的观点。② 丁艳华、万江红认为，长期以来，我国的农村教育存在着一种"泛城市化"趋向，脱离农村社会和农村教育的实际，导致"读书无用论"的浮起、农村学生的"背乡离井"、农村文化的遗失和农村文化整合功能的紊乱，极不利于农村的经济发展与和谐社会的建设。因此，我国的农村教育只有坚持以人为本、从实际出发、推进本土化进程，才能走出误区。③

不管是从我国的政策实践还是从多数学者们的主张来看，农村教育的城市化似乎更能得到人们的认同。例如，李政涛认为，城市化是包括我国在内的世界大多数国家已经经历或正在经历的社会发展趋势。它是由工业化发展

① 刘铁芳. 乡村教育的问题与出路 [J]. 读书，2001 (12)：19—24.
② 盛连喜. 提高农村教育质量的几点思考 [J]. 教育研究，2008 (3)：29—31.
　盛连喜. 大教育观视野下的农村教育审视 [N]. 光明日报，2008—9—20 (7).
③ 丁艳华，万江红. 对中国农村教育"泛城市化"的反思 [J]. 农村经济，2007 (2)：109—111.

引起的，伴随着现代化过程而产生的人口、政治、经济、文化、教育和思想等各个领域变迁演化的一种承前启后的历史分化过程。在城市化进程中，乡村教育的城市化转型不可避免，它的发展已经置于乡村整体城市化这个背景之下。但是，在试图完成这一转型并有效地利用其他领域（如经济）城市化对教育城市化的带动作用，同时发挥教育在乡村整体城市化过程中的功能，不同国家和地区采取的策略和方式往往有所不同。但这只是发展模式的不同，而不是发展方向的不同。王兆林同样认为，在我国城市化建设不断加速发展的过程中，教育应突破城乡二元分割的僵化思维的束缚。农村教育的目标不能锁定在为农村建设培养人才的方向上，而应确定为培养具有现代文明素质，能适应现代社会生活和社会发展需要的公民。由此，农村教育的主要内容仍应是基础文化教育，而不能是贴近农村实际和农民生活的"农村课程"。农村教育城市化预示着农村教育发展的战略突破。[1]

还有一些学者坚持走"和而不同"的农村教育发展道路。邬志辉等认为，我国农村教育在价值选择上存在"离农"与"为农"的悖论，表现为教育功能、发展取向和主体意愿上的对立。这既源于城乡二元对立的社会结构，又源于非此即彼的二元对立思维方式。消解农村教育"离农"和"为农"悖论的逻辑前提是进行城乡一体化建设和确立系统化思维方式。走出"离农"和"为农"逻辑困境之后，农村教育的价值选择应该定位在为城乡共同发展服务上。[2] 在另一篇文章里，邬教授对这一观点作了进一步的阐述，认为不论是"农村教育中心化"道路还是"农村教育边缘化"道路，都有其不容忽视的弊端。我国农村教育的现代化应采取"和而不同"的第三条发展道路，就是既要公平地对待农村教育，用与城市教育相同的水准来要求与发展农村教育，以给农村教育创造平等的发展机会，也要从农村的实际出发，符合农村社会发展的需要，尊重农村教育的特性，使"农村教育"更像"农村教育"。[3] 此外，还有学者从城乡两方面考虑，认为在当今建设社会主义新农村的时代背景下，农村教育若抛开"离农"与"为农"两难困境，坚

绪

论

---

[1] 李政涛. 城市化进程中的乡村教育发展模式研究 [J]. 江西教育科研，2001 (9)：7—13.

[2] 邬志辉，杨卫安."离农"抑或"为农"：农村教育价值选择的悖论及消解 [J]. 教育发展研究，2008 (3/4)：52—57.

[3] 邬志辉，马青. 中国农村教育现代化的价值取向与道路选择 [J]. 中国地质大学学报：社会科学版，2008 (6)：58—62.

持"和而不同"的现实定位,"有助于促进城乡教育的和谐发展"。①

（五）关于教育制度变迁的相关研究

1. 关于基础教育的制度变迁研究

周金玲对我国基础教育的制度变迁进行了经济学分析。她认为用经济学对基础教育制度进行分析,就是比较制度安排的成本与收益,确定其经济效率。基础教育在不同的历史阶段,由于其收益主体不同,而具有不同的目标。生产的基础教育产品,或者具有一定外部效益的私人产品,或者接近于公共产品。这就要求对提供基础教育的制度作出不同的安排。不同制度的变迁可以用经济学的效率原则进行分析。她从基础教育的需求主体和供给主体两方面分析了在不同历史时期、不同基础教育目标下,各主体收益与成本的比较与选择。② 东北师范大学的周晓红教授等从制度变迁的角度分析了免费义务教育与实现义务教育公平的关系。她们认为,免费是义务教育的特点和内涵,是义务教育公平的基础,是政府的责任所在,实施免费是我国义务教育制度变迁过程中具有里程碑意义的事件。因此,有效地更新义务教育的理念和制度,并切实地加以执行,是免费义务教育得以顺利推进和最终实现的关键。③

2. 关于农村教育的制度变迁研究

在关于农村教育制度变迁的研究当中,以研究农村教育财政制度变迁的文献最多,同时还有其他方面的一些成果。

（1）关于农村教育的财政制度变迁研究。郭建如指出,现代教育在农村推行不力的主要原因在于教育财政体制,并从制度分析的视角探讨了不同的制度安排和制度博弈过程对农村义务教育发展的影响,重点分析了税费改革过程中基础教育财政制度的变动过程及变革可能引起的更深远的影响。④ 史云峰、许艳丽认为在从计划经济体制向市场经济体制转变过程中,我国政府在 20 世纪 80 年代开始推行农村义务教育财政制度改革。然而,由于新供给

① 张济洲. 和而不同：城乡教育关系的现实定位 [J]. 内蒙古师范大学学报：教育科学版,2008 (8)：22－25.

② 周金玲. 基础教育制度变迁的经济学分析 [J]. 学术月刊,2003 (11)：38－44.

③ 周晓红,李宁. 免费义务教育：实现义务教育公平的制度变迁 [J]. 东北师范大学学报：哲学社会科学版,2006 (2)：129－135.

④ 郭建如. 基础教育财政体制变革与农村义务教育发展研究：制反舍析的视角 [J]. 社会科学战线,2003 (5)：157－163.

制度的路径受初始制度安排的影响，制度变迁显示出强烈的路径依赖特征。如何退出这种非绩效的封闭状态是建立现代农村义务教育财政制度的关键。[①] 武恒光等以农村经济制度和财政体制演变为背景，总结了新中国成立后农村义务教育融资制度的变迁模式，并构造了一个理论模型。通过该模型深入地分析了制度变迁的影响因素，得出了一些比较有价值的结论。政府可以从四个方面入手促进农村义务教育融资制度的诱致性创新：①发展本地经济，增加收入水平和资本存量；②界定和保护私有产权；③创造良好的意识形态环境；④促进当地经济的市场化程度。[②]

（2）关于农村教育制度变迁的其他研究。葛新斌从"分级办学"到"以县为主"的制度变迁分析中发现，"优先发展"和"重中之重"的国家教育发展战略只不过是国家宏观财政体制变革与稳定农村社会的一种政治考量和滞后安排而已。在各级政府的实际现代化战略中，教育尤其是农村教育实际上只是处于一种十分"边缘化"的位置上。农村教育的这一尴尬境遇，只有通过国家高层作出实质性的政治决定，才可能从根本加以扭转与改观。[③]

东北师范大学的程琪在其硕士论文中结合我国当前农村义务教育制度变迁的实证分析，对我国教育制度变迁的合理机制进行了研究。[④]

（六）简要的评论

从总体上看，以上研究都有较高的学术水准，已经涉及了我国城乡关系以及城乡教育关系的一些基本问题，对后继研究起到了重要的基础性作用。但是仔细研究起来，上述研究似乎又存在以下几点不足：

（1）研究城乡关系、城乡一体化的论文较多，而研究城乡教育关系、城乡教育一体化的文章较少。虽然现有的城乡关系研究与相关理论对于我们进行城乡教育一体化研究具有很重要的借鉴和启示意义。但教育毕竟是一个不同于经济与其他社会部门的较为独立的领域，有其自己的特点与发展逻辑。

---

① 史云峰，许艳丽. 农村义务教育财政制度变迁路径依赖及创新 [J]. 教育科学，2004（4）：48—50.

② 武恒光，王爱华，綦好东. 我国农村义务教育融资制度变迁模式及其影响因素研究 [J]. 经济体制改革，2005（3）：91—94.

③ 葛新斌. 农村教育在国家现代化进程中究竟位居何处：从"分级办学"到"以县为主"的制度变迁分析 [J]. 华南师范大学学报：社会科学版，2005（3）：85—91，159.

④ 程琪. 我国教育制度变迁的合理机制研究：我国当前农村义务教育制度变迁的实证分析 [D]：[硕士学位论文]. 长春：东北师范大学，2005.

因此，根据教育自身的特点与发展逻辑进行城市教育与农村教育的关系研究，研究城乡教育的一体化进程就显得十分必要。

（2）从实质上说，对统筹城乡教育发展、城乡教育一体化问题的研究，就是对当下如何处理城乡教育关系的制度安排的研究。已有的对统筹城乡教育发展、城乡教育一体化问题的研究大多建立在经验基础上或集中在地方政府的政策实践上，更多的是对各地做法的经验总结，缺少从制度层面对城乡教育关系的深度思考。城乡教育关系的处理既受整个社会的政治、经济、文化大背景的影响，也会受到各教育参与主体能力与利益关系的影响，并且后者影响更为直接。没有综合性的学理观照，就会陷入就事论事的事务性研究的窠臼。

（3）教育研究工作一般从三个纬度入手：一是现实，二是理论，三是历史。对城乡关系与农村教育的历史研究相对来说较为丰富（只是相对来说，关于农村教育史的研究其实还比较薄弱，尤其是清末之前的农村教育史研究），而对当前我国城乡教育关系的研究多是对现实问题的热点探讨式研究，如关于统筹城乡教育发展、城乡教育一体化问题的研究，缺少理论与历史的关照。因此，对城乡教育关系的制度变迁史进行研究，总结发展规律，破除路径依赖，具有重要的现实意义。

（4）新制度经济学把制度问题纳入到经济学研究的核心位置，用制度来解释经济发展的效率问题。一种制度安排代替另一种制度安排意味着不同效率水平的转换，这就是制度变迁。目前，制度变迁理论不仅广泛应用于经济学研究，也大量应用于其他学科研究。我国在教育研究领域引入制度变迁理论的成果比比皆是，其中又以高等教育领域的文献最多，此外还涉及基础教育领域、职业教育领域、农村教育领域等。教育是作为一种社会制度安排和一种社会建制而存在的，但是研究城乡教育关系制度的文献并不多见，而从历史角度研究城乡教育关系制度变迁的成果更是少之又少。笔者拟从城乡教育关系制度变迁的角度对此问题作出一种历史的研究。

三、核心概念界定

（一）制度与制度变迁

1. 制　　度

人类社会产生以后，就产生了各种各样的社会关系，作为处理社会关系准则的制度也就应运而生。可以这样说，人类社会的产生和发展过程同时也是制度的形成和发展的过程，它们之间是同步的和内在统一的，每一种社会关系都需要制度来调节。"制度是重要的"，这已成为人们的共识。但对于制度的内涵是什么，制度由哪些要素所构成等一系列问题，不同的人站在不同的立场，站在不同的层次与角度，并没有形成一致意见。①

舒尔茨把制度定义为"一种行为规则，这些规则涉及社会、政治及经济行为"。例如，管制结婚与离婚的规则，支配政治权利配置与使用的规则，以及确立是由市场还是政府来分配资源与收入的规则，等等。但他主要考虑的还是对经济有较大影响的制度，如特定的政治法律制度对经济增长的影响。② 舒尔茨对制度的理解与定义被许多研究制度的学者所接受。拉坦（Vernon Wesley Ruttan，1924—2008）认为制度和组织没有差别。"人们常常将制度与组织区分开来。一种制度通常被定义为一套行为规则，它们被用于支配特定的行为模式与相互关系。一种组织一般被看做一个决策单位——一个家庭、一个企业、一个局——由它来实施对资源的控制。就我们的目的而言，这是一种没有差别的区分。"③ 诺思（1994）认为，"制度是一系列被制定出来的规则、守法程序和行为的道德伦理规范，它旨在约束追求主体福利或效用最大化利益的个人的行为"④。他认为，利用制度对人们的行为进行一定形式的约束，人类才有可能建立各种组织，才会形成文明。行为约束包括禁忌、规则和戒律。某些约束对所有的社会成员具有共同的制约作用，而其他一些约束则是为利益主体在不同的环境下设定的。⑤ 这些规则的作用在于界定人们的可能选择空间，约束人们之间的相互关系，以减少环境中的不确定性和交易费用。青木昌彦归纳了博弈论视角下的三种制度观。通过将

① 王忠生. 我国金融监管制度变迁研究 [D]：[博士学位论文]. 长沙：湖南大学，2008：6.
② ［美］舒尔茨. 制度与人的经济价值的不断提高 [A].［美］科斯，阿尔钦，诺斯. 财产权利与制度变迁：产权学派与新制度学派译文集 [C]. 刘守英，等译. 上海：上海三联书店，上海人民出版社，1994：253.
③ ［美］拉坦. 诱致性制度变迁理论 [A]. 科斯. 财产权利与制度变迁：产权学派与新制度学派译文集 [C]. 刘守英，等译. 上海：上海三联书店，上海人民出版社，1994：329.
④ ［美］道格纳斯 C 诺思. 经济史中的结构与变迁 [M]. 陈郁，罗华平译. 上海：上海三联书店，上海人民出版社，1994：225—226.
⑤ ［美］道格纳斯 C 诺思. 经济史中的结构与变迁 [M]. 陈郁，罗华平译. 上海：上海三联书店，上海人民出版社，1994：227.

经济过程类比于博弈过程，他认为"制度是关于博弈如何进行的共有信念的一个自我维系系统。制度的本质是对博弈路径显著和固定特征的一种浓缩性表征，该表征被相关域几乎所有的参与人所感知，认为是与他们策略决策相关的。这样，制度就以一种自我实施的方式制约着参与人的策略互动，反过来又被他们在连续变化环境下的实际决策不断地再生产出来"①。

可见，静态地来看，制度是一种规范或规则；动态地来看，制度是一种博弈均衡。② 前者揭示了制度的表现形式与功能，后者则揭示了制度是如何形成的。从定义范围来看，对制度的理解可以有广义和狭义之分。广义的理解将文化、传统、习俗都定义为制度，狭义的理解则仅指成文的规则，即正式制度。从制度的形成过程来看，制度可分为内生制度和外生制度。内生制度是群体内随经验而演化的规则，体现了制度生成的自发性；外在制度是人为设计出来，并依赖正式的、有组织的机制来实施，体现了制度生成的自觉性。③ 对于本书来讲，笔者基本赞同制度作为一种规则、一种博弈均衡的观点，同时认为制度在一定范围内是可以人为建构的。

2. 制度变迁

新制度经济学认为，一种稳定的制度可以使不同利益主体的利益都得到不同程度的满足，这时候制度处于均衡状态；当外界环境发生变化以后，利益主体会意识到自己的既得利益受到威胁或可以获得更大的收益，他们会据此作出相应的反应，以使自己的利益达到最大化，这时制度处于一种非均衡状态。如果这时候原来制度中各利益主体的力量对比也发生变化的话，就有可能引起新的制度安排，这就是制度变迁。制度变迁可以理解为制度的替代或转换，也可以被理解为一种制度对另一种制度的替代过程，是正式规则、非正式规则及其实施特征变迁的混合体。即"新制度（或新制度结构）产生，并否定、扬弃或改变旧制度（或旧制度结构）的过程。它必须是一个动态的过程"④。根据新制度经济学的理论，制度变迁可以理解为一种效率更

① ［日］青木昌彦. 比较制度分析［M］. 周黎安译. 上海：上海远东出版社，2001：28—29.
② ［日］青木昌彦. 什么是制度？我们如何理解制度［A］. 孙宽平译. 转轨、规制与制度选择［C］. 北京：社会科学文献出版社，2004：52.
③ 潘祥辉. 中国媒介制度变迁的演化机制研究：一种历史制度主义的视角［D］. ［博士学位论文］. 杭州：浙江大学，2008：3—4.
④ 黄少安. 产权经济学导论［M］. 济南：山东人民出版社，1995：348.

高的制度（即制度变迁的目标模式）对另一种制度（即所谓的起点模式）的替代过程，或一种更为有效的制度的产生过程。① 总之，新制度经济学派为分析制度变迁的动因确立了如下理论框架：从外在因素来说，制度变迁来源于自然环境、政治、经济、文化、军事、人口等方面的变化；从内在因素来讲，制度变迁的原因在于人们为了获得更大的收益或节约交易成本。如果一种新的制度安排带给各利益主体的边际收益小于或等于旧制度运行所需付出的边际成本，那么，制度变迁就不可能发生。只有边际收益大于边际成本时，制度变迁才有可能发生。既然制度的均衡状态意味着新制度所能提供的边际收益与旧制度运行所需付出的边际成本相等，那么，只有当制度环境发生新的变化时，新的对制度变迁的需求或供给才会产生，制度变迁才成为可能。②

（二）城市与乡村

城市、城镇、农村、乡村等概念，都是表述我国社会区域的基本概念。本书所指的城乡是指城市和乡村。但是，我国对城市和乡村概念的理解和把握有很大分歧，在使用这对概念时也较为混乱，其结果是影响了人们对城市、乡村等相关问题的认识和研究。因此，对城乡教育关系的制度变迁进行研究，必须要澄清城市和乡村的概念及空间范围。

城市与乡村都是人类赖以活动、生存和发展的空间实体，它们是作为一种非均质的政治、经济、文化空间而存在的。城市与乡村的分化在人类历史上不是从来就有的，它们的分化是人类历史的进步，是生产力发展和社会生产关系变革的结果，是社会分工细化和社会经济发展到一定历史阶段的产物。"城"和"市"最初在我国是两个不同的概念。"城"在古代是指一定地域上用作防卫的墙垣，是一个政治和军事的概念；"市"是指商品交换的场所，是一个经济概念。只是随着商品经济的发展和人们交换范围的扩大，"城"和"市"才最终走向结合，城市方才产生。但从最初的意义上讲，"城"和"市"都是从乡村孕育出来的。

对于城市与乡村的内涵，人们可以从不同的角度加以描述，如政治的、

① 卢现祥. 西方新制度经济学 [M]. 北京：中国发展出版社，2003：80.

② 陈希敏. 中国农村合作金融制度变迁研究 [D]：[博士学位论文]. 西安：西北大学，2008：14.

经济的、文化的、历史的、地理的等。芝加哥学派为代表的人类生态学家认为，城市是一个以人类社会为主体的自然－经济－社会－生态系统，是生态、经济和文化三种基本过程的综合产物，是文明人类的自然生息地。"城市社会学之父"路易斯·沃斯（Louis Wirth，1897－1952）认为"城市是生活的、具有异质性的、个人的，而且具有相对高密度的、永久性的村落。"[①] 城市经济学家巴顿（Kenneth J. Button，1948）认为，"城市是一个坐落在有限空间地区内的各种经济市场——住房、劳动力、土地、运输等——相互交织在一起的网络系统"[②]。地理学家认为，城市是建筑物和基础设施密集的地区，是一种本质上不同于农村的空间聚落，以罗德菲尔德（Richard D. Rodefield）为代表的外国学者认为："乡村是人口稀少、比较隔绝、以农业生产为主要经济基础、人们生活基本相似，而与社会其他部分，特别是城市有所不同的地方。"[③] 实际上，人们往往也是从多功能的角度对城市与乡村进行划分的：乡村是指主要从事农业生产、人口分布较城市分散的地方，主要依赖自然过程进行生产；城市则是主要从事非农业生产、人口密度较大的地方，往往是一定地域范围内的政治、经济、文化、交通和信息中心。[④]《现代汉语词典》也对城市与乡村的概念给出了类似的解释，所谓"城市"，就是"人口集中、工商业发达、居民以非农业人口为主的地区，通常是周围地区的政治、经济、文化中心"[⑤]；而"乡村"则是"主要从事农业、人口分布较城镇分散的地方"[⑥]。

现代城市与乡村是一个更为复杂而又模糊的概念。这是因为随着城市化速度的不断加快以及城乡交流的不断增强，传统意义上的城市与乡村的区别已不是那么明显，它们之间的界限越来越模糊。对于我国来讲，乡村人口大量涌入城市，城市里有了乡村社会文化的一些特征，而乡村里也同样有了越

---

① Louis Wirth. *Urbanism as a Way of Life* [J]. The American Journal of Sociology，1938，44（1）：1－24.

② K J 巴顿. 城市经济学：理论和政策 [M]. 中译本. 北京：商务印书馆，1984：12.

③ 黄坤明. 城乡一体化路径演进研究 [M]. 北京：科学出版社，2009：18.

④ 黄坤明. 城乡一体化路径演进研究 [M]. 北京：科学出版社，2009. 18.

⑤ 中国社会科学院语言研究所词典编辑室编. 现代汉语词典（第5版）[Z]. 北京：商务印书馆，2005：176.

⑥ 中国社会科学院语言研究所词典编辑室编. 现代汉语词典（第5版）[Z]. 北京：商务印书馆，2005：1482.

来越多的城市生产和生活方式。我国一直以城、镇、乡的行政界限作为城乡划分的基础，而实际上在城、镇行政区划内也往往包括了相当一部分的农业和农村人口，城镇的实体地域概念并没有真实的建立。

总而言之，不仅在纯理论意义上界定城乡的概念是一个难题，即使对城乡的概念达成了一致，甚至确定了具体的标准，也很难在实体地域上将两者严格地分开。就本书所研究的"城乡教育关系"而言，城乡是指在当前发展阶段，仍具有城市和乡村主体特征的城市和乡村区域。为了使研究具有确定性，本书城乡的范围遵从行政区划的规定，"城"指城市，而非城镇，是指包括县城及以上城市型聚落；"乡"则与农村等同，是指县级以下的人口聚落空间，包括乡、镇、村。[①]

（三）城市教育与农村教育

进行城乡教育关系变迁研究的前提条件之一就是明确把握农村教育与城市教育的内涵。但由于对城市与农村概念和空间范围的理解尚未达成一致，所以对城市教育与农村教育的理解也必然会出现争议。再加上农村教育相对于城市教育来说，处于弱势地位，许多学者从教育公平及缩小城乡教育差距的角度对农村教育的内涵进行了多视角的解读，这更引起了人们理解上的混乱。作为一个与城市教育相对的概念，弄清楚了农村教育的内涵，城市教育的内涵也就能迎刃而解。

目前，学者们对农村教育的内涵研究较多，而对城市教育的内涵研究很少，这可能与农村教育处于弱势地位和受到的关注较多有关。但人们尚未就农村教育概念的内涵达成完全一致。概括起来，国内主要有四类观点：第一类是以地域为标准；第二类是以教育对象为标准；第三类是以教育内容为标准；第四类是以教育功能为标准。但是，单纯以一种标准来定义农村教育的学者并不多，更多的学者选择几种标准的综合并以一种标准为重点来定义农村教育。

1991 年在山东泰安召开的第一次农村教育国际研讨会上，农村教育被定义为"由扫盲教育、基础教育、职业和技能教育、成人继续教育所组成的，为农村发展服务的综合化教育体系"[②]。此种定义更多的是以教育直接

---

① 黄坤明. 城乡一体化路径演进研究 [M]. 北京：科学出版社，2009：18—19.

② 孙志河. 教育为农村转型服务：2003 年国际农村教育研讨会综述 [J]. 职教通讯，2003（5）.

服务的对象即教育的功能来定义农村教育，并列举了农村教育的外延。

陈敬朴把发生在农村、以农村人口为对象并为农村经济和社会发展服务的教育称为农村教育。他认为对于广大发展中国家而言，农村教育是农业文明向工业文明过渡、出现农村与城市二元社会、农民处于不利条件的历史背景下进行的旨在使农村人口获取知识与劳动技能、现代公民意识与创业能力的教育。① 此定义就同时兼顾了地域、对象、功能三个标准。

张乐天在对传统的农村教育释义进行批判的基础上认为，农村教育的区位概念应该转化为功能概念，即农村教育应该定义为，为农村现代化发展服务的教育。为农村现代化发展服务的教育固然包含着农村中的教育，但它不囿于农村中的教育。这种教育既可能发生在农村，也可能发生在城市。它既指农村中的教育要强化为农村发展服务的功能，也指城市中的教育要强化为农村发展服务的功能。② 概言之，它是指中国当代各级各类教育要努力为农村现代化发展服务。它需要全社会的教育关注农村的发展，服务于农村发展。所以将农村教育诠释成"为农村现代化发展服务的教育"，从而使农村教育获得了一种新的更宽阔的理解，有着现实的必要性。他把一切为农村现代化发展服务的教育都归入农村教育的范畴。

其他学者也从上述不同方面，有所侧重地定义了农村教育的内涵，如陈俊山认为，农村教育是发生在农村，同时面向农村和城市，为社会主义新农村建设及中国现代化的实现而服务的教育。③ 明庆华、程斯辉认为，农村教育主要是指在农村经济社区环境里，对农村居民（或农民）及其子女进行的教育。④ 类似的概念还很多，不一而足。

笔者看来，农村教育实际上是根植于发展中国家二元社会结构的一种现象，如果中国未来实现了由二元社会向城乡一体化社会的转变，我们也就不再有农村教育的概念了。笔者倾向于把农村教育看成一个地域的概念。即指在农村经济社区环境里，对农村居民（或农民）及其子女进行的教育。相对应的城市教育是指在城市地区进行的教育。根据前文笔者对城市和乡村内涵

① 陈敬朴. 农村教育概念的探讨 [J]. 教育理论与实践，1999 (11)：39-43，57.
② 张乐天. 重新解读农村教育 [J]. 教育发展研究，2003 (11)：19-22.
③ 陈俊山. 农村教育是什么：基于时代背景的考察 [J]. 教育学术月刊，2008 (2)：75-77.
④ 明庆华，程斯辉. 发展我国农村教育要处理好几个关系 [J]. 中国教育学刊，2004 (10)：1-4.

和范围的确定，农村教育是在县级以下的人口聚落空间，包括乡、镇、村进行的教育，而城市教育则是在县城及以上城市型聚落进行的教育。

（四）城乡关系与城乡教育关系

1. 城乡关系

如前所述，城市与乡村的分离在人类历史上不是从来就有的，它是生产力发展和社会生产关系变革的结果，是社会分工细化和社会经济发展到一定历史阶段的产物。自城市从乡村中孕育出来以后，城乡关系就产生了。城乡关系是一个综合性的概念，它包括了城市和乡村在经济、政治、文化等各方面的关系，其中最根本的是经济关系。城乡关系是广泛存在于城市和乡村之间的相互作用、相互影响、相互制约的普遍联系与互动关系，是一定社会条件下经济、政治、文化等诸多因素在城市和乡村两者关系的集中反映。①

城乡之间的经济关系。城市与乡村是生产力发展与社会分工过程中形成的两种不同的地域性经济实体，它们之间存在密切的联系。首先，从城市的产生来看，乡村孕育了城市。城市的产生与农业的发展密不可分，农业生产力的提高，导致农业剩余产品的出现，使一部分人有可能脱离农业生产劳动而从事其他行业，这为城市的产生和发展提供了物质和人力支持。其次，城市产生以后，城市和乡村之间的经济联系就从来没有停止过。这种经济联系包括物质资料的生产、分配、交换、消费等诸方面。对于城市来讲，它不仅需要从乡村获得人类赖以生存的粮食，还需要从乡村获得劳动力以及生产原料。在传统社会，由于农业是主导产业，城乡经济关系更多地体现为城市对乡村的依赖。对于乡村来讲，它的生产也需要从城市得到资金、技术、商品等，这在以城市为经济中心的近现代社会表现得更为明显。总之，城乡之间的经济关系体现在劳动力、资金、土地等生产要素在城乡之间的配置情况，体现在商品、劳务等在城市和乡村的交换情况，体现在城乡居民在收入、分配、消费方面的差别情况，等等。

城乡之间的政治关系。城乡之间的政治关系是指城市和乡村在国家政治体系中的地位。根据马克思主义的观点，经济基础决定上层建筑，城乡之间的政治关系反映了城乡不同主体之间的经济利益关系。城市产生的根本原因

绪
论

---

① 蔡云辉. 城乡关系与近代中国的城市化问题 [J]. 西南师范大学学报：人文社会科学版，2003 (5)：111—122.

在于生产力的发展，但直接原因是部分氏族首领或贵族为了保护自身的私有财产和经济利益，不断修建城墙、开挖护城河等防御工事，这样，最初的城市就出现了。但那时的城市只具备"城"的功能，"市"的功能的出现是后来的事情。可以这样说，城市最初是以对周边乡村的统治需要而产生的。"君是城之本"，是统治者利用城市维护自身统治的历史记载。"中国古代的城与欧洲古代的城，其起源都是相同的，都是在社会分裂为对立的阶级后，随着阶级斗争的发展，剥削阶级为了保护自己的利益而新建起来的。"[①] 因此，城乡之间的政治关系从一开始就存在着，并且城市和乡村在国家政治体系中的地位差异是巨大的，是城市统治乡村的关系，这种关系一直延续到现在。到了现代民主社会，尤其是社会主义社会，虽然从形式上来说，城市作为政治中心的地位保留了下来。但由于政府在法律上是广大人民的政府，而非"家天下"的政府，亦非单一阶层的政府。因此在现代社会，城乡政治关系不应只从形式上看待城市的政治中心地位，而更应该在实质上考察城市居民和乡村居民享有政治权利的差别，以及对政策等政治资源的占有情况。

城乡之间的文化关系。城乡之间的文化关系主要是指城市与乡村两种不同文明的关系。由于城市和乡村是人类两种不同的聚落状态，虽然两者之间的交流一直存在着，但在很长一段时间内，城市和乡村又是相对封闭、彼此独立的，这也造成生活在其中的人们有着不同的相对独立的生产、生活环境。因此，在长期的生产、生活实践中，城市与乡村形成了两种截然不同的文明，在物质、精神、制度层面均有所差别。这两种文明有可能产生碰撞，也有可能相互融合，这都属于城乡之间文化关系的范畴。[②]

总之，城乡之间的经济关系、政治关系与文化关系是城乡关系中最基本的三个方面，但并不是城乡关系的全部。可以说，从社会的不同层次到社会的不同领域，城乡之间都有可能发生各种关系。除上述三种基本关系外，城乡之间还包括社会关系、生态关系、教育关系等，不一而足。

2. 城乡教育关系

关系的基本含义是指事物之间相互作用、相互影响的状态。它有两种用

---

① 傅筑夫. 中国经济史论丛 [M]. 北京：三联书店，1979. 331.

② 马军显. 城乡关系：从二元分割到一体化发展 [D]：[博士学位论文]. 北京：中共中央党校，2008：12—13.

法：第一种用法是指不同主体之间相互作用、相互影响的状态，如老师和学生之间的互动关系；另一种用法是指一个上位主体（一般指人或人的联合体）对下位各主体（可能是人或人的联合体，也可能是别的事物）之间关系的处理，如正确处理科学技术普及和提高的关系，如何处理红与专的关系，等等。在第二种用法中，强调的重点并非下位主体之间的相互关系，它更侧重于强调上位主体如何分别对待各下位主体。还以科学技术普及和提高的关系为例，科学技术的普及与提高两者之间本身并不能产生直接的互动关系，因为科学技术的普及只能是作为主体的人（或人的联合体）对科学技术的普及，科学技术并不能普及自身，科学技术的提高亦是如此。当我们在谈到科学技术普及和提高的关系时，实际上是指人们对科学技术普及和提高关系的处理，亦即人们如何分别对待科学技术的普及与提高。当然，当人们侧重于某一方面，如当人们侧重于科学技术的普及，把有限的资源更多地用于这方面时，那么科学技术的普及工作将会得到优先发展，而提高工作则会受到负面影响。

对于城乡教育关系来说，它更多地是在第二种用法的意义上来使用关系的概念。城乡教育关系，它不是指作为主体的城市教育与农村教育之间的互动，教育是作为一种社会制度安排和一种社会建制而存在的。因此，这里的城乡教育关系指在大的社会政治经济文化背景下，在各教育参与主体的互动下，政府对城市教育和农村教育之间的关系是如何处理的，即如何分别对待城市教育和农村教育。由于城乡教育关系与城乡教育关系制度是一回事（详细论述参见最后一章），因此，城乡教育关系是指政府在对待城乡教育的发展上，对城市和农村的各级各类教育分别所作的制度安排。从纵向上来看，城乡教育关系是指城乡教育体系分别是如何设置的，农村教育体系与城市教育体系在纵向上存在什么关系。从横向上来看，对同等层次的教育，政府在投入、课程、管理等方面分别有什么样的制度安排。

四、研究意义与目标

（一）研究意义

1. 理论意义

（1）本研究有助于弄清中国城乡教育关系的制度演进路线与制度依赖路径。路径依赖理论认为，一旦人们作了某种选择，就好比走上了一条不归之路，惯性的力量会使这一选择不断自我强化，并让你轻易走不出去。第一个使"路径依赖"理论声名远播的是道格拉斯·诺思（Douglass C. North，1920），他用"路径依赖"理论成功地阐释了经济制度的演进。诺思认为，"路径依赖"类似于物理学中的惯性，是指人们过去的选择决定了他们现在可能的选择，事物一旦进入某一路径，就可能对这种路径产生依赖。"历史是最重要的"，我们今天的各种选择实际上受到历史因素的影响。"路径依赖"理论被总结出来后，人们把它广泛地应用在选择和习惯的各个方面。在一定程度上，人们的一切选择都会受到路径依赖的影响，人们过去作出的选择决定了他们现在可能的选择，人们关于习惯的一切理论都可以用"路径依赖"来解释。城乡教育关系与城乡关系的演变一样，有着自己特定的演进路径，同样也会受到路径依赖作用的制约。通过本书的研究，可以弄清楚我国城乡教育关系是怎样一步步发展过来的，后一阶段的城乡教育关系如何受到前一阶段城乡教育关系的影响。对于现阶段我国城乡教育关系来说，如何发挥人的能动作用，有意识地消除制度路径依赖的制约，为正确处理我国现阶段的城乡教育关系提供指导。

（2）本研究有助于弄清城乡教育关系制度变迁的影响因素与内在的规律性。虽然城乡教育关系变迁会受到路径依赖作用的影响，但这并不意味着城乡教育关系是一成不变的。相反，我国城乡教育关系一直处于流变之中，从先秦到现在，城乡教育关系随着政治、经济、文化等的变迁，自身也经历着一系列比较明显的发展阶段。在每一个发展阶段以及在不同的发展阶段的制度变迁过程中，城乡教育关系受到哪些因素的影响，是什么导致城乡教育关系的变迁，城乡教育关系的制度变迁有没有规律可循，这些都是需要认真思考的问题。本研究可以对城乡教育关系的变迁的影响因素与内在规律性进行深入剖析与总结。

2. 实践价值

理论与实践是分不开的，学术理论价值决定了实践应用价值的范围。从理论意义上来说，通过本研究可以初步探索中国城乡教育关系的制度演进路线与制度依赖路径，也可以总结归纳我国城乡教育关系制度变迁的影响因素与内在的规律性，这些都为我国现阶段正确处理城乡教育关系提供可资借鉴的理论基础。值此我国提倡科学发展观、进行城乡教育统筹及城乡教育一体化建设的历史时期，对城乡教育关系进行历史的研究显得非常必要。因为进行城乡一体化的教育制度建设，不仅受到整个人类历史发展阶段的影响，也会受到教育外部环境的影响，还会受教育内部各种要素的制约。而这些都是本书要重点研究的内容。

（二）研究目标

在历史分期上，本书依据城乡教育关系的总体特征把它分为四个阶段，分别是从先秦到清末、从清末到新中国成立、从新中国成立到改革开放、从改革开放至今。在每一个历史时期，作者都试图对城乡教育关系的制度安排进行纵向和横向的比较，并对城乡教育关系的制度变迁进行内生和外生的解释。最后，在分析各个时期城乡教育关系制度变迁共同点的基础上，找出规律，提炼出城乡教育关系制度变迁的一般理论框架。

首先，弄清楚我国城乡教育关系制度变迁的轨迹。任何事物都有其自身产生、发展的轨迹，城乡教育关系的制度变迁同样如此。要想深入地认识事物的本质，必须要回归事物发展的历史，弄清楚该事物是如何在历史的长河中一步步地发展过来的，才能由此认识我们现在所处的位置，并给予自身恰当的定位，对未来事物的发展趋势作出合理的推断。

其次，找出影响城乡教育关系制度变迁的内外生因素。城乡教育关系的外生变迁是指由教育之外的社会因素的变化所引起的城乡教育关系制度的变迁。这些因素是在长期演化过程中积累而成的，较少受到个人或某一集团的直接影响，这些积累变量可以是经济性的，也可以是政治性、社会性乃至文化性、军事性的，不同时期可能侧重的方面不同，这与当时的时代主题有关。但这些因素都能够在既定制度中向某一方向发生积累性变化。如果这些因素在既定制度中不发生积累性变化，而是趋于某一均衡水平，则这些变量就不会成为城乡教育关系制度变迁的外生因素。这些因素中的一种或几种发生的积累性变化超过一定的临界点后，就会引起城乡教育关系的制度变迁。城乡教育关系的内生变迁是由于制度内部的不协调或不均衡引起的。城乡教育关系制度变迁的根本原因在于该项制度的内部，从博弈的视角来看，存在于该制度内部各教育参与主体的利益矛盾之中。外生变量是城乡教育关系制度变迁的外因，而内生变量则是内因，外因只有通过内因才能发生作用，但是外生变量对制度变迁起着加速或者减缓的作用。本书的目标之二就是找出影响城乡教育关系制度变迁的内外生因素。

再次，笔者试图总结出城乡教育关系制度变迁的一般性规律。个别是事物的特殊性，并不能推广到其他事物，找出各个时期城乡教育关系制度变迁的内外生因素，对现实的指导意义并不大，也不能对未来作出准确预测。因此，笔者努力对各个时期城乡教育关系制度变迁的原因及影响因素进行抽象提炼，总结出其中的一般性规律，以更好地指导实践。

五、研究思路与方法

（一）研究思路

本书的总体思路是：第一章是基础理论部分，主要阐述作者对制度及制度变迁所持的一种基本理解和看法，它构成作者对城乡教育关系制度变迁进行分析的基础和前提。

第二章到第五章是主体部分，对先秦到现在不同时期的城乡教育关系的制度变迁及其成因进行分析。每一章又分为三部分。第一部分属于教育的"外部史"，是城乡教育制度变迁的外生变量，分别从政治、经济、文化等方面对不同时期的城乡教育关系进行探讨；第二部分和第三部分是各个时期城乡教育制度变迁的"内部史"。[①] 其中，第二部分是城乡教育关系的史实部分，分别从办学体制、管理体制、投入体制几方面来探讨，办学体制探讨的是政府、社会以及个人谁来办学的问题，套用现在的词汇就是学校的产权及所有权归属问题；管理体制探讨的是谁来管理教育，即学校的经营权问题；投入体制探讨的城乡教育分别由谁来出钱、谁来提供的问题。由于这三个方面存在着密切关系，在不同的章节可能论述的重点略有不同，但主要是以教育的供给制度，即投入制度为主进行论述。第三部分是从制度分析的视角对城乡教育关系的变迁进行分析，对第二部分城乡教育制度进行"内生"解释。由于教育本身是人的一种制度建构，教育的存在与发展与人主体的存在和发展密切相关，这里的"人"既可能是单数的人也可能是复数的人。本书选取政府、社会与受教育者三方作为权力与利益博弈的主体，从"内生"角度假设教育制度是由这三方的权力与利益互动来推进的。随着教育外部条件

---

① 杜成宪教授曾经借用科学史范畴将中国教育史的学科体系构成分为"内部史"和"外部史"，教育"内部史"就是将教育作为人类的一种专门的实践活动而进行的历史研究，教育思想、教育制度属于此中的范畴；教育"外部史"则是从教育活动与教育思想产生及其作用的社会背景上着眼而进行的历史研究。参见：杜成宪. 中国教育史学科体系试构 [J]. 华东师范大学学报：教育科学版，1997（1）：19—26.

的变化，对教育提出新的要求，这样，原有的教育内部权力与利益格局均衡被打破，对新的教育制度安排就会产生需求。这样，不同的教育主体就会根据自己本身所拥有的权力，选择不同的教育策略，从教育活动中寻求尽可能多的利益，经过反复的互动，当不同主体的教育策略趋于稳定之后，新的教育制度就会形成，这样，制度变迁就会发生。可以这样说，第三部分尝试对第二部分作出"内生"解释。

最后一章是对从第二章到第五章的总结与启示。这章首先对前四章城乡教育关系制度变迁进行规律性探索，包括对城乡教育关系制度变迁一些基本理论问题的架构和对城乡教育关系制度变迁一般过程的分析。其次再探讨我国现阶段的城乡教育关系应当如何处理，具体包括城乡教育关系制度变迁价值目标的定位，需要重点解决哪些问题以及如何保证能解决这些问题等。

最后是结语，我们进行城乡一体化教育制度建设一定要有历史感。因为进行城乡一体化的教育制度建设，不仅受到整个人类历史发展阶段的影响，也会受到教育外部环境的影响，还会受教育内部各种要素的制约。因此，进行城乡教育一体化建设首先要考虑我国城乡教育制度是如何在历史中一步步发展过来的，遵循着怎样的逻辑，而现在我国正处于历史的哪个节点上，城乡教育关系处于一种怎样的状态，城乡教育一体化建设应该是什么样子，需要遵循什么样的逻辑，而未来历史发展后，城乡教育关系又会是一番怎样的景象，彼时的城乡教育一体化与此时的城乡教育一体化又会有怎样的区别则是本部分探讨的主要内容。

（二）研究方法

本书主要采用了文献研究和制度分析法。

文献研究是指根据一定的目的，通过搜集和分析文献资料而进行的研究。文献研究是史学、哲学和社会学最常使用的研究方法，包括历史文献研究、统计文献研究和文献内容分析等。本书对文献研究的运用主要体现在以下几个方面：

（1）本书选题的确定需要用到文献研究法。文献研究法是课题研究中最常用的方法，几乎所有的课题，都要先进行文献研究。文献研究可以帮助我们了解有关问题的历史和研究现状，从而为我们确定课题提供参考。尤其是在被称为知识化社会的今天，知识呈几何级数增长，许多问题别人已经注意，甚至已经被别人研究过或者正在进行研究。如果我们确定的课题是别人已经研究或正在研究的，那么，我们就有可能是在做重复劳动。因此，在确定选题前，必须先就相关问题查阅大量资料，对该问题研究的历史、现状、前景有一个全面的了解，从中发现存在的问题或不足，进而确定自己的研究课题。这样就等于站在了巨人的肩膀上，课题研究才会少走弯路。

（2）在一定意义上说本书就是教育制度史的研究，而文献研究法就是教育史研究中的经典方法之一，在本书撰写过程中，也会随时用到文献研究。首先，对各个时期社会的特点，即影响城乡教育关系制度变迁的外生因素就需要查阅文献，用到文献研究法；其次，对各个时期城乡教育关系的制度安排比较主要用到的也是文献研究法；最后，对城乡教育关系制度变迁作出内生解释时也需要在查阅文献的基础上对变迁原因作出合理的解释。可以说，文献研究法的应用贯穿本书的始终。

制度分析法是经济学研究方法之一，是分析研究制度对经济增长、经济发展有何影响的一种研究方法。这里的"制度"是指一些规则和结构。传统经济学仅仅关心物质性要素如土地、劳动、资本等，而把制度看成给定的、不变的因素。新制度经济学将制度纳入经济学的分析体系之中，使经济学的研究中心转向了对制度这种具有"公共产品"性质资源的关心，经济学的研究领域得到扩展。受新制度经济学的影响，制度分析方法不仅广泛应用于经济学研究领域，而且被其他许多学科所借鉴。本书试图借鉴这一研究方法，对我国城乡教育关系的制度变迁进行分析，具体来说，包括以下两种方法：

（1）制度变迁的博弈分析。博弈是社会主体从各自的动机出发相互作用的一种状态，制度与博弈之间的关系是多方面的：第一，制度是博弈的均衡，人与人之间的相互博弈会形成制度或制度体系，即关于博弈如何进行的共有信念的一个自我维持系统，其中一个重要的方面就是规范、约束人与人之间的相互关系或行为选择；第二，制度是多样化的，通常情况下，人与人之间的博弈或相互作用是在先前的正式和非正式的制度安排下进行的，也就是说，人的行为或多或少地受到制度的制约。而随着人与人之间的博弈或相互作用的进行，制度会随着时间、技术、偏好等其他因素的变化而发生变化，这就是制度变迁。所以，制度变迁的过程也是一个社会主体之间的博弈过程。同时，人们又会在新的制度安排下相互作用即博弈，如此循环往复，人类在曲折中不断进步与发展。因此，从博弈的视角考察城乡教育关系的制度变迁具有重要意义。

（2）制度变迁的历史分析。在马克思主义的研究方法中，历史变迁和历史演进始终占据着重要的地位。历史分析方法同样也是制度变迁理论强有力的分析工具。20世纪70年代后，以诺思为代表的经济史学家们开始关注历史的制度变迁及路径依赖问题，提出了不同的制度变迁内生机制，并试图用路径依赖理论解释是什么决定了历史上社会、政治或经济演进的不同模式以及为什么人类社会不能有效选择制度，是哪些经济绩效差的制度代替了更有效的制度并持续生存了相当长的时期。制度变迁的历史分析视角有利于我们认识制度的起源及制度演进的规律。诺思在其名著《西方世界的兴起》一书中，就采用历史分析法体现了"经济理论与经济史的统一"。而本书从制度变迁的角度研究我国城乡教育关系的制度变迁史，就有必要加入时间因素进行动态研究。笔者试图对我国城乡教育关系的演变过程分阶段考察，从历史上曾发生过的城乡教育关系的制度变迁中得到一些启发和借鉴，最后抽象出其中发展的规律和理论认识。

第一章
城乡教育关系制度分析的理论框架①

有什么样的历史观就会发现什么样的历史，从这个意义上讲，历史就是历史观。从哲学解释学的角度看，历史观就是我们认识和理解事物的"前结构"、"前理解"，也即所谓的"前见"或者叫"成见"。"前见"的存在意味着我们不可能以完全"中立"的立场去理解历史，而只能站在某种立场或角度上去理解或解释。"前见"构成了我们理解历史的"前结构"，是我们理解和解释历史的先决条件。本章就是试图表明作者如何看待、解释城乡教育关系制度变迁的这种"前见"和"前结构"，主要从本体论、价值论和实践论三个维度来探讨。

一、城乡教育关系制度变迁的本体论分析

（一）何谓城乡教育关系制度变迁的本体论

本体论（ontology）是哲学术语，在西方哲学史中，它是研究存在的本质和规律的哲学概念。"ontology"一词由 17 世纪的德国经院学者郭克兰纽（Goclenius，1547—1628）最先使用。但是，关于"本体"的研究，在希腊哲学史上早有渊源。在古希腊哲学中，本体论的研究主要是探究世界的本原

---

① 这里所以用理论这个词，是因为在这一部分，笔者更多的是对城乡教育关系制度变迁进行哲学式的思辨研究，而非归纳式的经验研究。在接下来对城乡教育关系制度变迁进行的本体论分析、价值论分析和实践论分析中，笔者虽然借用了本体论、价值论、实践论这些哲学中经常使用的、有所专指的概念，但是作者在使用这些概念时，并非从纯粹哲学意义上使用的。虽然如此，笔者也并非标新立异地单纯借用这些概念字眼，而与其本意毫无联系。事实上，笔者在使用这些概念时，在很大意义上保留了这些概念的原意，只不过在使用时含义上有所泛化。也可以说，笔者是在作为思维方式的意义上，而非在作为特定哲学研究对象和领域的意义上使用这些哲学概念。

或基质。各派哲学家力图把世界的存在归结为某种物质的、精神的实体或某个抽象的原则。如亚里士多德（Aristotélēs，前384－前322）认为哲学研究的主要对象是实体，而实体或本体的问题是关于本质、共相和个体事物的问题。他认为研究实体或本体的哲学是高于其他一切科学的第一哲学。在西方近代哲学中，笛卡儿（Rene Descartes，1596－1650）把实体概念看成不依赖任何其他实体而能自己存在的东西。17－18世纪，莱布尼茨（Gott-fried Wilhelm Leibniz，1646－1716）及其继承者沃尔夫（Christian Wolff，1679－1754）试图通过纯粹抽象的途径建立一套完整的、关于一般存在和世界本质的形而上学，即独立的本体论体系。沃尔夫把一般、普遍看做脱离个别、单一而独立存在的本质和原因。康德一方面认为建立抽象本体论的形而上学不可能，本体论要研究的只能是事物的普遍性质及物质的存在与精神存在之间的区别；另一方面又用与认识论相割裂的、先验的哲学体系来代替本体论。黑格尔在唯心主义基础上提出了本体论、认识论和逻辑学统一的原则，并从纯存在的概念出发构造了存在自身辩证发展的逻辑体系。①

在现（当）代西方哲学中，以实证主义等为代表的一些哲学流派拒斥任何形式的形而上学和本体论。但是，对本体论的研究并没有因此销声匿迹，20世纪前后，由于对人类生存问题的关注和对人文精神的呼唤，西方哲学对本体论的研究又以迥然各异的态势重新复兴，并呈现出多元化的发展趋向。如胡塞尔的"先验本体论"、海德格尔的"基础本体论"、哈特曼的"自然本体论"等。但由于在现（当）代哲学的发展中，不同哲学家的哲学志趣并不相同，他们对本体论问题的探索也都各辟蹊径、迥然各异。

到目前为止，对于本体论，在哲学中也并没有形成统一的定义。但本体论作为一种思维方法和解决问题的方式，被广泛地应用于知识管理、人工智能、情报学（图书馆学）等部门及领域。在应用这一概念的过程中，斯坦福大学的格鲁贝尔（Jonathan Gruber）给出的定义得到了许多同行的认可，即本体论是对概念化的精确描述，本体论用于描述事物的本质。②

根据上述本体论的释义，我们可以对城乡教育关系制度变迁进行本体论的分析。对城乡教育关系制度变迁的本体论分析主要研究城乡教育关系制度

① 王志军. 马克思对传统形而上学本体论的双重态度 [J]. 北方论丛，2005（3）：136－139.

② 本体论 [EB/OL]. http：//baike. baidu. com/view/61457. htm，2010－01－22.

变迁的"存在"问题，它并不对某一项具体的城乡教育关系制度的变迁进行研究，而是对作为"存在者"的城乡教育关系制度变迁的本质进行分析。它是人们对城乡教育关系制度变迁本体的探寻和城乡教育关系制度变迁本来面目的逻辑把握，是人的思维对城乡教育关系制度变迁现象进行还原后的逻辑构建物。

（二）研究城乡教育关系制度变迁本体论的意义

城乡教育关系制度变迁的历史相当久远，自从有了城乡之分，便有了城乡教育之别，也就开始了城乡教育关系制度变迁的历史，对城乡教育关系制度变迁进行研究的历史却不太长，有影响力的研究成果也并不多。由于各种原因，对城乡教育关系制度变迁的本体论研究更不多见，影响了对这一问题进行更深入研究的共同基础的建立。作为城乡教育关系制度变迁"存在"问题的理论，对城乡教育关系制度变迁的本体论进行分析，其独特意义毋庸置疑，其重要性表现如下：

第一，它是进行城乡教育关系制度变迁理论研究的根基。目前对城乡教育关系制度变迁的研究是很少的，对教育研究者来说，可能的研究路径一般有三种：一是现实，二是理论，三是历史。从理论研究来说，城乡教育关系制度变迁的理论研究至少包括以下三个方面：城乡教育关系制度变迁的本体论、城乡教育关系制度变迁的价值论和城乡教育关系制度变迁的实践论，它们构成了相对完整的城乡教育关系制度变迁的理论体系。如果把城乡教育关系制度变迁的理论研究比作大树的话，城乡教育关系制度变迁的本体论研究就是这棵大树的根基，而有关城乡教育关系制度变迁的价值论和实践论则是这个大树的两个主干，其他的研究是大树的枝权，没有城乡教育关系制度变迁的本体论，就不会有城乡教育关系制度变迁的价值论和实践论，其他的相关理论研究也无根基了。

第二，它为人们认识城乡教育关系制度变迁提供哲学信念。城乡教育关系制度变迁本体论的重要功能之一就是在城乡教育关系制度变迁领域给人以哲学的信仰，这种信仰促使人们在城乡教育关系制度变迁理论和实践中，能够明确把握其方向。如果没有城乡教育关系制度变迁本体论的支持，对城乡教育关系制度变迁的认识可能就不统一，甚至会出现混乱。

第三，它可以成为批判现实城乡教育关系制度安排（变迁）的一种武器，为城乡教育关系制度的合理变迁指明方向。城乡教育关系制度变迁本体论的一个重要功能是批判现实，它通过探寻城乡教育关系制度变迁的本质并以此为尺度衡量和批判城乡教育关系制度安排的现实状况，使城乡教育关系制度的变迁更趋于合理，防止城乡教育关系制度变迁走向歧途。城乡教育关系制度变迁本体论的缺失导致人们陷入纷繁复杂的"现实"中不能自拔，它的建构能够引导教育理论和实践工作者，在面对各种城乡教育关系制度变迁的各种理论问题和实践困境时，不断调适和反思自己的行为，以更好地解决这些困难和问题。

（三）对制度概念的一个本体论的阐释[①]

以往，经济学、政治学、社会学、历史学等学科领域，都从不同的角度和立场对制度概念进行了理解。其中，比较有代表性的理解方式有以下几种：

在制度经济学中，制度被理解为"由人制定的规则"[②]。制度经济学的代表人物诺思则认为，制度"是一系列被制定出来的规则、守法程序和行为的道德伦理规范，它旨在约束追求主体福利或效用最大化利益的个人行为"。作为行为规则的制度被诺思进一步区分为"宪法、执行法和行为规范法则"。其中"宪法是基本法则……执行法包括成文法、习惯法和自愿性契约，它在宪法框架内界定交换的条件。行为规范是合乎宪法和执行法的行为准则"[③]。诺思的理解是行为规则或规范意义上的。

在政治学、社会学中，制度被理解为"组织中的行为规则、常规和全部程序"。制度确定行为规则及其合法性，规定社会成员的地位与责任，决定社会成员的行为模式并塑造社会成员。在这种理解中强调的是规则、结构、准则和组织规范。[④] 汤因比（Arnold Joseph Toynbee，1889－1975）认为

① 以往，一般都把"制度"概念理解为规则体系，是对人的行为的一种规范体系，这在绪论中已有所论述。这种理解方式是从制度功能的角度来理解制度概念的。但是，功能只能是某种实体的功能，所以说，这种理解方式的深刻性值得怀疑。南京师范大学哲学系高兆明教授就在批判了以往对制度各种理解的基础上，试图将制度视为本体，从本体论（存在论）的高度来理解"制度"。本文认同并借鉴了高兆明教授的这一观点和相关论述。详见：高兆明．"制度"概念的存在论辨析 [J]．南京师范大学学报：社会科学版，2007（4）：5－12．

② 柯武刚，史漫飞．制度经济学：社会秩序与公共政策 [M]．北京：商务印书馆，2001：32．

③ ［美］道格纳斯 C 诺思．经济史中的结构与变迁 [M]．陈郁，罗华平译．上海：上海人民出版社，1994：225－227．

④ 托马斯 A 凯尔布尔．政治学和社会学中的"新制度学派"［A］．苏国勋，刘小枫译．社会理论的知识学建构：第 3 卷 [C]．上海：三联书店，华东师范大学出版社，2005：259－268．

"制度是人和人之间的表示非个人关系的一种手段"，它"在所有的社会里都有"①。罗尔斯（John Rawls，1921－2002）将"制度理解为一种公开的规范体系，这一体系确定职务和地位及它们的权利、义务、权力、豁免等"②。

不管以往对制度概念的理解如何不同，从总体上说，这些理解方式都存在着两个方面的问题：其一，人们均是从某一特殊方面把握与使用"制度"概念，而缺少一种总体统摄性的理解；其二，在形形色色诸多特殊差异的用法中亦有其共通之处，这就是尽管其中有些已涉及结构层面，但总体上倾向于在规则、规范性这一功能的维度上理解"制度"概念。③ 由此就带来进一步的问题：一方面，一个缺失统一普遍性规定的概念，不仅意味着对这一概念本身缺乏深刻的把握与理解，而且在使用中难免有歧义，甚至造成混乱，这就要求我们对于"制度"的概念首先有一个普遍性把握。另一方面，规范性的功能规定似乎是对"制度"概念的一个共通理解。然而，对于"制度"概念的这个共同性理解本身亦面临着一个难以回避的更为基本性的问题：任何功能均是某种实体的功能，那么，没有实体的功能是否可能？通常习惯以"制度"来表达的这些功能的实体是什么？何以说明制度的规范性功能？是什么决定了制度的这些规范性功能？这些不同规范功能之间的关系是什么？这些功能的本体论依据是什么？④ 这些问题都需要对制度的概念进行更为始源、更为深入的界定。

要想弄清楚制度的本质，必须首先要明确人的本质是什么，因为制度的存在与人的存在息息相关。关于人的本质，马克思有一句很经典的话："人的本质并不是单个人所固有的抽象物。在其现实性上，它是一切社会关系的总和。"⑤ 马克思的这句话，至少包含了四层含义。第一，人的主体活动总是受制于社会关系，即社会发展有继承性。人们总是把前人的积累作为自己

---

① ［英］汤因比，索麦维尔节录. 历史研究（上）［M］. 曹未风，等译. 上海：上海人民出版社，1986：59—60.

② ［美］罗尔斯. 正义论［M］. 何怀宏，等译. 北京：中国社会科学出版社，1988：50.

③ 高兆明. "制度"概念的存在论辨析［J］. 南京师范大学学报：社会科学版，2007（4）：5—12.

④ 高兆明. "制度"概念的存在论辨析［J］. 南京师范大学学报：社会科学版，2007（4）：5—12.

⑤ ［德］马克思，恩格斯. 马克思恩格斯选集：第1卷［M］. 中共中央马克思恩格斯列宁斯大林著作编译局. 北京：人民出版社，1972：18.

活动的基础，社会既有的客观条件成为人们从事现实活动的客观前提。所以，人是在特定的社会中发展自己的。第二，人的主体活动本质上是社会性的。人在社会关系中生活，因而既成的社会关系便决定着人的本质，社会关系是人的主体活动存在和进行的形式。第三，人的现实本质决定于人的社会属性而不是自然属性。这样，世界上就不存在脱离社会关系的自然人，社会关系自始至终都塑造着人。第四，由于社会的发展总是通过各种具体的形式来实现的，人的本质也必然具有一定的社会形式，是具体的。因此，社会关系还构成了借以区别不同时代人类活动历史类型的内在依据。① 值得注意的是，马克思所说的这种塑造人并规定着人的社会关系，并不是指个体间的具体社会关系，而是一切社会关系的总和，或称之为隐藏在个体间关系背后，并支配着个体间交往关系的一种社会关系结构，这种结构不以当事者个体自身的意志为转移。制度是现实存在着的人的关系。正是在这个意义上，人不是作为抽象的人，而是作为现实的人存在，其原因就在于人摆脱了抽象性的作为社会关系结构的制度。就人的存在本体论维度而言，制度是使人作为现实存在者的社会关系结构，也正是在这个意义上，制度又是人的现实存在方式。② 这个存在方式并不是抛开人的社会关系来考察人的本质（即离开人的现实性而抽象地、孤立地观察人），而是在人的社会性意义上而言的，它所揭示的是人在社会结构中脱离其抽象性和孤立性而成为现实的人。这里的存在方式不是就外在形式、呈现方式意义上而言的，而是在人的本体、人的本质规定意义上而言的。③ 这就好比时空是事物的存在方式一样，事物并不外在于时空而存在，它就是时空本身。

从马克思唯物史观中解读出的上述"制度"思想，亦可以从当代思想家那里获得支持。当代英国著名的社会学家安东尼·吉登斯（Anthony Giddens）就曾从社会结构的维度理解"制度"的概念，并作出极具启发性的阐述。吉登斯在论及社会自身再生产时提出了"结构性特征"的概念，并用来指社会系统中"制度化了的特征"。吉登斯认为，社会的"结构性特征"是

① 柳海民. 教育原理 [M]. 长春：东北师范大学出版社，2000：218—219.
② 高兆明. "制度"概念的存在论辨析 [J]. 南京师范大学学报：社会科学版，2007（4）：5—12.
③ 高兆明. "制度"概念的存在论辨析 [J]. 南京师范大学学报：社会科学版，2007（4）：5—12.

"社会总体再生产中包含的最根深蒂固"的特征，"结构最重要的特性，就是制度中反复采用的规则与资源"。同时，他又认为制度具有"较持久"的特性。在吉登斯的理解中，事实上，将制度规定为社会交往关系结构，这个结构具有稳定性与持久性特征。① 它具有实践的特征，是人类较稳定的行动程序。

通过以上论述我们可以看出，制度在根本上是一种社会存在，是人的现实存在方式，是人的一种社会交往关系结构。既然制度是调节人的社会关系的一种社会结构，而人的社会关系又是多种多样的，那么，制度调节人的诸多社会关系到底意味着什么呢？更进一步说，社会关系的本质是什么？马克思有句名言："人们奋斗所争取的一切，都同他们的利益有关。"② 而物质利益是利益结构中的核心内容，因为人们的一切活动"首先是为了经济利益而进行的，政治权力不过是用来实现经济利益的手段"③。恩格斯也说，"每一个既定社会的经济关系首先表现为利益"④。因此，在人与人之间的诸多社会关系中，最本质、最基本、最具有决定意义的关系就是利益关系，人们的一切社会关系实质上体现为人们的利益关系。⑤ 既然制度是调节人的社会关系的一种社会结构，而社会关系实质上又体现为人们的利益关系。那么，我们就可以合乎逻辑地得出，制度调节和规范的是不同的人、集团和阶级之间的利益关系，尤其是经济利益关系。

论述到此，我们应该会对制度的本质同以往功能性理解之间的关系有了更好的把握，制度作为一种调节人的社会关系的一种社会结构，通过确立不同个人、集团、阶级等方面的利益关系，因而内在地具有了规范性的功能。

制度首先是作为一种社会关系及其结构客观存在着，这种客观存在一旦被人们自觉意识与把握，就是关于制度的意识。制度的存在与制度的意识是

① 高兆明．"制度"概念的存在论辨析［J］．南京师范大学学报：社会科学版，2007（4）：5—12.

② ［德］马克思，恩格斯．马克思恩格斯全集：第1卷［M］．中共中央马克思恩格斯列宁斯大林著作编译局．北京：人民出版社，1956：82.

③ ［德］马克思，恩格斯．马克思恩格斯选集：第4卷［M］．中共中央马克思恩格斯列宁斯大林著作编译局．北京：人民出版社，1958：250.

④ ［德］马克思，恩格斯．马克思恩格斯全集：第3卷［M］．中共中央马克思恩格斯列宁斯大林著作编译局．北京：人民出版社，1960：209.

⑤ 苏宏章．利益论［M］．沈阳：辽宁大学出版社，1991：92.

两个不同的范畴，后者是对前者的自觉意识与把握，是前者在观念中的存在。当被自觉意识与把握了的作为客观关系及其结构的制度，被人们进一步自觉地表达出来时，就成为人们的制度性要求，这种制度性要求成为人们用来整合与规范社会生活的工具。这种被自觉意识与表达出来的制度性要求，有两种基本样式：一种以伦理道德为表达样式，就是通常所说的非正式制度；另一种以法律规章章程等为表达样式，就是通常所说的正式制度。[①] 论述到这里，我们可以给制度一个明确的定义。从客观角度来看，制度首先是一种社会存在，是人的现实存在方式，是人的一种社会交往关系结构；从主观上来讲，制度是人们对人类自身的社会交往关系结构的表达与表征，是制度的表象。对制度的定义应该既说明制度的表象，又要揭示出制度的本质。借鉴制度表象观和制度本质观，本书把制度定义为人类对自身社会交往关系结构的规范化表达。其中，规范化表达就是制度的规则系统，是制度的表象层面；社会交往关系结构是一种社会存在，是人的现实存在方式和行为的边界，是制度的本质层面。

(四) 结构与行动的关系

如果把制度理解为人存在意义上的社会交往关系结构，那么，作为一种结构，自然而然地具有稳定性和凝固化的特征，这为我们理解阻碍制度变迁的路径依赖问题提供了一个很好的解释思路。但是，与此相伴而生的另一个问题又摆在了我们的面前：既然作为社会交往关系结构的制度制约着人们活动的范围和边界，那么，是否意味着人们完全被这一结构所决定，人们在制度面前就无能为力了呢？如果果真如此的话，制度变迁又何以可能？

从最普遍的意义上讲，世界上一切物质（事物）都是运动的，没有不运动的物质（事物），物质（事物）的运动是普遍的、永恒的、无条件的。运动意味着发展变化，所以世界上的一切事物都是发展变化的。作为客观的社会交往关系结构的制度同样也会处在不断的发展变化中，因此制度变迁在最一般的意义上讲是一个自然历史过程。但与自然界相比，人类社会又是由人参与和构成的，人类的全部社会生活在本质上是实践的，制度变迁的过程也就是人的实践过程。马克思主义的唯物史观认为，社会存在决定社会意识，

---

① 高兆明. "制度"概念的存在论辨析 [J]. 南京师范大学学报：社会科学版，2007（4）：5—12.

社会意识是社会存在的反映并能够能动地反作用于社会存在，作为社会意识承载者的人自然就成为改造社会的主体，是制度变迁的实施者。

其实，这已经涉及社会学的一个经典问题，即霍布斯（Thomas Hobbes，1588—1679）提出的个人与社会的关系问题。在当代欧陆社会学界，它是以行动与结构的关系表现出来的。涂尔干（Mile Durkheim，1858—1917）、帕森斯（Talcott Parsons，1902—1979）等强调结构决定个体，社会秩序以强制的威力、型塑、规定着个人，涂尔干甚至说过自杀潮流选择了自寻短见者。而韦伯（Max Weber，1864—1920）、戈夫曼（Erving Goffman，1922—1982）等则抗议结构论对人主体性的抹杀，强调有意义的行动构建、维持和改变着社会世界。① "结构"和"能动作用"的关系是微妙的，因为两者的地位——谁为主导、谁为从属——至今仍未有定论。究竟是社会"结构"主宰个人，使其行动服从于由"结构"产生的规则；还是人们可依赖计划和刻意的行动去改变"结构"，这些都是社会本体论需要回应的问题。②

除了马克思，当今最能回应上述争议者，首推吉登斯的"结构化"理论。吉登斯开篇明义：社会科学和学科史中的任何研究全都关乎行动与结构的关系，但他反对任何一种决定论：无论是结构决定行动，还是行动构成结构都是没有意义的。结构化理论正是要超越这种二元对立，而用结构的二重性重新阐释个人与社会、行动与结构的关系。结构的二重性是指人主体的行动建构了社会结构，社会结构也是行动得以展开的条件。③ "结构"不只规限人的"行动"，同时也使"行动"得以产生。若人的"行动"不是完全地被规限的话，那么人便可以改造"结构"。按照吉登斯的观点，社会生活本身就是一个通过社会实践而不断实现结构化的过程，社会行动和社会制度是同时存在的，两者不可分离地在结构化中交织在一起，结构化成为制度制约和行动创造制度的运动方式。和其他学者不同，吉登斯把制度理解为具有时

---

① 于海. 结构化的行动，行动化的结构：读吉登斯《社会的构成：结构化理论大纲》[J]. 社会，1998（7）：46—47.

② 卢乃桂. 能动者的思索：香港学校改进协作模式的再造与更新 [J]. 教育发展研究，2007（12B）：1—9.

③ 于海. 结构化的行动，行动化的结构：读吉登斯《社会的构成：结构化理论大纲》[J]. 社会，1998（7）：46—47.

空普遍性的实践活动。正因如此，吉登斯认为，制度分析不应当研究具体情境中的个别行动，而应当研究社会行动。吉登斯关于制度的理解同他关于结构、规则的理解是一致的。他认为，结构就是规则与资源的总和，两者皆由人的行动所创。规则的一个显著特征就是与实践紧密地结合在一起，离开实践的规则是不存在的。规则的作用主要体现在对意义的构成和对社会行为的约束方面。因此，它可以分为表意性规则、规范性规则、支配性规则。支配性规则同配置性资源如物体、商品等的结合，形成经济制度；同权威性资源如对行动者控制相结合，形成政治制度；表意性规则同语言符号相结合，形成了符号制度和话语方式；规范性规则经过条文化则形成法律制度。因此，结构化过程就是规则和资源在实践中不断发挥作用的过程，其结果是各种社会制度的建构。① 因此，结构二重性与制度的多重性（政治、经济、法律、习惯等制度）是紧密结合在一起的。

二、城乡教育关系制度变迁的价值论分析

（一）作为哲学一般的价值论

作为哲学一般的价值论是关于价值的性质、构成、标准和评价的哲学学说。它主要从主体的需要和客体能否满足及如何满足主体需要的角度，考察和评价各种物质的、精神的现象及人们的行为对个人、阶级、社会的意义。某种事物或现象具有价值，就是该事物或现象对个人、阶级或社会具有积极意义，能满足人们的某种需要，成为人们的兴趣、目的所追求的对象。价值是通过人们的社会实践实现的。人们社会生活的需要、兴趣和目的是多方面的，所追求的价值也是多方面的。"价值"的概念广泛地应用于经济学、伦理学、美学、认识论以及其他社会科学或人文科学，它在这些不同的知识领域中，具有不尽相同的含义；而价值论则是研究一般价值的理论。②

人类认识世界的目的在于改造世界，而改造世界又是为了满足人本身的需要。所以人类在追求真理的基础上提出了价值的问题。作为哲学范畴的价值，它是指客体对主体的意义或有用性。价值是关系范畴，它是客体以自身

---

① 硕博网. 社会学理论 [EB/OL]. http://zx.china—b.com/jedx/zixun_63880_2.html, 2008—4—28.

② 价值论 [EB/OL]. http://baike.baidu.com/view/680338.htm, 2009—12—25.

属性满足主体需要或主体需要被客体满足的效用关系。价值由两方面构成：一方面是主体的需要和利益，另一方面是客体的某种属性或性能，价值是在两者的关系中发生和形成的。因此，价值既有客观性，又有主体性。马克思在《1844年经济学哲学手稿》中提出了人类劳动两种尺度的思想。他说："动物只是按照它所属的那个种的尺度进行建造，而人却懂得按照任何一个种的尺度进行生产，并且懂得怎样处处都把内在的尺度运用到对象上去。因此，人也按照美的规律进行建造。"① 马克思所说的人类劳动的两种尺度即是物种的尺度和内在的尺度。物种的尺度是客体的尺度，就是按照客观事物的本质和规律改造世界，反映了价值的客观性，价值必须以客观事物本身所具有的属性为现实基础。内在的尺度即人的尺度，就是按照人的需要改造世界，它反映了价值的主体性，价值观念或价值意识就是按主体需要把握客体的意识形式。

主客体之间的价值关系不是一种自然的、现成的关系，也不是主体需要与客体属性之间随即相遇的关系，而是主体在实践基础上确立的同客体之间的一种创造性的关系，是主体在实践中选择的结果。只有通过社会实践，人们才能发现客观事物及其属性对自己的实际意义，并自觉地建立起同客观事物之间现实的价值关系。同时，只有通过社会实践活动，人们才能实际地发现和掌握关于客观事物属性的使用方式，使客观事物有益于人的那些方面以为人所需要的形式被人们所占有，亦即使它们的价值得以实现。由于人的需要以及客观事物的属性是多种多样的，因此人们的价值选择也是多种多样的，不同的人、不同的群体会有不同的价值选择，从而表现出价值取向，即价值观上的差异。然而，人们的价值选择又不完全是主观随意的，它要受到多种因素的影响和制约，主要包括功利、情感、道德、审美的主观因素和社会历史条件等客观性因素。一般地说，一定时代的人们的价值标准，总是植根于当时人们的物质生活条件，受当时社会历史条件的制约。时代发展了，人们的物质生活条件变化了，人们的价值标准和所追求的价值及其构成或早或晚都要发生相应的变化。从这个意义上说，价值在本质上是一个社会历史的范畴，永恒不变的价值标准和价值体系是不存在的。总而言之，价值具有

---

① ［德］马克思，恩格斯. 马克思恩格斯全集：第42卷［M］. 中共中央马克思恩格斯列宁斯大林著作编译局. 北京：人民出版社，1979：97.

客观性、主观性与社会历史性。

（二）利益与价值概念的异同

利益与价值的概念息息相关。《辞海》把利益简单解释为"好处"①。有人把利益定义为"人类自我的满足"②。"利益"在拉丁语中的含义是在场、有份，是指主体对客体（其他人、事物或者关系）的参与（实在关联性）。利益表现为某个特定的（精神或者物质）客体对主体具有意义，并且为主体自己或者其他评价者直接认同、合理地假定或者承认对有关主体的存在有价值（有用、必要、值得追求）。③耶林内克（W. Jellinek）认为，利益是一种离不开主体对客体之间所存在的某种关系的价值形成，是被主体所获得或肯定的积极的价值。如此，利益即和主体的价值（感觉）形成关联。价值被认为有无存在，可直接形成利益的感觉，这一切，又必须系于利益者（即主体）之有无兴趣的感觉。④从众多学者的论述看，利益就是主体对自身与客体关系的一种价值判断。它具有以下特性：一是客观性，即客体对主体的意义或价值是真实存在的，是客观的，是不以人的意志为转移的；二是主观性，即客体的意义必须是被主体所感受到或被主体所认定的；三是可变性（社会历史性），即客体对主体的意义或价值是可变的，受当时社会条件和主体认识能力的影响。尽管不同的学者对利益主观性与利益客观性的强调有所不同，有的对利益概念的理解偏重于主体（自我的满足），有的则偏重于客体（好处）。但是，对利益反映的是主客体关系这一论断，几乎很少人会有异议。

主客体的关系大致可以分为三类：一类是价值关系，一类是认识关系，再一类是实践关系。很显然，利益既不同于认识关系，也不属于实践关系，而只能属于价值关系的范畴。⑤按照马克思主义的观点，价值是客体以自身属性满足主体需要或主体需要被客体满足的效用关系，而利益则是主体对自身与客体关系的一种价值判断，它们反映的都是主客体之间需要与被满足的

---

① 辞海编辑委员会. 辞海（1979 年版缩印本）[Z]. 上海：上海辞书出版社，1980：1736.

② 张循理. 利益论九讲 [M]. 北京：中国青年出版社，1987：7.

③ [德] 汉斯·J·沃尔夫，奥托·巴霍夫，罗尔夫·施托贝尔. 行政法：第 1 卷 [M]. 高家伟译. 北京：商务印书馆，2002：324.

④ 陈新民. 德国公法学基础理论（上）[M]. 济南：山东人民出版社，2001：182—183.

⑤ 马德普. 社会主义基本价值论 [M]. 北京：中央编译出版社，1997：14.

一种关系，只不过，它们对主体或者是客体各有侧重。例如，人们平常较多地使用"某个主体的利益"这类概念，而不用"某物的利益"这类概念。相反，在谈到价值时，人们常说"某物（客体）的价值"，而不常说"某个主体的价值"。当人们说"人的价值"时，这里的人实际上指的是作为客体的人，人的价值就是作为客体的人满足主体人的需要和社会主体需要的关系。可见，"利益"这个词偏重指主体需要的对象，而"价值"这个词偏重指对象满足主体需要的性质。① 一个是从主体到客体，另一个是从客体到主体，这就像语言中的主动句与被动句一样，说某物对某主体是有价值的，也就是说某物对某主体是有利和有益的，它们表达的是一个意思，只不过从不同的角度对同一事物的观察而已。因此，在许多场合下，"利益"和"价值"这两个概念是同义的，也是可以互换的。例如，只要我们不把利益简单地理解为物质利益、私人利益或眼前利益，而是看到还有道德利益、审美利益、社会利益和长远利益问题，那么，人们对待利益就有个选择问题，就有个正当不正当或应当不应当的问题。② 这里，利益概念就可以等同于价值概念。同样，如果我们把价值界定为客体满足主体需要的关系，而不是像唯心主义者那样把价值看成不依赖于主客体关系的超自然的独立存在，看成仅仅基于责任、义务的善的体现，那么价值就也有个人价值与社会价值、物质价值与道德价值（以及审美价值）、眼前价值与长远价值之分，以及价值选择的正当与不正当等问题。③ 在这里，价值的概念同样可以理解为利益的概念，两者在混用时并不会引起多大的误解。正是由于这些原因，本书在使用"价值"和"利益"这两个概念时基本取同等的含义，只是在不同的情景中，分别依照习惯使用不同的概念，或者给予不同的限定。

（三）什么是城乡教育关系制度变迁的价值论

如前所述，制度首先是一种社会存在，是人的现实存在方式，是人的一种社会交往关系结构，而这种社会交往关系结构则是对社会成员利益关系的基本安排。作为一种社会交往关系结构，从功能的角度讲，制度对社会关系的调整总是离不开对利益关系的调整，制度是以利益机制来调整人的行为的

---

① 马德普. 社会主义基本价值论 [M]. 北京：中央编译出版社，1997：14.

② 马德普. 社会主义基本价值论 [M]. 北京：中央编译出版社，1997：15.

③ 马德普. 社会主义基本价值论 [M]. 北京：中央编译出版社，1997：15.

社会规范。"即便在现代民主国家,民主与集中的关系,权利和义务的关系,归根到底也是各种利益的相互关系在政治上和法律上的表现。"① 当制度被各利益主体要求表达各种不同利益的时候,就产生了制度上的利益冲突。

既然制度是对社会各主体利益关系的安排与确认,那么制度变迁的过程就是对社会各主体利益关系的调整过程,这种调整是社会各利益主体主动调整的结果,是作为"行动者"的团体或个人"行动"或"实践"的结果。但作为不同的"行动者",他们都有自己不同的利益。我们必然要问,作为利益关系调整的制度变迁,体现了谁的价值(利益)?谁的价值(利益)处于主导地位,谁的价值(利益)处于次要地位?对于城乡教育关系制度变迁价值主体的分析,就是城乡教育关系制度变迁的价值论。

三、城乡教育关系制度变迁的实践论分析

对城乡教育关系制度变迁的本体论分析与价值论分析主要是从静态上考察制度的概念、本质与价值等。而对城乡教育关系制度变迁的实践论分析则主要是从动态上考察城乡教育关系制度的运行、发展与变化。

(一)城乡教育关系制度变迁实践论的涵义

实践理论是哲学与社会学中的一个经典论域。在社会学中,凡是反结构主义决定论的学者都会对实践这个概念有所涉及,只不过在术语上可能有所差别,如"实践"、"能动"、"行动"等。马克思、布迪厄(Pierre Bourdieu,1930－2002)、吉登斯等都曾经对这些概念进行过深入的探讨。

实践的观点是马克思主义哲学首要的基本观点。马克思主义认为,实践是主观见之于客观的活动,包括了人们改造客观世界的一切活动。人类的全部社会生活在本质上都是实践的。

首先,实践是社会关系的发源地。实践是人有目的、有意识地改造物质世界的社会性活动,实践内在地包含三重关系,即人与自然的关系、人与人的关系以及人与自身意识的关系,这些关系构成了人类社会最基本的关系,即物质的社会关系和思想的社会关系,因而人类的实践活动是社会关系的发源地。其次,实践构成了社会生活的基本领域。实践有三种基本类型,即制造物质生活资料的实践、创立和改造社会关系的实践,以及创造精神文化的

---

① 邓小平. 邓小平文选:第 2 卷 [M]. 北京:人民出版社,1994:176.

实践。这三种实践构成了社会生活的基本领域，即社会的物质生活、政治生活和精神生活，并对象化为社会的基本结构，即社会的经济结构、政治结构和观念结构。最后，实践构成了社会发展的动力。社会发展主要是社会关系的变化及社会结构的变迁，而社会关系、社会结构是人的实践活动的对象化和实践得以进行的基础，因此，社会发展的动力绝不会产生于人的实践活动之外，它只能形成于人的实践之中。

马克思的实践观深刻地揭示了人类社会的实践本质，对人类认识社会和改造社会有着普遍的指导意义。但是，我们研究城乡教育关系制度变迁的实践论，并不是哲学层面上的探讨。城乡教育关系制度变迁的实践论是研究城乡教育关系制度变迁的实现过程。它本身不仅仅是一种结果，更是一种过程。因此，研究城乡教育关系制度变迁的实践，实质是研究它的运行方式、发展变化的原因与动力等。

（二）城乡教育关系制度的运行

1. 制度运行的环境

制度运行的环境包括两个方面：一是制度运行的外部环境，二是制度运行的内部环境。制度运行的外部环境是指制度运行的外部经济社会环境和条件，它包括两方面的因素：一是属于制度性的因素，只不过是比这一制度层次或位阶更高的制度，可称之为制度运行的外部制度性环境；二是指不属于制度的社会因素，包括经济的、政治的、军事的、社会性的乃至观念性的等，如人口的增长和迁移、技术进步、宗教的兴起与传播等，① 我们可以将它称为制度运行的外部非制度性环境。制度运行的外部环境好比计算机软件运行的系统配置和系统环境的要求，制度运行系统的外生变量存在于制度运行的外部环境中。制度运行的内部环境是指执行和实施制度主体的经济和观念状态以及主体间的相互关系，制度运行系统的内生变量存在于制度运行的内部环境中。内部环境同样可以分为制度运行的内部制度性环境和内部非制度性环境。

就制度运行的制度性环境来说，在考虑制度和它的制度性环境的关系时，制度的内容不能与比它层次更高的制度内容相冲突，否则就与它的环境和前提条件相冲突，不能正常运行。在考虑制度和它的内部环境之间的关系

① 卢现祥，朱巧玲. 新制度经济学 ［M］. 北京：北京大学出版社，2007：460.

时，在同位阶的平行制度之间也应该具有相容性和一致性，在政策制度和法律出台的过程中，要防止政出多头和各自为政。制度除了不能与比它更高位阶制度相冲突，还必须保持自身的逻辑自洽性。制度自身的逻辑自洽性，就是制度自身的前后各方面的一致性，防止自相矛盾。[①]

环境是相对而言的，一个较高层次制度的运行可以是另一相对较低层次制度运行的前提条件和环境，更高层次和更基本的制度是下一层次和更具体制度的给定环境。从制度的类别来看，按层次和位阶的高低可以分为宪法秩序、制度安排以及规范性行为准则等。我们所说的制度变迁一般属于第二层次的制度概念。在这其中，宪法秩序属于制度安排以及规范性行为准则的制度环境，而制度安排又属于规范性行为准则的制度环境。制度要很好地运行，起到预期的作用，就必须与它的环境相适应，与一个社会经济社会发展条件相适应。"一个社会制度所以需要成为普遍有效的，至少有这样一个基本理由：各种政治/社会单位并非各自独立互相无关，而是互相影响、互相制约着的，尤其是这些政治/社会单位之间的关系是包含关系，即按规模层次一个包含另一个，于是，规模比较大的单位就成了比较小的单位的外部环境和存在条件（这一点在全球化时代变得更加突出），如果忽视一个社会的外部环境（尤其在今天的世界），或者说各个层次的单位之间没有一致性，几乎必然要产生无法控制的混乱、失序、矛盾和冲突。"[②]

2. 制度运行的主体

从客观方面讲，制度是人的社会交往关系结构，调整和规范着个人、集团、阶级等的利益关系；从主观方面讲，由于利益的驱动，不同的个人、组织通过自身的"实践"、"行动"不断生成和再造着制度结构，并通过制度的运行来维护自身的利益。因此，制度的调整对象同时也是制度运行的主体。按照科斯（Ronald Harry Coase，1910）的定义，制度是调节人与人之间、人与组织之间以及组织与组织之间互动的规则。因此，运行制度的主体，包括个人、组织（团体、法人）及国家。归纳起来，运行制度的主体只有两种类型：个人和个人的联合体——组织。在不同层次的组织里，由于制度调整的对象不同，因此运行制度的主体也会有所差别。例如，在微观的企事业单

① 杨伟敏. 制度本体论研究 [D]：[博士学位论文]. 北京：中共中央党校，2008：83.
② 赵汀阳. 天下体系：世界制度哲学导论 [M]. 南京：江苏教育出版社，2005：73.

位组织里，制度的调整对象（运行制度的主体）是公司企业、单位组织、职员、员工、管理者、股东、消费者、社会公众等；在产业行业的层面里，制度的调整对象（运行制度的主体）主要是国家社会：民众、利益集团、政府、精英、企业和各类非政府组织；在国家社会层面的制度里，制度调整的对象（运行制度的主体）包括国家机关、企事业单位、各类非政府非营利性机构和广大民众等；甚至在国际层面里，国际制度调整的对象（运行制度的主体）包括国家、国家间的组织和国际的民间组织等国际关系主体。[①]

3. 制度运行的过程

制度运行的过程按主观意识参与的程度，可分为自发的无意识地运行和自觉的有意识地贯彻实施。[②] 对于习惯、习俗、惯例等非正式制度来说，它们的运行方式就是自发的无意识的运行；而对于国家或组织正式制定并颁布的法律、政策法规以及其他需要履行的条约契约等，就需要自觉地有意识地贯彻实施。

对于习惯、习俗、惯例等非正式制度来说，由于它是自发的无意识地运行的，因此，它是一种能够"自我实施"的制度。而对于法律、法规、条约契约等正式制度来说，由于它需要运行制度的主体自觉地有意识地贯彻实施，这里就有一个主体执行不执行、愿意不愿意的问题。如果主体有动力和意愿来执行，那么，这种制度的运行也可以达到"自我实施"；反之，制度的运行就需要依靠外在强制力来实施，但运行效果未必理想。最好的制度是能够"自我实施"的制度，自我实施的制度在运行的过程中，产生的社会成本要小。而不能"自我实施"，需要依靠外在强制力来实施的制度，其运行需要一定的社会成本，并且需要的强制力越大，社会成本就越高。能否成为"自我实施"的制度，关键在于，在制度的制定和形成过程中，制度是否对各利益主体的利益做到了统筹兼顾。如果各利益主体的利益都得到了满足，那么，这种制度就有可能成为能够"自我实施"的制度。一旦制度没有照顾到或损害了一方或多方的利益，那么，制度的运行就会受到障碍。并且，对主体的利益损害越大，或者被损害利益主体的力量越强大，那么，制度实施起来也就会越困难。因此，一种好的制度，就是能够做到利益兼顾的制度，

理想的制度状态就是达到利益的均衡。

(三) 城乡教育关系制度的变迁

制度变迁是制度研究的核心问题。制度变迁是常态，制度静止或制度均衡则是相对的。正如运动是物质的存在方式一样，制度变迁也是制度存在的基本方式。在制度变迁研究中，制度为什么会发生变迁，制度是如何变迁的，制度变迁的动力何在，制度变迁的道路或方式是怎样的等一系列问题，是研究者最为关注的问题。

1. 制度变迁的根本动因：生产力发展

马克思关于社会发展规律的基本原理告诉我们，导致社会变迁的力量是社会生产力与生产关系、经济基础与上层建筑之间的相互关系及矛盾运动。马克思认为制度变迁的根源是生产力的变化，生产力的变化引起原有的生产关系的不适应，从而引起生产关系的改变；而生产关系（经济基础）的变化又引起原有的上层建筑的不适应，从而引起上层建筑的改变。"社会的物质生产力发展到一定阶段，便同它们一直在其中活动的现存生产关系或财产关系（这只是生产关系的法律用语）发生矛盾。于是这些关系便由生产力的发展形式变成生产力的桎梏。那时社会革命的时代就到来了。随着经济基础的变革，全部庞大的上层建筑也或快或慢地发生变革。"① 在这里，社会生产力是最革命、最活跃的因素，它始终在变化，即使在上层建筑和生产关系不适应的情况下，也在缓慢发展。正是由于生产力的这种特性，才导致它与生产关系的矛盾以及生产关系与上层建筑的矛盾不断积累，最后通过制度变革进行调整。②

马克思主义的制度观，可以从两方面来理解。首先，从客观方面来看，制度是指现实的社会关系，是一种社会存在。马克思、恩格斯主要从这方面研究制度变迁理论。其次，制度是客观社会关系在人们观念中或法律形式中的反映，表现为意识形态、道德、习俗、法律、法规等，这些作为观念或法律的制度，形成约束和调整人行为的规则。③ 作为客观经济基础的制度和作

---

① 马克思，恩格斯. 马克思恩格斯选集：第 2 卷 [M]. 中共中央马克思恩格斯列宁斯大林著作编译局. 北京：人民出版社，1972：82—83.

② 周思玉. 从社会到国家：当代中国制度变迁的动因与过程分析 [J]. 中共浙江省委党校学报，2001 (1)：75—78.

③ 庄江山. 制度的哲学思考 [D]：[博士学位论文]. 上海：复旦大学哲学学院，2007：36.

为上层建筑的制度，它们之间存在着决定与被决定、反映与被反映的关系。正因如此，马克思才指出"这种具有契约形式的法权关系，是一种反映着经济关系的意志关系，这种法权关系或意志关系的内容是由这种经济关系本身决定的"①。对作为客观经济基础的制度（社会存在）和作为上层建筑的制度（社会意识和与此相适应的政治法律制度及设施）的区分和联系，正是马克思的伟大之处，它为我们科学理解制度变迁的实质、把握制度变迁的规律提供了深层次的指导。

马克思主义所论及的制度变迁可以分为两种：第一种是指社会的基本制度由低级向高级发展，这种制度变迁主要是由生产力与生产关系的相互关系及其矛盾运动决定的；第二种是指某种具体制度的产生及演变，如资本主义信用制度的产生和发展、工厂组织制度的变迁等。这种制度变迁虽然从根本上来说，同样是由生产力与生产关系的相互关系及其矛盾运动决定的，但是从现实性和直接性上来说，它是由经济基础与上层建筑之间的相互关系及矛盾运动决定的。

马克思主义认为，"一切社会变迁和政治变革的终极原因，不应当在人们的头脑中，在人们对永恒的真理和正义的日益增进的认识中去寻找，而应当在生产方式和交换方式的变更中去寻找"②。"人们在自己生活的社会生产中发生一定的、必然的、不以他们的意志为转移的关系，即同他们的物质生产力的一定发展阶段相适应的生产关系。这些生产关系的总和构成社会的经济结构，即有法律的和政治的上层建筑竖立其上并有一定的社会意识形态与之相适应的现实基础。物质生活的生产方式制约着整个社会生活、政治生活和精神生活的过程。不是人们的意识决定人们的存在，相反，是人们的社会存在决定人们的意识。社会的物质生产力发展到一定阶段，便同它们一直在其中运动的现存生产关系或财产关系（这只是生产关系的法律用语）发生矛盾。于是这些关系便由生产力的发展形式变成生产力的桎梏。那时社会革命的时代就来了。随着经济基础的变更，全部庞大的上层建筑也或快或慢地

---

① ［德］马克思. 资本论：第 1 卷. ［M］. 北京：人民出版社，1975：102.

② ［德］马克思，恩格斯. 马克思恩格斯全集：第 19 卷 ［M］. 中共中央马克思恩格斯列宁斯大林著作编译局. 北京：人民出版社，1963：201.

发生变革。"① 恩格斯也指出："一切重要历史事件的终极原因和伟大动力是社会的经济发展、生产方式和交换方式的改变，由此产生的社会划分为不同的阶级，以及这些阶级彼此之间的斗争。"② 从中可以看出，马克思主义经典作家认为社会制度变迁的根本动力是生产力的发展。在阶级社会里，推动社会制度变迁的直接推动力是阶级斗争。

2. 制度变迁的外在动因：制度运行环境的改变

马克思主义在肯定生产力对制度变迁的决定作用和在阶级社会中阶级斗争对制度变迁的直接推动作用的同时，并没有否认其他因素对制度变迁的影响。相反，他们认为各种因素是相互影响并综合起作用的，这也是制度呈现出多样性和丰富性的原因所在。除生产力因素外，制度变迁要受到来自制度变迁主体方面和客体方面的各种变量和因素的约束。从主体方面讲，参与制度创新（变迁）的行为主体包括个人、自愿性团体和政府三个追求自身效用最大化的基本单位，他们参与制度创新（变迁）的根本动机是获取外部的潜在利润（或制度创新可能带来的净收益）。如果不存在改变制度安排会带来更多收益的可能性，或者制度创新的预期收益不高于预期成本，制度创新（变迁）就不可能发生。因此，只有在制度创新中能获得一个在此（制度）之外没法获得的净收益，人们才有参与和进行制度创新的积极性。正如诺思指出的："如果预期的净收益（即潜在利润）超过预期的成本，一项制度安排就会被创新。只有当这一条件得到满足时，我们才渴望发现在一个社会内改变制度和产权结构的企图。"③ 这说明外在利润（外部潜在利润）的存在是制度变迁的前提条件。但是，在初始的制度均衡状态中，外在利润是并不存在的。那么，外部潜在利润又是如何产生的呢？这就需要从客体方面的各种变量和因素中寻找原因。诺思认为，在初始制度均衡中，外部潜在利润的增加是由制度外部环境的改变引发的。因此，制度外部环境的改变，是直接

① ［德］马克思，恩格斯. 马克思恩格斯全集：第2卷［M］. 中共中央马克思恩格斯列宁斯大林著作编译局. 北京：人民出版社，1957：32—33.

② ［德］马克思，恩格斯. 马克思恩格斯全集：第3卷［M］. 中共中央马克思恩格斯列宁斯大林著作编译局. 北京：人民出版社，1960：704—705.

③ ［美］科斯，阿尔钦，诺斯. 财产权利与制度变迁：产权学派与新制度学派译文集［C］. 刘守英，等译. 上海：上海三联书店，上海人民出版社，1994：274.

导致制度发生变迁的诱导性因素。制度外部环境是制度变迁发生的外生变量。

制度变迁发生的外生变量所包含的因素是多方面的，如前所述，它既包括非制度性社会因素，也包括制度性的社会因素。对于非制度性社会因素来说，它们是在长期演化过程中积累而成的，更多的是一个客观的历史过程，较少受到个人或某一集团的直接影响，如生产力的发展、人口的增长和迁移、技术进步、宗教的兴起与传播等，不同时期可能侧重的方面不同，这与当时的时代主题有关。但是，这些因素都能够在既定制度中向某一方向发生积累性变化。如果这些因素在既定制度中不发生积累性变化，而是趋于某一均衡水平，则外部潜在利润就不可能出现，这些变量就不会成为牵动制度变迁的外生因素。这些因素中的一种或几种发生的积累性变化超过一定的临界点后，就会引起具体制度的变迁。[①]

此外，制度性社会因素也是影响制度变迁发生的重要外部因素，如处于某一具体社会最高位阶和层次的宪法秩序的影响。我们知道，在不同政治制度中，人们拥有的权力是不一样的，人们进行制度变革的自由度是不同的，这就决定了制度变革的主体为实施变革付出的成本是不一样的。政治制度规定了人们进行制度变迁和制度创新的范围和程度。哪些方面的制度是可以变革的、可以创新的，哪些方面的制度是不可以变动、不允许自由创新的，以及制度变革可以在多大程度上进行，这些都是由一个国家的基本政治制度，特别是宪法制度（宪法秩序）所规定的。[②] 诺思曾经对宪法规则、操作规则和规范性行为准则作了区分，认为宪法规则是"基本法则，它的制定是用以界定国家的产权和控制的基本结构，与执行法相比，它显得难以修改。执行法包括成文法、习惯法和自愿性契约，它在宪法框架内界定交换条件。行为规范是合乎宪法和执行法的行为准则"[③]。这里的宪法规则就是指宪法秩序，它"规定确立集体选择的条件的基本规则，这些规则是规则的规则，它包括确立生产、交换和分配的基础的一整套政治、社会和法律的基本规则，这些规则一经确定，就要比以它们为根据制定出来的操作规则更难更动，因而变

---

① 卢现祥，朱巧玲. 新制度经济学 [M]. 北京：北京大学出版社，2007：460—461.

② 庄江山. 制度的哲学思考 [D]：[博士学位论文]. 上海：复旦大学哲学学院，2007：40.

③ [美] 道格拉斯·诺思. 经济史中的结构与变迁 [M]. 陈郁，罗华平，等译. 上海：上海三联书店，1991：227.

化缓慢。"① 概括来讲，宪法秩序是一种基础性的制度安排，它决定了各项具体制度安排的规则。对于具体的制度变迁来说，宪法秩序和非制度性社会因素一样，属于外生变量。

3. 制度变迁的内在动因：利益冲突

唯物史观认为，生产力是社会制度变迁的根本动力，但制度或社会生产关系变化的直接动因则是不同阶级之间的利益冲突。马克思在《共产党宣言》中说："到目前为止的一切社会的历史都是阶级斗争的历史。"② "人们奋斗所争取的一切，都同他们的利益有关。"③ 在阶级社会里，不同阶级之间的利益冲突，是整个社会制度变迁的直接原因。在社会主义社会，虽然阶级与阶级对立已经消除，但是人们之间的利益差别还很显著，利益差别以及由此引起的利益冲突同样是社会各项具体制度安排发生变迁的直接推动力。制度是调整和规范社会不同群体与个体之间利益的社会关系结构。如果这样看待制度含义的话，那么制度变迁就意味着不同群体与个体之间利益的重新分配，是社会利益格局的重新调整。

新制度经济学认为，人类进行一切活动的动因均来自某种利益需要，制度变迁活动同样如此。由于制度安排与制度结构通常调整的是不同的社会群体之间、个体之间的利益关系，但不同利益主体的利益不可能完全一致，因而不同社会主体对同一制度的需求是不一样的，有时候甚至处于完全对立的状态，所以制度均衡（利益均衡）的实现是比较困难的，制度安排和制度结构通常处于非均衡状态（利益冲突）。关于这一点，马克思说："一切历史冲突都根源于生产力和交往形式之间的矛盾。"④ 恩格斯也指出：每个人的利益、福利和幸福同其他人的福利有不可分割的联系，这一事实却是一个显而易见的不言而喻的真理。虽然我们大家都应该承认，没有自己的伙伴我们寸步难行，应该承认仅仅是利益把我们大家联系起来，我们却以我们的行动来

---

① ［美］戴维·菲尼. 制度安排的需求与供给［A］.［美］奥斯特罗姆等译. 制度分析与发展的反思：问题与抉择［C］. 王诚，等译. 北京：商务印书馆，1992：134.

② ［德］马克思，恩格斯. 马克思恩格斯全集：第1卷［M］. 中共中央马克思恩格斯列宁斯大林著作编译局译. 北京：人民出版社，1956：272.

③ ［德］马克思，恩格斯. 马克思恩格斯全集：第1卷［M］. 中共中央马克思恩格斯列宁斯大林著作编译局译. 北京：人民出版社，1956：82.

④ ［德］马克思，恩格斯. 马克思恩格斯全集：第1卷［M］. 中共中央马克思恩格斯列宁斯大林著作编译局译. 北京：人民出版社，1956：115.

践踏这一真理，我们把我们的社会安排得好像我们的利益不但不一致，而且还是直接对立的。① 恩格斯的这一段话有两层意思：一是指利益的社会性，即指个人利益的形成和实现离不开社会，离不开他人，从而受一定社会制度的制约；二是由于社会制度安排的不合理导致了利益的"不能一致"、"直接对立"，即冲突。在由物质生产发展水平决定的物质财富既定的条件下，由于社会基本制度和具体制度安排对利益分配的不合理造成不同程度和性质的利益冲突，② 并且这种利益冲突具有长期性和普遍性。

利益冲突具有普遍性，在任何社会，这种冲突只能相对缓解而不能从根本上消除。从表现形式上来看，人类社会的利益冲突首先表现在不同利益集团之间的冲突。在阶级社会中，不同利益集团之间的利益冲突又主要表现为不同阶级之间的利益冲突，尤其是经济利益的冲突，这种利益冲突是形成阶级斗争的主要原因。其次，人类社会的利益冲突还存在于不同阶级的个体之间以及同一阶级的个体之间。不同阶级之间的个体存在利益冲突很好理解，它是宏观上阶级之间利益冲突的微观体现。对于同一阶级之内的不同成员来说，由于所处的位置不同，同样存在着利益冲突。正如马克思和恩格斯在《德意志意识形态》中所提到的，"在这一阶级内部，这种分裂甚至可以发展成为这两部分人之间的某种程度的对立和敌视，但是一旦发生任何实际冲突，即当阶级本身受到威胁的时候，当占统治地位的思想好像不是统治阶级的思想而且好像拥有与这一阶级的权力不同的权力这种假象也趋于消失的时候，这种对立和敌视便会自行消失"③。同一阶级的利益一致只有在面对其他阶级的威胁这一前提时才有效，一旦离开这一前提，阶级内部的利益矛盾便普遍存在。社会主义社会虽然消除了阶级与阶级对立，但是在社会中依然存在着阶层之间的差别，阶层与阶层之间、个体与个体之间、个体与阶层之间依然普遍存在着利益矛盾与冲突。虽然这种利益矛盾与冲突的烈度和范围较之以前有很大改观，但其发生机理与阶级社会是很相似的，并没有什么根本不同。由于利益冲突（制度非均衡）是一种常态，因此制度总有一种运动

---

① [德]马克思，恩格斯. 马克思恩格斯全集：第2卷 [M]. 中共中央马克思恩格斯列宁斯大林著作编译局. 北京：人民出版社，1957：605.

② 庄江山. 制度的哲学思考 [D]. [博士学位论文]. 上海：复旦大学哲学学院，2007：39.

③ [德]马克思，恩格斯. 马克思恩格斯全集：第1卷 [M]. 中共中央马克思恩格斯列宁斯大林著作编译局译. 北京：人民出版社，1956：99.

（变迁）的冲动。但是，这并不意味着所有的利益冲突（制度非均衡）都一定导致新的制度安排的产生，新制度安排能否实现还取决于多重因素的影响。我们可以从诺思关于制度均衡的定义中认识到这一点。诺思认为，制度均衡是指这样一种状态，行为者的谈判力量及构成经济交换的总体的一系列合约谈判给定时，没有一个行为者会发现将资源用于再建立协议是有利可图的。要说明的是，这样一种状态并不意味着每个人都对现有的合约和规则满意，只是由于参与者改变合约的成本和收益使得这样做不值得，现存的制度制约、确定和创立了均衡。① 从中可以看出，利益冲突并不会直接导致制度变迁的发生，只有当社会主体认识到制度变迁会给自身带来净收益的增加，并且主体有足够的力量来推动新的制度安排产生时，制度变迁才会真实地发生。否则的话，制度变迁就只能是潜在的。但无论如何，利益冲突始终是引起社会主体进行利益博弈，并最终导致制度变迁发生的原动力。

---

① ［美］道格拉斯·C·诺思. 制度、制度变迁与经济绩效［M］. 杭行译. 上海：格致出版社，上海三联书店，上海人民出版社，2008：115.

第二章
从先秦到清末的城乡教育关系

从先秦到清末，我国经历了几千年的历史进程，跨越奴隶社会和封建社会两大历史形态。这一时期，虽然跨度长达几千年，但是我国始终处于传统的农业社会，社会的政治、经济、文化始终保持在一个相对稳定的状态。经济上以自然经济为基础，政治上以维护国王或皇帝为核心的家天下为宗旨，文化上相当长一段时期主要以儒家思想为正统。这一切都对城乡教育关系产生了深刻的影响，并呈现出鲜明的特点。

一、从先秦到清末的社会特点

（一）城乡一体、以农为本——无差别统一的城乡关系

城市的出现是生产力发展和社会生产关系变革的结果，是社会分工细化和社会经济发展到一定历史阶段的产物。在人类社会初期，由于生产力低下，社会分工不发达，农业与畜牧业、手工业直接结合在一起，整个社会浑然一体，无所谓城乡关系问题。当生产力有了一定程度的发展，社会分工深化了，于是出现了城市，开始了城乡分离甚至对立的历史，这种分离和对立贯穿着人类文明的历史并一直持续到现在。但从另外一方面来说，社会分工又是商品生产和商品交换的前提条件之一，经过长期的发展，人类社会逐渐形成了乡村以农业为主，城市以工商业为主的产业格局。城市与乡村的分离，人口的聚集，又为商品经济的发展提供了便利，这又反过来推动了社会分工向纵深发展。可以这样说，分工是推动城乡关系发生变化的一个十分重要的因素。因为分工的细化意味着经济的繁荣与发展，而经济与生产力的发展则是促动城乡关系发展的根本动力。

古代中国，经济的重心在农村，不论是乡村还是城市，都以自然经济为

基础，它们都维系在自然经济这一古老的轨道之中。虽然那时的商品经济也有了初步的发展，但是与近代以来以扩大再生产为目的的现代经济相比，则有着天壤之别，它是一种自给自足的经济。从事农业的居民自己进行农产品的生产和加工，城乡间社会分工非常落后，城乡经济的同质性和社会分工的落后性实现着"城市与乡村无差别的统一"，城市与乡村的关系表现为一种牧歌般的天然联系。由于中国古代的城市首先是作为军事和统治中心而存在的，"市"的功能的兴起是封建中后期的事情，加上中国具有深厚的中央集权统治，所以，城乡关系便体现出政治上城市统治乡村，而经济上乡村制约城市的特点。

首先，城市在政治上统治着乡村。从政治上来说，在古代中国，从中央到地方，城市是各级政权中心所在地，是整个国家体系中的一个个统治据点，实现着对包括乡村在内的广大地区的统治。乡村则是占人口绝大多数的农民聚居地，是从属于城市权力系统的最基层单位。其次，与城市在政治上统治乡村相反，乡村在经济上制约着城市。一方面，中国传统社会是一种农业社会，农业一直是国家的主导产业，农业经济是社会经济的主要部分，是国家经济的支柱和命脉。在城市中，虽然工商业一直在缓慢地发展着，尤其是唐宋之后封建社会的中晚期，城市工商业有了很大发展，甚至出现了资本主义的萌芽。但中国传统社会毕竟是农业社会，经济重心不在城市，统治者也一直奉行"重农抑商"的政策，严格地限制工商业的发展，他们认为商是"末"，农才是"本"，农村聚集了当时绝大部分的社会财富和人口。在这种情况下，城市工商业和商品经济的发展只能是有限的，即使有所发展，也是为满足统治者消费享乐的需要，与现代以扩大再生产为目的的商品经济具有天壤之别，根本无法取代农业的主体地位。它作为农业经济的附庸，在社会经济中只起着调剂和补充的作用，具有明显的消费性和非独立性。所以，在古代中国，城市在政治上统治着乡村，乡村则在经济上供养和制约着城市。这种情况虽然在世界上其他所有的农业社会具有普遍性，然而这种现象在古代中国显得更加突出。

与古代中国不同，中世纪欧洲的一些国家城市手工业与商业很发达，在工商业和贸易繁荣的基础上，欧洲国家形成了部分工商业城市，并在这些城市中形成了一个新的市民阶级。这些新的市民阶级与中古庄园的农民不同，他们摆脱了对土地的依赖，固定于土地上的人身依附关系也随之消失。城市居民的人身自由权开始提出来，争取人身自由开始成为城市斗争的主要内容。欧洲大陆的市镇和城邦从 13 世纪开始兴起了"共同体的运动"，许多已形成的城市通过举行起义，成立公社，谈判妥协，摆脱了君主之宗主权的压迫，脱离了封建的社会等级系统，开始实行城市自治。① 这些工商业城市与中国的城市相比更具有经济功能，其经济具有不依赖于封建庄园经济的某种独立性。由于这类城市在一定程度上享有自主权，城市居民也获得了相对的自由，这类城市在经济关系上与农村是互动的，即乡村向城市提供粮食，城市向乡村提供手工业品等商品。城乡之间的交流关系是一种双向流动式的对等交换关系，是通过市场而非强制实现的。

古代中国的城市并没有获得自主权，它一直处在统治者的严格控制之下，与农村交换手工业品的情况也没有发生。一方面，城市工商业经济在封建专制统治强有力的控制下，工商业者缺乏独立性和自主性而表现得软弱无力，也无法与乡村进行自由的商品交换，城市经济没有独立性，从而断绝了城市主要依靠城市经济谋求发展的可能。另一方面，城市的政治统治功能又特别突出，城市无论在规划、管理或建设方面都体现出明显的政府强制性和目的性，与广大乡村地区的经济交流也无需通过自由交换方式进行，采取强制征收的办法就可以获取城市所需要的粮食和其他生产生活用品。对于农村居民来讲，他们没有摆脱对土地的依附关系，生活处于一种自给自足的状态，也无须与外界互通有无。在这几方面的共同作用下，城市只能在政治力量的推动下不断地发展演变。正是在这种统治与制约（依附）的相互关系中，城市与乡村被划分为政治中心和经济中心，在整个社会体系中承担着不同的社会职能，维持着马克思所说的"亚细亚的历史是城市和乡村无差别的统一"② 的关系。

概括来讲，在前工业社会，我国城市与乡村虽已分离，但只是相对而言的。即使城市和乡村有所差别，它们之间的经济基础在本质上还是一致的。这时候，商品生产不发达，城市中的手工业产品主要供城市人口消费，与农民的产品交换很少；城市中需要的农产品也不是通过商品交换，而主要是通

---

① 城市的自治不是政治性的，而是法律性的，即从管辖他的领主或国王那里得到一种特权证书来保障它的一些权利。它的典型形态是共和国。

② 周执前. 国家与社会：清代城市管理机构与法律制度变迁研究 [D]：[博士学位论文]. 成都：四川大学历史文化学院，2007：58—59.

过征收来获得，城乡之间的商品交换很有限。唐宋之前，中国城市所发挥的主要是政治、军事方面的功能，到了唐朝，尤其是宋朝以后，随着商品经济的进一步发展，城市的经济功能开始凸现出来。到了明清时期，产生了资本主义性质的萌芽，很多商业性的城市开始出现，许多沿海、沿运河的城市就是由于商贸的需要而发展起来的。虽然那时城乡有了一定程度的区别和分化，但城市与工业时代的城市相比具有本质的区别，它们的经济基础还是农业，与工业时代的城市完全不同。正是由于这个原因，城市规模的进一步发展受到了很大限制，这也为国家实行城乡不分、单一区域管理的行政体制奠定了基础。总起来说，在我国整个封建时期，城乡的管理几乎没有什么太大的区别，城市和乡村都由官府统一管理，没有专司城市事务的城市政府，市政与乡政并无严格区别。"自夏商至清末，可以说我国实行的都是'城乡合治'的管理体制，一般来说，除国都及周围地区隶属中央政府外，其他城镇隶属于所在的省、州、郡、县，由同一个政府机构管理，没有专门的城市政府"，① 是一种城乡不分的地域管理。②

（二）皇权与绅权的分立——集权的简约治理

一般认为，在中国的封建社会，国家的权力是巨大的，对整个社会进行着牢固的控制。但费孝通认为，"东方的农业平原正是帝国的领域，但是农业的帝国是虚弱的，因为皇权并不能滋长壮健，能支配强大的横暴权力的基础不足"③。梁漱溟也认为，传统中国的国家概念与西方的国家概念有很大差别，甚至以西方的国家概念来审视中国的话，中国的国家并不能称之为国家，因为，"第一可从其缺少国家应有之功能见之。此即从来中国政治上所表见之消极无为。历代相传，'不扰民'是其最大信条，'政简刑清'是其最高理想"。"事实上，老百姓与官府之间的交涉，亦只有纳粮、涉讼两端。河北省民间谚语，说'交了粮，自在王'，意思是：完过钱粮，官府就再管不到我（亦更无其他管制）。至于讼事，你不诉于官，官是不来问你的。不论民刑事件，通常多半是民间自了。"④ 费孝通是从传统农业经济不能支持帝

① 顾炎晴，王洪臻. 市政管理 [M]. 天津：天津人民出版社，1996：4.
② 万大勇. 中国城乡关系与城乡合治 [D]. [硕士学位论文]. 成都：四川大学公共管理学院，2006：38—39.
③ 费孝通. 乡土中国，生育制度 [M]. 北京：北京大学出版社，1998：62.
④ 梁漱溟. 中国文化要义 [M]. 上海：学林出版社，1987：162—163.

国直接统治社会的角度讲传统中国国家与社会的分离，梁漱溟则重点从文化和中国传统社会的结构上解释"官不扰民"。①

吉登斯在其名著《民族、国家与暴力》中认为，社会转型可以分为三个阶段：传统国家时代、绝对主义国家时代、民族国家。传统国家是阶级分化的国家，国家的行政力量是有局限的，国家更多的是城市意义上的国家，对社会的控制是较为软弱的。而现代民族国家与传统社会区别的突出特征是现代国家与社会的高度融合。现代国家的产生，其目标就是要造成一个有明确边界、国家行政力量全面渗透于社会、并对社会控制严密、大众文化取代传统文化的社会，它的形成基础是依靠法律以及对内部暴力工具的直接控制。② 中国社会历史的变迁也大致经历了类似的过程，中国的民族国家建设，应该开始于清朝中后期，具体标志是 1840 年的鸦片战争。但是，真正实现国家行政力量对社会的全面渗透，把社会完全纳入国家控制之下，完成国家政权建设的，是新中国成立以后的事情。在黄仁宇的《中国大历史》中，曾对这一历史过程有过如下评价，即蒋介石虽然致力于现代民族国家的建设，却只是建立了一个现代的官僚体系，并没有完全进入到现代国家的行列，而毛泽东的贡献却将中国基层组织起来，真正实现了这一目标。那么，在传统社会现代民族国家产生之前，我国政府是如何实现其统治社会的目标的呢？

传统中国的治理，是从两个方面来展开的，第一个方面是上层的统治——即官制领域。传统帝制中国以农业经济为主，这不可能给国家提供大量的、充足的税收，再加上当时疆域广大、人口众多，交通与信息又很不发达，国家不具备直接控制和管理社会的条件与技术。因此，在中国的传统国家时代，国家政权只及县，县以下的乡村大多数是自治的。为了维持皇权对社会的控制，保证国家与社会的正常运转，中国借助一个只及县的封建官僚体制和县以下的宗族组织与乡里制度。对于国家结构的正式治理——封建官僚体制来讲，它主要是通过维护文化、意识形态的统一和通过建设全国性的巨大工程，为政治统治与社会发展提供基本条件。前者如维护儒家意识形态

① 贺雪峰. 中国传统社会的内生村庄秩序 [J]. 文史哲，2006 (4)：150—155.

② 参见：[英] 安东尼·吉登斯. 民族、国家与暴力 [M]. 胡宗泽，赵力涛译. 北京：生活·读书·新知三联书店，1998. 第 1—4 章的相关论述。

的独尊地位，教化人民；后者如治理黄河和开挖运河等。第二个方面是基层的统治——社会治理。在国家政权不能有效地延伸至县以下乡村基层社会的情况下，乡村的有序运转问题仍然需要解决，这其中包括乡村基本公共品的提供、社会纠纷的处理及其他各种生产生活秩序的确立。在个人、家庭无力承担这一职能的背景下，宗族和以宗族为基础的地缘群体（尤其是村庄）起到了基础性的作用，而乡村士绅则在其中发挥了重要作用。

乡里制度虽然在先秦就已经萌芽，到秦汉的时候正式确立，并一直延续到清末，在民国也有过短暂的回复。虽然从中央集权的角度来说，皇权有向下无限延伸的冲动，但限于条件和技术方面的限制，在中国传统社会的大多数朝代，乡里组织都不是作为一级行政政权而是作为县以下的辅助基层行政单位而存在的，并且乡里制度缺乏县以上制度的规范性、完整性和条文性，往往有着地域性、零散性和非固定性的特征。因此，在中国长达几千年的传统社会，乡里制度一直没能真正健全并发挥维护乡村秩序的基本功能。白钢在为赵秀玲的著作《中国乡里制度》所做的序中谈到，中国"历代乡里制度都是以对全体乡村居民进行什伍编制为起点，以'什伍相保'、'什伍连坐'为基本组织原则的。它是君主专制主义国家政权结构在最基层的行政单位，拥有按比户口、宣布教化、督催赋税、摊派力役、维持治安、兼理司法的职权"。他还认为，中国"乡里制度的宗法性与行政性的高度整合，集中反映了中国古代社会结构的一些特殊性"①。赵秀玲自己认为，"'宗族与家庭'不仅是乡里制度的构成基础，也是乡里制度不可分割的组成部分，有时宗族制度就是乡里制度"②。例如，明朝隆庆前后，"在全国大力推行乡约，徽州地区很多宗族借机建立宗族性的乡约，所立乡约规定与族规家法合二为一，从而使宗族控制了乡里教化机构"③。既然乡里制度的领导权被宗族势力操纵和掌握，而宗族内的权威和领袖又往往是乡里的组织领袖，事实上宗族已经完全控制了乡里组织。赵秀玲认为，中国"乡里制度的建立与演变受两方面因素的制约，一是以邻里为主的地缘，二是以宗族和家庭为中心的血

---

① 赵秀玲. 中国乡里制度 [M]. 北京：社会科学文献出版社，1998：白钢序.
② 赵秀玲. 中国乡里制度 [M]. 北京：社会科学文献出版社，1998：176.
③ 陈柯云. 明清徽州宗族对乡村统治的加强 [EB/OL]. http：//www. studa. net/shehuiqi-ta/060420/11424979—2. html，2006—04—02.

缘"①。"一部乡里制度的发展嬗变史也是一部宗族家庭对乡里制度影响渗透的历史。"② 因此，中国几千年的传统社会，国家对乡村的控制并不是通过乡里制度，而是通过宗族组织间接进行治理的。但不管是乡里组织，还是宗族组织，都是一个整体型的组织概念，它们本身不具有能动性，构不成对乡村进行治理的主体，治理的主体只能是人。既然乡村自治的组织基础是宗族，那么，到底是宗族内的哪些人承担了类似于官僚机构中的知府、县令这类人的角色呢？这还得看谁掌握着地方的实权，谁是真正的地方权威。

一般来说，在中国传统社会，是否能成为地方权威并掌握实际权力与三个方面的因素有关：财富、学位及其在地方中的公共身份。其中"学位"是科举进考后确认的功名，它可以增加学位者的社会声望，因而算是得到帝国整体制度的承认。此外，其他两项因素都只与地方社会有关。其中，"财富"具有家庭或私人财产的性质，它虽为地方权威获得社会地位提供了令人仰慕的经济条件，但并未对其权威地位构成最主要的决定作用。③ 一些学者认为，更为主要的因素是学位。"在明清两代大部分时期中，他们（指中国士绅或叫绅士，笔者注）的地位的由来只有部分是财富，而极大部分是（科举所得的）学位。"④ 只具有上述两个因素，似乎并不能成为地方权威，地方权威一定是绅士涉足"地方公事"活动的结果。有相当部分的绅士，虽然具有学位和财富，但并不能成为权威，因为他们的活动局限在私人领域，没有在地方体中获得"公共身份"的地位。公共身份的获得需要介入地方公事，这突出地显示在地方权威的社会责任方面。根据历史学者的观察，这些责任主要有三项：地方学务、地方公产、地方公务等，具体包括水利、桥梁、津渡的工程建设以及教化、治安（团练）、断案、调节、祭祖、礼仪、书写记账、福利等，这些活动也是乡绅获得公共威望，实现对地方治理的最重要原因之一。⑤ 在乡村中，是否其他人也有成为地方权威的可能性呢？如家族族长或宗子。他们虽然也有可能占有一定的财富并获取"公共身份"的地位，但由于没有学位功名，可能没有乡村士绅特别是一些大士绅的影响力大。但

---

① 赵秀玲. 中国乡里制度 [M]. 北京：社会科学文献出版社，1998：181.
② 赵秀玲. 中国乡里制度 [M]. 北京：社会科学文献出版社，1998：197.
③ 张静. 基层政权：乡村制度诸问题 [M]. 杭州：浙江人民出版社，2000：19.
④ 王先明. 近代绅士：一个封建阶层的历史命运 [M]. 天津：天津人民出版社，1997：47.
⑤ 张静. 基层政权：乡村制度诸问题 [M]. 杭州：浙江人民出版社，2000：20—21.

是，乡绅作为宗族内的一员，从属于家族的大利益，很多时候，乡绅与族长等在目标与利益方面是一致的，他们是一种合作的关系。乡绅在其接受教育、参加科举、求取功名成为乡绅的过程中，得到乡里、宗族、家族的支持，因此对乡里、家族、宗族，他们有回报的道义责任。从另一方面来说，乡绅又是皇权下受到特殊待遇的特权分子，皇权期待他们负起乡里社会的教化责任。他们既是官方民间的桥梁，又是政府、乡里所期望能造福乡里或教化乡里的不二人选。①

　　为了把握中国传统社会政府的整体组织和治理逻辑，我们借用黄宗智"集权的简约治理"的概念来对这一现象进行概括。所以说中国传统社会是中央"集权"，是因为帝国的皇帝拥有绝对的权力，并且这种权力可以世代相承，别人无法染指，除非出现改朝换代。即使是改朝换代，也没有真正改变这种状况，只不过是进行了新的轮回。由于皇帝掌握着绝对的权力，行政权威并没有也不可能分割于相对独立的政府各部门，更不可能为政府和市民社会所共享，而是一直聚集在中央。帝国的这种中央集权制处于这样一种矛盾中，它既想通过行政力量的延伸来更多地控制社会，从社会中汲取更多的资源为自己享用，却又不得不保持一个简约的正式官僚机构。帝国政府也采用了十进制户籍管理组织——里甲、保甲制度，希望以此实现对社会的彻底控制。然而，皇权的世袭主义逻辑却要求政府机构保持最少数量的科层，以免政府层次过多过大切断整个体系倚为纽带的个人忠诚，造成地方性的世袭分割。当然，帝国政府保持了一个相对简约的官僚机构，其原因并非单单如此，由小农经济所支撑的有限的国家财政也是对官僚机构充分科层制化的一个重大限制。由此，清政府规定将每个县的胥吏和衙役人数分别控制在几十人之内，试图将地方县令下的胥役限制在最低限度，也正是由于这些原因。

　　这样一个简约的正式官僚机构继而导致了对通过乡绅和宗族进行治理的非正式的简约行政方法的依赖。正因为正式机构结束在县令一级，县以下的行政必须依赖准官员来完成。对准官员和社会调解机制的依赖，要求正式官僚体系只在纠纷或申诉中介入，② 即"民不举，官不究"。从另一方面来说，

---

　　① 国风. 中国的乡及乡官的演变：下 [J]. 农村工作通讯，2007（7）：47—49.
　　② 黄宗智. 集权的简约治理：中国以准官员和纠纷解决为主的半正式基层行政 [J]. 开放时代，2008（2）：10—29.

国家的这一制度选择也恰恰迎合了乡绅和宗族成为地方权威的需要，实现了乡绅和宗族对地方秩序的实际控制。对于普通民众来讲，乡村地方权威的出现也满足了他们某些地方公共产品方面的需求。因此，"集权的简约治理"这一国家治理传统被长时期地延续下来。

（三）森严的等级制度

在古代国家中，普遍存在着各种各样的社会等级制度。马克思、恩格斯在《共产党宣言》中指出："在过去的各个历史时代，我们几乎到处都可以看到社会完全划分为各个不同的等级，看到由各种社会地位构成的多级的阶梯。在古罗马，有贵族、骑士、平民、奴隶，在中世纪有封建领主、陪臣、行会师傅、帮工、农奴，而且几乎在每一个阶级内部又有各种独特的等第。"① 列宁也在《俄国社会民主党的土地纲领》中明确指出："社会划分为阶级，这是奴隶社会、封建社会和资产阶级社会共同的现象，但是在前两种社会中存在的是等级的阶级，在后一种社会中则是非等级的阶级。"② 可以看出，奴隶社会和封建社会不仅是阶级的社会，还是等级的社会。

中国经历了几千年的奴隶社会和封建社会，可以说，一部中国古代的发展史就是一部等级社会的发展史。学术界一般把禹和启建立夏朝作为中国国家产生的标志。由于没有确切的文字记载，对于周王朝之前的夏商两代的社会构成情况主要根据传说或者是推测。但一般认为，在当时的政治生活中，肯定存在着等级制度，夏家族应居于最高等级，支持者应为较高等级，服从者也应有一定地位，而被征服的人，特别是因反对而被征服的人，地位就要低下，处于被奴役、被压迫的境地。夏家族内部也一定会有相应的血缘等级制度。只是资料不足，无法描述。但有一点可以肯定的是，夏代的王位继承制度是传子制，但是不是嫡长子继承制，是不是区别嫡庶，有没有大小宗，这些都不得而知。③ 商朝末年，宗法制产生，并开始了分封制，这标志着我国的等级制度有了进一步的发展。周王朝时，奴隶制达到了顶峰，它是一个以氏族血缘关系为基础建立起来的奴隶主集团，这个集团把政权、族权、神

---

① ［德］马克思，恩格斯. 马克思恩格斯选集：第1卷 ［C］. 中共中央马克思恩格斯列宁斯大林著作编译局编. 北京：人民出版社，1995：272—273.

② ［苏］列宁. 俄国社会民主党的土地纲领 ［A］. 列宁全集：第6卷 ［C］. 中共中央马克思恩格斯列宁斯大林著作编译局编. 北京：人民出版社，1986：287（注）.

③ 施治生，徐建新. 古代国家的等级制度 ［M］. 北京：社会科学出版社，2003：5.

权结合在一起，建立了一个宗法、分封、世袭三位一体的政治制度，实现着对广大奴隶阶级的统治。这个奴隶主集团的最高统治者称为"天子"。"天子"以血缘关系的远近，确定政治等级并分封爵位，建立一个从天子、各级诸侯、大夫、士到庶民和奴隶阶层的金字塔式的等级制度。除周天子之外，最高贵的是周人所建的诸侯国，其次是其他姬姓国，又其次是姻亲国，复又其次是三代后裔之国，最低的是原有的方国。在各个诸侯国里，仍然实行分封，国君把自己的子弟封给大夫，给他们封地，叫"采邑"或"邑"。大夫的子弟为士，士以上属贵族范畴，这是统治者家族的等级。此外，非统治阶级包括庶民和奴隶，其家族内部也各有等级。维系这个等级制度的纽带是血缘关系。不但天子、不同等级的诸侯、不同品位的大夫和士都是世袭，各种官职如太宰、太师、太保、司徒、司空、司寇也都是世袭，甚至"循法则、度量、刑辟、图籍，不知其义，谨守其数，慎不敢损益"的"官人百吏"也是"父子相传，以持王公"①。

春秋战国时期，地主阶级兴起，它们反对奴隶主阶级的分封制和"世卿世禄"制度，并逐步在政治制度上确立了郡县制的行政官僚系统，使世卿世禄体制即卿大夫宗法制在政治上立足的基础被铲除。分封、宗法制度的废除并不意味着等级制的消失，相反，一种新的金字塔式的等级制度得以产生，即封建等级制度。它的顶端是权力最大、拥有土地最多的皇帝；中间分为两个系统，一个系统是具有各种等级爵位的宗室贵族系统，另一个是各种品级的大小官僚；它的最下层是作为被统治阶级的平民和贱民阶层。其具体的等级次序是：皇帝等级和宗室贵族等级、官僚缙绅等级、绅衿等级、凡人等级、雇工人等级和贱民等级等各个基本等级，不同等级具有各自不同的经济和社会地位。② 在封建社会，皇帝和贵族都是世袭的，贵族的等级仍然与皇帝血缘关系的远近有关，这一点与奴隶社会是相似的，甚至可以说是继承了奴隶社会的传统。而以郡县制为基础的行政官僚系统，人们职位的高低已经不与皇帝血缘关系的远近有直接关系，而是凭借德、才或知、能等其他条件。虽然与血缘等先赋条件确定等级关系相比，以德、才或知、能作为选拔不同等级官吏的标准已经具有巨大的历史进步，与现代社会的用人标准具有

① 栗劲. 封建等级制度和法及其影响 [J]. 吉林大学社会科学学报，1980 (3)：39—46.
② 方行. 中国封建等级制度的一种开创性研究 [J]. 中国社会科学，1994 (2)：141—143.

形式上的类似，但这只是假象，与现代社会有着根本的不同。因为德、才或知、能是后赋条件，它的获取需要经过接受教育和其他社会实践，但接受教育（正规的学校教育）是需要相当的经济基础的，有了这些经济基础，就会造出德、才或知、能条件。在封建社会，土地是最主要的社会财富，因此，占有土地的多少就成为决定人们等级地位和官爵的主要因素。封建社会实行土地私有，子孙享有对土地的继承权。因此，不同等级的官僚基本上仍然出在地主阶级中，虽也有少数贫寒之士进入官僚阶层的，但非主流。马克思说："在中世纪，政治的权力地位是按照地产来排列的。谁有地，谁就有权有势。"① 恩格斯也有类似的表达："在中世纪的封建国家中……政治的权力地位是按照地产来排列的。"② 所以，在中国的封建社会，土地占有的多寡与地位、权力的高低大小成正相关，一般来说，土地占有越多，地位越高，权力也越大。皇帝是全国最大的"地主"，因而也掌握着国家最高的权力，地位也最尊贵。

虽然行政官僚系统的职位并非世袭，而是通过各种选士制度从民间选拔人才。但不管是两汉时期的荐举制，还是魏晋南北朝时期的九品中正制，更或是隋唐以来的科举制，虽然名义上是以人的知识与才能作为选拔人才的标准，但在实际运行中都流于形式，贫寒子弟能由此进入官僚阶层的机会很少。在两汉时期，主要实行察举选士制度，由地方州郡依据当地人口的多寡，定期向上推荐"贤良"、"孝廉"或"秀才"等。虽然当时察举取士的范围已经扩大到平民百姓，并且也有公开宣布的举荐标准，但由于察举大权主要操纵在州郡各级地方官吏手中，士人如果没有门第或靠山是很难被举荐的。因此，到最后，被选上的大都是官僚地主子弟。所以，当时有民谣说："举秀才，不知书；举孝廉，父别居。"③ 魏晋南北朝时期，乡里制度遭到破坏，"乡举里选"的察举制难以实行，选士制度变为九品中正制，所谓九品即上上、上中、上下、中上、中中、中下、下上、下中、下下等九个品级，由全国各地的专门机构，根据人的品德、才能和家世等条件分别评定，作为

---

① ［德］马克思，恩格斯. 马克思恩格斯选集：第 1 卷 ［M］. 中共中央马克思恩格斯列宁斯大林著作编译局. 北京：人民出版社，1972：28.

② ［德］马克思，恩格斯. 马克思恩格斯选集：第 4 卷 ［M］. 中共中央马克思恩格斯列宁斯大林著作编译局. 北京：人民出版社，1958：168-169.

③ 栗劲. 封建等级制度和法及其影响 ［J］. 吉林大学社会科学学报，1980 (3)：39-46.

任用官吏的标准。但是魏晋之际，世族势力强大，中正官被盘踞朝廷的势族大官垄断，原来以才德品评士人的标准逐渐被家世门第所代替，上品的人总是出自有声望的门阀和势族当中，甚至发展到"上品无寒门，下品无势族"的程度。隋唐以后，主要实行科举选士制度，科举制的产生较之察举制和九品中正制具有很大的历史进步作用，它使选士的范围进一步扩大。虽然科举考试不注重门第与身份，录取标准专凭试卷，注重资才，但经过考试上来的，地主、官宦世家子弟等占绝大多数，而无地或少地的农民子弟由于缺乏足够的时间和经济能力接受教育，占的比例很少。所以，实行科举制度的结果，仍然是土地所有者占有很大的优势。"书香门第"、"官宦世家"，父子祖孙相继经过科举形式，出任高级官职的现象经常发生。明清时期出现的"一门七进士，父子三探花"的经典对子，就是对世家子弟礼乐传家、考取功名的真实写照。此外，当时实行的荫庇制度和捐班制度①，也使封建等级制度基本上按血统关系继续存在下来，实质上仍然是一种变相的世袭制度。②

二、从先秦到清末的城乡教育关系

（一）城乡教育体系及纵向关系

在古代社会，官学体制并没有把蒙养教育即学前和小学教育纳入其中，不管城市还是农村，蒙养阶段的教育都是由民间来完成的。和行政体制相一致，古代的官学体制最低延伸到县一级行政单位。在中央有太学、国子学等，在地方有府、州、县学，此外，还有遍布城乡的各种形式的私学。

1. 城市官学体系

在从先秦到清末漫长的将近四千年的历史中，中国经历了奴隶社会和封建社会两大社会形态，出现了大大小小几十个朝代，每一个朝代都建立了一整套的学校教育体制，即所谓的官学体制。鉴于篇幅所限，本书选取几个有代表性的朝代，以期展现我国传统社会官学体系的概貌。

（1）西周的官学体系。

西周的官学体系集前几代之大成，汇合各种学校构成一套组织比较完备

---

① 所谓"荫庇制度"，就是一定品级的官僚，可以依法得到一名或几名子弟继承品级起点很高的官职，实际上是有限制的官僚世袭制。所谓"捐班制度"，就是依据向国家输款多少而取得不同级别的官职的制度。输款越多，官职越高。

② 栗劲. 封建等级制度和法及其影响 [J]. 吉林大学社会科学学报，1980（3）：39—46.

的学校教育体系。它的学校大体可以分成两类、两级：一类是国学，一类是乡学。国学又有大学与小学两级；乡学有庠、序、校、塾。

国学是专门为统治阶级的上层贵族弟子开设的，按学生的年龄与程度又分设大学与小学。大学是练兵习武之处，有两种：一种叫做"辟雍"，设在天子的都城；另一种叫做"泮宫"，设在诸侯的国都。"泮宫"规模比较简单，仅有一学。"辟雍"规模较大，有四学、五学之称。诸侯所设大学与天子所设大学的这种差别是西周等级制在教育上的具体反映。小学有两种：一种是设在宫廷附近的贵胄小学；一种是设在郊区的一般贵族子弟的小学。总之，西周的学校具有明显的等级性，这是奴隶社会的宗法等级制度决定的。

乡学是为近郊或远郊的一般奴隶主贵族子弟开设的，奴隶没有享受教育的权利。根据《礼记·学记》记载："家有塾，党有庠，术（遂）有序，国有学。"可以说，乡学的设置完全是按照当时的地方行政区划规划的。

春秋战国时期，中央官学衰落，旧有制度几乎破坏无遗。秦灭六国，统一天下后，实行吏师制度。因此中央和地方都没有专设的官立学校。

（2）汉代的官学体系。

到了汉朝，官学才得到恢复和发展。汉朝的官学可分为中央官学和地方官学两种。中央的官学指设在都城的官办学校，主要有太学、官邸学（亦称"四姓小侯学"）和鸿都门学。太学只招50人，是一所学习儒家经典的最高学府，官邸学则是供太子、诸侯及功臣子弟学习儒家经典的贵胄学校，鸿都门学是一所专门学习文艺的高等学府。

地方官学是指设在郡国、县邑、乡聚等地方行政区划内的官办学校。到平帝时，地方官学才正式办起来，并日趋制度化。按规定，地方官学分为四级：郡国设学，县邑设校，乡设庠，聚设序。两汉的学制虽然完备，但实际上在乡聚等地并没有得到普遍实施。就整个汉代来看，地方官学也时兴时废。

魏晋南北朝时期，由于战乱不断，政权更迭频繁，官学体制受到很大削弱，代之以私人讲学的兴盛和家族教育的异军突起。

（3）唐宋元的官学体系。

隋唐时期结束了魏晋南北朝时期的动荡分裂状态，重新实现了中华民族的大一统，官学教育又得到了恢复和发展。如唐朝封建官学的体制按隶属关系划分，主要有三大系统：直系六学、旁系二馆、旁系医学。

直系六学隶属国子监管理，包括设在中央的六学，以及地方各级官办经学。中央六学包括国子学、太学、四门学、书学、算学和律学。前三者是学习儒家经典的学校，后三者则是专科学校。设在地方的各级官办经学，有州学、府学、县学及乡镇学。

旁系二馆，即弘文馆和崇文馆，前者隶属门下省直辖，后者隶属东宫直辖。这两种学校都是学习儒家经典的学校，唯皇帝近亲及宰相大臣或一品功臣的子孙方能入学。学生的身份虽高，但学习程度较低。

旁系医学，隶属太医署管辖，包括设在中央的医学，以及地方医学。医学也是专科性质的学校。

除此之外，唐朝的官学体系还有两类特殊的教育机构。一是玄学，隶属祠部管辖，与中央六学并列；二是集贤殿书院，隶属中书省管辖，类似研究院或中央图书馆性质。

宋朝的中央官学，基本上沿用唐朝的制度，设有国子学、太学、四门学、广文馆、算学、律学、书学、医学等。后又创办武学和画学。从而使中央官立分科大学又增加了两种。宋朝的地方官学，也仿照唐朝制度，主要设在府（州、军、监）和县两级地方政府所在地。但宋朝初年还没有统一的政令，到宋仁宗庆历四年（公元 1044 年），才正式通令府、州和县设立学校。

辽、金、元时期中央官学逐步走向衰落。但元朝的地方官学比较发达。在路设路学，府设府学，州设州学，县设县学，这都是普通学校。同时设有诸路医学、诸路蒙古字学、诸路阴阳学等专门性质的学校，并且在广大的农村设立"社学"。

（4）明至清中的官学体系。

明、清两朝官学体系比辽、金、元时期有所发展。明朝的官学也可以分为中央官学和地方官学两大类，中央官学除了国子监和太学外，还有贵胄学校性质的宗学，以习武为主的武学及医学、阴阳学等。

地方官学可以分为三类，有按地方行政区域设立的地方官学，属内地省的有府学、州学和县学，属边疆和特殊地方的有卫学等。此外，还有在全国广大农村设立的社学。

清朝的学校官学体制，基本上承袭了明代的旧制。在中央设立了国子监（太学）、宗学、觉罗学、旗学等，在府、州、县设立了普通学校（儒学），同时设立了商学、卫学以及土司学等特殊性质的学校。①

2. 城乡私学体系

历朝历代，除了城市中从中央到地方的官学体系之外，还有遍布城乡的各种形式的私学。

夏商周三代，文化教育完全为奴隶主贵族所垄断，奴隶根本没有享受文化教育的权力。当时的一切文化典籍都藏在天子、诸侯的宫廷之中，由专门的文化官吏保管，这些官吏同时也担任奴隶主贵族子弟的老师。这就是后人所说的"学在官府"，民间没有专门的教育机构。随着春秋时期政治经济制度的变革和阶级矛盾的深化，奴隶制官学逐渐废弛，造成了"礼崩乐坏"、"文化下移"的现象，即所谓的"天子失官，学在四夷"。在这种情况下，私学开始兴起。

私学作为一种与官学不同的教育组织形式，诞生于春秋战国时期。它自产生以后，随着时代的发展和朝代的更迭，也不断地发展着，显示了很强的适应性和顽强的生命力。虽然私学作为一支与官学并行的教育系统，一直没有被完全纳入官学系统之内，但历朝历代的政治、经济、文化状况、文教政策、学术空气、选士制度，甚至官学的发展状况都对私学产生着广泛的影响。各个时期私学的类型各异，其具体形式、内容、特点也都有所不同。

春秋战国时期的私学，主要是私人讲学活动，一个私学大师就是一个私学学派，其传业授徒的目的是在"百家争鸣"中力占一席之地，以图自己学派的政治思想为统治者所用。② 由于这一时期的私学教育刚刚处于产生阶段，发展很不完备，还是一种不太正规的教育。它们没有固定的教育场所和固定的教育组织形式，游学是其鲜明特色；它们的教育设备简单，制度上也不够规范；教学内容也不限于传统的"六艺"，而是传授各学派的政治观点、道德思想，以致新的知识、新的技能，与大变革时期的现实生活联系密切，并体现了各派的独特风格。此外，这一时期私学的教学在时间安排上的随意性很大，没有固定性，在吃饭、娱乐、劳动甚至游历的过程中，都有可能完成传授的任务。总之，春秋战国时期的私学，主要是一种学派私学，无派不

① 熊明安. 我国古代学校教育制度的形成、发展及其历史作用 [J]. 西南师范学院学报，1985 (3)：50－57，107.

② 吴霓. 试述中国古代私学类型的历史演变 [J]. 江西教育科研，1995 (6)：57－59.

成学，无学没有派。

秦朝时候，统治者"禁私学以吏为师"，私学发展受到了摧残。到了汉代，私学开始恢复并有了进一步的发展，并出现了程度不同的学校形式。教育程度较低的有以识字和写字教学为主、面向儿童的"书馆"，也有教育程度较高的以"专经"等为教育内容、面向青少年或成人的"经馆"（也叫"精舍"、"精庐"）。不论是"书馆"还是"经馆"，虽然在教育管理和教学组织方面还不完备，但它们一般都设立了专门的教学场所，比春秋战国时期有了很大进步，已经成为一种专门的教育机构，成为后来书院发展的历史渊源。

唐代私学也很发达，社会上每一种专门学术都有私学传授，并开始出现"书院"这一名称。到了宋代，出现了许多著名的书院，如石鼓、白鹿洞、嵩阳、岳麓、应天府、茅山等。这些书院逐渐形成了较为完整的书院教育体系。书院有了专门的教育设施，出现了独立的校舍。内部设立山长、洞主、院长、堂长等职，由"年德老成"者担任，负责书院的组织管理和教育教学工作。设置学田，使书院办学经费有了一定的保证。活动内容更加丰富、充实，除聚徒讲授之外，还从事学术研究以及祭祀、藏书、刻书活动。当然，最为主要的是形成了以《白鹿洞书院揭示》为代表的书院的教育理论，明确了书院的教育宗旨、教育教学原则等根本问题，标志着书院作为一种教育制度正式形成。[①]

元朝时期，书院教育也很发达。元朝统治者鼓励增设学校和书院，各地书院纷纷设立。但是，元代书院与前代相比，官学化更为严重。表现在政府任命书院的山长，控制书院的招生、考试以及生徒的去向，向书院划拨学田等，以此加强对书院的控制。明清时期书院不及宋元两代发达，官学化倾向也很严重。尤其到了清代，书院学习的主要内容是八股文，目的是参加科举考试，获取功名，完全丧失了书院原有的教学风格与学术研究的性质，其独立性和自主性已所剩无几。但无论如何，书院都可以被认为是中国古代私学发展的最高级、最完善的阶段。

唐代，统治者对发展地方各级各类学校有一个宏大的目标，开始关注乡村地区的教育。这时出现了政府给政策，由地方自办学校的教育形式——

---

① 孙培青. 中国教育史 [M]. 上海：华东师范大学出版社，2000：208.

"乡学"①。虽然对"乡学"属于官学还是私学可能还有很大争议，但是唐朝的这一做法为以后历朝历代的统治者所效仿，并大力推广。如宋代的"冬学"，元、明、清三代多出现的"社学"②，虽然称谓有所差别，但都是一种特殊意义的私学。它们与唐朝时代的"乡学"一样，是由朝廷鼓励号召给政策，由地方乡民士绅自己出资兴办的学校。宋代的冬学是利用农闲季节专为贫民子弟设置的，目的是让贫民子弟学习一点粗浅的文化知识，要求不高，设置是季节性的，条件也较为简陋。社学产生于元代，是将农村的社区管理与社会教化结合在一起的一种形式，主要进行一般农桑知识启蒙教育和道德教化管理，与宋代的冬学相类似。到了明代，社学的官学化色彩更加浓厚，但由于经费方面的限制，仍未成为正规官学系统的一部分。到了清代，统治者对蒙学的提倡和组织更是不遗余力，出现了大量的社学和官办义学，③ 社学和官办义学之设，加强了朝廷对蒙学教育的控制，使社学（官办义学）的官学特征表现得更为明显。元、明、清三代的社学（或官办义学）既不同于纯由政府举办的官学，也不同于完全由私人设立的私学，它是一种介于官学和私学之间，同时表现出官学和私学办学特征的特殊教育形式，但从总体上说，它更多地体现出私学的特点。

其实，在蒙养教育阶段，还存在着另外一条私学传统，这一私学传统就是完全由私人设立的私学，它至少在汉朝就已经存在，如当时的"书馆"。从唐宋一直到明清时期，还普遍出现了被称为社学、义学、义塾、小学、冬学、乡校、村校、家塾、村塾、私塾等名称不一的私学形式，它们多为私人或社会集团捐资兴办，是真正意义上的私学。随着时代的发展，它们当中的一些办学形式得到了统治者的提倡和支持，变为半官学化的学校。不管怎样，在宋、元、明、清时期，这些被后世普遍称谓的私学，其设置遍布城乡，是当时较为普遍的儿童学习场所，是当时幼儿教育的主要形式。

在中国古代私学类型发展中，除了上述主要传授儒家典籍的所谓"正统"私学外，还存在着一类"家学"。这类"家学"或传授家传的学术，或传授世代相传的专门技术以及其他科学技术。由于中国传统的科学技术如天

---

① 吴霓. 试述中国古代私学类型的历史演变 [J]. 江西教育科研，1995 (6)：57-59.

② "社"为元代农村的基层组织单位，50家编为一社，每社设社长1员进行管理。

③ 义学原是宗族范围内为穷苦子弟而设的教育机构。清朝把它变为国家提倡、地方官或士民为贫寒子弟和少数民族子弟举办的学校。

文、地理等官方并不重视，也很少开办类似的专门学校，它们的传授一般都是在民间完成的，而家学正好承担了这一功能。如大数学家祖冲之就出身于一个科学世家。可以说，与儒家私学相比，科技私学是古代中国一个具有鲜明特色的私学类型。

总之，中国古代私学的类型发展经历了一个相当长的历史时期，称谓也多种多样，但归结起来也就是两个层次：低级层次的蒙童教育和较高层次的专经教育。私学的类型发展，与其制度化、规范化发展是同步的，从无固定场所到有一定场所再到有专门的固定场所；从教育的无阶段性到教育的分阶段性再到教育的专门阶段性；从教育内容的独立化到教育内容的专一化再到教育内容的普遍化。私学的发展均走过了一条不断充实、不断完善的过程，从私学的类型看，称谓多了，种类多了；从私学的特性看，越来越向现代意义的学校制度靠近，这是私学发展的必然趋向，也是私学受政府影响越来越大的结果。[①]

3. 城市官学与城乡私学的关系

中国古代教育发展史上，在官学体系中，并没有纳入蒙养阶段教育。中国古代的蒙养教育，上自王公贵戚的保傅宫廷教育，下至民间的家族、私塾教育，几乎都是在程度较为低级的私学中完成的，其性质属于私家教育。这种私学的存在，不由朝廷下诏设立，或只是给予一些号召性的鼓励政策，但政府很少专拨教育经费，它们的设立几乎完全是自发的、独立的，但有着自己特定的发展规律。中国古代的蒙养教育为私学所独占，这是中国古代教育的一大特色。[②]

然而，中国古代社会蒙养教育的对象虽然理论上是所有的"幼儿"，但它的培养目标并不单单只是循着私学这一途径发展下去的，蒙养教育的进一步向前发展，面对的是成体系的官学体系和散漫的私学体系，这样，蒙养教育所培养的幼儿，便通过这两个不同的渠道进行了分流，从而形成了中国教育培养人才的不同出路和规格。[③]

---

① 吴霓. 试述中国古代私学类型的历史演变 [J]. 江西教育科研，1995（6）：57—59.

② 吴霓. 中国古代私学发展诸问题研究 [M]. 北京：中国社会科学出版社，1996：259.

③ 吴霓. 中国古代私学发展诸问题研究 [M]. 北京：中国社会科学出版社，1996：259.

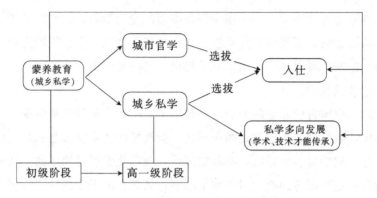

图 2 - 1　古代中国城乡私学与城市官学关系图

从图 2 - 1 中可以看出，城乡的蒙养教育阶段的教育对象，被城市官学和城乡私学的高一级阶段所分流了。通过国家的选拔考试，官学及私学高一级阶段的一部分，汇入入仕的洪流；私学高一级阶段的另一部分，则构成了私学的多向发展，即学术和技艺才能的传承发展等。这是就其总体发展趋势而言的。因此，古代蒙养教育，作为教育的"首"，与图 2 - 1 中"入仕"、"私学的多向发展"这一"尾"是紧密相关的。中国古代教育中"首尾"脱节不是十分明显，古代教育中往往十分强调两者的联系，"首"端的教育，很大程度上是为"尾"端的目的服务。[①] 这种首尾相连的城乡私学和城市官学的依存关系，是我国古代私学教育兴盛的重要原因，也是我国古代教育的一个很鲜明的特点。

（二）城乡教育关系的横向比较

由于官学只设在城市，并且只有中高级阶段的教育。而私学遍布城乡，但城乡私学不仅在类型上基本一致，在城乡的分布上也较为均匀。因此，本部分关于城乡教育关系的比较色彩会相对较弱，而主要介绍各自的投入体制。

1. 官学投入体制

根据可以考证的历史资料，夏、商、周三代只有官学没有私学，不管是国学还是乡学，基本上都是官办的或地方上联合办的，在教育对象上也只有奴隶主贵族子弟才有接受教育的权利，官学机构与政治机构联系在一起，即

① 吴霓. 中国古代私学发展诸问题研究 [M]. 北京：中国社会科学出版社，1996：259—260.

"学在官府"。这种状况决定了学校财政开支只能是由代表奴隶主贵族利益的国家或地方负担。这一由官府办学、国家财政负担学校经费的传统在我国古代社会一直保留下来，对当时以及后世各朝各代官学的发展产生了深刻的影响。

秦朝"禁私学以吏为师"，实质上国家的文教也为各级政府所控制。西汉初年，由于秦末连年战争造成许多文化典籍的散失，给学校的开办造成了很大的困难。再加上汉初的几代帝王汲取秦覆灭的教训，信奉"黄老之学"，主张清静无为，与民休息，以恢复经济和社会生活秩序。因此他们对儒生并不重视，这也给兴办学校带来一定的困难。"文景之治"以后，汉朝经过六七十年的休养生息，经济有了很大发展，国力得到了恢复，并积累了雄厚的财富，这为武帝"罢黜百家、独尊儒术"、兴办太学提供了物质条件。但此后由于武帝连年用兵，国力耗损，财力匮乏，学校的规模及数量均不大。对于地方官学，朝廷并不重视，只是在政策上予以认可和支持，其经费都由地方官员自行解决。由于地方郡国学的开办全靠地方官员的自觉，因此，西汉的地方官学并不发达。东汉时期的官学系统，无论是中央官学还是地方郡国学，规模都比较大，办学所需要的经费也都由国家与地方财政负担。拿太学来说，其学生数量最多时竟高达几万人，这些学生的食宿由政府财政支出解决，造成了中央财政的不堪重负。

隋唐时期是我国封建社会学校教育发展的鼎盛时期。尤其是唐朝，它是我国封建社会的最顶峰。在安史之乱之前的这段时期内，中国经济发达，政治清明，社会稳定，疆域广阔，文化繁荣，人才辈出。再加上统治者崇圣尊儒，重视教育，由政府出资兴办的学校逐渐兴旺起来。学校种类之齐全，体系之完备，管理之严密，生徒之多，前代都无法比拟。不论中央官学还是地方官学，生徒的衣食住行均由政府负担。仅维持生徒的一日三餐，其经费数额就已十分惊人。同时政府还拨款兴建和维修校舍，支付粮料杂费、释奠、祭孔费及其他特殊开支（如节日开支）。官学教员和国子监的管理人员都属国家官员，都享受官禄。[①]

在中国封建社会教育发展史上，自汉代以来，教育经费问题始终没有得到根本性的解决。也就是说，在宋代以前，历朝解决教育经费的措施，基本

---

① 李星云. 中国古代教育财政考略 [J]. 教育与经济，2006（4）：54—56.

都是临时性、权宜性手段，未能确立一种比较稳定的教育经费保障机制。宋代在仁宗以后，逐步形成了一种以学田制为核心的多种形式、多种来源的教育经费筹措制度，进而从根本上解决了长期以来阻碍教育事业发展的经费问题，为宋代教育事业的普及和发展奠定了必要的物质基础，也为其后历代教育经费问题的解决提供了范例。① 除了学田之外，宋代的各级官学还有其他筹集教育经费的形式，作为学田制的补充。大体而论，在学田之外，宋代州县学校主要有以下几个方面的资金来源：拨部分房廊屋产归学校所有，学校坐收租房之利；学校通过印制、出售图书，筹集教育经费；通过官方拨给钱粮，用于兴建修葺校舍、购置学田或发俸养士等项开支；通过买扑（拍卖）坊场、湖陂、池塘，收利以助学钱；通过增加捐税及官卖酒价，补贴学用。除了上述种种资金来源之外，宋代各地官学还有官给度牒、交纳光学钱、官献俸禄及民间捐粮捐款等多种集资形式。②

明朝统治者非常重视学校教育对于培养和选拔人才的重要作用。明初太祖朱元璋在刘基、宋濂等文臣的谋议下，制订了比较详备的制度和措施。就官学而言，明朝形成了一套从地方到中央相互衔接的学制系统。明朝政府规定，凡社学中"俊秀向学者，许补儒学生员"，③ 府、州、县学生员可通过岁贡、选贡、恩贡、纳贡等途径进入国子监肄业，形成了社学——府、州、县学——国子监三级相衔接的学校教育体系。明朝地方学校的普及，超过了以往任何一个朝代，"明代学校之盛，对师生的待遇之厚，是唐宋以来所未有"④。明代官学的兴盛还与当时的取士制度有很大关系。《明史·选举志》记载，洪武初年规定："科举必由学校，而学校起家可不由科举……府州县学诸生入国学者乃可得官，不入者不能得也。"⑤ 这一规定正好迎合了人们读书做官的愿望，再加上官学的条件优厚，还可以得到国家的资助。所以明朝官办学校很发达。国家的重视与财政的支持是明朝官学发达的主要原因，但是，对于半官半私身份颇有争议的社学与明朝其他小学（主要是私塾、义

---

① 俞启定，施克灿. 中国教育制度通史：第 1 卷 [M]. 济南：山东教育出版社，2000：117.

② 乔卫平. 中国教育制度通史：第 3 卷 [M]. 济南：山东教育出版社，2000：129－134.

③ 吕达. 元、明、清三代的社学考略 [J]. 上海师范大学学报：哲学社会科学版，1986（3）：141－143.

④ 李星云. 中国古代教育财政考略 [J]. 教育与经济，2006（4）：54－56.

⑤ 李星云. 中国古代教育财政考略 [J]. 教育与经济，2006（4）：54－56.

塾等）来说，它们的经费来源却与其他正式的各级官学不同。在明代，虽然在小学（尤其是社学）的建设上国家发布了多项命令，却从未涉及为小学提供经费的问题。因此，明代小学的经费来源，就缺乏国家的财政支持，而依赖于其他筹集资金的方式。具体来说包括：拨用义仓谷或支附余息粮、学生纳费、管民捐助、学田收入、商税收入等。①

清代学校，承袭明代旧制，各级官学基本靠国家拨款。以清代地方官学为例，它作为国家办的学校，其教官都有品级。他们都有同级官员的俸禄。而官学的廪生、增生则享有国家按月发放的廪膳。各地官学与书院一样，也有学田，不过用途与书院不同，不用于发放教职人员的薪金和学生的膏火，而是资助办学和赈济贫生。②

2. 私学投入体制

私学主要是指官学系统以外的其他各种形式的教育，如家庭教育、私人收徒讲学、书院教育等。

"春秋"后期，由于周王室的衰败，出现"天子失官，学在四夷"的状况，私学开始兴起，其中孔子创办的儒家私学是当时影响最大的。孔子的私学，规模很大，人数众多，传说孔子"弟子三千，贤人七十二"。要维持这么多人的日常开支，没有充足的经费是不行的，孔子私学能维持数十年，周游列国14年，没有充足的经费，也是不可想象的。那么，孔子的办学经费从何而来呢？孔子私学经费来源并不固定，据《论语》、《史记》等有关史料记载，当时孔子的办学经费主要有四个来源：首先，是各诸侯与达官贵族的资助。孔子周游列国期间，许多诸侯和达官贵族都曾给过孔子数量不少的赏赐，如楚昭王和齐景公等；其次，孔子自己多年为官的积蓄。孔子自20岁左右一直到50多岁，既曾做过小吏，也曾做过"一人之下，万人之上"的大司寇，自己也有一些私人积蓄；第三，来自富裕学生的赞助或者说是拜师礼；第四，通过培养学生入仕获取一部分报酬。③

私学开始于春秋而兴盛于战国。战国时期，生产力有了更进一步的发展，养士之风盛行和百家争鸣展开，促进了私学的繁荣，并逐步代替了官

① 吴宣德. 中国教育制度通史：第4卷 [M]. 济南：山东教育出版社，2000：334.
② 马镛. 中国教育制度通史：第5卷 [M]. 济南：山东教育出版社，2000：193.
③ 俞启定，施克灿. 中国教育制度通史：第1卷 [M]. 济南：山东教育出版社，2000：129—131.

学。当时对教育发展影响比较大的有儒、墨、道、法四家私学，其中儒家学派以孟子、荀子最为有名。这一时期私学的办学经费与春秋时期的私学相比，并没有多大不同，主要是依靠各诸侯与达官贵族的资助、办学者个人的俸禄以及富有学生的赞助。一般来说，就是"教师出钱提供食宿条件，其他的费用由学生自己解决。学生有钱的要出些钱，没钱的出些力，甚至用佣工来获取所余"①。

汉代私学的发展进入一个新的阶段。秦汉之际至汉武帝元朔五年（正式确定官学制度）的八九十年间，教育的发展几乎全赖私学维持。官学制度确立后，私学教育不仅未见削弱，反而更加发展，官学和私学形成互相补充、相互促进的并存发展局面。当时的许多大儒及其他文人学者，都曾收徒讲学，如董仲舒、刘向父子。东汉时期的大师名儒也大多收徒办学，如马融、郑玄等，而且规模较大，教授弟子动辄数百上千人。虽然各层次的私学并不都以获取财物为目的，而是为了教授知识，发扬自己的学派观点，但兴办私学毕竟需要一定的经济基础，尤其是生徒众多的情况下，食宿等都需要很大的花销。从笔者所查阅的资料来看，对汉朝私学经费来源的记述可谓寥寥。但从私学发展的状况来看，它是官学系统不太发达的产物，既然官学发展尚不发达，那么这些私学直接从国家得到资助的可能性并不大。从私学办学者的身份来看，大致可以分为官僚士大夫和民间人士两类，由于不同办学者的经济基础不同，可能办学经费的来源也有所不同。由于汉代私学并未有收取学费的明文记载，所以办学经费最主要的来源可能有两项，一是办学者自己的积蓄和私产，二是学生们的资助。此外，有的办学者组织学生从事经济活动。总起来说，汉朝的私学并没有稳定的经济来源，"办学者如果有财力保证的话，全部或部分供养弟子也是可能的"②。但对于一些从教的贫寒之士，虽"忍饥受寒仍讲学不辍，但无经费保证教学会有严重困难"③。

唐朝时候，私学虽也发达，但与更为发达的官学系统相比，在历史上的地位并不显赫，也少有人提及。两宋时期，由于政治、经济、文化等多种原因的影响，私学获得了充分的发展。宋代私学产生和存在的时间较官学更为

① 李星云. 中国古代教育财政考略 [J]. 教育与经济，2006 (4)：54—56.
② 俞启定，施克灿. 中国教育制度通史：第1卷 [M]. 济南：山东教育出版社，2000：427.
③ 毛礼锐，沈灌群. 中国教育通史 [M]. 济南：山东教育出版社，1986：127.

长久，分布的范围也更为广大，有机会在各种形式的私学接受各种层次教育的学生，也比官学数量要多。可以说，在宋代真正能够深入到社会各个角落和不同阶层发挥教育职能的，主要还是不同形式的私学。[①] 宋代的私学有两种，一种是书院。北宋书院的学田和经费支出，除少数书院得到官府资助之外，大部分依靠民间自己筹集，经费没有保障，数量也极为有限，影响了书院的生存和发展。南宋书院的教育经费较为充足，办学条件有了很大改善。书院除了拥有大量的学田收入之外，还能得到政府直接的拨款资助，有的书院师生还有月俸，并享有贴食钱和支油钱等待遇。除此之外，书院也能得到社会的捐赠和资助，再加上自己的一些经营收入，学校的经费问题得到了极大程度的解决，财政开支及师生生活都有了保障。宋代的另一种私学是私塾或家学。它们或由地方乡绅或由官宦人家延请教师来教弟子，有的是一家独设，有的是几家，还有的是一个村庄或几个村庄合办。也有一些民间读书人为了谋生之计，来办私学，其办学目的是为了收取一定的束脩学费，维持生计。这些私塾或家学随着办学主体的不同，经费来源也有所差别。一般来说由宗族开办的族学主要由家族的公产来充任教育经费；由乡绅和官宦人家开办的私学，办学经费则主要由办学者来承担；而一些由民间读书人自己开办的私学，则可能会通过收取学费的方式由受教育者个人或家庭来承担。[②]

到了明清，私学的高级形态——书院，有逐渐纳入官学体系的趋势。而私学的初级形态亦在随着社会的变迁而发展，并且越来越具有社会化、蒙学化的特点。从种类上看，出现了诸如社学、义学、义塾、小学、冬学、乡校、家塾、私塾等称谓不同但性质相同的学校。它们承担的基本上都是蒙养阶段的教育任务。称谓不同，说明这类性质的学校在不同时期、不同地域、不同的社会发展阶段，有着广泛的存在。这类学校和宋代的私塾一样，教育经费，或由宗族承担，或由办学者自己承担，同时受教育者也缴纳一部分学费，共同支撑着私学的存在与发展，担负着广大民间子弟的教育任务。

三、从先秦到清末城乡教育关系的制度分析

在教育制度形成的过程中，除受外部客观因素的影响外，对各教育参与

---

① 乔卫平. 中国教育制度通史：第3卷 [M]. 济南：山东教育出版社，2000：258.
② 李星云. 中国古代教育财政考略 [J]. 教育与经济，2006（4）：54—56.

主体来说，影响他们进行教育制度选择的因素主要有两个：一是主体的意愿，即某种教育制度能给自身带来什么好处，如果获利机会增加，主体就很可能会选择这种教育制度，这种利益既包括政治利益，也包括经济利益，包括有形的利益也包括无形的利益，不同时期可能获得的利益类型有所差别；二是主体的能力，主要指教育主体对各种教育资源的控制能力，尤其是财政能力。对教育资源的控制能力越强，进行各种教育选择时所面临的选择空间就会越大。一般而言，政府对教育资源的控制能力最大，在进行教育制度安排时起主导地位，而个人由于掌握教育资源较少的缘故，所面临的教育选择空间最小，只能通过选不选择接受教育，选择接受什么类型的教育来影响教育制度的安排。

（一）政府在城乡教育制度形成与维持中的地位与作用

1. 以维护阶级统治为旨归的教育目的

中国古代奴隶社会和封建社会的阶级性质以及森严的等级制度决定了政府在教育目的上会以维护阶级统治为目的。统治阶级通过教育来维护其专制统治主要是通过两条路径来完成的。第一条路径主要通过教育培养奴隶社会和封建社会的统治人才，这些统治人才主要是原统治阶级的后代，还有一部分是从民间选拔上来的社会精英，实行科举制以后尤其如此。第二条路径是通过教育的"教化"之功，宣传统治阶级的思想意识，通过一定的思想意识形态来维护其政治统治。

我国古代的学术大儒和教育经典著作中，对教育目的的论述比比皆是。儒家学派的创始人孔子就非常明确地提出过他的教育目的思想，他认为教育的目的就是培养"修己以安人"、"修己以安百姓"的君子和士。"君子"是指现实生活中较高一层的统治者，如诸侯国的国君；"士"是指高层统治者的辅佐人才。不管是"君子"还是"士"，都是能治国安邦的统治人才。孟子继承孔子的学说并加以发挥，他说："设为庠序学校以教之。庠者，养也；校者，教也；序者，射也。夏曰校，殷曰序，周曰庠，学则三代共之，皆所以明人伦也。人伦明于上，小民亲于下。"[①] 孟子第一次明确地概括出了中国古代社会学校教育的目的——"明人伦"，并提出教育就是通过实现"明

---

① 孟子. 滕文公章句上. 林新樵编. 孟子选（注译）[M]. 福州：海峡文艺出版社，1990：73.

人伦"来为政治服务的。人伦包括五对关系："教以人伦，父子有亲，君臣有义，夫妻有别，长幼有序，朋友有信。"① 后世称之为"五伦"。在这"五伦"中孟子尤重孝悌，并以此为中心建立了一个道德规范体系——"五常"，即仁、义、礼、智、信。孟子提出"五伦"和"五常"是希望以此来影响和制约君民和君臣等政治社会关系，实现国家的长治久安，它明确了此后我国两千年古代教育的性质，即宗法的社会——伦理的教育。② 宋代理学家朱熹发扬光大了孔孟思想，也主张学校教育的目的在于"明人伦"。他说："古之圣王设为学校，以教天下之人……必皆有以去其气质之偏、物欲之蔽，以复其性，以尽其伦而后已焉。"③ 在朱熹看来，要克服"气质之偏"，革尽"物欲之蔽"，以恢复具有的善性，就必须"尽人伦"。所以，他强调"父子有亲，君臣有义，夫妇有别，长幼有序，朋友有信，此人之大伦也。痒、序、学、校皆以明此而已"④。在《白鹿洞书院揭示》中，也明确把上述五伦列为"教之目"，置于首位，指出"学者学此而已"。⑤ 朱熹所论述的教育目的，反映了我国封建社会最基本的道德教育准则——"三纲五常"，是对中国古代教育目的最完整的概括和阐释。朱熹以其在学术和教育方面的巨大成就，被奉为圣贤，他的思想对后世有着举足轻重的地位。⑥ 以上只是列举了几个代表性人物对教育目的的论述，历朝历代各个时期的学术大师几乎都曾对教育的目的作过阐述，在此不一一列举。

除了这些学术大师外，许多各个时期的教育经典也对教育目的进行过表述。如《学记》中的"君子如欲化民成俗，其必由学乎"，以及"古之王者，建国君民，教学为先"。《大学》中的"大学之道，在明明德，在亲民，在止于至善"等都是对教育目的的阐释。不管表述的形式如何不同，它们对教育目的的论述都可以概括为两点：一是培养统治人才，二是对广大民众实行教化。但不管怎样，最终目的都是一致的，就是以维护阶级统治为旨归。

学者们对教育目的的论述都是理论性的，但它们的思想被统治者们所吸

① 孟子. 滕文公章句上. 林新樵编. 孟子选（注译）[M]. 福州：海峡文艺出版社，1990：80.
② 孙培青. 中国教育史 [M]. 上海：华东师范大学出版社，2000：71.
③ 朱熹. 朱文公文集 [M]. 四部丛刊初编本. 第176册，卷15《经筵讲义》。
④ 朱熹. 四书章句集注. 朱杰人，严佐之，刘永翔主编. 朱子全书 [M]. 上海，合肥：上海古籍出版社，安徽教育出版社，2002：311.
⑤ 孙培青主编. 中国教育史 [M]. 上海：华东师范大学出版社，2000：219.
⑥ 柏燕. 我国教育目的的历史演变及其发展规律 [J]. 曲靖师专学报，2000（4）：62-64.

收和利用，转化为各朝各代具体的文教政策和教育制度。如唐太宗执政时期，实行偃武修文的文教政策，一方面扩建校舍，振兴教育，为封建国家培养后备人才，以确保科举取士的数量和质量。另一方面，开科取士，通过科举考试来网罗人才，钳制人们的思想，以达到巩固统治的目的。唐太宗"尝私幸端门，见新进士缀行而出，喜曰：'天下英雄，入吾毂中矣.'"① 他规定进士读一部经史，要求参加科举考试者每年 11 月 1 日赴省，3 月 21 日考试完毕。由于实行学校和科举并重的指导方针，这一时期学校教育和科举制都得到了较快的发展。② 再如，朱元璋曾实行广设学校，培育人才；重视科举，选拔人才；加强思想控制，实行文化专制三大文教政策。他在明初下令全国各府、州、县设立社学，以教化民众。此后，他又以国家最高统治者的身份要求全国民众讲读《大诰》等政治文件，典型地体现了统治者教化民众，对民众思想进行控制的心态。

可见，不管是从选拔人才还是从教化民众的目的来看，历代统治者们，尤其在政治稳定时期，对教育还是比较重视的。如果有可能，他们也会尽力发展教育，只是受制于财政能力，虽有逐渐把书院和其他形式的私学纳入官学系统的倾向，但始终没有实现。特别需要注意的是，这一时期国家对城乡教育的要求是一样的，在培养规格上也没有什么不同，都以儒家经典为主要学习内容，并都服从服务于选拔人才和教化民众这两个目的，以维护"家天下"的统治。

2. 有限的财政能力

影响教育经费投入水平的因素很多，但对于以国家投入为主的官学体系来说，根本因素有两个：一是国家的经济能力以及由此决定的政府财政收入状况；二是政府财政收入在各个部门的分配比例，即政府投入教育部门经费意愿的高低。前者是决定国家教育经费投入的客观因素，与国家的经济发展水平有关；后者是决定国家教育经费投入的主观因素，与政府是否重视教育发展有关。

经济发展的水平最终决定政府财政能力的强弱，财政能力的强弱又会影响教育发展的可能支出。从先秦到清末的几千年时间里，我国先后经历了奴

---

① 王定保. 唐摭言（卷一）：述进士上篇 [M]. 上海：上海古典文学出版社，1957：3.

② 孙培青. 中国教育史 [M]. 上海：华东师范大学出版社，2000：162.

隶社会和封建社会两种社会形态。但不管是奴隶社会还是封建社会，都是建立在小农自然经济基础之上的，加上当时的政府又都无一例外地实行重农抑商的经济政策，工商业不是特别发达，造成政府对民间资源的吸纳程度很有限，财政能力较弱，直接影响着对教育的支出。以汉代太学为例，武帝初立太学时，只有弟子50人，宣帝时为200人。元帝以后，努力扩充太学规模，太学生数量急剧增加，对太学生数量不再有名额限制，给政府开支造成负面影响。"数年，以用度不足，更为设员千人。"但比宣帝时还是扩大了5倍。"成帝末，或言孔子布衣，养徒三千人，今天子太学弟子少，于是增弟子员三千人。岁余，复如故。"成帝时，有人说孔子一个平民百姓还能养徒弟3000人（孔子弟子3000，是一生教学累积总数，并非同时在学，而且孔门私学并无"养"徒之说），就盲目与孔门弟子数攀比，在太学养士3000人，结果不堪重负，又回到千员之数，此后太学弟子人数再也没有增加，反而有所减少。天子之学尚且如此，地方学校更是可想而知。[①] 可见财政能力是制约我国古代官学规模的最主要原因。

3. 君王与地方官员对教育作用的认识

国家教育经费投入水平的第二个影响因素"政府财政收入在各个部门的分配比例"，说的是政府投入教育部门经费意愿的高低。而政府投入教育部门经费意愿的高低又受到当时社会环境和统治者（包括君王和地方官员）对教育作用的认识的影响。

古代中国相当一段时期内（大概从秦朝以后），皇室财政与国家财政是分离的。就财政支出而言，除了有时需弥补皇室财政的差额外，国家财政的基本用途是军事支出（国家内外安全和扩张所需）、官俸支出（国家管理所需）、经济事业支出（农田水利建设、治理大江大河、建设公共工程）以及社会福利支出（救灾赈济）等。[②] 其中教育支出并不占优先地位，尤其是在战乱或社会动荡时期更是如此，教育常常处于被忽视的地位。但是在社会稳定时期，一些对教育作用较为重视的贤明君主和大臣，在不同的历史时期，都曾经掀起过兴学的高潮，促进了当时教育的大发展。如西汉初年的文翁兴学，汉景帝末年，文翁以郡太守身份入蜀后，"见蜀地僻陋，有蛮夷风"，遂

---

① 俞启定，施克灿．中国教育制度通史：第1卷［M］．济南：山东教育出版社，2000：328．

② 刘守刚．传统中国帝国制度的财政基础探究［J］．浙江学刊，2008（3）：164－170．

立足于在移风易俗、增进教化上作一番事业，其主要措施是送吏员赴京城培训，在成都兴办郡学等。文翁在蜀郡兴学，只是个人行为，并非根据朝廷指令。他是"减省少府用度"来予以支持的，并不是每一个地方长官都会有这种气度。

总起来说，地方官学的兴办，客观上主要取决于地方的财政状况和师资条件，而地方长官本人的意愿和积极性则是决定性因素。朝廷固然可以号召、鼓励地方办学，但只要不能对师资和经费给予切实保证，就无法要求地方必须立学，只能由地方酌情自行办理。而对地方长官来说，兴办学校，推进教化，显然不能与本地的钱谷刑名之类要务相比，也比不上工程事务那样见效显著。如王充所言："礼义之旧防也，有之无益，无之有损。"有之无益似乎是明显的，无之有损则一时显现不出来，故兴学之事难以在地方长官的施政意图中占有重要位置。[①]

再如，发生在北宋中晚期的庆历兴学、熙宁兴学和崇宁兴学，极大地推动了宋代教育的发展，使宋代官学从无到有、从少到多地发展起来，在整个中国封建社会的教育发展史上占有举足轻重的地位。可以说，在中国封建社会的教育发展史上，没有任何一个朝代像宋代那样，投入极大的财力和精力，多次开展大规模的兴学运动。三次兴学的宗旨及其政治背景虽然各有不同，其性质也有很大的差异，但其共同特点是动用全国的力量，大力兴办教育事业，并通过振兴教育、培养人才来带动解决其他的社会问题。[②] 宋朝所以会出现这样的兴学景象，与当时的统治者对教育作用的认识不无关系。

（二）士绅在城乡教育制度中的地位与作用

1. 士绅兴办私学的目的

士绅阶层是中国传统社会沟通国家与乡村民众的桥梁与纽带，是乡村的实际统治者，担负着乡村社会的许多公共服务职能。地方学务是乡村社会公共事务之一，也是乡村士绅最热衷于兴办的事业之一。对于乡村士绅来说，他们为什么要主动承担起处理地方公共事务这一职责呢？首要原因是他们可以通过提供"必要的利益"来获得对当地社会的控制权。前文曾经说过，能否成为地方权威并掌握实际权力与三个方面的因素有密切关系，即财富、学

---

① 俞启定，施克灿. 中国教育制度通史：第1卷 [M]. 济南：山东教育出版社，2000：387.
② 乔卫平. 中国教育制度通史：第3卷 [M]. 济南：山东教育出版社，2000：47.

位及其在地方中的公共身份。财富与学位对于乡村士绅来说，是自身的一种品质或所有物，属于私人活动领域的范畴，并不足以让他们成为地方权威并掌握实际权力。要想成为地方权威并掌握实际权力还必须涉足"地方公事"活动，给地方民众提供一些"必要的利益"。彼德·布劳曾经说："提供必要的利益（没有这些利益，其他人就不容易行事）无疑是获得权力的最普遍的方法……为其公民提供必要保护的政府，为其雇员提供必要工作的雇主以及为社会提供必要服务的职业，都使其他人依赖于他们并潜在地服从于他们的权力。"①

对于乡村民众来说，哪些利益是"必要的利益"呢？乡村士绅又是如何提供这些"必要的利益"来使民众服从于他们呢？首先，士绅可充当国家与乡村民众的桥梁与纽带，遇事与官府交涉。士绅一般都获取过科举功名，他们或者是离职回家的官员，或者是官僚队伍的后补力量，具有朝廷认可的政治社会身份，是乡村社会唯一有资历与官吏共商地方事务的集团。作为沟通国家与乡村民众的桥梁与纽带，乡村士绅可以作为乡民的代表来为他们争取一些利益。其次，乡村士绅可以凭借自己在政治、经济、声望等方面的优势，掌握"水利"、"宗教"、"文教"、"赈济"等公共事务的兴办之权，为乡民提供他们无力或不愿而自己又必不可少的"利益"，其中兴办教育就是乡村士绅最热衷的地方公共事业之一。由于受到了士绅们的"恩惠"，乡民们自然感激，久而久之，他们就会对乡村士绅产生依赖感和亲切感，视他们为地方领袖。他们也会因此产生"民之信官不若信士"的心理，并依从绅士而行，最终达成"凡地方公事，大都由绅士处理……绅士之可否，即为地方事业之兴废"的结果。权力于是由此而生，这正如布劳所说："权力依赖于人们对于当权者不得不拿出来的利益的需要。"②

随着宋朝以后，尤其是明清时代家族组织的兴盛，家族教育也开始大量出现。从总体上看，家族学校的名称有家塾、族塾、私塾、学馆、义学、书屋、书堂、书院等，称谓不统一，但性质是一样的，都是以家族或村落为基础兴办的私学。这些私学虽都以家族或村落为依托举办，但作为家族势力的

---

① ［美］彼德·M·布劳. 社会生活中的交换与权力 ［M］. 李国武译. 北京：华夏出版社，1988：138.

② ［美］彼德·M·布劳. 社会生活中的交换与权力 ［M］. 李国武译. 北京：华夏出版社，1988：146.

代表，乡村士绅和族长是私学兴办的组织者，也是贡献最大者。他们兴办家族教育，其目的具有明显的两重性：一是满足家族子弟读书识字的需要，即广泛性的普及教育，重在宣传孝悌仁义等封建伦常礼仪，维护家族内部的团结和秩序。二是满足家族子弟应试科举的需要，即以入仕为目的的教育。家族教育的两重教育目的，在许多家族的族规中都有明确的说明。如福建连城四堡邹氏家族，就是要通过教育使族人中"将来出为名臣，处为名儒"，即使成不了名臣名儒，通过教育也能造就知书识字之人，"有儒家气象"，"不辱我诗书礼仪之乡"，以保证本族的基本正常发展。这里需要特别指出的是，许多家族都非常强调家族中教育的普及，因为这关系到家族整体素质提高的问题。有的家族甚至强调族内学校教育的目的重在造就知书达理、忠孝两全的族众，而非仅仅为求取功名。不过，也应该看到，虽然有许多家族强调家族教育的非科名性，但就家族教育的整体来看，强调科名，注重入仕是家族教育最主要的目标，正是这一目标，才使得一些家族更加繁荣昌盛，这是乡村士绅及族内首领最愿意看到的结果，也是其兴办家族教育的初衷。[1]

除此之外，一些乡绅兴办私学，还有回报乡里或宗族的意味。科举初兴，科举入仕只是个人的事情，与乡里、宗族并没有多大的关系。但到了明清时期，科举成为一种可以经营的事业。随着科举考试的日趋复杂，投考科举需要耗费大量的人力和财力，一般的家庭很难承受这笔费用，于是就出现了以乡里或宗族的力量办理私学或提供资助，帮助宗族或乡里优秀子弟参加科举考试的情况。对于贫家子弟来说，由于势单力薄，贫困无助，他们只有依靠乡里、宗族的资助，才有入学入仕的机会。对于地主、富豪大族来说，虽然衣食无忧，生活富足，但为了保住自己的既得利益和地位，也必然全力支持自己的后代获取功名。

这种受乡里或宗族资助参加科举的士子，一旦金榜题名，其荣耀就不仅属于个人，也属全乡里、全家族。因为没有乡里和家族集体的经济力量，即使个人有再大的才能与努力，也无济于事。正因如此，明清时期受宗族资助入仕的士大夫行动不再只具有个人意义，他们对当初资助他的乡里、宗族还有道义上的回报责任。这种回报意识也促使乡绅兴办私学，投身于地方公共

中国城乡教育关系制度的变迁研究

---

① 王炳照. 中国古代私学与近代私立学校研究 [M]. 济南：山东教育出版社，1997：71—74.

事务。①

2. 乡村士绅的经济能力

（1）乡绅自身的经济能力。

从士绅的身份来看，他们或者是离职、退休的官员，或者是获取功名的候补官员。从经济上来说，士绅虽不等同于地主、富商，但在"用政治权力获取财富比用财富去获取权力来得更容易"②的农业社会，凭借雄厚的政治资本，士绅可以获取占绝对优势的经济财富。据张仲礼估算，19 世纪中国士绅的年收入总量为 6.45 亿两银子③，而他们的人口（包括家属成员）总量约为 720 万，大概占当时整个国家总人口（18 世纪中期，我国的总人口大约为 4 亿）的 2%。按此计算，士绅集团的人均年收入约为 90 两。而 18世纪中晚期，清王朝的年财政收入大约为 4500－5000 万两银子（不包括地方、省政府留用的额外附加税收）④；即使在清代最繁盛的一段时期，政府全部财政收入也没有超过全国谷物产值的 5%－6%⑤。以此计算，当时全国谷物总产值大约为 8－9 亿两银子，也就是说，占全国人口绝大多数的农民年人均谷物产值大约为 2－3 两银子，与士绅的年人均收入相差三四十倍。这也说明了当时士绅阶层的经济实力是很强的，在他们有意愿的前提下，完全有能力兴办地方私学。

（2）乡村宗族的经济实力。

从经济能力上说，乡村士绅完全有能力担负起兴办私学的重任。但作为一个理性的利益主体，乡村士绅并不会把自己的全部家产用来兴办教育。相反，他们采用了一种更为巧妙的方式，那就是通过集中家族的力量，主要利用家族的公田、公产来兴办教育。这样，他们可以避免过多地使用自己的私产，只需以领袖与组织者的身份出现就可以了。明清时候，许多家族（尤其是南方的一些家族）的经济实力是很雄厚的，这为家族教育的发展奠定了坚

---

① 国风. 中国的乡及乡官的演变：下 [J]. 农村工作通讯，2007（7）：47－49.

② ［美］格尔哈斯·伦斯基. 权力与特权：社会分层的理论 [M]. 关信平，陈宗显，谢晋宇译. 杭州：浙江人民出版社，1988：252.

③ ChangChung-Li. *The Income of the Chinese Centry*. Seattle, 1962：197.

④ ［美］吉尔伯特·罗兹曼. 中国的现代化 [M]. 国家社会科学基金"比较现代化"课题组. 南京：江苏人民出版社，1988：98.

⑤ ［美］珀金斯. 中国农业的发展：1368－1968 年 [M]. 宋海文译. 上海：上海译文出版社，1984：229.

实的物质基础。

江西奉新华林书院是古代家族教育的典型例子。华林书院的创办者胡氏家族，有着强大的经济实力。华林胡氏的庄园极为宏大："正厅前茶厅，茶厅前小厅，小厅前书院，书院前凉亭、水阁，凉亭水阁前客厅，客厅前内竖门，竖门前鼓门，鼓门前三重之元门，元门前石梁，石梁前勾曲门，勾曲门前槽门，每宾客至，以鼓而报内堂，方出迎宾也。"① 正是有着雄厚的经济基础，胡氏曾对奉新县儒学"捐资若干，金粟若干"，使儒学"鼎建更新"。"创洞三十间，塑像……七十余座，建生徒讲台一百余号。"② 胡氏家族还"大建华林书院……筑室百区，聚书五千卷，子弟及远方之士，肄业者常数十人，岁时讨论，讲席无绝"，对于族外子弟一样"供衣食，给资斧，一时云游者尝数千人"③。可见胡氏创办的族学性质的华林书院的规模和影响之大。

又如，安徽黟县西递明经胡氏家族，在明末时的公共建筑就有祠堂26座，庙宇3座，书院（书屋）2所，以及魁星楼、文昌阁各1座。这些宏大而又精美的建筑，其经费来自宗族中经商子弟的捐输。明末以后，西递明经胡氏商人子弟还大兴土木，广建豪华宅居，这都充分反映了西递明经胡氏家族商业资本的雄厚。这样，胡氏家族在社会公益事业中的"义举"也就非常慷慨，据《徽州府志》和《黟县志》记载：胡丙培，"以干金修石山并西递路，五百金助建凤凰桥，又移建学宫，岁饥捐赈，多襄义举"；胡学梓，"好善乐施，邑议建书院，首捐白金五千两。遇岁歉，赈族党，前后计米六千余石。……前后费白金逾八万两"；胡尚熷，"捐万五千金倡建碧阳书院，……"；胡文铎，"好义乐施，尝捐锯赀修歙、休、祁、黟大路"；等等。在雄厚的经济基础的支持下，西递明经胡氏宗族也非常重视教育和文化，并不遗余力地办教育。如清乾隆年间，胡学梓建万印轩，为读书习文、修身养性和子弟肄业之所。④

---

① 甘竹胡氏小修族谱. 见：胡青. 家族经济、道教与华林书院 [J]. 宜春师专学报, 1994 (3)：63—66.

② 奉新县志 [Z]. 清道光四年刻本. 卷十一《学校》. 见：王日根. 明清时期社会管理中官民的"自域"与"共域"[J]. 文史哲, 2006 (4)：87—94.

③ 奉新县志编委会. 奉新古代书院 [Z]. 1985：64.

④ 赵华富. 明清徽州西递明经胡氏的繁盛 [J]. 安徽史学, 1994 (4)：20—23.

另外，还有世代经商的家族，如徽商集团，正是靠商业的富足，投资办教育，起到了繁荣地方教育的重大作用。家族教育就是在各世家大族积极倡办及经济上的有力支持下，才蓬勃开展起来的。[①] 即使对于一些经济实力不太强的家族来说，通过集资和利用公产来建立一所简易私学，也并非难事。这主要看家族内部成员的见识和对教育作用的认识。

(三) 受教育者对城乡教育制度的影响

1. 多数人不能接受教育的状况

用数据概括中国整个古代社会的教育普及程度很难，这不仅因为我们缺乏历朝历代的相关数据，还因为我们对教育这一称谓的内涵、形式以及程度的理解有所不同。我们这里所说的教育是指正规的学校教育，包括各级官学和私学形式；从教育程度来看，这里所指的教育不只是限于少数人的以出仕和专经研究为目标的教育（精英教育），还包括以追求实用为目的的教育（大众教育）。这两种教育在教育的对象、目标和内容上都有很大区别。

隋唐之前的教育，虽然我们没有专门的数据，但是我们可以根据当时的社会政治、经济、文化状况对其普及程度作一些推测。在夏、商、周三代，文化教育完全为奴隶主贵族所垄断，奴隶根本没有享受文化教育的权利。当时，所有的一切文化典籍都深藏在天子、诸侯的宫廷之中，由专门担任文化事务的官吏世袭保管。这些官吏，同时又是负责教育贵族子弟的教师。这就是所谓的"学术官守"或"学在官府"。在这种情况下，教育只是少数统治阶级的事情。春秋时期，官学衰废，私学兴起，文化开始下移，打破了以前"学在官府"的状况，教育对象的范围有所扩大。到了秦朝，统治者崇法排儒，"禁私学以吏为师"对文化教育造成了很大的摧残。到了汉代，我国封建教育制度初步形成，官学与私学都较发达，但由于取士制度与学校教育制度相脱节，教育并未走向普及化。魏晋南北朝时期，学校教育"时隐时现"，再加上战乱频繁，政权更迭频繁，教育事业的发展也受到很大影响。

隋唐以后，随着科举制的创立，受教育阶层的范围开始扩大。到了宋朝，屡次兴学，科举制也逐步完善，并且把养士和取士的职能都归之于学校，大大增加了人们接受学校教育的积极性。再加上宋代的"教学革命"和印刷术的普及及其所导致的书写的规范化，中国的民间教育在"质"与

第二章 从先秦到清末的城乡教育关系

---

① 吴霓. 中国古代私学发展诸问题研究 [M]. 北京：中国社会科学出版社，1996：232.

"量"两个方面都有了很大发展。这使得宋代教育的发达远远超过了前代。在乡村民众中，像《百家姓》、《千字文》之类的识字课本，有了一定的普及程度。不少地区利用农闲举办冬学，由穷书生教农家子弟识字。而教育普及的最直接表现则莫过于大批的文人士子参加科举考试。两宋三百年间，贡举登科者达 11 万多人，平均每次录取的人数为唐代的十倍左右，且登科后无须经过像唐代吏部身、言、书、判的考试，可以直接释褐入官，因而吸引了来自各阶层的广大知识分子。①

在前代的基础上，到了明清，民间教育有了进一步的普及。我们也可以把明清时期的教育大略分为两类：一类是以科举为目标的教育（精英教育），另一类则是以实用为目标的教育（大众教育）。明清的精英教育以科举考试为目的，普遍面向各个社会阶层。大众教育以获得起码的读、写、算能力为目的，面向的主要对象是普通民众，即下层社会民众。这种教育的目标并非考科举，而是为了从事工商业活动。

如果把识字作为大众教育的主要内容的话，那么明清大众教育普及程度会有多高呢？我们很难对此有一个准确的估计。但是罗友枝（Evelyn Rawski）曾估计过中国清代的识字率，他认为男子的识字率为 30%－45%，女子则为 2%－10%。② 如果以此对中国清代识字率进行估计的话，那么中国的教育普及程度应该在 16%－27.5%之间。这可能已大大出乎我们一般人的想象，但是，从今天的眼光看，这是一个很低的数字，多数人处于不能接受教育的状况，尤其是女子。这也可能是清末之前教育普及的最高峰。

2. 受教育者接受教育的意愿与能力

夏、商、周三代，文化教育完全为奴隶主贵族所垄断，奴隶根本没有享受文化教育的权利。秦朝"以吏为师"，禁私学，普通人也没有受教育的机会。汉朝官学与私学都较发达，一部分下层人士虽然通过接受教育进入上层社会，但是毕竟是极少数。察举制的选士方法也使教育制度与选士制度很难直接联系起来，被察举的往往还是地方的有权势者。到了魏晋南北朝，世族势力强大，这时候实行的"九品中正制"的选士方法为世家大族所操纵，普

---

① 肖宏发. 五代宋元，中国文化的多彩升华与农牧融合 [EB/OL]. http：//jpkc. gxun. edu. cn/zgwhs/songyuan2. htm，2009－10－12.

② 张仲礼. 中国绅士：关于其在十九世纪中国社会中作用的研究 [M]. 上海：上海社会科学院出版社，1991：247.

通人很少有机会被评定为上品，也就失去了向上流动的可能性，以致出现了"上品无寒门，下品无世族"的状况。总起来说，隋唐之前的下层人士既缺乏接受教育的意愿，也缺乏接受教育的能力。这也是这一时期教育的普及率较低的根源所在。

隋唐以后，随着科举制的不断完善，养士和取士的职能都向学校教育靠拢，这大大增加了人们接受学校教育的积极性。科举是进入统治阶层和上流社会的主要途径（或者说是"正途"）。因此，这种精英教育形式对当时的社会各个阶层都具有巨大的吸引力。"万般皆下品，惟有读书高。"这就使得读书受到整个社会的高度重视，并且有力地激发了各阶层人士的读书之风。对于以识字教育及计算教育为主要内容的大众教育来说，由于其直面工商业活动，具有很强的实用性，可以直接为普通民众的生产生活服务。而且这种教育形式在童年就可以完成，不需要占用太多的劳动时间，机会成本也相对较低。所以，普通民众也有接受大众教育的积极性。既然社会各个阶层都有接受教育的积极性，那么，为什么到了清代，中国的教育普及程度也不过在16％－27.5％之间呢？这还得从当时民众的经济承受能力谈起。

对于以参加科举考试为目的的精英教育来说，这是一项不仅耗费人力而且耗费财力的事业。参加科举的费用主要包括学费、文具费用、备考费用、举子的生活费等，这些费用加起来往往不低，直接影响举子的科考行为。对于各朝官学来说，其对学生身份和名额往往有严格的规定，而且学费也往往较高，一般士子难以进入或经济上难以承受，不得不到学费较低的私学学习，即便如此，把各项费用加起来也是一笔很大的开销，这些费用对于经济基础充裕的富贵子弟来说，似乎不成问题。对于出身贫寒的读书人，却不是一件易事。张仲礼对清末嘉庆、道光、咸丰、同治及光绪王朝有功名的绅士本人及其祖父辈的职业及经济情况进行了统计，据其统计结果，功名士子的祖父辈的经济情况如下：嘉庆朝，71％情况不明，在剩下的29％知晓具体情况的绅士中，仅有1％来自耕农、佃农或雇农，5％仅知贫困而无其他记载，合计6％；道光朝，这两项合计6％；咸丰及同治朝3％；光绪朝7％。[①] 上述数字显示，拥有功名的绅士经济状况大多较好，贫困者只有极

---

① 张仲礼. 中国绅士：关于其在十九世纪中国社会中作用的研究 [M]. 上海：上海社会科学院出版社，1991：247.

少数人。

对于接受大众教育的普通民众子弟来说，虽然求学费用并不算高，但由于接受这一类型教育的人往往是生活并不富裕甚至贫寒人家的子弟，所以并不算高的求学费用对他们来说也可能是一个较大的负担，影响着他们的教育选择。谷更有曾对北宋时期乡村户的生活水平作过研究，他得出的结论是：中等以上户约占总乡村户的 1/10—1/5，第三等户[①]约占总乡村户的 1/10—1/8。[②] 由于农业劳动生产率并没有显著增加，而人口却有了显著增加，清代的乡村社会阶层结构很可能与此相似。如果把中户以上作为有经济能力接受教育阶层的话，那么能接受教育者的比例大概在 10％—20％之间。再如果把中户中的一半也作为有经济能力接受教育阶层的话，那么能接受教育者的比例就提升到 15％—26％，这与罗友枝对中国清代的教育普及程度的估计非常一致。可见，在隋唐以后，经济能力而非意愿是影响人们是否接受教育的最重要因素。

中国城乡教育关系制度的变迁研究

---

① 第三等户为中户，介于富农与贫下户之间，是政府区分贫下户与中上户的临界点，是拥有土地量不多，仅能维持自足生活水平的温饱层人群，但不排除有少些自足有余的富裕户。

② 谷更有. 宋代乡村户之生活水平析议 [EB/OL]. http：//www. paper999. com/paper _ efnc5l/，2009－10－13.

第三章
从清末到民国的城乡教育关系

清朝中期以后，由于外国资本主义的入侵，中国正常的发展进程被迫中断。政治上，中国丧失了主权独立，开始沦为半殖民地半封建社会；经济上，传统以农业为本的自然经济得到瓦解，现代工商业和城市开始兴起，并日益卷入世界资本主义经济体系；文化上，随着"西学东渐"的逐渐深入，儒家思想唯我独尊的地位开始受到挑战，民主与科学的概念开始深入人心。这些都对清末民国时期的教育目的、课程设置、教育管理、教育投入等产生了深刻的影响，并直接影响了城乡教育关系制度的安排及走向。

一、从清末到民国的社会特点

（一）城乡分离，以农为主——二元分离的城乡关系

古代中国，经济的重心在农村，不论是乡村还是城市，都以自然经济为基础，它们都维系在自然经济这一古老的轨道之中。虽然这时的商品经济也有了初步的发展，但与近代以来以扩大再生产为目的的现代经济相比，则有着天壤之别，它是一种自给自足的经济。从事农业的居民自己进行农产品的生产和加工，城乡间社会分工非常落后，城乡经济的同质性和社会分工的落后性实现着"城市与乡村无差别的统一"①，城市与乡村的关系表现为一种牧歌般的天然联系。由于中国古代的城市首先是作为军事和统治中心而存在的，"市"的功能的兴起是封建中后期的事情，加上中国具有深厚的中央集权统治传统，所以，城乡关系便体现出政治上城市统治乡村，经济上乡村制

---

① ［苏］列宁. 列宁全集：第 3 卷 ［M］. 中共中央马克思恩格斯列宁斯大林著作编译局. 北京：人民出版社，1959：19.

约城市的特点。

1840 年，鸦片战争爆发，标志着中国社会开始被拖入了世界资本主义经济体系之中。宋朝以后，随着商品经济的进一步发展，原来军事与政治意义上的"城"更多地增强了经济上"市"的功能，城乡的商品交换已经有了一定程度的发展。鸦片战争后，由于战争的失败而被迫开设通商口岸，使得中国有了近距离接触西方的机会。国外社会风气和价值观念的传播，尤其是商品和资本的大量流入，使我国的城市越来越具有了近现代化的特点，并出现了一些具备现代经济特点的新兴都市，最早的一批新式商人、工业家和城市工人也得以产生。乡村自产的商品也因资本、技术、价格、便利程度等方面的原因，以及"西学东渐"大潮下人们日益崇西与趋新的社会心态的影响，竞争不过外来的商品。外国资本和商品的大量流入，从根本上破坏了中国延续几千年的自然经济结构，自然经济开始解体，资本主义商品经济开始发展。

正是由于内外力的交互作用，使中国的城市与乡村都发生了一系列深刻的变化。这些变化体现为城市现代化因素的不断增强，以及这些现代化因素由城市向乡村的不断渗透。随着这一过程的深入发展和影响力的不断增强，中国城乡关系中的传统性与近代性，半殖民地性与半封建等相互交织的特征非常明显。城乡关系开始走向分离，城市工商业、农村农业，并且以农业为主的城乡关系开始形成。最终，中国传统社会无差别统一的城乡关系发生了根本变化，呈现出"二律背反"、两极发展的新特点，即"城乡间联系性的加强与对抗性矛盾的加剧的两极化态势"①。这里城乡间联系性的加强是指，随着城市现代工业和商业的发展，改变了过去城市在经济上只是作为行政性消费中心的地位，并导致城乡间经济交流的不断增强，这种交流是以市场的自由交换为中介的。城市作为商品和资本的聚集地，对农村地区具有辐射和聚集的功能。城乡之间的这种联系性主要体现在：（1）城市带动乡村农业、手工业实现商品化发展；（2）城乡社会分工的扩大；（3）城乡间人口流动频繁。② 城乡间对抗性矛盾的加剧是指，城市在日益发展过程中，对乡村的剥

中国城乡教育关系制度的变迁研究

———————————

① 蔡云辉. 城乡关系与近代中国的城市化问题 [J]. 西南师范大学学报：人文社会科学版，2003（5）：117－121.

② 陈炜. 近代中国城乡关系的二重性：对立与统一 [J]. 宁夏大学学报：人文社会科学版，2008（1）：119－126.

削程度不断增加，手段也更加多样化，导致了乡村社会的破败不堪。中国近现代社会是一个半殖民地半封建性质的社会，一方面，中国社会的封建性延续并强化了地主、官僚通过地租、赋税、高利贷等手段剥削乡村农民的传统；另一方面，外国资本主义和本国资本主义的发展又通过低价收购农产品，高价出售工业品，制造工农产品"剪刀差"的方式对乡村进行剥削和压迫，致使城乡的发展差距不断扩大，城乡对立矛盾日趋加深。① "城市与乡村无差别的统一"关系，被"外国帝国主义和本国买办大资产阶级所统治的城市极野蛮地掠夺乡村"② 和压迫乡村的关系所取代。

在这种城乡关系不断分离的背景下，到了 20 世纪初，清政府开始酝酿城乡"分治"。1905 年，清朝政府派人到西欧、日本考察近代资本主义国家的民主宪政和地方行政制度，酝酿变革，于 1909 年初制定了一个《城镇乡地方自治章程》，在中国历史上第一次将城镇区域的区划和管理组织与乡以法律的形式区别开来，确认城镇和乡同为县领导下的基层行政建制。这标志着在管理体制上城乡关系开始由"一体"逐渐走向"分离"。辛亥革命后，各省实力派热衷于"地方自治"，相继仿效近代各国的市政建制，制定了所谓"市乡制度"。1911 年，江苏省临时议会通过了《江苏省暂行市乡制》，于是在中国开始出现被法律所承认的城市政府。③

从实践上来看，我国近现代城市行政管理组织的正式形成和发展是在民国时代。1918 年，隶属于南方军政府的广州市设立"市政公所"，继而改为"市政厅"。1921 年，北京政府相继公布《市自治制》和《市自治制实施细则》，这从国家意义上开始了中国的市制。其后，国民党政府为加强城市控制，不断地颁布和修正"市组织法"。先是废除特别市与普通市的划分，将市的行政等级分为"直隶于行政院"和"直隶于省政府"两种。院辖市为人口百万以上、经济与政治上有特别意义的城市或首都；省辖市为人口在 30 万以上或人口在 20 万以上，但每年税收合计占本地总收入 1/3 以上的城

① 陈炜. 近代中国城乡关系的二重性：对立与统一 [J]. 宁夏大学学报：人文社会科学版，2008（1）：119—126.
② 毛泽东. 毛泽东选集（合订一卷本）[M]. 中共中央毛泽东选集出版委员会. 北京：人民出版社，1964：310.
③ 顾炎晴，王洪濮. 市政管理 [M]. 天津：天津人民出版社，1996：4—5.

市。① 现代意义上的城乡分治体制在不断的修正中逐渐成形。

二元分离的城乡关系以及现代意义上城乡分治体制的形成，对城乡教育产生直接影响。政府在对待城乡教育的制度安排上也采取了不同的措施，农村教育发展的"离农"与"为农"矛盾在这一时期开始出现，城乡教育差距开始拉大。

(二) 救亡图存与近代化的双重历史任务

从 1840 年中英第一次鸦片战争开始，西方资本主义列强就用坚船利炮敲开了古老中国的大门。资本主义列强通过武力与不平等条约，使中国逐步沦为半殖民地半封建社会。随着中国社会性质的变化，中国社会的主要矛盾也发生了巨大变化。中国社会的主要矛盾由原来封建性的地主阶级和农民阶级的矛盾，开始变为外国资本（帝国）主义和中华民族的矛盾、封建主义和人民大众的矛盾。而帝国主义和中华民族的矛盾成为各种矛盾中最主要的矛盾。近代中国社会的时代特点以及所面临的主要矛盾，决定了近代中国人民面临着两大历史任务：一是救亡图存获得民族独立；二是通过近代化实现国家的繁荣富强。

1. 救亡图存是近代中国社会的首要历史任务

救亡图存所以是近代中国社会的首要历史任务，是由资本主义列强侵略中国使中国陷入亡国灭种的危机决定的。在鸦片战争后到新中国成立长达 100 多年的中国近现代史中，亡国灭种的危机摆在了每一个中国人的面前：资本（帝国）主义列强通过军事的、政治的、经济的、文化的各种手段，残酷、野蛮地欺凌中华民族，一个领土完整、独立发展的主权国家被推向贫穷落后、满目疮痍的深渊。②

资本主义对中国的侵略最主要、最直接、最赤裸裸的方式是军事侵略。他们凭借强大的经济、军事实力通过直接发动侵略战争，侵占我国领土，控制中国内政。从第一次鸦片战争开始直到中华人民共和国成立的 100 多年间，西方主要资本主义国家在不同时期都曾侵略过中国，并屡次发动战争，其中较大规模的侵华战争就有十几次之多。每一次侵华战争，列强都会大肆

---

① 顾炎晴，王洪濮. 市政管理 [M]. 天津：天津人民出版社，1996：5.

② 戴宗芬. 救亡图存：中国近代爱国主义的历史主题 [J]. 中南民族学院学报：人文社会科学版，2000（4）：127－128.

屠杀中国军民，并迫使中国政府与之签订不平等条约。据统计，中国与列强签订的不平等条约超过了100个。[①] 通过这些战争和条约，列强们抢占中国领土，破坏中国主权，勒索战争赔款，大肆掠夺财富，进行文化殖民，给中国的政治、经济、文化等方面都造成了巨大的伤害。

在政治上，资本主义列强试图寻找他们在中国的代理人，通过"以华制华"的策略来控制中国的内政与外交，这在义和团运动以后表现得更为明显。鸦片战争之前，中国是一个政治上独立自主的主权国家，清政府可以完全行使国家主权而不受外国干涉；鸦片战争之后，中国不仅领土完整被破坏，包括领海、内河、海关、外交、司法甚至军事等在内的多方面国家主权都受到了侵害，已经丧失了独立自主的地位。例如，在《南京条约》中，中国割让香港给英国开了列强逼迫中国割让土地的先例，在后来的一系列不平等条约中，英国又强迫中国割让了九龙司，俄国割占了中国东北150多万平方千米的土地，使中国的领土主权遭到空前的破坏。《天津条约》规定：允许外国公使常驻北京。这样一条规定如果是两个主权独立的国家也许很正常，但当时的情形是中国是一个战败国，条约的签订是被迫的，而且列强的公使也不是作为普通的外交官，而是以征服者的身份进驻北京的，是为了列强在北京可以直接向清政府发号施令而设立的。除此之外，列强还通过中英《五口通商章程》、中美《望厦条约》、中法《黄埔条约》等一系列不平等条约在中国攫取了领事裁判权、关税自主权、贸易自主权等。再以后，列强与中国签订的《辛丑条约》、《二十一条》等，几乎使中国的主权丧失殆尽，完全丧失了独立自主的地位。

在经济上，资本主义列强除了强迫中国支付巨额的战争赔款外，主要利用战争与随后签订的不平等条约，攫取在华特权，为商品倾销和资本输出打开便利之门，实现对中国的疯狂压榨和掠夺。为了实现对中国的商品倾销和资本输出，列强们首先是控制中国的通商口岸。第一次、第二次鸦片战争期间，中国被迫开放的通商口岸由5个增加到16个，到1895年又增加到40多个，使外国侵略势力从沿海深入到内地，以便于列强进一步向中国倾销商品和掠夺原料。在这些通商口岸，废除了公行制度等，破坏了中国的贸易自

第三章 从清末到民国的城乡教育关系

---

① 戴宗芬. 救亡图存：中国近代爱国主义的历史主题 [J]. 中南民族学院学报：人文社会科学版，2000（4）：127－128.

主权，使这些通商口岸实际上成为帝国主义吸取中国人民血汗的基地。其次是剥夺中国的海关主权。鸦片战争后，外国人逐步控制了中国海关的行政权。《五口通商章程及海关税则》所规定的绝大部分进出口货的税率，都比鸦片战争前降低了50％左右，有的甚至降低了90％。其中还规定：无论进口货或出口货，凡未列入本税则者，按货值5％或10％抽税。此后，列强又通过其他一些不平等条约，进一步降低了关税。税率的降低，有利于外国侵略者倾销其工业品和输出资本，并从中国掠夺廉价原料，中国海关开始丧失保护本国工农业生产的作用。在这种情形下，中国的对外贸易逆差逐年扩大，入超严重，白银大量外流。中国的民族经济在外国资本与商品的排挤下，日益萎缩。列强还通过在中国开设银行与政治贷款，控制了中国的财政与金融，使中国在经济上丧失了独立性，成为列强的经济附庸。

资本主义列强在对中国实行军事侵略、政治控制、经济掠夺的同时，还对中国进行文化侵略和奴化教育，企图以此来摧毁中国人民的民族意识，达到他们永久统治中国的目的。诚然，我们不能把外国人所有的宗教、文化活动都说成是文化侵略。但是，资本主义列强的许多文化渗透活动，都是打着传教的旗号进行的，许多传教士甚至超出了文化渗透的范围，直接参加了对中国的军事侵略和经济掠夺。此外，一些西方人士还以文化传播为幌子，在中国建立各种类型的学校，扩大奴役对象，还创办各种报纸杂志，鼓吹列强对中国发动侵略战争的合法性。

正是因为帝国主义对中国在军事、政治、经济、文化等方面的侵略和掠夺，使中国陷入半殖民地的深渊，面临着亡国灭种的危机，劳动人民处于水深火热之中。救亡图存，争取民族独立就成为这一时期中国各阶层的首要历史任务。[①]

2. 实现近代化是中国人民的又一历史任务

中国有着五千年的文明历史，在这几千年的历史中，曾创造过令世界叹为观止的物质文明和精神文明。在相当长的一段时期内，不管是在财富，还是在科技、文化、军事、制度等方面，我国都一直走在世界前列。即使到了封建社会晚期的清朝，在康乾盛世时我国也掌握着世界上最多的财富。但

---

① 戴宗芬. 救亡图存：中国近代爱国主义的历史主题 [J]. 中南民族学院学报：人文社会科学版，2000（4）：127—128.

是，这时中国的封建制度已经走向了穷途末路，清朝的康乾盛世不过是封建制度走向灭亡的最后一次回光返照。盛极而衰，此后的清王朝日益奢侈腐败，一步步走向衰落腐朽。而这时的西方国家正发生着伟大的工业革命，英国、法国、德国等逐步强大起来。大机器生产的广泛推行使这些国家的生产力以惊人的速度增长，有了机器也就有了资本主义的产生与发展，各国的资产阶级开始逐渐取得政治权力，他们制定了符合资本主义经济发展需要的政策，为生产的发展创造了有利条件。西方的工业革命，使 16 世纪即已开始的向全世界扩张的步伐骤然加快，资产阶级纷纷走出国门，组织商船队和特许贸易公司，进行航海探险、海外贸易和殖民扩张，到世界各地寻找商业机会，掠夺金钱、土地和人口，进行血腥而又必需的原始积累。西方列强很快就把扩张的目标对准了资源丰富、市场广大、政府腐败、技术落后的清王朝。[①] 再后来，由于众所周知的原因，中国与西方列强的差距越来越大。加上我国长时间的军阀割据，内乱不断，到了 20 世纪前后，我国已远远落后于西方资本主义国家，陷于积贫积弱的境地。对于中国的这种状况，除了救亡图存、争取民族独立这一历史任务外，尽快地实现近代化，使中国重新繁荣富强起来就成为中国人民面临的另一历史任务，也是近现代中国社会的又一主题。

近代化是以经济工业化和政治民主化为主要标志的。从过程上看，它是人类从传统的农业社会向现代工业社会转变的必经阶段；从内容上看，它是以科技为动力，以工业化为中心，以机器大工业取代传统手工业为主要标志，并引起政治、经济、军事、思想文化、教育、生活方式乃至思维方式等发生全方位变化的一场社会变革。对于不同国家来讲，由于国情不同，近代化的内容和方式可能会略有差别。对于中国来讲，从鸦片战争到中华人民共和国成立，由于帝国主义、封建主义、官僚资本主义三座大山的压迫，中国的近代化发展程度是十分低下的。这主要表现在两个方面：第一，中国人民在政治上一直处于独裁统治之下，没有自由民主可言，这在清朝和民国时期都是如此。第二，中国在经济上积贫积弱，农业在国民经济中始终占据主要地位，现代化的机器大工业体系没有普遍建立起来。所以，中国的近代化就

---

① 许毅. 重视历史教育，认识基本国情 [EB/OL]. http：//www. czs. ac. cn/html/kexueyanjiu/20090101/294. html, 2009－01－01.

是在半殖民地半封建的条件下，政治上反帝反封建，争取民族独立和政治民主；经济上摆脱小农经济，实现工业化；在文化上打破思想禁锢，争取民主与科学。中国近代化的过程在本质上就是争取民族独立和富国强兵的过程。[①]

由内忧外患和贫困落后决定的近现代中国的两大历史任务，也对教育及城乡教育制度产生了巨大的影响。在古代的传统中国，由于皇权以维护自身统治为最主要的目的，只要不是处在政治不稳或经济受到严重破坏的时期，国家都会以"得民心"作为维护自身统治的一项主要工作。不管是选拔人才还是对民众实施广泛的教化，以儒家伦理道德为主要学习内容的教育正好契合了这一要求。因此，在政治稳定和经济繁荣时期，以选拔人才和实施教化为主要功能的教育就成为统治者的一项主要甚至是中心工作。但到了近代，我国屡遭外敌入侵，内战也时有爆发，在经济上也贫困落后，所以实现救亡图存和繁荣富强就成为时代的主题，发展经济与军事就成为政府的最主要工作，教育不自觉地就被边缘化了。虽然这一时期，一些统治者也认识到了教育的作用，并一度掀起过"教育救国"的思潮，但是在现实的内忧外患、军事威胁面前，政府又会身不由己地把并不富裕的资源投向军事和经济，教育并没得到足够的重视，这也是清末民国几十年间教育并没有显著发展甚至有所倒退的主要原因。

此外，以经济工业化和政治民主化为主要标志的近代化，也使得国家的教育目的发生了转向，虽然依旧保留了传统社会通过教育"得民心"的作用，但是"开民智"的功能更加凸显。这种转向凸显了教育的"离农"倾向，对城乡教育关系的制度安排也产生了很大的影响。

二、从清末到民国的城乡教育关系

（一）城乡教育体系及纵向关系

从清末到新中国成立的这一段时期内，除去抗日战争的一段特殊时期和解放战争的短暂几年，我国的学制系统大致是按照 1904 年的《癸卯学制》、1912—1913 年确立的《壬子癸丑学制》以及 1922 年确立的《壬戌学制》来实行的，虽然不同时期有所损益，但是各个时期基本是按这些学制系统来实行的。

---

① 董少辉. 略论中国近代化的特点 [J]. 黑龙江教育学院学报，2007（10）：74－75.

清末新式教育是在内忧外患的形势下兴起的。鸦片战争以后，中国屡遭西方列强的打击，封建教育的腐朽性渐渐暴露出来。一些有识之士最先觉察到西方教育制度的先进性。为抗御西方列强的坚船利炮，清廷自19世纪60年代兴起了洋务运动。洋务运动促成了近代中国最早一批新式学校的诞生，但就全国教育来说，其主流还是官学、书院、义学等构成的传统教育系统，且科举制度仍然支配着整个封建教育。1884年，郑观应率先提出以西方学校制度取代中国传统教育的建议。他的设想是在京师设立大学堂，在省会、府设中学，各州、县设小学。[1] 甲午战败，粉碎了洋务派的强国梦。人们对以科举制度为中心的封建教育的落后性与腐朽性的认识更为痛彻与深刻，抨击之声不绝于耳。从社会舆论与价值取向上看，全国开始逐渐形成一个有利于兴学的社会环境。1896年，梁启超的《变法通议》提出从改革科举入手，建立从小学到大学的学校系统。在他看来，建立从小学到大学完备的学制，是兴学的基础和关键。最终使全国实施统一的学校体系的，还是戊戌变法推动的结果。1896年，李端棻在《推广学校折》中向光绪皇帝提出了改革书院、推广新式学校的设想，其思路与郑观应、梁启超基本一致，也把全国各级学堂分作三级：府、州、县学。李端棻的改革主张后来虽然没有引起清廷的重视，但可以看做戊戌变法前夕学制改革的前奏。戊戌变法把废科举、兴学校作为一项重要内容。康有为提出了具体的改革方案，这个方案就是以州、县小学堂取代传统的义学、社学；以府、州、县之中等学堂取代县立书院；以省会之高等学堂取代省立书院。这对清朝皇帝改革学校制度有很大的影响。此后，作为地方实力派代表的张之洞也在1898年4月问世的《劝学篇》中提出三级学校体系，即京师与省会设立大学堂，道、府设立中学堂，州、县设立小学堂。同年7月，光绪皇帝颁布上谕："即将各省、府、厅、州、县现有之大小书院，一律改为兼习中学西学之学校。至于学校等级，自应以省会之大书院为高等学；郡城之书院为中等学；州县之书院为小学；皆颁给《京师大学堂章程》，令其依照办理。其地方自行捐办之义学、社学等，亦令一律中西兼习，以广造就。"[2] 最后变法虽然失败，三级学校体系很快

---

① 朱有瓛. 中国近代学制史料：第一辑下册 [M]. 上海：华东师范大学出版社，1986：12.
② 陈学恂. 中国近代教育文选 [C]. 北京：人民教育出版社，1983：55—56.

被废止，却为清末乃至民国时期学校教育体系的形成提供了蓝本。[①] 如1902年的《壬寅学制》和1904年的《癸卯学制》都将全国学校系统划分为三个阶段：第一阶段为初等教育，分为蒙养院、初等小学堂（五年）、高等小学堂（四年）三级；第二阶段为中等教育，只有中学堂（五年）一级；第三阶段为高等教育，分高等学堂或大学预科（三年）、大学堂（三年至四年）和通儒院（五年）。儿童从七岁入初等小学堂，一直到通儒院毕业，共计为二十六个学年。

蒙养院暂时附设在育婴堂及敬节堂内。凡各省府厅州县以及巨大市镇，如有此项善举者，每堂均须附设蒙养院一所。初等小学堂设于府州县各城镇，兴办初期要求大县城至少设3所，小县城2所，大镇1所。根据主办单位和经费来源的不同，又可分为官立、公立、私立三种类型。高等小学堂的设立以州县为原则，但大城镇能筹款多设更佳，也分官、公、私立三种类型。中学堂以府立为原则，如各州县皆能设立一所则更佳，也分官、公、私立三种类型。高等学堂以各省城设立一所为原则，由中学堂毕业生愿求深造者升入。大学堂设在京师或外省，但设在京师的最为完备。通儒院设在京师大学堂内。这套学制一直实行到清朝灭亡。

在清末的教育近代化进程中，国家实行的是分级办学的体制，基本原则是，中央主要办理高等教育，省主要办理中等教育，初等教育由县及以下办理。

1911年，清朝灭亡。第二年，中华民国建立。为了建立与政权相统一的教育体系，1912年7月，教育部在北京召开了"临时教育会议"。此后又根据"临时教育会议"的决议，公布了学制系统，因为那年是壬子年，所以又称为"壬子学制"。这一学制公布后的一两年中，又陆续颁布各种学校法令，与"壬子学制"稍有出入，于是在公元1913年（癸丑）内，又把这些法令和"壬子学制"综合起来，成为一个系统，称为"壬子癸丑学制"。这个学制，实行的时间较长，直至公元1922年新学制产生以前，基本上没有什么变更。这个学制规定：初等教育七年，初等小学四年，男女同校；高等小学三年，男女分校；中学教育四年，也是男女分校；大学六年至七年，预

中国城乡教育关系制度的变迁研究

---

① 田正平，肖朗. 世纪之理想：中国近代义务教育研究［M］. 杭州：浙江教育出版社，2000：200－203.

科三年，本科三年至四年。

据公元 1912 年 9 月颁布的《小学校令》规定：小学校分初等小学校与高等小学校；初等小学校由城镇乡设立，高等小学校由县设立，城镇乡在具备条件的情况下，也可设立高等小学校。关于小学校的管理与经费，《小学校令》规定：城镇总董乡董及学校联合长，由县行政长官指挥，掌管本城镇乡或学校联合小学校，负责小学校经费。高等小学校由县支付经费，并由县行政长官掌管。

1912 年 9 月和 12 月，教育部分别公布了《中学校令》和《中学校令实施细则》，规定中学校以省立为原则，各县于法令所定应设学校外尚有余力时，得一县或联合数县设立中学校，为县立中学校，私人或私法人依法可设立私立中学校。专教女子的中学校称女子中学校。中学校的设立、变更与废止，均须经过教育总长认可。省立中学，经费由省款支给，县立中学，经费由县款支给。

1912 年 10 月，教育部颁布了一道《大学令》，到 1917 年又修改了一次，虽没有规定大学由谁来设立，但根据《中学校令》的有关规定，大学的设立应不低于省一级。

1922 年新学制（亦称"壬戌学制"）是在新文化运动的推动下，适应学制改革的需要经过较长时间的酝酿和研究而制定出来的，它也是中国近代史持续时间最长、影响最大的一个学制。

新学制是依据下述七项标准制定出来的：（1）适应社会进化的需要；（2）发挥平民教育精神；（3）谋个性发展；（4）注意国民经济力；（5）注意生活教育；（6）使教育易于普及；（7）多留给地方伸缩余地。"壬戌学制"对新学制作了如下规定：（1）初等教育。小学校修业年限 6 年，视地方情形得暂展长 1 年。小学得分初、高两级，前 4 年为初级，可单独设立。义务教育年限暂以 4 年为准，但各地方至适当时期可延长。义务教育的入学年限可依据地方情形自定。初级小学修完后，得予以适当年期的补习教育。对于年长失学者宜设补习学校。幼稚园收受 6 岁以下儿童。（2）中等教育。中学校修业年限为 6 年，分为初高两级，各为 3 年。但依地方情形，得定为初级 4 年、高级 2 年，或初级 2 年、高级 4 年。初级中学可以单独设立；高级中学应与初级中学合并设立，但有特殊情况时也可单独设立。（3）高等教育。大学设数科或一科均可。其单设一科者称某科大学校，如医科大学校、法科大学校。大学修业年限为4—6年（各科得按其性质，于此限度内确定）。医科大学校及法科大学校修业年限至少5年。师范大学校修业年限4年，大学校用选科制。

与前一个学制相比，新学制的主要变化是：小学年限缩短（由7年改为6年），中学年限延长（由4年增加到6年）并实行"三三"分段，取消了大学预科，实行选科制和分科教学。此外，新学制也突破了县乡立小学、省立中学等的框框，使中小学教育有了较大、较快的发展，乡村小学与县立中学的数量大增。国民政府建立以后，以"壬戌学制"为基础，略加修改，继续实行。

可见，民国时期，在办学与管理体制上，国家保留了清末的做法，继续实行三级负责制，中央主要负担高等教育，省主要负担部分高等教育和大部分的中等教育，县市及以下政权负责初等教育，这种体制基本上延续到新中国成立。这一时期，官立学校主要集中在城市，而农村主要是民办小学堂和前一阶段遗留下来的私塾，新式小学堂在农村的推行受到严重抵制，这种状况一直持续到新中国成立。城乡教育体系的纵向关系如图3-1所示：

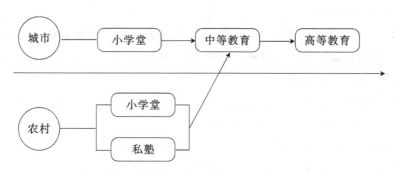

图3-1　清末民国时期城乡教育体系纵向关系图

（二）城乡教育关系的横向比较

1. 清末：官督绅办的投入体制（1903—1912）

中国作为四大文明古国之一，教育事业有着悠久的历史。中国农村社会正规初等教育的发展可以追溯到明代在县以下设立的社学。[①] 但中国传统的

---

① 王铭铭．教育空间的现代性与民间观念：闽台三村初等教育的历史轨迹［J］．社会学研究，1999（6）：103—116．

乡村社会实行的是"双轨政治"，中央政府的统治权力虽有不断向乡村延伸的趋势，但受财力的限制，其向下延伸得很有限。历代统治者对乡村的控制主要是通过科举中获得过功名或是作过政府官员的乡村士绅进行的。政府提倡的社学大部分控制在地方士绅手中，办学的经费也是多渠道筹集的，主要来源是学田的收入，而学田的来源渠道除了官府拨给外，主要是私人捐赠或集体捐田，另外还有商税收入、学生纳税等。① 清朝中央集权程度更为加强，社学已纳入了国家的财政体系中，社师由官府提供生活费，政府资助和提倡为贫寒子弟举办的义学。② 但总起来看，在清朝，乡村初等教育有所发展，有逐渐纳入政府管理的趋势，但限于政府的统治能力和财政能力，真正意义上的全国普及性义务教育并没有出现。所以，在传统社会中，乡村地区初等教育经费的筹集是一个松散控制型的民间系统，它建立在习俗和非正式的约束机制上，相关成本主要由政府机构之外的个人或组织（如宗族、社会团体等）来承担，政府不在教育上进行大规模的投资，这已经成为中国各个朝代政府教育理财的传统。③

在清末的近代化进程中，国家实行的是分级办学体制，当时全国教育发展的基本原则是，中央主要办理高等教育，省主要办理中等师范教育，义务教育由各县市办理。在这样的体制下，中国教育财政近代化的开端不是以义务教育的普及为重心，而是以高等教育的优先发展为特征。中央与省的教育财政支出主要集中于高等教育和城市教育。④ 从清末的教育发展实践来看，当时中央政府几乎不承担对国民实施初等教育的职责，其承担的微弱初等义务教育经费仅限于几所对满族贵族实施初等教育的机构进行资助，如八旗初等小学、三旗初等小学和女子初等小学等。同时，省级政府也只是临时性地承担了极个别的初等小学的经费，而且这种支拨往往比较零乱，极不稳定。⑤ 所以，从责任配置的角度来讲，清末义务教育的供给尤其是其中最为关键的筹资责任主要是由基层的县乡政府来承担的。但在传统的中央集权体

第三章　从清末到民国的城乡教育关系

① 吴宣德. 中国教育制度通史：第 4 卷 [M]. 济南：山东教育出版社，2000：334—342.
② 马镛. 中国教育制度通史：第 5 卷 [M]. 济南：山东教育出版社，2000：275—288.
③ 马戎等. 中国农村教育问题研究 [M]. 福州：福建教育出版社，2000：100.
④ 赵全军. 清末民国时期中国农村义务教育供给责任机制研究 [J]. 云南社会科学，2007（3）：114—118.
⑤ 田正平，肖朗. 世纪之理想：中国近代义务教育研究 [M]. 杭州：浙江教育出版社，2000：478—499.

制下，地方没有财政收入，县财政收支均属国库，县官只有催收田赋税收的任务，而绝无征收新税的权柄。因此，清末的地方教育经费没有被纳入财政范围，州县政府需要在税外再进行教育款项的筹集，[1] 这就是所谓的"就地筹款"制度。如 1906 年《学部奏定劝学所章程》规定学堂经费由村董就地筹款，继之颁布的《学部札各省提学使分定学区文》更为明确地规定：教育之兴，贵于普及，而兴办之责，系于地方。东西各国兴学成规，莫不分析学区，俾各地方自筹经费，自行举办。[2] 因此，从本质上说，清末的地方教育经费仍是从基层社会汲取资源，其经费仍来源于乡村社区及其农民，这与传统的民众办学模式是没有区别的。

2. 民国：基层化的责任体制与义务教育补助制度（1912—1949）

民国初期，教育经费的配置体制仍是三级负责制，国家根据国家税和地方税的划分标准确定各级教育经费的筹集责任主体。中央财政负担高等教育经费和直辖中央教育机构等经费；省财政分为国库和省库，各省国库负担国立高等学校等教育经费，省库负担省立学校、社会教育经费，以负担中等教育经费为主；初等教育由县市负责办理。所以，在三级办学体制中，县及县以下的基层政府仍是乡村义务教育的筹资责任主体。但受西方义务教育补助制度的影响，在北洋政府时期国库补助义务教育经费的现实性和可行性已经引起了社会各界的广泛讨论，并逐渐为人们所认同。[3] 1915 年教育部颁布的《国民学校令》规定：县财力不足时应由省补助国民学校经费。[4] 1916 年全国教育行政会议决定：国民学校经费由各学区自行筹集，各区经费不足，得以县款补助之；县款不足，得以省款补助之；省款不足，得以国库补助之。[5] 但由于此时政局不稳，各派军阀争城夺地，军费开支巨大，而且中央财政的吸纳能力非常微弱，政府预算入不敷出，国库补助义务教育制度因经

---

① 田正平，肖朗. 世纪之理想：中国近代义务教育研究 [M]. 杭州：浙江教育出版社，2000：509.

② 朱有瓛，等. 中国近代教育史资料汇编：教育行政机构及教育团体 [M]. 上海：上海教育出版社，1993：63.

③ 田正平，肖朗. 世纪之理想：中国近代义务教育研究 [M]. 杭州：浙江教育出版社，2000：470.

④ 宋恩荣，章咸. 中华民国教育法规选编 [Z]. 南京：江苏教育出版社，1990：207.

⑤ 中国第二历史档案馆. 教育部公布全国教育行政会议记略 [Z]. 中华民国史档案资料汇编（第三辑·教育）[Z]. 南京：江苏古籍出版社，1991：662.

费无着而流产。同时，省政府对义务教育的投资也是微弱的、散乱的，尽管此时省政府已经承担了模范国民学校的经费，个别省区也开始补助义务教育经费，但义务教育尤其是农村义务教育仍不是省级政府保障的重点。因此，在北洋政府时期，县及其以下的基层单位，尤其是学区才是乡村义务教育经费的真正筹集单位和管理责任主体。

南京国民政府时期，学区仍然承担着筹集义务教育经费的职责，但1927年以后国家出现了自1915年以来从未有过的稳定局面，财政状况得以改善，教育经费逐渐增多，这为中央和省级政府补助义务教育提供了条件。同时，教育界对义务教育补助制度的认识和研究也上升到了一个新的水平，这又为国库、省库补助农村义务教育提供了思想基础。在上述因素的影响下，南京国民政府决定建立国库、省库补助市县义务教育经费的制度。1935年5月28日国民政府颁布的《教育部实施义务教育暂行办法大纲》规定：义务教育经费以地方负担为原则，但对于边远贫困省份及其他特殊情形之省市，可由中央补助义务教育经费。中央之义务教育经费以国库支出义务教育经费、边疆教育经费及庚款拨充教育之经费充之。[①] 1935年6月，全国教育会议在义务教育决议案内又增设了省库补助义务教育经费的决议。此次会议议决：中央义务教育补助经费应请中央仍照原定计划逐年扩充，按期十足发放。各省市支拨义务教育经费额数，至少应比照中央补助数逐年增加，列入预算，并按期十足发放，不得移作他用。[②] 由此，中央和省政府对义务教育补助制度正式建立。

这一时期，在三级负责的教育经费责任体制下，尽管建立了中央和省级政府补助义务教育经费的制度，但中央和省级政府对义务教育投资的数额仍是有限的，县及其以下的基层政府仍是乡村义务教育的筹资责任主体，村小学、保小学等乡村学校需要的经费也主要是通过正税以外向村庄征收款项的摊款方式实现的。乡村义务教育成本的实际承担者仍是农民及其乡村社区。根据马戎1994年在甘肃靖远县的调查，在20世纪三四十年代，县级相对独立的教育体系逐渐创立，"县教育局、敷文小学、模范国民小学、国民女子

---

① 中国第二历史档案馆. 中华民国史档案资料汇编：第五辑第一编·教育 [C]. 南京：江苏古籍出版社，1994：611.

② 中国第二历史档案馆. 中华民国史档案资料汇编：第五辑第一编·教育 [C]. 南京：江苏古籍出版社，1994：623.

学校、师范学校等由政府财政保证，其他各校皆就地自筹，教育局稍有补助"①。不少县实行的办法是"县立中小学的经费由政府支拨，原属祀田、庙产由政府接受。村办小学（包括私塾），经费多由学校负担，有祀田的村由祀田补贴一部分。"② 这成为民国初等教育财政的基本格局。

总之，虽然国家在法律上规定了义务教育制度，但在清末和民国时期，国家内忧外患不断，教育财政不独立，教育经费一直存在着被挤占的现象，教育没有固定经费，或办或停，很不稳定。一直到 1949 年中华人民共和国成立前夕，全国学龄儿童的入学率也仅为 20% 左右。

三、从清末到民国城乡教育关系的制度分析

（一）政府在城乡教育制度变迁中的地位与作用

1. 救亡图存与政治稳定并存的教育目的

（1）清末时期的教育目的。

中日甲午战争以前，洋务运动中所办的"新教育"仅仅以培养洋务人才为目的，并没有特定的教育宗旨。甲午战争以后，百日维新运动中颁布了以张之洞《劝学篇》中所提出的"中学为体，西学为用"为教育宗旨。在政变开始的那一天，光绪帝颁《定国是》诏书，规定："以圣贤义理之学植其根本，又须博采西学之切于时务者，实力讲求，以救空疏迂谬之弊……总期化无用为有用，以成通经济变之才。"③ 这种说法，也是贯彻"中学为体，西学为用"教育宗旨的。我国从甲午战争到五四运动的 20 年中，教育宗旨虽然在形式上或字句上跟过去有些不同，但其精神实质还都受到这种主张的影响。

1904 年，清政府颁布《奏定学堂章程》，明确提出教育宗旨："至于立学宗旨，无论何等学堂，均以忠孝为本，以中国经史之学为基。俾学生心术壹归于纯正，而后以西学瀹其智识，练其艺能，务期他日成才，各适实用，

① 马戎. 试论我国农村基础教育的经费问题 [J]. 西北民族研究，1998 (2)：1—32，92.

② 郭建如. 基础教育财政体制变革与农村义务教育发展：制度分析的视角 [J]. 社会科学战线，2003 (5)：157—163.

③《光绪朝东华录》总第 4094 页. 见：季云飞. 清末"中体西用"思想新议 [J]. 求索，1991 (3)：121—125.

以仰副国家造就通才、慎防流弊之意。"① 这是中国近代教育史上首次由政府明确提出的教育宗旨。按教育宗旨的要求来看，虽然还不够具体明确，却强调一要"忠孝为本"，二要"练其艺能"，充分体现了"中学为体，西学为用"的精神，是各级各类学堂必须遵循的办学方针。这个方针的核心是封建传统的忠孝思想，它成为清末制定教育政策、修定学校规章制度的依据和准则。《学务纲要》明确指出："京外大小文武各学堂，均应钦遵谕旨，以端正趋向，造就通才为宗旨……此次遵旨修改各学堂章程，以忠孝为敷教之本，以礼法为训俗之方，以练习艺能为致用治生之具。"② 由此可见，清末新教育的建立，其主观目的是维护清朝统治，反映了当时半殖民地半封建的时代特征。1906 年，清政府的学部正式公布以"忠君、尊孔、尚公、尚武、尚实"五项为教育宗旨。这五项宗旨，他们认为前两项是"中国政教之所固有，而亟宜发明以拒异说者"，也就是"中学为体"的本质，后三项是"中国民质之所最缺，而亟宜针砭以图振起者"，也就是"西学为用"的意思。当时封建统治者所以要提出"中学为体"，其目的无非是要维护封建制度的道德文化，巩固封建统治政权；他们所谓"西学为用"，虽先后各派所主张的内容和方法有些不同，但其目的无非都想培养一批能掌握较先进的西方科学技术的人才来振兴国家，并为其统治服务。③

（2）民国时期的教育目的。

公元 1912 年 7 月，教育部为了决定教育的基本方针和学校法令，在北京召开了"临时教育会议"。同年九月，教育部根据临时教育会议的决议，公布了教育宗旨，内容是："注重道德教育，以实利教育、军国民教育辅之，更以美感教育完成其道德。"这个教育宗旨，包括了蔡元培初次就任教育总长时所发表的五种教育主义（即军国民教育、实利教育、公民道德教育、美感教育及世界观教育）中的四种，只是去掉了世界观教育。如果与清末的五项教育宗旨比较一下，那就是除去忠君、尊孔，而以尚公归纳为道德教育，尚武为军国民教育，尚实为实利教育，确是前进了一大步；特别提出注重美感教育，这是过去所没有的。④

① 舒新城. 中国近代教育史资料：上册 [M]. 北京：人民教育出版社，1961：197.
② 舒新城. 中国近代教育史资料：上册 [M]. 北京：人民教育出版社，1961：200.
③ 顾树森. 中国历代教育制度 [M]. 南京：江苏教育出版社，1981：237－238.
④ 顾树森. 中国历代教育制度 [M]. 南京：江苏教育出版社，1981：255.

1927 年，南京国民政府建立。同年，蒋介石在南京召开的"五四运动纪念大会"上提出了"实行党化教育"的提案，要求各地推行党化教育。由于"党化"两字的含义"太觉空泛"，1928 年 5 月，大学院召开第一次全国教育会议时，国民党政府提出要以"三民主义教育"来替代"党化教育"。到了 1929 年 3 月，在国民党的第三次全国代表大会上，由中央宣传部提出了"教育方针及其实施原则案"里有"四弊相承，遂使共产党虚伪偏激之教义，得以乘间侵入，贻重大危害于我国家，而几乎摇动国民革命之根本……今后彻底更始之谋，自非明定三民主义教育之方针，并就最急要之点，确立实施之原则不为功"[①] 等语，显然是以"反共"为目的的。该案经这次大会第十一次会议议决，就在同年四月由国民党政府正式公布。此项教育宗旨的全文是："中华民国之教育，根据三民主义，以充实人民生活，扶植社会生存，发展国民生计，延续民族生命为目的，务期民族独立，民权普遍，民生发展，以促进世界大同。"此项教育宗旨公布时，并附有实施方针八条：[②]

（一）各级学校之三民主义之教育，应与全体课程及课外作业相贯连。以史地教材阐明民族之真谛，以集团生活训练民权之运用，以各种之生产劳动的实习，培养实行民生主义之基础，务使知识道德融会贯通于三民主义之下，以收笃信力行之效。

（二）普通教育须根据总理通教，以陶融儿童及青年"忠、孝、仁、爱、信、义、和平"之国民道德，并养成国民之生活技能，增进国民生产能力为主要目的。

（三）社会教育，必须使人民认识国际情况，了解民族意义，并具备近代都市及农村生活之常识，家庭经济改善之技能，公民自治必备之资格，保护公共事业及森林园地之习惯，养老恤贫防灾互助之美德。

（四）大学及专门教育，必须注重实用科学，充实学科内容，养成专门知识技能，并切实陶融为国家社会服务之健全品格。

（五）师范教育，为实现三民主义的国民教育之本源，必须以最适宜之

① 教育年鉴编纂委员会. 第二次中国教育年鉴：第一编·总述·第一章 [M]. 上海：商务印书馆，1948：2.

② 顾树森. 中国历代教育制度 [M]. 南京：江苏教育出版社，1981：280—282.

科学教育，及最严格之身心训练，养成一般国民道德上学术上最健全之师资，为主要之任务。于可能范围时，使其独立设置，并尽量发展乡村师范教育。

（六）男女教育机会平等，女子教育并须注重陶冶健全之德性，保持母性之特质，并建设良好之家庭生活及社会生活。

（七）各级学校及社会教育，应一体注重发展国民之体育。中等学校及大学专门学校，须受相当之军事训练。发展体育之目的，固在增进民族之体力，尤须以锻炼强健之精神，养成规律之习惯为主要任务。

（八）农业推广，须由农业教育机关积极设施。凡农业生产方法之改进，农民技能之增高，农村组织与农民生活之改善，农业科学知识之普及，以及农民生产消费合作之促进，须以全力推行，并应与产业界取得切实联络，俾有实用。

从国民政府时期的教育方针和教育宗旨来看，其教育目的也是以维护政治统治和发展实业，救亡图存为目标的。

相对于清末之前统治者主要以选拔官吏和教化民众为主要动机的教育目的来说，清末和民国时期的教育方针或宗旨，虽然保留了教化民众的教育目的，却抛弃了通过教育来选拔官吏的做法，代之以培养现代工商业发展所需要的实业人才，达到维护自身政治统治、实现国家救亡图存的目的。因此，虽然国家培养人才的规格有所变化，但是从意愿上来说，统治者并没有降低兴办教育的积极性。如果不考虑其他影响因素，如财政能力的短缺、面临的军事威胁等，他们也会大力普及现代教育。遗憾的是，受制于财政能力的不足以及其他社会因素，清末民国时期，现代教育只在城市尤其是大城市有所推广，但并没有广泛推行到广大农村地区。并且，培养人才规格的变化，也使得以城市生产生活为依托的现代教育与农村社会显得格格不入，导致现代教育在农村的推广更加艰难。

2. 有限的财政能力

清朝前期，和历朝历代一样，统治者建立了一套有利于自己统治的国家财政体制。他们利用手中掌握的国家力量，征收各种租税，作为国家的财政收入，供自己享乐和作为国家的各项必要支出。正是由于解决了财政这个最重要的经济问题，清王朝经过几代皇帝的励精图治，创造出了"康乾盛世"

的繁荣局面。这时的清朝财政，总体上处在一个良好的状态。仅从盈余数字看，康熙五十八年为 4 736.9 万两，雍正八年达 6 218.3 万两，而乾隆四十二年曾一度达 8 182.4 万两。在户部存银数最高的年份，不仅超出了官方统计的岁入额，甚至还超出约 7 100 万两的实际岁入额。[①] 盛极而衰，伴随着土地兼并的加剧，官场的日益腐败，以及人口数量的增长和劳动生产率的徘徊不前，到了乾隆末年，清王朝财政经济的诸多问题已日益明显地暴露出来。这时，清王朝的赋税收入在生产总值中的比重就已降到了相当低的水平，政府对全国财政的控制能力已明显降低。至嘉庆、道光年间，这一状况日趋严重：如嘉庆三年（1798 年）户部的实际存银仅有 1 918 万余两。[②] 各地拖欠应完税银的情况已是普遍现象。

正当清王朝的社会经济已趋停滞、政府对财政的控制力日趋下降之时，西方的侵略又对社会经济造成了新的破坏，加剧了财政的困难。乾隆王朝之后，尤其是到了道光时期，鸦片走私激增，白银大量外流。据统计，道光前期 20 年间外流的白银最低在 1 亿两以上，相当于当时银货流通总额的 1/5，平均每年流出数达 500 万两，约为年财政收入的 1/10。府库银两因之急剧减少，至道光 30 年户部库储存银仅 800 万两。[③] 在这种情况下，清朝财政日益陷入库藏不足、入不敷出的局面，财政危机日益加剧。财政危机的加剧又引发了一连串的连锁效应，使得清王朝国势衰败，防务废弛，这直接引发了随后的政治和军事危机。鸦片战争与太平天国起义就是在这种背景下发生的。两次鸦片战争的财政支出（军费与赔款）之和超过 1 亿两，相当于清政府两年半的财政收入，严重改变了政府的财政收支平衡。"入款有减无增，出款有增无减。"[④] 原来的财政盈余结构彻底被打破。而太平天国起义的爆发，则使清政府的财政状况进一步恶化，并一度处于崩溃的绝境。

以上只是战争对清朝财政的初步影响，清朝财政并没有因此陷入绝境，通过调整赋税政策，财政危机有所缓和。但是，自从英国侵略中国之后，资本主义列强或单独或成群结伙，对中国发动了一次又一次的侵略战争。清政府被逼无奈，只有不断增加军费开支来应对危机。由于腐败无能，每一次战

中国城乡教育关系制度的变迁研究

---

① 周志初. 晚清财政经济研究 [M]. 济南：齐鲁书社，2002：31.

② 李龙潜. 明清经济史 [M]. 广州：广东高等教育出版社，1988：512.

③ 傅志明. 试论洋务运动对清末财政的影响 [J]. 贵州社会科学，1988（4）：50—51.

④ 清代钞档：道光三十四年四月十一日管理户部卓秉恬奏.

争都以中国的失败而告终，战败的清政府又不得不向列强支付大量的战争赔款。军费开支和巨额赔款日益庞大，清政府无力偿还，便只好向资本主义列强大借外债，最终使清廷财政陷入了万劫不复的深渊。

在列强历次对中国发动的侵略战争中，对清政府财政影响最深的是1895年的甲午战争和1900年的八国联军侵华战争。1895年，甲午战争爆发，清政府无力筹措军费，不得不向其他帝国主义列强举借外债，共4100多万两，① 去应付战争。战败后，清政府被迫向日本赔款白银2.215亿两。清政府面对巨额赔款，束手无策，又只好再借白银3亿两，连本带息，一共是6亿两。如此巨额的赔款和外债，重压在中国人民头上，使中国人民不堪重负，也给清廷的财政挖了一个无法弥补的大洞。甲午战争之前，清廷财政虽屡经危难，但都能绝处逢生，渡过难关。但是，一经甲午战争，清廷财政收支平衡的局面被彻底打破，每年出现的财政赤字大约在1300万两。②

事隔五年后的1900年，八国联军联合发动了侵华战争，洗劫了北京，并强迫中国签订了《辛丑条约》。《辛丑条约》规定中国向各国赔偿白银4.5亿两，并须中国自筹偿付，不得外借洋债，分三十九年还清，本利共计9.82亿两，每年摊付2800余万两，以关税、常关税和盐税作抵押。据知庚子赔款后，清廷每岁财政收入约为1.0492亿两。③ 当时关税收入估计在2800万两至2900万两，约占全年财政收入的30%；常关税约500万两，占全年财政收入的5%；盐税为1300万两至1400万两左右，约占全年财政收入的15%。④ 这就是说，清廷财政收入一半以上都被帝国主义掠夺去了。更为严重的是，从此清廷丧失了大部分财政，断绝了最主要的财源。庚子赔款后，清政府财政支出加大，约为1.3492亿两，入不敷出之数，至少在3000万两以上，随之清廷财政也就陷入总崩溃的境地。⑤

20世纪初，清廷实行的新政就是在这种背景下展开的，新政涉及政治、经济、军事、法律、教育等诸多领域。其中，军事改革又被列为首项。1911

① 刘秉麟. 近代中国外债史稿 [M]. 北京：三联书店，1962：12—13.
② 中国近代经济史资料丛刊编辑委员会. 中国海关与义和团运动 [M]. 北京：中华书局，1983：64—65.
③ 周棠. 中国财政论纲 [M]. 上海：政治经济学社民国图书集成公司，1912：21—23.
④ 王树槐. 庚子赔款 [M]. 台北：中央研究院近代史研究所，1974：64, 67, 68.
⑤ 梁义群. 清末新政与财政 [J]. 历史档案，1990 (1)：101—106.

年（宣统三年）财政预算，新军饷一项即达 5 876 万两。新军、旗录、海军各饷和其他军事费用合计共 1.37 亿两，占全部财政支出的 36%，超过甲午战争前后全国财政收入的一倍半。① 在这种状况下，用于教育的经费被严重挤压，其结果能用在教育上的开支屈指可数。宣统三年（1911 年）国家财政预算中，总岁出 298 448 365 两，而学部和各省教育经费合计为 2 747 477 两，仅占 1%。②

　　南京临时政府成立后，面临的最大困难还是财政危机。当时，独立各省正处于战乱之中，新旧政权交替，财政税收的职能处于瘫痪状态，中央政府一时无法立即恢复正常的财政税收秩序，以保证财源。很快，南京临时政府被袁世凯的北京政府所取代，北京政府的财政制度是处在旧的封建财政制度崩溃、新的财政制度初建的过渡阶段，极为混乱。再加上政府处于军阀控制之下，战争不断，军费浩繁，各地由于天灾兵祸，生产受到破坏，人民生活困苦，国力凋敝，致使财源枯竭。北京政府财政收支的特点是：财政收支混乱，预算与实际收支相差很大；严重入不敷出，靠举借内外债度日，财政困难严重。③ 1927 年南京国民政府建立以后，中国实现了形式上的统一，经济一度有所好转。但直到抗日战争爆发前夕，国民党内各派势力争权夺利的战争一直没能停止。长期的混乱与内战，使中国大量的宝贵财富被战火吞噬。国民党蒋介石集团于 1927 年建立南京中央政权后，为了稳定和巩固其反动统治，花费了大量的人力、物力和财力，其军费开支每年都不低于 40%，有的年份甚至达到了 50% 左右。除了内战所造成的巨大军费开支外，帝国主义各国通过一系列不平等条约和各种借款所造成的沉重债务，是南京政府财政支出中的又一大压力。在 1927－1932 年这 6 年中，军费与偿债支出占了整个岁出的 75%－80% 以上，1933－1936 年的比例略有下降，但平均也还在 70% 左右。④

　　由于军费与债务两大支出所占比重太大，剩下的经费就已经不多了。而国民党的党务费和南京政府的行政费等项开支又占去了百分之十几，这样可

① 刘克详. 清代全史：第 10 卷 [M]. 沈阳：辽宁人民出版社，1993：574.
② 《中国大事记》，《东方杂志》第八卷第 1 号，宣统元年二月. 见：马自毅. 辛亥前十年的学堂、学生与学潮 [J]. 史林，2002 (1)：43－50.
③ 董长芝，马东玉. 民国财政经济史 [M]. 大连：辽宁师范大学出版社，1997：87－88.
④ 董长芝，马东玉. 民国财政经济史 [M]. 大连：辽宁师范大学出版社，1997：244－247.

以用于进行文化教育和生产建设的费用就非常有限了。据统计，1933—1936
年各年所支出的实业费、交通费、建设费、文化教育费等，其总数分别是：
1933 年 0.266 亿元，1934 年 0.764 亿元，1935 年 0.871 亿元，1936 年为
1.616 亿元；其在各财政年度岁出中的比例分别为 3.5%、6.3%、6.5%、
8.5%。虽然 1936 年度投入物资建设与文化建设的费用最高，但仍没有超过
10%；而且在这种比例中，也还隐藏着部分属于军费的支出。因此，在
1927—1936 年的十年期间，南京政府真正用来投资于生产建设性的支出，
估计平均每年从来没有超过岁出总额实数的 4%，其中如实业费和交通费的
支出都不到 1%，建设费和文化教育费虽然稍多一点，但也都超不过 2%。[①]
抗日战争爆发后，军费开支急剧增加，造成了国民政府日渐庞大的财政赤
字。在 1927—1937 年间，军事开支一般占岁出的 30%—40%，而在 1937—
1945 年间，却已上升为占岁出的 60%—70%，最高达到 87% 以上。随着军
费开支的急剧增长，国民政府的财政赤字也日渐庞大起来。在抗战的八年
间，国民政府的财政赤字上升到 79%，乃至 80% 以上。前期四年，即 1937
—1940 年，平均在 74% 左右，后期五年，即 1941—1945 年，平均则在
81% 左右。在抗战胜利来临的 1945 年，财政赤字高达 87.7%，几乎与该年
度的军费支出完全吻合。1946 年内战爆发后，财政支出绝大部分花在军费
开支上，财政危机进一步加剧，南京政府的财政金融也进入了总破产的
绝境。[②]

可见，清末民国由内忧外困所造成的财政困境是造成教育投入不足，影
响教育向广大农村普及的主要原因。

（二）社会在城乡教育制度变迁中的地位与作用

1. 乡绅的分化与性质的转变

传统的中国社会，由于条件和技术等方面的原因，皇权无法延伸到最基
层的乡村社会，即使到了专制程度最高的明清王朝也是如此，乡村社会也因
此保持了相当程度的自治性。由于国家政权只及县，为了维持皇权对基层社
会的控制，保证国家与社会的正常运转，国家必须在县以下的乡村社会寻找
一些代理人来代行国家政权的部分职能。封建士绅阶层由于其特殊的社会身

---

① 董长芝，马东玉. 民国财政经济史 [M]. 大连：辽宁师范大学出版社，1997：247.
② 董长芝，马东玉. 民国财政经济史 [M]. 大连：辽宁师范大学出版社，1997：391，525.

份和地位，当仁不让地承担起了这一社会职能。张仲礼曾说过："绅士充当了政府官员和当地百姓之间的中介人。"① 作为一个居于领袖地位和享有各种特权的社会集团，士绅也承担了若干社会职责。他们视自己家乡的福利增进和利益保护为己任。在政府官员面前，他们代表了本地的利益，承担了诸如公益活动、排解纠纷、兴修公共工程，有时还组织团练和参与官府向农民征收田赋和各种杂税等许多事务。他们在文化上的领袖作用包括弘扬儒学社会所有的价值观念以及这些观念的物质表现，如维护寺院、学校和贡院等。②

　　一般认为，晚清开始的传统士绅阶层的分化是乡绅性质发生转变并劣化的重要社会原因。传统社会中，处于士绅阶层的人都必须具有某种官职、功名、学品或学衔，这种身份或头衔会给他们带来不同的特权和程度不等的威望。根据官职的大小和学衔的高低，我们可以把整个士绅阶层划分为上、中、下三个层次。其中，进士或任省级以上官职者属上层集团，举人、贡生和一般官员属于中层集团，许多只通过初级考试的生员、捐监生以及其他一些有较低功名但没有仕宦经历者属于下层集团。虽然下层绅士的特权和势力都小于中、上层绅士，但是他们是庞大金字塔的底层，人口占大多数，能跻身于中、上层的士绅数量是很少的。虽然士绅阶层有上、中、下三个层次的划分，但这种划分只是反映了士绅官职的大小和学衔的高低，在性质上并没有本质的不同。两次鸦片战争以后，随着洋务运动的开展以及近代性都市的兴起，中国传统的经济和社会结构发生了深刻的变化，乡村士绅阶层也开始发生分化。在分化的过程中，一部分乡绅开始经商，出现了所谓的"绅商"。还有一部分乡绅开始转向学堂教育、报刊、文化等新式自由职业。就整体而言，这时分化出来的仅仅是传统绅士中的一少部分，并不是乡村士绅的整体性行为。但是随着 1905 年科举制的废除，这种状况发生了根本转变。清廷诏令科举废除以后，传统士绅赖以安身立命的基点没有了，昔日通过科举入仕的道路被封死，甚至断绝了生计来源，成千上万的举贡生员在社会变迁的

---

① 张仲礼. 中国绅士：关于其在 19 世纪中国社会中作用的研究 [M]. 李荣昌译. 上海：上海社会科学院出版社，1991：58.

② 张仲礼. 中国绅士：关于其在 19 世纪中国社会中作用的研究 [M]. 李荣昌译. 上海：上海社会科学院出版社，1991：54.

强制作用下，不得不"四方觅食"。① 他们或者到新学堂重新学习，或者进入一些现代化的部门谋求生计。无论从事什么职业，都意味着乡绅离开乡村，进入城市，促成了传统士绅阶层的裂变。传统士绅阶层的抽离与消失，对乡村社会来讲是十分不幸的，产生了极为消极的负面影响。科举制的消亡，促使传统乡绅中的优秀者逐渐离开乡土，滞留城市，留在农村的多是一些年老力衰的士绅。更为重要的是，乡绅的大量逃离也使得原来由他们所掌握的乡村领导权失去了最基本的力量补充。导致一些暴发的、缺少文化的土豪劣绅乘虚而入，窃取了乡村的控制权。"原来应该继承绅士地位的人都纷纷离去，结果便只好听滥竽者充数，绅士的人选品质自必随之降低，昔日的神圣威望乃日渐动摇。"②

传统乡村士绅具有双重身份：他们既是国家政权的后备军，又是乡村社会中的富豪。他们在国家与乡村社会之间起着平衡的作用，即封建王权强盛之时，绅士平衡着国家与乡村社会的利益，但在动乱和王朝衰落之时，绅士们便倾向于代表地方及自身的利益。③ 不管如何，在传统社会，乡村士绅主要起着一种保护型经纪人的角色。20 世纪初期随着传统乡绅流入城市，土豪劣绅掌握了农村的实际控制权。这种具有保护型的经纪人逐渐被赢利型经纪人所取代。④ 这是因为在 19 世纪末 20 世纪初，连年的内忧外患使封建政府濒临崩溃，扩大财源成为维持生存的关键。在新旧世纪之交，清政府推行自强新政，这使扩大财源显得更为迫切。⑤ 不过，"新政"使国家财政更加困难，人民的负担更加沉重。国家无休止地从乡村汲取资源，对农民进行压榨，除田赋和田赋附加之外，各种摊款也层出不穷。这往往迫使原来以自己家乡的福利增进和利益保护为己任的乡村绅士与村民对立。面对这种情况，

① ［清］刘锦藻. 清朝续文献通考（卷 97·学校 4）［M］. 上海：商务印书馆，1936：8572.

② 吴晗，费孝通等. 皇权与绅权［M］. 天津：天津人民出版社，1988：145.

③ ［美］杜赞奇. 文化、权力与国家：1900—1942 年的华北农村［M］. 王福明译. 南京：江苏人民出版社，1994：31.

④ "经纪"是交易一方的代理人，他常常收取一定的佣金。尽管理论上（名义上）并非如此，但事实上，清末封建国家正是通过这种收费经纪来统治乡村社会的。杜赞奇称这种"国家经纪"为赢利型经纪，以与另一种类型——保护型经纪相区别。在后一种类型中，村社自愿组织起来负责征收赋税并完成国家指派的其他任务，以避免与赢利型经纪（村民认为他们多是掠夺者）打交道，保护型经纪的目的不是为了赢利，而是要保护社区利益。

⑤ ［美］杜赞奇. 文化、权力与国家：1900—1942 年的华北农村［M］. 王福明译. 南京：江苏人民出版社，1994：38.

传统的乡村士绅也无能为力，倍感无奈。对抗政府他们做不到，也无济于事；顺从政府，从中渔利，他们也不甘沉沦。因此，充当保护型经纪人角色的传统乡村绅士从乡村权力空间逐渐退出，乡村权势被只具有压榨性的土豪劣绅和无赖恶霸乘机窃夺，最终逐渐毁灭了具有保护型的经纪人体制。杜赞奇通过对1900—1942年华北农村的研究，证实了"土豪劣绅"在充当国家政权同农民之间的互动中介后，保护作用逐渐消失，而盘剥农民成为他们把持农村公职的主要目的。杜赞奇把前者称为保护型经纪人，把后者称为赢利型经纪人。① 民国政府也试图采取一些措施来铲除国家经纪体制，具体做法就是用官僚化的行政职员取代具有代理意味的经纪人，但并不成功。因为同样受财政的限制，国民党政府并没有足够的力量派遣一支充足的官僚队伍深入乡村，来直接控制乡村政权。在这种情况下，要想继续从农村抽取人力和财税资源，维持乡村统治秩序，国民党就不得不仍旧凭借土豪劣绅势力，以达到国家对乡村社会的动员、汲取和控制的目的。国民党政权最后努力的结果是，即使在县一级也未能彻底淘汰赢利型经纪体制，"一方面是半官僚化、雇员增生、财政需求增大；另一方面，上层政权却缺乏控制这些机构和人员贪污中饱的能力，这使国家政权的深入蜕化为将赢利型经纪体制推进到社会最下层"②。

这种状况，梁漱溟在考察中也有详细记载："像今天这世界，还有什么人在村里呢？有钱的人，都避到城市都邑，或者租界……有能力的人亦不在乡间了，因为乡村内养不住他，他亦不甘心埋没在沙漠一般的乡村，早出来了。最后可以说，好人亦不住乡村里了。"③ 这里，梁漱溟所谓的"好人"到底指哪些人，不详所指。而有钱人和有能力的人相继离开乡村后，乡村人口主要由两类人组成：一类是贫弱无助的穷人，一类是游手好闲、作恶乡里的流氓地痞。其结果，乡村教育日趋退化，乡村自治日趋衰败，乡村宗族组

① 崔效辉. 论20世纪中国地方国家政权的内卷化 [J]. 公共管理高层论坛，2006（1）：232—243.

② [美]杜赞奇. 文化、权力与国家：1900—1942年的华北农村 [M]. 王福明译. 南京：江苏人民出版社，1994：226.

③ 王奇生. 民国时期乡村权力结构的演变 [EB/OL]. http：//www. studa. net/nongcun/060421/10265123—2. html，2006—04—21.

织逐渐萎缩。① 当时，这种状况在全国具有普遍性，虽然我们不能说乡村中剩下的全是劣绅，但仅存之少量正绅，并不能改变劣化这一基本趋势。

2. 造福乡民与中饱私囊并存的教育目的

清末民国时期，由于国家财政能力有限，有限的教育经费也被投入城市中的中、高等教育，即使还有少量的教育经费用于开办初等教育，学校也多设在各大中城市。虽然清朝和民国政府也雄心勃勃地确立了普及义务教育的宏伟蓝图，在实际推行中却遇到了很大的困难，因此不得不发动民间办学。可以说，这一时期的民间办学成为当时中华大地上主要的办学形式。不仅乡村初等性质的学校十之八九由民间办理，即使在城市，初等私立（民办）学校也占了很大一部分。开办学校的民间人士主要是当时的一些社会精英和其他一些（权力）财富占有者，这些社会精英与传统的士绅阶层都有或多或少的联系。经过清末的社会巨变，传统的士绅阶层也出现了很严重的分化，一部分走进城市，一部分留在了农村，还有一部分退化成了土豪劣绅。由于身份的变化，不同的人在开办学校时也就有了不同的目的。

不管是清末还是民国时期，国家都是在教育经费极端缺乏的背景下，开始教育现代化进程的。由于政府的财政能力有限，再加上内忧外患，使教育的发展受到严重冲击，地方教育经费并没有被纳入财政范围。清政府兴办新学所采用的办法是将学务层层下放，鼓励民间办学。如 1906 年《学部奏定劝学所章程》规定学堂经费由村董就地筹款，继之颁布的《学部札各省提学使分定学区文》更为明确地规定：教育之兴，贵于普及，而兴办之责，系于地方。东西各国兴学成规，莫不分析学区，俾各地方自筹经费，自行举办。② 这些法令的出台也为地方士绅正式介入学务提供了合法的渠道。清政府开始广设学务公所、劝学所等自治机构，并允许士绅自行在省、府、州、县设教育会，辅助教育行政，鼓励地方士绅介入学务。民国时期，虽然将教育尤其是义务教育纳入政府管理的趋势更加明显，但同样限于政府的统治能力和财政力量，教育的国家化并没有实现。在民国存在的几十年时间里，县以上的初等教育的普及状况有所改善，但是县及其以下的基层政府仍是乡村

---

① 王奇生. 民国时期乡村权力结构的演变 [EB/OL]. http：//www. studa. net/nongcun/060421/10265123－2. html, 2006－04－21.

② 朱有瓛，等. 中国近代教育史资料汇编：教育行政机构及教育团体 [M]. 上海：上海教育出版社，1993：63.

义务教育的办学和筹资责任主体，村小学、保小学等乡村学校则是由地方士绅（所谓的公职人员）通过正税以外向村庄征收款项的摊款方式来建立或运营的。面对政府无力也不愿承担的学务费用，士绅阶层是否会有动力来承担这一责任呢？事实上，当时的士绅阶层对兴办新学具有很高的热情。这又是什么原因呢？

据统计，清末民初，士绅是投资兴办学堂的主要力量。如 1904 年，严修、张伯苓、邑绅王奎章等就曾以自己的住宅偏院为校舍，出资创办了敬业中学堂。① 当时的局面是："管学大臣极力提唱（倡）于上，各省官绅仓皇奔走于下。"② 推行新教育成为地方士绅最热心的一项公共活动。以江浙一带为例，江浙本来就是地方教育的兴盛之区。1900 年以后，士绅们更是继承了这一传统，掀起兴学热潮。当时一手创办几所甚至十几所学堂的士绅并不少见，仅孙诒让一人在温州一带亲手创办的学堂就有 20 余所。各州县新设的中、小学堂多为"在乡士大夫们""激于公义，竞相就乡间创立"，并由他们主持。如江苏昆（山）新（阳）两县在光、宣年间立学堂 46 所，其中标明由地方士绅创办的 39 所。浙江海宁在庚子至辛亥间创立的 50 所中小学堂中，至少有 45 所是由当地士绅创办的。从全国范围来看，1904 年前，官办学堂占 85％以上，而从 1905 年开始，公私立学堂转而占 3/4 之强。③ 可见，士绅是清末地方兴学活动的主力，④ 他们办学的积极性非常高。这其中的个中缘由是什么呢？

首先，对于一部分有见识的士绅来说，积极地推行新式教育，最重要的原因在于他们具有忧国忧民的爱国意识。"先天下之忧而忧，后天下之乐而乐"是中国传统士绅阶层固有的一种情怀。近代以来，中国的衰弱和生存危机更增强了他们的社会责任感，教育救国思潮的兴起，使得他们不遗余力地承担起了兴办新学的重任。蔡元培曾这样教育他的学生黄炎培等："中国国民遭到极度痛苦而不知痛苦的由来，没有能站立起来，结合起来，用自力来

① 陈学恂. 中国近代教育大事记 [M]. 上海：上海教育出版社，1981：140.

② 故宫博物院明清档案. 清末筹备立宪档案部史料：下册 [Z]. 北京：中华书局，1979：981.

③ 根据清学部总务司编《光绪三十三年第一次教育统计图表》计算. 沈云龙. 近代中国史料丛刊：第 3 编第 10 辑第 94 册 [M]. 台北：文海出版有限公司，1986. 见：陈敏. 在历史进步的背后：清末新政时期学堂教育发展缺失论 [J]. 宁夏社会科学，2004（4）：88—92.

④ 汪林茂. 江浙士绅与辛亥革命 [J]. 近代史研究，1993（1）：163—182.

中国城乡教育关系制度的变迁研究

解除痛苦。你们出校，必须办学校来唤醒民众。"① 黄炎培受蔡元培的影响，也深信救中国只有到处办学堂，从此埋下了投身教育的种子。后来黄炎培回到老家川沙，创办了川沙县第一所新式学堂——川沙小学堂。之后又先后创办了广明小学、广明师范讲习所、上海城东女校、浦东中学等学校。川沙小学堂开办以后，黄炎培成为学校的总理，但都是义务担任，不拿薪水，吃饭问题也自己解决。②

其次，政府颁布的各项奖励和表彰政策，也是引起士绅办学热潮的另一个重要原因。1904 年 1 月由张百熙、荣庆、张之洞等奏定颁行全国的《奏定学堂章程》中就明确规定："绅董能捐设或劝设公立小学堂及私立小学堂者，地方官奖之，或花红，或匾额；其学堂规模较大者，禀请督抚奖励给匾额；一人捐资较巨者，禀请督抚奏明给奖。"③《章程》对社会捐助教育资金的奖励政策作出了明确规定，但只是原则性的。为了使更多的绅民捐助学堂经费，到 1907 年清政府又将奖励办法具体化，这些奖励的方式有实有虚，既有精神奖励，也有实官赏赐。捐款人不仅可以自己照章请奖，还可以把奖励转移给子孙后代，形式相当灵活。综合看来，这些奖励方式分为三类：其一，给予荣誉和精神方面的奖励，请旨允准捐款人在地方建坊，给予"乐善好施"、"急公好义"、"急公兴学"、"辅翼士林"等字样或奏请赏给匾额；其二，比照赈捐章程给以贡监衔封翎枝等职衔的奖励；其三，由皇帝特旨批准按照十成实银赏给实官。④ 办学不仅有利于国家，还可以提高自己的社会地位，对士绅无疑具有巨大的吸引力。在清政府的这种激励政策下，由士绅捐资兴办的学校数量开始激增。

另一些士绅（主要是一些劣绅、恶霸）致力于兴办新学则是利益驱动的结果，这在权力由"土豪劣绅"把持的乡村社会表现得更为明显。如前所述，在乡村社会中，大部分保护型经纪人即传统的乡村士绅已经退出了乡村的权力空间，而以土豪劣绅为代表的赢利型经纪人则在农村大兴其道。由于在清末民国时期，乡村学堂是通过正税以外向村庄征收款项的摊款方式来建

① 黄炎培. 八十年来：黄炎培自述 [M]. 上海：文汇出版社，2000：61.
② 黄炎培. 八十年来：黄炎培自述 [M]. 上海：文汇出版社，2000：61-62.
③ 奏定学堂章程·初等小学堂章程 [Z]. 湖北学务处本. 3.
④ 张小莉. 清末"新政"时期政府对教育捐款的奖励政策 [J]. 历史档案，2003（2）：113-118.

立和运行的，一些土豪劣绅在征收摊款的过程当中正好可以从中渔利，中饱私囊。因此，他们也对筹款兴学有着浓厚的兴趣。这一点在清末出现的大量教育诉讼案件以及乡民毁学风潮中可以得到有力的证实。如1910年浙江景宁县沙溪学堂被毁，缘于该堂创办"以盐竹两捐为经费，均用强手段抽取，每年并计不下千余金"，办学之绅"竞籍学名，擅收肥己"①。江西宜春县乡民毁学则是由于乡绅卢元弼"恃充劝学所总董，引用朋党，借学苛捐威逼乡民所致"。② 这些都从侧面反映了一部分劣绅莠士利用国家倡导办学之机，扩大征收摊款、中饱私囊、囊取私利的情况。

以上是从社会意义的层面来说明不同的士绅是怎样怀着不同的动机来办理新学堂的。除此之外，还有一类人的办学行为更多地具有个人意义。这类人办学较少考虑国家层面的因素，他们只是出于关心自己孩子未来前途发展来办理一种类似于传统社会族学、家塾性质的学校。如罗尔纲的父亲、杨亮功的父亲、吴宓的姨父都曾办过这样的学校。③ 这类学校主要以自家子弟和相识亲友家的子弟为主要教育对象，课程方面既有传统儒学的内容，也有算术、体操等新学课程。不论是办学形式还是教授内容，这类学校都游移于家塾和新学之间。④

（三）受教育者对城乡教育制度变迁的影响

1. 科举制的废除与民众接受教育意愿的变化

清朝科举制度改革始于1898年的戊戌变法，但并不彻底，一直到1905年才被彻底废除。古代传统社会，科举制所起的作用是巨大的，它上及官方政教，下系士人耕读，集政治、文化、教育等各项社会功能于一体，在整个国家结构中起着重要的联系和中介作用，使封建社会体系处于一种动态平衡的状态。它的废除彻底打破了中国传统社会的治理模式，瓦解了传统中国的社会结构，对清末及民国乃至新中国都产生了深远的影响。

① 陈敏. 清末士绅在新式教育领域内的活动 [J]. 安庆师范学院学报：社会科学版，2003（6）：105—108.
② 江西巡抚冯汝骙奏宜春县乡民抗捐仇绅聚众攻城折 [A]. 中国历史第一档案馆，北京师范大学历史系. 辛亥革命前十年间民变档案史料：上册 [Z]. 北京：中华书局，1985：356.
③ 张晴仪. 另一种童年的告别：消逝的人文世界最后回眸 [M]. 北京：商务印书馆，2001：108—110.
④ 陈敏. 清末士绅在新式教育领域内的活动 [J]. 安庆师范学院学报：社会科学版，2003（6）：105—108.

废科举对当时中国社会所引发的影响是多方面的，其中影响最大也是最直接的就是当时的知识分子，它直接导致了传统知识分子的没落。在传统社会，科举制同时具有教育功用和政治功用，它把政治系统和思想论说系统结合在了一起，知识分子既是文化权威又是国家的统治力量。在"学而优则仕"思想的支配下，传统社会中知识阶层与社会上层基本是一致的。科举制度的废除，使得教育与政治分开了，这也意味着一千多年来文人通过读书入仕的路径彻底中断，它所造成的直接后果就是士与大夫的分离。清末废科举与兴学校是同步进行的，新教育制度下培养出来的知识分子，不再是以入仕为目的，而是成为不参政的职业知识分子，并从事自由职业。这一变化逐渐被当时的人们所接受，例如，时任管学大臣的张百熙就曾倡导读书不为做官。后来民初的蔡元培做北京大学校长时也倡导"驱逐科举时代思想，当以研究学术为天职，不当以大学为升官发财之阶梯"①。学术独立于政治的观念从清季有人士鼓吹到民国终于成为主流。② 至此，隋唐以来通过科举选拔政治人才这一传统的甚至唯一的社会流动渠道被堵塞了，这大大降低了人们接收学校教育的积极性。科举这种精英教育形式对当时社会各个阶层所具有的巨大吸引力消失了。"万般皆下品，惟有读书高"这一传统的价值观念也受到了颠覆。但是，这并不意味着民众的教育需求彻底没有了。近代以来由于西方工业文明的输入，我国的资本主义经济也开始发展起来，对民众接受现代教育也提出了更高的要求。虽然以考取功名入仕实现社会流动的精英教育模式已经阻断，但是随着现代工商业和现代社会部门的大量增加，以识字教育、计算教育等为主要内容的大众生计教育，却有了越来越广阔的市场，这也是农村人口流入城市的便捷途径之一。因此，从理论上说，不管是农村人口也好，城市人口也罢，就算单单为了生计，对教育也应该有较高的需求。但事实情况是，在科举制度废除后，乡村人口的识字率甚至不如 19 世纪以前。在 19 世纪以前，清代人口的平均识字率大约为 20％左右，而民国时期很多地区的人口识字率都低于这一比例。如 1927 年春平教会对河北定县（定县在河北省属于中等偏上县份，学校教育方面并不算十分落后）进行

① 罗志田. 失去重心的近代中国 [J]，清华汉学研究，1997 (11)：67.

② 李涛. "失去重心的传统"：略论清季科举制度废除的社会影响 [J]. 中共浙江省委党校学报，2002 (4)：75—80.

的全县文盲调查显示，其七岁以上人口的文盲率为83％，识字率仅为17％。据1935年的另一项调查，邹平县的识字率仅为15.8％，江宁县（在当时属于教育比较发达的地方）的识字率也在15％左右。① 抗战前后湖北省人口的平均识字率也只有16％。若仅就农村人口的识字率而言，其比例则更低。据抗战时期的一般观察，士兵的识字率在10％以下。② 毛泽东在《湖南农民运动考察报告》中甚至说，"中国有百分之九十未受文化教育的人民，这个里面最大多数是农民"③。由于抽样的不同，不同的人对民国时期人们的识字率估计是不同的，但有一点可以肯定，民国时期的识字率确实是比较低下的。据当时的抽样统计，民国时期的识字率可能在20％左右。④ 这与中国传统封建社会的教育普及率持平，甚至可能更低。考虑到这是在新学被国家大力普及几十年后所得到的结果，从这个角度来说，清末民国时期对教育的普及是失败的。是什么原因造成了这种状况呢？这主要与当时民众的经济能力和新式学校的普及有关系。

2. 清末民国时期民众接受教育的能力分析

要弄清清末民国时期特别是农村民众对教育的支付能力，必须首先了解他们的经济生活水平，要做到这一点是不容易的。但是，我们可以根据当时的社会阶层结构及所占比例来推算不同人群的教育支付能力。

清末民国时期，农民在全国人口中的比例是很高的。据许仕廉估计，居住在农村的人口占总数的66％，居集镇者占22％，居城市者占12％。⑤ 金陵大学1929—1933年对19省168县的调查认为，农村人口占79％，集镇人口占11％，城市人口占10％。⑥ 如果把县城算作城市的最低级单位的话，我们可以看出，民国时期居住在城市的人口比例只有10％左右，而经济和教育资源主要集中在城市。所以说，除了占城市人口很少比例的工人阶级和

---

① 俞可平，徐秀丽. 中国农村治理的历史与现状（续）：以定县、邹平和江宁为例的比较分析 [J]. 经济社会体制比较，2004（3）：22—42.

② 王奇生. 民国时期乡村权力结构的演变 [EB/OL]. http：//www. studa. net/nongcun/060421/10265123-2. html，2006—04—21.

③ 毛泽东. 湖南农民运动考察报告 [M]. 北京：人民出版社，1975：37.

④ 张生. 王宠惠与中国法律近代化：一个知识社会学的分析 [J]. 比较法研究，2009（3）：123—138.

⑤ 许仕廉. 中国人口问题 [M]. 北京：商务印书馆，1930：45.

⑥ 卜凯. 中国土地利用 [M]. 金陵大学，1937：505.

其他无产者外，大资产阶级、民族资产阶级及小工商业者都应该有一定的教育支付能力，尤其是初等教育。再加上城市相对充分的教育资源，所以对城市的教育普及状况可以作出较为乐观的推断。那么，为什么这一时期人口的识字率偏低呢？问题主要出在农村。

民国时期的农民内部，依其占有土地多寡及有无土地，可区分为地主、富农、中农、贫农和雇农等不同层别。各个层别的经济地位及生活状况存在明显的差异。地主和富农是农民中较富裕的阶层。他们一般占有较多的土地，拥有较多较好的生产工具和一定数量的资金，但经常依靠剥削雇佣劳动为其生活来源之一部或大部。民国时期，由于中国农村经济的不景气，地主和富农的比例并不大。一般说来，在东北和华北地区，地主和富农占的比重稍大些，在南方，比重则小些。就全国而言，1935 年，薛暮桥根据各方调查估计，中国富农约占农村总户数的 6.4%。[1] 郭德宏在《中国近现代农民土地问题研究》一书中综合考察了近 20 个省份的农村阶级状况，认为中国富农约占农村户数和人口的 5.67%。[2] 毛泽东根据在长沙的调查，认为乡村人口中地主和富农占 10%。[3] 地主和富农在农户中的比重虽不大，但所占土地的比例并不小，尤其是人均土地数。

中农是农民中的中产阶层。民国时期，中农仍是农民中的主体成员。毛泽东在长沙的调查结果是，中农占农村人口的 20%。[4] 就全国范围来说，中农约占农村人口的 27% 左右。[5] 中农一般拥有小块土地，并有相当的耕畜、农具等生产资料，自耕自食。中农不剥削他人，也不被人剥削，这是中农与富农的主要区别。

贫农和雇农历来是中国农民中人数最多的一个阶层。民国时期，中国的贫农、雇农约占农村人口的 58%。[6] 在毛泽东的调查中，贫农人口占了 70%。[7] 贫农与中农相比，所占土地很少，甚至完全没有土地，单靠自己的土地不足以维持全家生计，所以贫农一般要从地主那里租入土地，成为地主

第三章　从清末到民国的城乡教育关系

---

① 薛暮桥. 中国农村常识 [M]. 大连：大众书店，1947：25.
② 郭德宏. 中国近现代农民土地问题研究 [M]. 青岛：青岛出版社，1993：42.
③ 毛泽东. 湖南农民运动考察报告 [M]. 北京：人民出版社，1975：12.
④ 毛泽东. 湖南农民运动考察报告 [M]. 北京：人民出版社，1975：12.
⑤ 郭德宏. 中国近现代农民土地问题研究 [M]. 青岛：青岛出版社，1993：42.
⑥ 郭德宏. 中国近现代农民土地问题研究 [M]. 青岛：青岛出版社，1993：42.
⑦ 毛泽东. 湖南农民运动考察报告 [M]. 北京：人民出版社，1975：12.

的佃户。由于地主的残酷压迫和剥削,民国年间贫农的生活是相当困苦的。民国时期雇农在农民中的比例,因地区差异而有所不同,其人口数约占农村总人口的 3%－20% 不等。[①] 雇农既无土地、农具,又无资金,完全靠出卖自己的劳动力来维持生计。因此,他们较贫农生活更艰苦。雇农的劳动时间都较长,每天一般劳动 10 小时左右,所得却极低。[②]

不同的人对当时中国农村社会结构构成的调查结果有些差异,这可能与调查的时间与区域不同有关,也与对各个阶层的划分标准不同有关。还有一组数据,统计的是福建三明市民国时期各阶层的构成情况。土地改革时期(1950 年 11 月至 1952 年 10 月),三明境域共划出地主及半地主 8 517 户、45 588 人,分别占全境总户数和总人数的 3.48% 和 5.06%;富农及其他剥削者 7 529 户、33 586 人,分别占 3.07% 和 3.73%;中农 75 545 户、332 528 人,分别占 30.82% 和 36.91%;贫农 118 750 户、396 699 人,分别占 48.45% 和 44.03%;雇农 11 649 户、25 517 人,分别占全境总户数和总人数的 4.75% 和 2.83%;其他劳动者 23 118 户、67 018 人,分别占 9.43% 和 7.44%。[③] 山东莒南县在 1945 年对 11 个村庄的调查则又与此有一些出入,该调查结果显示,在这 11 个村庄当中,地主与富农的比例分别为 7.30% 和 8.94%(16.24%),中农占 29.52%,贫农和雇农占 41.67%,其他人口占据了 12.57%。[④]

由于数据不同,我们以 1955 年 7 月农业部部长廖鲁言在第一届全国人民代表大会第二次会议上的发言为标准,他对土改后的农村社会结构作了这样的概括:"除了约占农村人口 10% 左右的原来的地主和富农以外,过去是:中农在农村人口中占 20%－30%,贫农和雇农占 60%－70%;在一部分土地比较分散的地区,中农占 30%－40%,贫农和雇农占 50%－60%。"[⑤] 这里说的过去是指土改前,由于新中国成立后的土地改革发生在 1950 年,所以这里的土改前的农村社会结构状况应该就是民国时期的农村

① 章有义. 中国近代农业史:第 2 辑 [M]. 北京:三联书店,1957:493.

② 朱汉国等. 民国时期社会阶层的分化与层间流动 [J]. 历史教学问题,2006(3):32—40.

③ 三明境域民国时期各阶层土地占有情况 [EB/OL]. http://www. sm. gov. cn/zjsm/smgk/nlsl/200510/t20051019_61272. htm,2005—10—19.

④ 张学强. 山东省莒南县的拔地斗争:抗日战争时期减租减息运动中的一个特例分析 [J]. 临沂师范学院学报,2004(5):46—51.

⑤ 廖鲁言部长的发言 [N]. 人民日报,1955—07—26(6).

社会结构。我们可以看出，就全国而言民国时期农村的社会构成大致如下：地主与富农约占10%，中农人口约占30%，贫农与雇农约占60%。这个数据应该大致不差。地主与富农是农村中的生活富足者，他们一般有让子女接受初等教育甚至更高层次教育的经济承受能力；贫农与雇农是农村中的"贫困户"，或者既无土地又无资金，完全失去生活依据，或者略有土地或略有资金，但吃的多，收的少，终年在劳碌愁苦中生活。[①] 他们一般没有经济能力供子女上学，在这一阶层中，其子女能接受教育者为极少数；中农是农村中的"中产阶级"，其生活水平大体能做到收支相抵，但是上中农生活水平可能与富农相当，而下中农生活水平仅足自给甚至不能完全自给，接近贫农的生活水平。这一阶层相当大的一部分应该能够提供子女接受初等教育的费用，但是要想进一步接受更高层次的教育，则困难很大。如果把地主和富农作为有经济能力接受教育阶层的话，那么能接受教育者的比例大概为10%，这与毛泽东对中国接受教育人口比例的估计相近。如果把中农作为有经济能力接受教育阶层的话，那么能接受教育者的比例就能达到40%。但是，由于中农中的富裕者与贫困者的经济能力相差也比较大，受经济条件的限制，为了生活的需要，其未必都能送自己的子女去上学，即使能送自己的子女上学，也未必能读完整个小学阶段，尤其是在新学堂花费较高的情境下，就更别说中等教育了。因此，以中农中的一半作为能送自己子女上学的人口来推断应该是比较合理的。如果不考虑其他因素，有机会接受教育的农村人口的比例最有可能为25%（地主、富农和中农的一半），再加上城市能接受教育的人口数，民国时期接受教育的人口比例达到30%左右应该是一个正常的现象，这是在综合了当时民众的受教育意愿与经济能力后得出的一个结论。但事实情况是民国时期人们的识字率仅有20%，这又是什么原因造成的呢？

3. 私塾与新式小学堂的此消彼长

（1）知识分子的抽离与乡村教育的衰败。

在中国传统社会，士绅大多以农村社会为中心，其伸展手脚的空间主要是国家官僚机构鞭长莫及的"地方"或"乡里"，耕读在乡村，关心的事务也主要是农村。少数迁居市镇的士绅仍然与农村有着密切的联系，在某种程度上，城市只是日常生活享乐之所，而不是其安身立命之地。即使学优而则

---

① 毛泽东. 湖南农民运动考察报告 [M]. 北京：人民出版社，1975：12.

仕，亦多在不惑或知天命之年结束宦游，回到家乡收拾田园。①

西学东渐以后，城乡之间的差距越来越大。城市带有西化色彩的物质和精神生活方式，比日趋衰败破落的农村具有吸引力。加之城市集中着财力、权力、名位等社会稀缺资源，在这种情况下，从19世纪末20世纪初知识分子城市化潮流开始兴起。但当时城市化的知识分子还主要是旧日士绅中的一部分。当新知识分子群体成长起来后，城市化才成为一种普遍现象。从此，中国社会精英阶层的分布重心发生了历史性的大转变。在精英城市化的潮流下，乡村社会成为一个被精英遗弃、管理日趋失序的地区。农家子弟一旦接受中等以上的新式教育，便尽量留在都市而不愿返回乡村。大学毕业生集中于大都市，中学毕业生也想方设法留在省城和县城。城市成为新知识分子的生活场所和工作活动中心。1930年，上海《民国日报》有一篇题为"乡村颓败了"的文章这样写道②：

年年大批的毕业学生自乡村跑进都会，不见一个返到乡间……乡村小学教师宁愿来都市为书局报馆抄写……都会的漩涡卷去了乡村的干柱，剩下的只有老弱和稚幼……乡村衰败了，没有一些生气，和黄褐的土块成了调和的色彩，死静、凄冷、枯暗、荒塞、简陋占据了整个乡村。

中国乡村出现了人才空虚和教育衰败的景象，农村文化生态结构开始失衡与蜕化。这直接导致乡村人口识字率的下降，甚至不如19世纪以前，以至于梁启超在1915年时竟说出了这样的话："二十年以来办新教育竟使全民不识字。"③这是因为在传统社会，私塾分散在城乡村镇，由于宗族一般拥有相当数量的学田、义田及族学、义学等，相当一部分同族子弟不分贫富均可以受宗族的资助，获得一定的文化知识。但在科举制度废除后，随着传统

---

① 王奇生. 民国时期乡村权力结构的演变［EB/OL］. http：//www. lunwentianxia. com/ product. free. 1951082. 2/，2007—11—23.

② 王奇生. 民国时期乡村权力结构的演变［EB/OL］. http：//www. lunwentianxia. com/ product. free. 1951082. 2/，2007—11—23.

③ 李涛. "失去重心的传统"：略论清季科举制度废除的社会影响［J］. 中共浙江省委党校学报，2002（4）：75— 80.

文人士绅的衰亡，农村宗族制度与学田、义田、族学、义学开始衰落，[①] 而新学校又主要集中于都市，在乡村社会只是零星点缀而已，大学故多设在通都大邑，中学亦大多设在省会一级城市。以民国 19 年（1930）为例，全国 34 省市小学幼稚园的平均密度为每一千平方公里 9.6 所，密度最大者为上海、北平、青岛、威海、南京这几座大城市，内陆省份只有几分之一、几十分之一甚至几百分之一。[②] 另据 1935 年中央农业实验所对 22 省 961 县农村教育机构的调查显示，中学仅占乡村教育机构的 0.7％，[③] 可见当时农村教育发展的薄弱。正是这种旧的教育体制遭到破坏，新的教育体系尚未建立的状况，才导致了清末民国时期人们（尤其是农村人口）识字率的降低，这种状况一直持续到新中国成立。

（2）新学校在农村的推行受阻。

私塾，在中国有很悠久的历史，它是由民间人士设立的在农村占统治地位的基层教育机构。20 世纪初，清政府处于内外交困的境地，为了挽救危亡，遂决定在全国范围内推行新式教育，并逐步确立了义务教育制度。代表新文化的新式学校在国家力量的支持下开始进入乡村社会，并由此拉开了中国乡村教育现代化的序幕。但是，代表传统旧文化的私塾并不甘心退出历史舞台，它们在百姓的支持下顽强地挣扎生存，回击来自新学的"挑战"。两者交锋对垒，在国家与地方之间展开了一场争夺乡村教育权力的较量。在旧学的顽强抵抗下，新学长期没有得到乡村社会的认同，新式教育也没有很快取代私塾成为乡村的主导教育形式。近代乡村教育由此形成了别具特色的新旧并存的二元教育模式，并且这种状况一直持续到新中国成立。[④]

清末民初，私塾在乡间很普遍，几乎每村都有，大的村庄甚至有四五处之多，其分布之广、数目之众，在所有乡村社会教育机构中占绝对多数。[⑤]

---

① 王奇生. 民国时期乡村权力结构的演变 [EB/OL]. http：//www. lunwentianxia. com/ product. free. 1951082. 2/, 2007－11－23.

② 郝锦花，王先明. 论 20 世纪初叶中国乡间私塾的文化地位 [J]. 浙江大学学报：人文社会科学版，2005（1）：14－22.

③ 王奇生. 民国时期乡村权力结构的演变 [EB/OL]. http：//www. studa. net/nongcun/ 060421/10265123－2. html, 2006－04－21.

④ 田正平. 清末毁学风潮与乡村教育早期现代化的受挫 [J]. 教育研究，2007（5）：72－78.

⑤ 郝锦花，王先明. 论 20 世纪初叶中国乡间私塾的文化地位 [J]. 浙江大学学报：人文社会科学版，2005（1）：14－22.

以河北省为例，据 1907 年直隶提学司的调查，"各府州县官私两等小学虽已设立，而与私塾比较尚不敌其十分之一"①。1908 年，山东省有官私两等小学 105 处，初等小学 2 644 处，两种合计 2 709 处，而私塾则有 7 405 处，是全省新式小学的 2 倍以上。② 江苏省苏属地区宣统元年（1909）底，共有新式小学校 200 余所，学生 37 000 余人，而私塾则达 7 000 余所，改良者仅千余所。③ 到了民初，这种状况并没有多大变化。1921 年，广东省私塾约 2 100 处，生徒数约 40 万人，广州市内私塾共 1 100 有奇，就学于私塾者，数倍于学校。④ 1929 年，黑龙江省富锦县小学校仅 35 处，而私塾却有 52 处。1933 年，江西省南昌、新建、进贤、清江等 26 县共有私塾 6 670 所，学童 101 813 人。⑤ 难怪俞子夷曾在 19 世纪 20 年代末说："忽忽十六年大家也不好算没有努力，办小学的成绩也不好算完全失败，不过离开普及的程度却是很远很远。并且一到乡僻，私塾要比小学多；有时私塾的成绩还可以在小学之上。"⑥ 到了民国中后期，私塾占优的状况还是没有多大改观。1937 年，《四川省内江县视察报告》称，"各乡村小学设备简陋，学生很少"，"私塾太多，亟应调训塾师，改良私塾"⑦。金陵大学农业经济系的调查也证明了私塾在乡村教育领域内的地位：直到抗日战争前，我国农村教育属于旧式的占 65.1%，属于新式的仅占 29.7%，属于新旧式学校，即改良私塾的占 5.2%；华北旧式教育占 53.9%，新式教育占 44.0%，改良教育占 2.1%；华南农村私塾发达，旧式教育占 75.6%，新式教育占 19.1%，改良私塾占 5.3%⑧。又是什么原因造成这种状况的存在呢？

造成这种局面的第一个原因是由于政府的经费困难所导致的新式教育的普及不力。清末是在政府财政能力极为有限的情况下开始近代化进程的，地

---

① 李桂林. 中国近代教育史料汇编·普通教育 [M]. 上海：上海教育出版社，1995：515.

② 郝锦花，王先明. 论 20 世纪初叶中国乡间私塾的文化地位 [J]. 浙江大学学报：人文社会科学版，2005（1）：14—22.

③ 陈果夫. 陈果夫先生全集：第 5 册 [M]. 台北：陈果夫先生遗著编印委员会，1991：165.

④ 王卓然. 中国教育一瞥录 [M]. 上海：商务印书馆，1923：269.

⑤ 民国政府教育部. 各省市实施义务教育办法选辑：初辑 [Z]. 南京：民国政府教育部，1937：262.

⑥ 俞子夷. 一笔教育上的旧账 [A]. 董远骞编. 俞子夷教育论著选 [C]. 北京：人民教育出版社，1991：230—232.

⑦ 佚名. 四川省内江县视察报告 [J]. 四川教育，1937，1（6）：9—11.

⑧ 乔启明. 中国农村社会经济学 [M]. 上海：商务印书馆，1946：292.

方教育经费没有被纳入财政的范围，乡村教育实行"就地筹款"制度。"清末本县教育经费主要来源于学捐和学生纳费，出自官款者仅占百分之二、三，百分之九十五以上为城乡税捐或劝捐。"[①] 但是，由于乡村社会的普遍贫困，单靠"就地筹款"根本无力解决教育经费缺乏的问题，以至于造成"乡村初小并无底款，专赖地方人士就地自筹，或由学生摊派，故所立之学校较少，且时办时停，毫无根基"[②]。民国时期，虽然中央和省政府对义务教育的补助制度逐步建立，对乡村教育的补助力度也有所增加，但数额仍相当有限，乡村教育经费依然由地方政府自筹，筹款方式依然主要是向村庄征收摊款。在征收教育摊款的过程中，地方绅董又存在大量从中渔利、中饱私囊等腐败行为，使本已短缺的教育经费又雪上加霜。此外，与中国的传统教育相比，新学的办学成本要高得多，这更加重了教育经费困难的状况，影响着新式学校在农村的普及和发展。可以说，经费短缺是清末及民国时期各地乡村学校普遍面临的最大问题，直接影响着农村学校的普及程度。

乡村民众对新式教育的认同危机是新式学校在农村难以普及的另一原因。新式教育并非在中国内生的，它是"西学东渐"以后从国外引进的"舶来品"。因此，这就存在一个是否与中国社会传统与结构相契合的问题。新式教育最早产生于西方，是在西方工商业文明发展到一定时期，伴随着现代民族国家的出现而出现的，它的出现是与现代工商业生产和生活相适应的。当时的中国处于一种什么状况呢？首先，从经济上来说，中国仍然是一个农业占据主导地位的社会，现代工商业只在沿海或沿江的一些城市得到了初步的发展；从政治上来说，虽然在清末我国就已经开始致力于现代民族国家建设，但是由于内忧外患，这一目标一直到民国结束都没有完全实现；从文化上来说，虽然西方文明已经对中国文化造成了冲击，但这主要集中在城市地区。在广大农村地区，传统文化的影响还是根深蒂固的，西方文化的影响并不明显。由于这些原因，带有明显西方工商业文明色彩的新式教育，被强行嵌入农村地区，肯定处处显得格格不入。不管是其教育内容还是教育形式，包括教育制度、教学方法、教学节奏等都与中国乡村的生产和生活实际有很

① 旬阳县地方志编纂委员会. 旬阳县志 [M]. 北京：中国和平出版社，1996：379.

② 王春元，周祐光. 原武县教育视察报告（二十三年六月）[Z]. 二十三年上期河南地方教育视察报告 [Z]. 河南教育厅编辑处印行，1934.

大差距。一个明显的例子就是教学时间的安排。新式教育在教学时间的安排上遵循的是城市的那一套，根本就不考虑农村的实际。形成的结果往往是上课时间正好在农忙时节，节假日却在农闲时分。这种教学安排，不仅让乡民们十分反感，还影响了孩子们的学习。正如舒新城所言："我国现行之教育制度与方法，完全是工商业社会生活的产物。在国内的生产制度，仍以小农为本位，社会生产制度未变，即欲绝尘而奔，完全采用工商业社会之教育制度，捍格不入，自系应有的结果。"① 这种不考虑农村实际，盲目效仿城市教育而又与乡村生活无涉的教育，正如陶行知所说："他教人离开乡下向城里跑，他教人吃饭不种稻，穿衣不种棉，做房子不造林；他教人羡慕奢华，看不起务农；他教农夫子弟变成书呆子；他教富的变穷，穷的变得格外穷，他教强的变弱，弱的变得格外弱。"② 是一种无益、无用并且有害的教育，这自然难以得到乡村民众的认同，产生了认同危机。③

与新式教育在农村的推行受阻不同，传统的私塾教育则以灵活的办学方式、较低的学费、严格且适合乡间生活的教学和管理方式得到乡民的信赖，成为乡民子弟读书识字的大本营，孩子们能够以最低的学费学到最实用的知识。④ 这些都是新式学校无法比拟的。因此，新学虽有国家的大力推行，但这种新旧并存的二元教育模式一直延续下来，直到新中国成立。

---

① 舒新城. 小学教育问题杂谈 [A]. 吕达，刘立德编. 舒新城教育论著选 [C]. 北京：人民教育出版社，2004：437.

② 陶行知. 中国乡村教育之根本改造 [A]. 董宝良编. 陶行知教育论著选 [C]. 北京：人民教育出版社，1991：203.

③ 田正平，陈胜. 清末及民国时期乡村教育的困境及其调适 [J]. 华中师范大学学报：人文社会科学版，2008 (5)：129—134.

④ 郝锦花，王先明. 论20世纪初叶中国乡间私塾的文化地位 [J]. 浙江大学学报：人文社会科学版，2005 (1)：14—22.

第四章
计划经济体制下的城乡教育关系（1949－1978）

1949 年，中国共产党推翻了国民党的政权统治，建立了中华人民共和国。新中国成立后，党和政府在经济上实行了高度集中的计划体制，在政治上长期以"阶级斗争"为工作中心，并通过户籍制度、统购统销制度、人民公社制度等确立了城乡二元对立的体制格局。这些制度措施，对新中国城乡教育关系制度的安排产生了直接影响。

一、计划经济体制下的社会特点

（一）从城乡分离到城乡对立

新中国成立以前，中国的城乡二元结构已经有所发展。这个过程最早可以追溯到鸦片战争，从那时起，中国的城乡关系就从"无差别的统一"逐渐走向分离，这种分离在很大程度上体现了发展中国家的一般性质。不同的是，近代中国城乡关系的演变并不是一个自然发展的历史过程，而是由外敌入侵造成的。在初步形成的城乡二元经济中，"城市工业现代经济由帝国主义和买办资本主义所统治，传统的农村经济由封建地主所统治"①。总起来说，新中国成立之前形成的城乡关系只是实现了初步的分离，并没有达到对立的程度。中国城乡关系显著的二元分化是在新中国成立以后才开始的，主要是由当时我国的发展战略和人为的制度安排导致的，有一个逐渐生成和固化的过程。从新中国成立到改革开放之前的一段时期，受国内外各种因素的影响，我国选择了有城市偏向的、赶超型的重工业发展战略。在这一发展战

---

① 王树春. 中国二元经济结构的转化特征及其趋势：简论制度变迁的重要性 ［J］. 天津商学院学报，2002（1）：5—11.

略的影响下，我国相继制定和出台了一系列限制城乡交流及有利于城市发展的政策和制度，最终使城乡关系由分离走向对立。

新中国成立后的前三年（1949－1952）是我国医疗战争创伤，进行国民经济恢复的时期。在这一时期，我国的社会主义制度尚未建立，中央政府实行的是新民主主义的纲领和政策。国家允许多种经济成分并存，在农村实行土地私有制，允许富农经济存在，允许农村土地、劳动力、资本等生产要素自由流动，土地可以自由买卖，人口可以自由流动，资本可以自由借贷，城乡私营工商业可以自由发展。① 但是，随着国民经济的恢复及大规模经济建设的开始，城市人口迅速增加，1953 年全国城镇人口达到 7826 万人，比 1952 年增加了 663 万，比 1949 年增加了 2016 万。农村非种粮人口和因灾害减产造成的缺粮人口，需要供应商品粮的有 1 亿人左右。② 同一时期，粮食市场也很混乱，加剧了粮食短缺的状况，造成了 1953 年春全国性严峻的粮食购销形势。

为了解决粮食短缺问题，中央召开了一系列的会议。1953 年 10 月，中央连续召开粮食问题会议，通过了《中共中央关于粮食统购统销的决议》，11 月 19 日政务院通过《关于实行粮食的计划收购和计划供应的命令》，从 12 月初开始在全国实行。到 1954 年夏，又分别对食油和棉花实行了统购统销。1955 年 8 月，国务院又下发了《农村粮食统购统销暂行办法》和《市镇粮食定量供应暂行办法》两个文件，对农村的粮食实行"三定"（定产、定购、定销）制度，并对市镇定量供应标准作了详细的规定和说明。③ 这就是以后延续了很长时间，直到 20 世纪 80 年代才废除的农产品统购统销制度。统购统销制度的建立，对于解决粮食短缺问题，缓解粮食购销紧张的局面起到了很重要的作用。但也正是统购统销制度的建立，拉开了中国城乡二元对立发展的序幕，对我国城乡关系的改变产生了深远的影响。

统购统销政策，虽然解决了城市居民的粮食供应问题，但由于全国的粮

① 寻广新. 统筹城乡视域中的社会主义新农村建设研究 [D]：[博士学位论文]. 北京：中共中央党校，2007：69.

② 薄一波. 若干重大决策与事件的回顾：上卷 [M]. 北京：中共中央党校出版社，1991：256.

③ 刘应杰. 中国城乡关系与中国农民工人 [M]. 北京：中国社会科学出版社，2000：56－57.

食总产量有限，统购统销使得国家从农民手中购走了过多的粮食，再加上这一阶段急躁冒进的农业合作化，农民的粮食也出现了短缺。在这种状况下，河南、河北、安徽、江苏、山东、广西等地农民为生活所迫，大批拥入城市，对城市造成了巨大冲击。1956年以后，在全国范围内出现了严重的"盲流"①问题。针对这个问题，1956年12月周恩来签发了《国务院关于防止农村人口盲目外流的指示》，但"盲流"问题并没有得到有效遏制，而且有更加严重的趋势。为此，中共中央、国务院又于1957年3月、9月和12月连续下发通知和指示，要求各地采取措施制止农民外流，开展生产自救，战胜灾荒，同时禁止工矿企业私自招用农村劳动力，并动员城市里一部分干部和中小学毕业生上山下乡支援农业生产。文件中特别强调：公安机关应当严格户口管理，严禁粮食部门供应没有城市户口的人员粮食，要求遣返自行流入城市和工矿企业的农民，并且禁止他们乞讨，防止农民弃农经商，当保姆和临时工也应当优先在城市居民中招雇。②1958年1月，第一届全国人大常委会第91次会议公布实施《中华人民共和国户口登记条例》，这个条例把我国人口分成了"农业户口"和"非农业户口"两种形式，农村和城市被人为地分成两个不同的世界。至此，城乡有别的户籍制度开始形成。

户籍管理和统购统销这两项制度建立的最初目的，是要按计划经济体制的要求把农民稳定在农村，防止农民盲目外流对城市生活造成冲击，同时最大限度地使农民稳定在农业上，促进农业生产的发展，特别是为国家生产更多的商品粮和其他剩余农产品。也就是说，试图把农民同农村和农业结合起来，创造一个社会经济稳定和发展的基础。③但国家的这一目的并不能自动实现。在城乡有别、城市生活成本低于农村生活成本的前提下，作为一个理性的个体，农民自然会有向城市迁移的冲动。要想实现这一目的，国家还必须在农村建立一种强制性的制度，把农民牢牢地固定在土地上，从而保证国家按照计划需要从农村征购粮食和招收工业所需的劳动力。人民公社制度正好适应了这一形势的需要从而得以产生。

1958年，国家开始在全国掀起大规模的人民公社化运动，人民公社运

---

① 所谓"盲流"，就是大批为生活所迫的农民，主要是灾区的农民从农村流动到城市寻找就业机会和生活出路，也有的逃荒要饭。

② 刘应杰. 中国城乡关系与中国农民工人［M］. 北京：中国社会科学出版社，2000：57.

③ 刘应杰. 中国城乡关系与中国农民工人［M］. 北京：中国社会科学出版社，2000：58.

动从所有制变更和组织管理两个方面对城乡二元社会结构的形成起到了至关重要的作用。人民公社体制的主要特征是："一大二公"、"政社合一"。毛泽东曾经把人民公社的特点概括为"一曰大，二曰公"，即指人民公社的组织规模大，生产资料公有化程度高。政社合一，工农商学兵，农林牧副渔，实行高度集中的统一管理。[①] 通过人民公社运动，国家从生活到生产、从思想到行动等方面强化了对农村和农民的全面组织控制。同时，政府实行计划经济体制，靠行政手段配置一切资源，城乡之间的生产要素自由流动被完全禁止。这造成了工业过度剥夺农业、工农业发展严重失调和城乡发展的严重失衡，使城乡关系遭到了严重扭曲，中国的城乡关系没能进入一个良性的发展轨道。城市和农村之间的差距越来越大，最终导致了城乡二元对立的格局。[②] 作为社会的一个重要部门，城乡对立的二元格局必然会造成城乡教育供给方式的不同，这也是我国城乡教育二元结构形成的主要原因。

（二）以强制的行政性计划为主的资源配置方式

新中国成立后，以毛泽东为首的中国共产党掌握了国家政权。由于缺乏大规模建设社会主义的经验，再加上旧中国遗留下来的濒临崩溃的经济形势，国家需要集中必要的人力、物力、财力进行重点建设，以迅速医治长期的战争创伤，恢复国民经济，保障人民最低的基本生活需要。国外西方帝国主义也对中国实行孤立和封锁政策，最终迫使中国向苏联学习，建立了一套高度集中的计划经济体制。这种经济体制的建立，对于新中国成立初期国民经济的迅速恢复和发展起到了巨大的作用，使我国在短时间内建立了门类比较齐全的国民经济体系。但随着我国经济形势的逐步好转，这种高度集中的计划经济体制的弊端也日益显露，它严重阻碍了各经济组织的积极性与主动性的发挥，阻碍了国民经济的发展。概括起来，在改革开放之前，我国这种

---

① 刘应杰. 中国城乡关系与中国农民工人 [M]. 北京：中国社会科学出版社，2000：59.

② 城乡二元对立格局的存在有四项条件或是四项制度是非常重要的：户籍管理制度、统购统销制度、人民公社制度、城市劳动就业和社会福利保障制度。户籍管理制度提供了分离条件；统购统销制度提供了交换条件；农村人民公社制度提供了稳定条件Ⅰ，即提供了农村方面的稳定条件；城市就业和保障制度提供了稳定条件Ⅱ，即提供了城市方面的稳定条件。这四个条件缺一不可，共同构成了中国城乡二元对立格局的充分必要条件，保证了它的存在和延续。中国城乡二元社会结构的变化，特别是改革开放以来城乡关系的松动正是这四个方面条件变化的结果。刘应杰. 中国城乡关系与中国农民工人 [M]. 北京：中国社会科学出版社，2000：64.

高度集中的计划经济体制具有如下特点:[①] (1) 在资源配置方面,以计划机制作为配置资源的主要甚至是唯一手段;(2) 在政府职能方面,通过行政指令计划对经济生活进行宏观和微观的直接干预;(3) 在权力配置方面,权力高度集中于中央政府,集中于按行业划分的中央经济部门;(4) 从计划手段所处的地位来看,政府制定的指令性计划具有法律效力,一经确定,不得随意更改;(5) 在计划范围方面,覆盖整个社会,涉及国民经济和社会发展的各个方面;(6) 在所有制成分方面,极力取消个体经济等非公有制经济成分,急于向单一的公有制形态过渡;(7) 在社会经济联系方面,政府可以采取无偿调拨方式对企业、部门之间的经济联系涉及的经济利益进行协调、分配;(8) 从企业经济活动来看,企业的人财物、产供销都由国家统管,成为政府行政部门的附属品;(9) 在劳动就业方面,国家统包劳动就业,企业中出现"铁饭碗"现象;(10) 在工资分配方面,国家大包大揽,职工收入旱涝保收,存在平均主义、铁工资现象;(11) 在市场流通方面,取消市场流通,由国家统购统销,强调依靠国营商业主渠道;(12) 在价格管理方面,国家制定价格计划,统一制定价格;(13) 在财税管理方面,政府部门下达严格的计划,国家统收统支;等等。国家的这种计划经济体制也对教育的供给产生了直接影响。

(三) 政治挂帅、阶级斗争为纲的时代背景

新中国成立以后,经过几年的国民经济恢复和对生产资料私有制的社会主义改造,社会主义制度在中国建立起来。1956 年召开的中共八大正确地分析了社会主义改造基本完成以后,中国阶级关系和国内主要矛盾的变化,确定把党的工作重点转向社会主义建设。大会提出,生产资料私有制的社会主义改造基本完成以后,国内的主要矛盾不再是工人阶级和资产阶级之间的矛盾,而是人民对于建立先进的工业国的要求同落后的农业国的现实之间的矛盾,是人民对于经济文化迅速发展的需要同当前经济文化不能满足人民需要的状况之间的矛盾。

但是,1956 年国际社会主义运动中出现"波匈事件",特别是 1957 年中国出现"右派进攻"事件之后,党对社会主义社会主要矛盾的认识开始出

---

① 王石奇. 高度集中的计划经济体制与社会主义市场经济体制的主要差异 [J]. 前线,1992
(10):61—63.

现了波折。1957年10月，毛泽东在党的八届三中全会上提出，无产阶级和资产阶级的矛盾，社会主义道路和资本主义道路的矛盾，仍然是当前我国社会的主要矛盾，从根本上改变了八大的方针。在1959年8月的庐山会议上，他把对彭德怀的批判说成是"一场阶级斗争"。在1962年党的八届十中全会上，他进一步指出，在整个社会主义社会，始终存在无产阶级和资产阶级之间的阶级斗争，存在社会主义和资本主义两条路线的斗争。阶级斗争和资本主义复辟的危险性，必须年年讲、月月讲。在1963年2月的中央工作会议上，他在总结湖南、河北等地的社会主义教育运动经验时提出，"阶级斗争，一抓就灵"。他还号召全党"千万不要忘记阶级斗争"。1966年，"文化大革命"爆发，"以阶级斗争为纲"成为以"坚持无产阶级专政下继续革命理论"为依据的"文化大革命"的核心内容。1969年中共九大确定了以阶级斗争为纲的基本路线。可以说，从1957年到1978年中共十一届三中全会召开前的20余年间，全党全国的各项工作从根本指导思想上说均以"阶级斗争为纲"，是全国最主要的政治口号。

"以阶级斗争为纲"脱离了我国的实际情况，造成了中国社会的泛政治化，政治权力成了一种无所不能的力量。从实践情况看，它背离了我国社会主义革命和建设的正确方向，混淆了社会主义条件下两类不同性质的矛盾，影响了党和国家重大战略和策略的制定及贯彻执行，破坏了安定团结的政治局面和正常的社会秩序，严重打击和挫伤了广大干部、知识分子和群众的积极性和创造精神，阻碍了生产力的发展和社会主义革命及建设的进程。以"以阶级斗争为纲"和"坚持无产阶级专政下继续革命理论"为依据的"文化大革命"，使我们党和国家遭受了一场"十年浩劫"的灾难，蒙受了巨大的损失。在政治统帅一切的社会背景下，教育的供给也必然摆脱不了行政力量的干预和革命式政治动员的使用。

二、计划经济体制下的城乡教育关系

（一）城乡教育体系及纵向关系

旧中国80％以上的人是文盲，农村中文盲的比重更大。全国儿童的入学率通常在20％左右。中等以上学校的学生中工农子女极少，且学校的分布很不平衡，大学全部设在首都及其他大都市，中学大多数设在县城以上，农村极少。有些县无中学，有些区乡无小学。据统计，41％的高等学校设在上海、北平、天津、南京、武汉、广州 6 个城市，国立大学的 40％、私立大学的 46％设在沿海地区。有些省份尤其是边远省份和少数民族地区学校很少。1946 年新疆只有一所学生 100 人的新疆学院和 8 所中学，宁夏只有 5 所中学，青海只有 4 所中学，西藏连一所中、小学都没有。[①] 新中国成立后，中国共产党领导的新政府接管和接办了原国民党统治区的学校，进行了学制改革，并实行"向工农开门"的方针。在党和政府的领导下，从 1948—1978 年的几十年间，我国的教育事业虽然经历了一些曲折，但是学校在数量发展和质量提高上，都取得了前所未有的成绩。对于全日制学校教育来说，我国建立了队队有初级小学，社社有完全小学、中心小学或初级中学，县县有完全中学，省省有工、农、医、师专门学院，有 25 个省市还有综合大学。据 1981 年的统计数据显示，[②] 全国有高等学校 704 所，在校本专科学生达到 127.95 万人，比 1949 年增加 9 倍多；全国有中等专业学校 3132 所，在校学生 106.9 万人，比 1949 年增加 3.7 倍；全国共有普通中学 10.67 万所（含高中、完中 2.44 万所），在校学生 4859.56 万人（其中高中学生 714.98 万人），比 1949 年增加 45.7 倍；全国共有小学 89.4 万所，在校学生达到了 14332.8 万人，比 1949 年增加 4.38 倍；学龄儿童入学率为 93％。[③] 这意味着我国已经建立了较为完备的社会主义全日制学校教育体系。

单从教育体系上来看，这一时期与新中国成立前并没有太大的区别，两者都有一套从小学到大学的教育体系。但是从各类教育的地域分布来看，新中国成立后与之前相比有了巨大的变化，表现在新中国成立后比之前的教育分布更加合理。与新中国成立前中等以上教育几乎完全集中在城市相比，新中国成立后中学开始在农村地区大量设立。从数据上来看，1981 年全国的高等教育、中等专业教育和小学教育的学校数和在校学生数虽然比 1949 年有了巨大的增长，但增长幅度都没有超过 10 倍。而 1981 年的全国普通中学却比 1949 年增长了 45.7 倍，增幅是最大的，这当然与城市中学数量的增长

---

① 《中国教育年鉴》编辑部编. 中国教育年鉴（1949—1981）[Z]. 北京：中国大百科全书出版社，1984：78.

② 由于缺乏 1978 年的数据统计，这里用与此接近的 1981 年的数据代替。

③ 《中国教育年鉴》编辑部编. 中国教育年鉴（1949—1981）[Z]. 北京：中国大百科全书出版社，1984：86.

有很大关系，但农村中学尤其是初级中学数量的猛增与此关系更大。新中国成立后，农村学校系统开始大规模地延伸到中学阶段，所以这一时期城乡教育横向比较的重点在中小学教育。这一时期城乡教育的纵向关系如图 4‑1 所示：

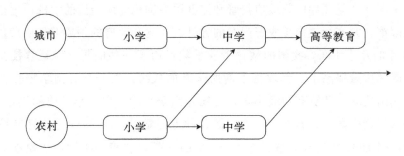

图 4‑1　计划经济体制时期城乡教育体系的纵向关系图

（二）城乡教育关系的横向比较（中小学教育）

1. 农村的教育管理与投入体制

（1）社会主义公有制建立前的农村基础教育供给（1949—1957）。

从新中国诞生到 1956 年社会主义经济制度在中国建立以前，中国的经济形态是新民主主义。在农村，1950 年开始的土地改革，废除了地主阶级土地所有制，实行了农民的土地所有制。这时候农村实行的依然是土地私有制度，社会主义公有制经济制度并没有在农村建立起来。

由于长期受帝国主义、封建主义、官僚资本主义三座大山的压迫和掠夺，再加上战乱的破坏，新中国成立初期，农村经济已经破败不堪，迫切需要恢复生产，进行社会重建。当时农户虽然拥有了土地，却不同时拥有耕种土地所需的必备的生产工具，导致缺少这些基本生产资料的农户无法进行正常的生产生活。另外，在一家一户分散的个体所有制经济下，一些必要的农村公共产品的供给也无法得到满足。据国家统计局调查，土地改革结束后，农村各阶层户均拥有耕地 15.25 亩，耕畜 0.64 头，犁 0.54 部，水车 0.1 部，每个劳动力平均耕作的土地为 7 亩左右。[①] 所以，土改后的农村地区，一方面对最基本的农村公共产品的依赖性空前加强，另一方面国家的财政能

---

① 中华人民共和国国家统计局. 1954 年我国农家收支调查报告 [M]. 北京：统计出版社，1957：18.

力有限，无力供给这些产品。土改后生产资料和土地的个体私有化也使得农村公共产品的供给无法由私人来完成。在这种形势下，国家倡导将分散弱小的个体农户组合起来，走农业合作化的道路。这一社会变革过程，也叫农业集体化。农业合作化大体可分为三个阶段。第一阶段是 1949 年 10 月至 1953 年，以办互助组为主，同时试办初级形式的农业合作社。第二阶段是 1954 年至 1955 年上半年，具有半社会主义性质的初级社在全国普遍建立和发展。第三个阶段是 1955 年下半年至 1956 年底，是农业合作化运动迅猛发展时期，农业合作社由初级社变为高级社，这一时期实现了完全的社会主义改造，完成了由农民个体所有制到社会主义集体所有制的转变。

在这样的制度环境下，农村公共物品的供给主要通过农民自愿组成的农村合作社，以自我供给的形式来实现。作为整个农村公共物品系统中的一个有机组成部分，农村基础教育的供给也是在这样的体制框架下进行的。虽然国家也曾试图通过统收统支的财政体制，由政府统筹解决农村基础教育的经费问题，但由于财政能力不足，由政府办的公立学校数量很有限，且主要集中在城镇地区，国家的这一目标并没有实现。如 1950 年政务院在《政务院关于统一管理 1950 年度财政收支的决定》中规定："乡村各项经费包括乡村小学、文娱活动、修建、县简师、教育馆、医院设备、农场、苗圃、修路、优待革命军人家属、民兵训练等经费在内，可由县人民政府随国家公粮征收地方附加公粮解决，但地方附加公粮，不得超过国家公粮的百分之十五"；又如，1953 年政务院又发出了《关于整顿和改进小学教育的指示》提出："在农村，为适当解决农民子女入学的问题，应根据需要与自愿的原则，提倡民办小学（包括完全小学），充分发挥群众自己办学的积极性。""对乡村公立小学，除在学校较少的少数民族地区和老革命根据地应作适当发展外，其他地区均应以整顿提高为主，一般不作发展。"即使这少部分的乡村公立学校，其经费的筹措包括"校舍的修缮、修建以及增添设备"等，也主要"由各县人民政府统筹解决，如有不足，得在群众自愿的原则下筹款备料，或采取群众献工献料等办法加以解决"。可见，新中国成立初期，政府财力匮乏，在"统收统支，分级管理"的财政框架下，政府主要负担城市的教育经费。而在广大农村地区，政府举办的公立学校不仅数量少，而且即使对这部分数量不多的公立学校，其经费也并非全部出自地方财政，而是乡村自己通过或者征收附加公粮，或者征收附加教育事业费，甚至直接发动群众筹款备料、献工献料来解决。到了1952年，国家甚至通过直接收取学杂费的方式来弥补公立学校办学经费的不足。如1952年的《中学暂行规程》中就规定学校可以酌情收取学杂费；1955年教育部、财政部发出《关于中小学杂费收支管理办法的几点意见的通知》更是对收费的意义、标准、减免的比例以及收支管理等作了详细的说明和规定。农民因此也通过各种形式直接负担了公立学校的一部分教育费用。

新中国刚刚成立，农村就存在大量的私立学校。1951年，教育部召开了第一次全国初等教育及师范教育会议，会议制定了新中国第一个普及小学教育计划，提出到1957年全国学龄儿童入学率达80%，从1952年起，10年内普及小学教育。在国家财力有限的情况下，为了完成普及小学教育的任务，农村掀起了兴办民办学校的高潮，民办学校迅猛发展，数量猛增。据统计，1951年民办小学生数就已经达到1 469.3万人，占当年在校生总数的34%。[1] 此后，随着1953年政务院《关于整顿和改进小学教育的指示》中限制农村公立小学发展，提倡民办小学（包括完全小学）发展政策的出台，公办学校在农村的发展受到抑制，而民办教育发展更快，并逐渐成为农村学校的主体，占据了主要部分。到1957年，国家在正式公布的《1956年—1967年全国农业发展纲要（修正草案）》中提出"农村办学应采取各种形式，除了国家办学以外，必须大力提倡集体办学，允许私人办学以便逐步普及小学教育"[2]，这更加促进了民办教育的发展。可以说，新中国成立后的最初七八年间，社队集体办学或"民办学校"是农村学校的主要部分。教育经费也主要由群众在自愿的原则下通过筹款备料或献工献料的办法加以解决。农民成为这一时期教育经费的实际承担主体。

（2）人民公社时期的农村基础教育供给（1958—1978）。

---

① 王英杰，曲恒昌，李家永. 亚洲发展中国家的义务教育 [M]. 北京：人民教育出版社，1997：246.

② 国家教育发展研究中心专题项目组. 我国农村地区非正规初等教育案例调查报告 [EB/OL]. http://www. moe. edu. cn/moe—direct/fazhanyjzx/146. htm，2010—03—15.

1957 年之前，社会主义公有制经济并没有完全建立。经过从 1953—1956 年对农业、手工业和资本主义工商业的社会主义三大改造，社会主义公有制经济才在中华大地上普遍建立起来。对于农村来讲，经过互助组、初级社、高级社的改造，社会主义制度也得以确立。1958 年，国家开始在全国范围内掀起大规模的人民公社化运动。农村人民公社，是在高级农业生产合作社的基础上联合起来组成的劳动群众集体所有制的经济组织。成立初期，生产资料实行过单一的公社所有制，在分配上实行过工资制和供给制相结合，并取消了自留地，压缩了社员家庭副业。后经多次调整，1962 年以后，绝大多数人民公社实行了"三级所有，队为基础"的制度，恢复和扩大了自留地和家庭副业。但仍存在管理过分集中、经营方式过于单一和分配上的平均主义等缺点。同时，农村人民公社一直实行"政社合一"的制度，即把基层政权机构（乡人民委员会）和集体经济组织的领导机构（社管理委员会）合为一体，政社合一，包括工农商学兵，农林牧副渔，都由人民公社统一管理。

人民公社制度确立以后，公社财政也随之建立。1958 年通过人民公社化运动，人民公社在各地普遍建立，取代了原来的乡镇政府。人民公社既是乡镇政权机构，又是农村集体经济组织。与此相适应，原来已建立的乡镇财政①也改为公社财政。1962 年国家为克服三年自然灾害造成的经济困难，贯彻国民经济"调整、巩固、充实、提高"八字方针，取消了人民公社作为一级财政的管理体制。除农业税附加给公社一定的分成以外，公社收入全部上交县财政，公社的支出亦全部向县财政领报。② 从 1970 年开始，各地区又相继尝试建立人民公社财政。据统计，截止到 1983 年中央决定实行政社分开、重新建立乡（镇）政府时，全国已有四分之一的公社建立了公社财政（表 4 - 1）。③

---

① 1953 年以后，我国各地陆续建立了乡镇一级财政。高英，崔国忠. 乡财政管理 [M]. 大连：东北财经大学出版社，1998：3.

② 邱兴和. 乡镇财政管理 [M]. 上海：上海财经大学出版社出版，1996：4.

③ 高英，崔国忠. 乡财政管理 [M]. 大连：东北财经大学出版社，1998：4.

表 4 - 1　公社财政的收支项目

	收入项		支出项
一、国家预算收入	1. 商业企业收入 2. 公社税收：农业税、工商税、工商所得税、屠宰税 3. 其他收入：罚没收入等	一、国家预算支出	1. 支援农业支出 2. 公社行政管理费 3. 文教科学卫生事业费 4. 抚恤和社会救济费 5. 城镇人口下乡经费
二、地方预算外收入	1. 农业税附加 2. 工商税及工商所得税附加	二、公社财政社有资金支出	1. 社办企业支出 2. 农业支出 3. 文教科学卫生支出 4. 社会救济福利事业费 5. 公社行政管理费及其他支出
三、公社社有收入	1. 公社企业利润及折旧基金上交 2. 社办事业收入 3. 生产大队的部分公积金上交 4. 公社其他收入		

资料来源：《人民公社财政与财务管理》编写组编. 人民公社财政与财务管理 [M]. 杭州：浙江人民出版社，1981：29－78.

　　在人民公社这一制度框架下，乡村公共产品的筹资渠道有两个：一个是财政渠道，另一个就是人民公社内部的各级集体经济组织（制度外渠道）。我们可以分两种情况来探讨农村公共产品的供给情况：一种是建立了公社财政的人民公社的公共产品供给情况；另一种是没有建立公社财政的人民公社的公共产品供给情况。对于第一种情况，公社内部公共产品主要由公社财政（含公社财务）和生产队及生产大队供给；对于第二种情况，公社内部公共产品主要由县财政（代替公社财务）和生产队及生产大队供给。[①] 不管是建

立了公社财政的人民公社，还是没有建立公社财政的人民公社，通过财政渠道对社区公共产品的供给仅限于公社一级的部分项目，并没有针对生产队和生产大队两级的支出项目。因而对于生产队和生产大队两级组织内部的公共产品供给来说，其资金并非来自财政渠道，而是主要依赖于各级集体经济组织（即生产队和生产大队）所筹集的制度外资金（表4-2）。

表4-2 公社时期主要乡村社区公共产品的筹资渠道

公共产品项目	筹 资 渠 道
1. 社队兴办的小型农田水利工程	凡是社队有能力全部承担的，应自筹解决；对困难社队，国家给予必要补助
2. 所有水利工程	新中国30年兴修的水利工程，国家总投资共763亿元，而社队自筹及劳动积累，估计达580亿元
3. 教育部门举办的农村中小学	国家预算支出为主，社区集体支出一部分，个人需承担少部分
3. 农村社队集体办学	集体负担为主，国家财政给予必要补助，另由个人负担少量学杂费
4. 公社卫生院	实行"社办公助"，主要依靠公社集体经济力量
5. 农村"合作医疗"	由大队统筹全体农民的医疗费用，基本医疗服务费用主要由社区集体承担；财政补助用于培训医务人员的经费和支持穷队办合作医疗
6. 大队卫生所	几乎完全靠集体经济投资和维持
7. 公社文化和广播事业	公社社有资金为主，国家预算内支出中适当补助

资料来源：程漱兰. 中国农村发展：理论与实践 [M]. 北京：中国人民大学出版社，1999：269，292，295；《人民公社财政与财务管理》编写组. 人民公社财政与财务管理 [M]. 杭州：浙江人民出版社，1981：56-77；冒天启等. 经济转型与社会发展 [M]. 武汉：湖北人民出版社，2000：202-207，261-267.

通过上面的分析我们可以看出，这一时期农村公共物品主要是通过公社集体经济的力量（制度外）和财政拨款（制度内）的方式实现的。作为农村社区中一个重要的公共物品，农村基础教育自然也会被纳入到这样的治理结构中，只是由于办学主体的不同，可能筹资渠道会略有差别。如由教育部门举办的农村公立中小学，其筹资渠道主要由国家预算支出（公社财政或县财政）为主，公社内集体支出一部分，个人需承担少部分；而由农村社队集体办的学校，其筹资渠道以公社内集体负担为主，国家财政给予必要补助，另由个人负担少量学杂费。从农村教育的筹资渠道来看，与人民公社制度建立之前的1949－1957年相比，这一时期国家的农村教育投资体制并没有什么实质性的变化，只不过是原来农村的互助组、合作社变成了这一时期的人民公社，原来由农村互助组、合作社举办的民办学校也被人民公社体制下集体经济组织举办的学校所取代，从筹资主体来看，两者并没有什么本质的差别，基层的集体经济组织（实际上还是农民）依然是乡村学校经费来源的主体。这一点在国家的有关政策文件中也有所体现，如1962年教育部召开的全国教育会议提出"国家办学与厂矿、企业、农业合作社办学并举……免费教育与不免费教育并举，全党全民办教育"。又如1960年财政部、教育部联合发出的《关于人民公社社办中小学经费补助的规定》体现得更为明显。该规定明确提出："人民公社举办的中、小学应力求自力更生。经费筹措办法可以多种多样。公社可以从公益金中抽取一定比例用来发展中、小学教育事业，也可以结合向学生收取杂费或分摊工分的办法来解决经费开支，对普通中学和农业中学及其他职业中学还可以由公社拨给学校一定土地，用学生参加生产劳动的收入解决经费开支。"从中可以看出，无论通过什么样的形式筹集经费，公社内集体经济组织所提供的经费最终都来自于农民。从公社的制度设计来看，这些经费主要是通过以下两种方式分摊到农民身上的：[①] 首

---

① 人民公社中各级集体经济组织公共产品供给（制度外公共产品）的资金筹集，与公社框架下的分配制度有密切的关系。对于生产队和生产大队的生产所得，在扣除当年生产费用，包括种子、肥料、农药、燃料、机耕费、排灌费、农机具维修费、小型农具购置费、耕畜饲养费及固定资产折旧费之后，分配顺序是：（1）国家税收和粮食统购任务；（2）管理费，包括办公用费、差旅费、干部补贴及生产队上交大队的管理费；（3）集体提留，包括生产队及上交大队的公积金、生产费基金、贮备基金、公益金等；公积金主要用于农田水利建设，购买牲畜、农机具，修建仓库、畜舍等；贮备基金主要用于应付自然灾害；生产费基金用于当年生产费的开支；公益金主要用于五保户生产供给，军烈属、残疾军人的优待，困难户补助，集体福利，文教卫生事业；（4）社员分配，即在总收入中扣除上述支出后的剩余，以工分（计量公社集体经济中每一成员劳动量的单位）为权重，分配给社员。见：林万龙. 中国农村社区公共产品供给制度变迁研究 [M]. 北京：中国财政经济出版社，2002：51.

先，物质成本通过公益金、公积金和管理费的方式进行筹集。由于公社制度框架中的分配程序是先扣除各项费用，再确定个人分配。学校所需要的经费是在社员分配之前直接从集体的总收益中扣除的，这是以降低社员工分总量或工分值为基础的，本质上是学生家长将自己一定劳动量的报酬作为学费转移给了学校；其次，公社时期制度外公共产品生产的最显著特征就是大量使用劳动力，劳动对资本的替代达到了登峰造极的程度。与其他任何制度安排相比，公社制度在将劳动力资源配置于公共产品的生产方面确实具有最大潜力。制度外公共产品的人力成本，以增加工分总数从而降低工分值的方式得到分摊。工分制以及工分总量膨胀的无约束，是公社时期制度外公共产品供给的主要基础。[①] 对农村基础教育供给而言，在人民公社体制内，工分分摊有两种情况：一种情况是兴建校舍等基础设施，社员所付出的劳动计入工分总量中；二是民办学校教师的劳动报酬也以"工分"的方式进行支付，参与最后的收入分配。这两种方式都不用公社直接支付现金，而是把劳动计入工分总数，从而降低工分值的方式让全体公社成员分摊，这极大地减轻了学校的经费压力，在某种意义上讲，这一特征是此后农村教育能够维持并在数量上大发展的体制基础。[②]

2. 城市的教育管理与投入体制

新中国成立后到 20 世纪 70 年代末，我国实行了高度集中的计划经济体制。在这种经济体制下，国家试图包办全国的基础教育经费。但是，由于政府的财政能力有限，再加上教育规模的不断扩大，使得政府不得不探索更多的教育经费筹措渠道。在这个时期内，国家实行了"两条腿走路"的办学方针，即基础教育实行国家办学与厂矿企业、农村社队办学并举。具体来说就是城市县镇基础教育的办学经费由国家财政负担，厂矿企业所办中小学的经费主要由企业负担，农村基础教育的办学经费主要由社队群众负担。我国城市的基础教育经费投入受国家财政体制的影响比较大，但总起来说主要实行中央统一财政与分级管理的投入体制。

① 林万龙. 中国农村社区公共产品供给制度变迁研究 [M]. 北京：中国财政经济出版社，2002：52.

② 赵全军. 中国农村义务教育供给制度研究（1978—2005）：行政学的分析 [D]：[博士学位论文]. 上海：复旦大学，2006：51—52.

（1）统收统支、分级管理（1949－1953）。

1949 年新中国成立后，我国建立了一元化的政治空间结构，实行了高度集中的计划经济体制，相应地也建立了高度集中的财政体制。1950 年 3 月，《政务院关于统一管理 1950 年度财政收支的决定》中指出，要统一国家财政收支，实行中央、省（直辖市、自治区）、县（三级）分级管理体制。①《决定》还规定：中央直接管理的大中小学经费列入中央人民政府预算，由财政部掌管；各大行政区、省（市）管理的县立中学以上教育事业费，分别列入大行政区及省（市）预算内。专科以上的国立学校，由中央人民政府委托大行政区开支者，暂列入大行政区预算内。乡村小学、县简师、教育馆的经费，可由县人民政府随国家公粮征收地方附加公粮解决。各城市的小学教育经费，可征收城市附加教育事业费解决。② 1951 年 3 月，《政务院关于一九五一年度财政收支系统划分的决定》进一步明确规定：教育费，列入中央预算者，为中央直属的大学专科以上学校、各高级科学研究所、中小学及民族学院或分院；列入大行政区预算者，为大行政区直属大学专科以上学校、中小学及民族学院或分院；列入省（市）预算者，为省（市）直属的独立学院、专科学校、完全师范、中小学；一般小学、简师，由地方附加开支。③ 1952 年，教育部颁发了《小学暂行规程（草案）》和《中学暂行规程（草案）》。其中规定，小学由市、县人民政府统筹管理。小学不论公办或私立的，都由市、县人民政府教育行政部门统一领导。中学由省、市文教厅、局遵照中央和大行政区的规定实行统一的领导。④

这一时期的城市基础教育财政制度充分体现了计划经济体制下统收统支、

---

① 即"统收统支、分级管理"的财政体制。1953 年以前，主要是中央、大行政区和省三级管理，县级政府只有执行上级的财政预算，而没有独立的财政预算权。1953 年后取消大行政区后，建立了完全的县级财政，构成了中央、省、县新的三级财政管理体制。这一时期的财政体制虽然有了条块分割的形式，但主要以条条为主。财政的收支、预算权主要集中在中央政府，地方政府任何经费的筹集与支出都需要经中央人民政府的批准和备案，省级、区级人民政府只具有不完全的财政权力，即只能提出预算建议和执行上级确立的预算，不具有完全的财政预算能力。

② 《中国教育年鉴》编辑部. 中国教育年鉴（1949－1981）[Z]. 北京：中国大百科全书出版社，1984：96.

③ 政务院关于一九五一年度财政收支系统划分的决定 [Z]. 1951－3－29.

④ 《中国教育年鉴》编辑部. 中国教育年鉴（1949－1981）[Z]. 北京：中国大百科全书出版社，1984：727，729.

分"中央、大行政区、省市"三级管理的特点。但这一时期的城市中小学校也并非全部由国家包办,在办学体制与经费筹措上也实行了"两条腿走路"的方针。1951年11月,教育部在《关于第一次全国初等教育会议报告》中提出,小学教育经费应采取政府统筹与发动群众办学相结合的原则,在城市依靠工、矿、机关等单位办学。1952年,教育部在《关于整顿和发展民办小学的指示》中又提出:"一方面政府应有计划地增设公立小学,同时应允许群众在完全自愿的基础上出钱出力,有条件地发展民办小学。"① 国家开始把城市基础教育的部分财政筹资责任下放到了工矿企业、机关、团体等单位,城市中小学部分财政筹资责任的下放,使得教育投资水平普遍低于教育发展需求。

（2）条块结合、以块为主（1953—1966）。

第一个五年计划期间（1953—1957），随着大行政区机构的撤销,根据当时政治经济形势的要求,国家财政体制进行了相应的改革,实行"划分收支、分级管理、侧重集中"的财政管理体制。在此财政体制下,教育财政实行"统一领导,中央、省（市）、县三级管理"。各级教育行政机构根据中央规定的财政系统,严格执行三级财政制度。凡属省、市、县级教育支出预算,一经确定后,除因上级决定变更任务或领导关系外,均不得互相留用。至此,"条块结合,块块为主"的财政管理体制形成。1954年9月《关于解决教育经费问题程序的通知》指出:"今后各省（市）教育厅（局）,如有发生经费不足,需先报请省政府统一考虑解决,如省政府解决有困难时,则由省政府转报中央人民政府考虑,不得条条上达。"② 至此,教育经费投入也实行了"条块"结合,以"块块"为主的体制。在这种体制中,教育经费分为中央、地方两级预算管理,财政部根据教育部、计委提供的教育事业建设计划,按照定员定额的核算方法,分别给各地方、各部门核定教育经费总控制指标,即"条块"结合。在财政部下达的经费控制指标范围内,各地方政府仍有权力结合自己的财力、物力,动用预备费,甚至对预算中的类、款、项进行统筹安排,即所谓"块块"为主。

1954年,《政务院关于改进和发展中学教育的指示》指出:"各级教育

---

① 中央教育科学研究所. 中华人民共和国教育大事记（1949—1982）[M]. 北京:教育科学出版社,1984:88.

② 何东昌. 中华人民共和国重要教育文献（1949—1997）[M]. 海口:海南出版社,1998:371.

行政领导机关必须进一步加强对中学的领导。目前省（市）教育厅（局）应以主要力量加强对中学的领导，按统一领导、分级管理的原则，省辖市内的中学由省辖市管理，县（市）内的中学亦应逐步做到由县（市）管理。"①这样，中学发展所需经费都列入市、县的财政支出范围。1955年，财政部、教育部又共同制定颁发了《中小学收取学杂费的办法》，学杂费收入成为中小学教育经费的重要来源之一。统一领导、分级管理体制，增强了地方政府预算管理责权，有利于地方政府根据教育事业规模和教育事业发展的实际需要安排教育预算，从而推动教育事业的发展。

　　1958年8月，中共中央、国务院发布了《关于教育事业管理权力下放问题的规定》，指出必须改变过去以条条为主的管理体制，根据中央集权与地方分权相结合的原则，加强地方对教育事业的领导和管理。② 随着教育事业管理权力的下放，教育经费管理权限也随同下放。1959年，公办的全日制小学由公社直接管理，民办小学由大队直接管理。在实际执行中，甚至部分初级中学也下放到公社管理。但随着教育权力的下放，有些地区、县出现了大量挤占、挪用教育经费的现象。为了解决这一问题，国务院1959年11月批转了教育部、财政部《关于进一步加强教育经费管理的意见》，要求各级政府财政部门和教育行政部门应根据条条、块块相结合，以块块为主的精神，密切联系，加强协作，共同管好教育经费。各级人民政府财政部门在编制教育经费概算和核定下级教育经费预算时，应与同级教育行政部门协商拟订，提请同级人民委员会审定。各级人民政府在下达经费预算指标或批准下级政府预算时，应将教育经费单列一款。各省自治区的人民委员会对中央下达的教育经费指标，根据教育事业发展计划和各项经费的开支标准妥善安排后，如认为不足或有余时可进行调剂。这一文件在一定程度上加强了省级、专属级政府对教育经费的管理，权力适当上收，制止了当时广泛存在的截留、挪用教育经费的行为。但从1959－1962年这一段时期，由于受"大跃进"运动的影响，教育事业的发展出现了盲目混乱的状况。

　　从1963年开始，中央就开始对基础教育的规模、速度、领导管理以及

① 《中国教育年鉴》编辑部. 中国教育年鉴（1949－1981）[Z]. 北京：中国大百科全书出版社，1984：734.

② 国家高级教育行政学院. 新中国教育行政管理五十年 [M]. 北京：人民教育出版社，1999：29.

财政体制进行了为期三年的调整,其主要措施就是加强条条的领导作用,将小学和初中的财政管理权由公社、生产大队上收到县,高中和完中上收到省管理。同年,中共中央转发了《全日制小学暂行工作条例(草案)》和《全日制中学暂行工作条例(草案)》,要求各地讨论试行。其中,在总结研究前一阶段工作的基础上,对中小学的领导和管理体制作出了新的规定,指出:"国家举办的全日制小学,由县(市属区)教育行政部门统一管理。""其设置和停办,由县(市)人民委员会批准。"① "全日制初级中学一般由县、市、自治区教育厅、局管理,也可以委托所在专区(市)或县(市)教育行政部门管理。全日制高级中学和完全中学一般由省、市、自治区教育厅、局管理,也可以委托所在专区(市)或县(市)教育行政部门管理。"② 由此可以看到,在当时阶段,教育管理体制的主要方向是加强条条的领导作用,而对地方办教育的积极性鼓励不够。但是,在财政、教育两部的共同努力下,1963—1965年基本上纠正、制止了一些县社擅自挪用教育经费的现象,并且增加了地方筹措中小学经费的来源,比较好地贯彻了"统一领导、分级管理"的原则。

(3)财政单列、戴帽下达(1966—1980)。

1966年开始的"文化大革命"期间,由于国民经济发展混乱,没有建立起正常的财政管理体制,因而此间教育财政管理体制也处于混乱状态。许多城镇小学由工厂接办,上海、北京等一些大中城市的小学改由街道办事处领导管理。周恩来十分关心教育经费问题,并决定从1972年起,中央在安排下达国家财政预算时,把教育事业费支出单列一款,实行"管理以地方为主,教育经费在财政预算中单列,戴帽下达,专款专用"的体制。1973年《关于中小学财务管理若干问题的意见》进一步强调了加强教育事业费管理的要求。在当时的"动乱"情况下,教育事业费单列一款,"戴帽"下达,专款专用,对于稳定教育经费来源有积极的作用。但由于地方财政中教育经费所占比重很小,财政对教育拨款太少,不能保证教育事业发展的正常需要,学校办学条件无法得到改善。

---

① 《中国教育年鉴》编辑部. 中国教育年鉴(1949—1981)[Z]. 北京:中国大百科全书出版社,1984:701.

② 《中国教育年鉴》编辑部. 中国教育年鉴(1949—1981)[Z]. 北京:中国大百科全书出版社,1984:705.

这一时期的城市基础教育财政处于适当放权、后又有所上收的波动之中，城市公办小学和初级中学，除了收取少量的学杂费外，其教育经费主要由城市的区（县）政府承担，基本实现了由财政保障的基础教育，这也充分体现了统收统支、高度集中的经济和政治体制下，国家集中有限财力重点发展城市教育的战略思想。

三、计划经济体制下城乡教育关系的制度分析

（一）政府在城乡教育制度变迁中的地位与作用

1. 社会主义建设的需要

（1）1949－1958年的教育方针及其对城乡教育发展的影响。

1949年9月21日至30日，中国共产党邀请各民主党派、人民团体、人民解放军、各地区、各民族以及国外华侨等各方面的代表，召开了中国人民政治协商会议。会议一致通过了《中国人民政治协商会议共同纲领》（以下简称《共同纲领》）。《共同纲领》起到了临时宪法的作用，其第五章"文化教育政策"第一条明确规定："中华人民共和国的文化教育为新民主主义的，即民族的、科学的、大众的文化教育。人民政府的文化教育工作，应以提高人民文化水平，培养国家建设人才，肃清封建的、买办的、法西斯主义的思想，发展为人民服务的思想为主要任务。"[1] 这段话精辟地概括了新民主主义文化教育的性质和任务，是新中国成立后第一个明确表述的教育工作方针。

作为对这一方针政策的补充或具体阐述，《共同纲领》在第四十二至四十九条中还规定：提倡理论与实际相结合的教育方法；有计划、有步骤地改造旧的教育制度、教育内容和教育方法；有计划、有步骤地实行普及义务教育，加强中等教育，注重技术教育，加强劳动者的业余教育和在职干部教育，给青年知识分子和旧知识分子以革命的政治教育，等等。[2]《共同纲领》所规定的新民主主义教育方针比较充分地考虑到了解放初期全国的政治、经济、军事和文化教育状况，对这段时期党的教育工作进行了总的规划，具有

---

① 苏渭昌，雷克啸，章炳良. 中国教育制度通史：第8卷 [M]. 济南：山东教育出版社，1999：9.

② 苏渭昌，雷克啸，章炳良. 中国教育制度通史：第8卷 [M]. 济南：山东教育出版社，1999：10.

现实性、渐进性和过渡性。在新民主主义教育方针指导下，1949 年 12 月 23 日至 31 日，教育部在北京召开了第一次全国教育工作会议，明确了改革旧教育、发展新教育的方向①：第一，中华人民共和国的教育是新民主主义的教育，它的主要任务是提高人民文化水平，培养国家建设人才，肃清封建的、买办的、法西斯的思想，发展为人民服务的思想。第二，教育必须为国家建设服务，学校必须向工农开门。第三，教育工作的发展方针是普及与提高的正确结合。考虑到中国的实际情况，教育工作在相当长的时期内以普及为主。第四，老解放区教育，首先是中小学教育，应以巩固和提高为主，条件许可时，可适应群众需要做某些发展。第五，新解放区教育工作的重点是争取、团结和改造旧的知识分子。第六，对中国人办的私立学校，采取保护、维持和逐步改造的方针。第七，改革旧教育是一项比较艰巨的任务，是一个比较长期的过程，必须经过各级教育的不断改革，积累比较成熟的经验之后，才能进行比较全面的改革，不能性急，不能冒进。第八，应设法改善教育工作者的政治和物质待遇，教育工作者本身应发扬艰苦奋斗的作风，克服一切困难，完成自己的光荣历史使命。

1950 年 5 月，教育部原副部长钱俊瑞在《人民教育》创刊号上发表《当前教育建设的方针》，对新民主主义的教育方针作了重要阐释。文章把"为工农服务"、"为生产建设服务"作为当前实施新民主主义教育的中心。为工农服务，一是要反对"为教育而教育"的自欺欺人；二是要反对把"为工农服务"狭隘地理解为"为工人服务"、"为农民服务"，把小资产阶级和民族资产阶级都排斥在服务范围之外，甚至把他们当做"人民的敌人"。也就是说，教育要为全体人民服务，为他们提供尽可能多的受教育机会。为生产服务就是"为恢复和发展人民经济服务，亦即是为生产建设服务"，适应经济建设各部门的需要，培养各种专门化的人才。但这并不排斥教育为其他方面的建设服务，只是强调当前教育工作的"重点和主要目标"是为生产服务。②

可以说，这些论述都是正确的，为教育在各个阶层尤其是工农阶层的普

---

① 苏渭昌，雷克啸，章炳良. 中国教育制度通史：第 8 卷 [M]. 济南：山东教育出版社，1999：15.

② 苏渭昌，雷克啸，章炳良. 中国教育制度通史：第 8 卷 [M]. 济南：山东教育出版社，1999：15—16.

及奠定了很好的政策基础。在新民主主义教育方针指导下，1949—1956年8年间，我国的各级各类教育事业得到了很大的、健康的发展，新中国的教育事业迎来了第一个繁荣期。据统计，1956年在校学生数，高等学校达到40.3万人，比新中国成立前最高年（1946年）的15.5万人增加24.8万人；中等学校达到600.9万人，比新中国成立前最高年（1946年）的187.9万人增加413万人；小学达到6 346.6万人，比新中国成立前最高年（1949年）的2 439万人增加3 907.6万人；幼儿园入园幼儿达到108.1万人，比新中国成立前最高年（1946年）的13万人增加95.1万人；盲聋哑学校达到0.7万人，比新中国成立前最高年（1946年）的0.2万人增加0.5万人。成人教育也有了很大的发展。1956年，成人高等学校在校生数达到6.4万人，比1949年的0.1万人增加6.3万人；成人中等学校和小学的学生数分别达到279.9万人和519.9万人；参加各种类型扫盲班的人数由1949年的1 326.8万人增加到5 142.6万人。[①] 1956年以后，我国各级各类教育的发展更加迅速，学校数量和规模成倍增加。就普通高等学校的数量和在校学生数来看，1955年分别为194所和28.8万人，到了1958年，这两项指标分别为791所和66万人，分别是前者的4.08倍和2.29倍。就中等学校的数量和在校生数来看，1955年是6 212所和447.3万人，到了1958年，分别增加到52 106所和1 199.8万人，是前者的8.38倍和2.68倍。就小学校的数量和在校生数量来看，1955年分别是504 077所和5 312.6万人，到了1958年就增加到776 769所和8 640.3万人，是前者的1.54倍和1.63倍。[②]

需要指出的是，由于受"为工农服务"教育方针的影响，在这些增加的受教育人口中，有相当大的一部分是工人和农民的子女，对于中小学教育来说尤其如此。在短短的几年时间内，农村建立了大量的中小学校，农民子弟比新中国成立前有了更多的受教育机会。

（2）1958—1978年的教育方针及其对城乡教育发展的影响。

1956年以后，随着国际与国内形势的变化，特别是苏联和东欧发生的

---

① 苏渭昌，雷克啸，章炳良. 中国教育制度通史：第8卷 [M]. 济南：山东教育出版社，1999：19.

② 苏渭昌，雷克啸，章炳良. 中国教育制度通史：第8卷 [M]. 济南：山东教育出版社，1999：30.

一些政治事件①，使毛泽东对国内形势的判断发生了一定的变化。1957 年 2 月 27 日，毛泽东在扩大的最高国务会议上作了《关于正确处理人民内部矛盾的问题》的讲话，对各个部门放松思想政治工作的现象进行了严肃的批评。毛泽东在讲话中强调，不论是知识分子还是青年学生，都应该努力学习，不仅要学习科学文化知识，而且要学习马克思主义。毛泽东所以强调思想政治工作，就是为了防止中国也出现类似苏联与东欧之类的事件，给国家安全与社会经济发展带来极大的危害。

因此，在这个讲话中毛泽东明确提出："我们的教育方针，应该使受教育者在德育、智育、体育几方面都得到发展，成为有社会主义觉悟的有文化的劳动者。"② 这个教育方针对人才培养的总要求（劳动者）、劳动者的素质问题（有社会主义觉悟和有文化）、个体素质结构（德智体）都作了明确的规定。与前一阶段的教育方针相比，其最大的变化就是政治属性发生了变化。新民主主义的教育纲领是为新民主主义政治服务的，毛泽东的教育方针是为社会主义政治服务的。尽管在教育方针中，毛泽东注意到了学生素质的全面性，但就其最关注的东西而言，是教育工作要为社会主义政治服务，而不是为发展科学技术和促进经济建设服务。在 1952 年通过的《小学暂行规程（草案）》和《中学暂行规程（草案）》中，对于全面发展教育一般是按"智育、德育、体育和美育"的顺序排列的，是"智育第一"，还包括美育。在毛泽东的教育方针中，却成了"德育第一"，而且是没有美育的。在德育中，他又最重视"社会主义的觉悟"，即后来所谓的"大德"，忽视一些做人的基本道德要求。③ 毛泽东在教育方针上的这一变化，对此后我国的教育工作产生了深远的影响。

1958 年 9 月，中共中央、国务院根据毛泽东关于教育方针的内容，对 1949 年之后的教育工作成绩及存在的问题进行了系统总结，并且明确而系统地提出了党和国家的教育工作方针，颁布施行《关于教育工作的指示》。《指示》提出："党的教育工作方针，是教育为无产阶级的政治服务，教育与

---

① 即苏共二十大的召开与波匈事件。

② 毛泽东. 毛泽东选集：第 5 卷 [M]. 北京：人民出版社，1977：385.

③ 苏渭昌，雷克啸，章炳良. 中国教育制度通史：第 8 卷 [M]. 济南：山东教育出版社，1999：29.

生产劳动相结合；为了实现这个方针，教育工作必须由党来领导。"① 关于
"教育为无产阶级政治服务"，《指示》指出，教育为无产阶级政治服务，就
是为社会主义革命和社会主义建设服务，就是为消灭一切剥削阶级和剥削阶
级的残余服务，就是为消灭城乡差别和体脑差别服务，以建设共产主义社
会。具体来说：第一，要进行马克思主义的政治教育和思想教育。第二，改
变政治教育中的教育教学方法，克服教条主义，把政治教育与社会主义革命
和建设以及学生的实际结合起来。第三，强调政治觉悟，强调以政治觉悟作
为衡量学生学习成绩的重要标准。关于"教育与生产劳动相结合"，《指示》
指出，新中国成立以来，教育工作曾经不同程度地脱离了生产劳动，这是不
符合培养劳动者的教育目的的。为了改变这种状况，第一，所有的学校必须
把生产劳动列为正式课，把学生参加生产劳动看成培养全面发展的社会主义
新人的一条重要途径。第二，规定了今后的方向，即学校要办工厂和农场，
工业和农业合作社也要办学校，两方面要相互协作。学校办的工厂和农场要
纳入到地方的生产计划和销售计划中去；而工厂和农业合作社办的学校要纳
入到地方的学校系统中去。第三，地方党委和政府要给予高度重视。关于
"教育必须由党来领导"，《指示》强调指出，一切教育行政机关和一切学校，
都应该受党委的领导。没有党的领导，就不能保证教育的社会主义方向，教
育工作也就不能更好地为社会主义革命和建设服务。②

　　1958 年制定的教育方针虽然较之前一时期的教育方针政治色彩更加浓
厚，但是与前一时期相同的是，它们都是面向工农等劳动阶级的教育，都致
力于教育的普及。也就是说，不管是城市人口还是农村人口，国家都要给他
们提供"与生产劳动相结合的教育"，使他们成为社会主义的劳动者。正因
如此，《指示》还提出教育工作的跃进计划：全国用 3—5 年的时间普及小学
教育，基本上完成扫除文盲，使学龄前儿童的大多数可以进托儿所和幼儿
园；用 15 年左右的时间普及中等教育和高等教育，使得凡是有条件的和自
愿的，都可以受到高等教育；再用 15 年左右的时间来从事提高工作。虽然
这个教育跃进计划严重脱离了实际，教育普及工作也不可能在如此短的时间

---

　　① 苏渭昌，雷克啸，章炳良. 中国教育制度通史：第 8 卷 [M]. 济南：山东教育出版社，
　　　1999：32.
　　② 苏渭昌，雷克啸，章炳良. 中国教育制度通史：第 8 卷 [M]. 济南：山东教育出版社，
　　　1999：32—33.

内完成，教育发展的方向也有一定偏差，违背了教育自身的发展规律。但它反映出国家在致力于教育普及方面的积极性还是空前高涨的，教育也确实得到了较大规模的普及。

由于受到错误的政治路线的干扰，尤其是受"政治挂帅"、"以阶级斗争为纲"的影响，我国这一时期不管是城市还是农村，教育发展都遭受了很大程度的破坏。再加上国家经济条件的限制，城乡教育的普及在短时间内是不可能实现的，盲目发展的结果，只能是以牺牲质量为代价。

2. 政治挂帅对教育造成的影响

中华人民共和国成立之后到 1958 年之间的一段时间里，党和国家主要是继承和发展了新民主主义的教育方针，并根据社会背景的变化和教育发展的实际情况，作了相应的调整。从总体上说，这一时期的教育方针带有新民主主义的性质，适应了当时社会发展的各项要求，促进了我国由旧教育体系向新教育体系的转变，为新中国改造培养了大批的合格人才和干部，极大地提高了人民群众的科学文化水平。[①] 可以说，这一时期的教育政策方向是正确的，成果也是显著的。

1956 年之后，随着生产资料社会主义改造和社会经济发展第一个五年计划的基本完成，中国进入了一个全面建设社会主义的新时期。中国共产党的"八大"科学地分析了这一时期的主要矛盾，明确地把发展生产力作为这一时期的主要任务，提出了"向科学进军"的口号。这就为提出新的更加适应社会主义建设要求的教育方针打下了基础，为从新民主主义教育方针转变为社会主义教育方针提供了背景。但由于受此时复杂的国际和国内形势的影响，特别是由于党的主要领导人对这种复杂形势作出了不切实际的错误判断，由毛泽东提出的第一个社会主义教育方针以及随后党在《关于教育工作的指示》中提出的教育方针，虽然在新中国的教育史上起了重要作用，但由于过分地强调教育事业的政治属性和政治功能，忽略了教育为全面建设社会主义服务的客观要求，给当时和相当长一段时间内的教育事业带来了很大的消极影响。[②] 如 1958 年的"教育革命"、"教育大跃进"就给教育造成了很

① 苏渭昌，雷克啸，章炳良. 中国教育制度通史：第 8 卷 [M]. 济南：山东教育出版社，1999：8.

② 苏渭昌，雷克啸，章炳良. 中国教育制度通史：第 8 卷 [M]. 济南：山东教育出版社，1999：8—9.

大的不利影响，包括学校规模盲目扩大，只求数量，不重质量，往往有名无实；学校生产劳动和政治运动过多，影响和冲击了课堂教学；经常进行"拔白旗，插红旗"的红专大辩论，频繁地对知识分子进行"上纲上线"的学术批判，伤害了知识分子的积极性。这严重扰乱了正常的教学秩序，教学质量也无法得到保障。①

为了改变这种状况，从1961年开始，党和国家开始着手对教育工作进行调整，在一定程度上使党和知识分子的紧张关系得到缓和，学校工作秩序也得到了恢复。但由于"左"的错误指导思想并未彻底纠正，这种调整和恢复工作也很有限。时间不长，党的八届十中全会召开（1962年），毛泽东在会上作了关于阶级、形势、矛盾和党内团结问题的讲话，提出阶级斗争必须年年讲、月月讲、天天讲。再一次批判了所谓的"单干风"、"翻案风"、"黑暗风"，提出了"千万不要忘记阶级斗争"的号召。这夸大了阶级斗争的现实危险性，并对各领域的阶级斗争作了夸大的不切实际的分析和估计，使文艺、教育、理论等意识形态领域里的"左"倾错误再度发展，对当时刚刚有所好转的教育事业又产生了非常不利的影响。但在八届十中全会上，毛泽东还接受了刘少奇的建议，提出不要因强调阶级斗争放松了经济工作，要把经济工作放在第一位。所以，虽然毛泽东对社会主义社会、国内阶级斗争的分析和结论把在一定范围内存在的阶级斗争扩大化和绝对化，但是直到"文化大革命"爆发，这种阶级斗争扩大化的倾向还没有达到支配全局的地步，全党和全国人民的主要注意力仍然集中在调整经济上，教育工作并没有受到太大冲击。总之，这一时期的教育工作虽有曲折和失误，但经过局部的总结经验、进行调整，还是取得了显著的成绩。

1966年，"文化大革命"爆发，国内一部分领导人对阶级斗争的形势估计越来越严重，以至于教育也被作为阶级斗争的工具，丧失了自己的独立地位，教育发展遭到了严重破坏。1966年5月，毛泽东在写给林彪的一封信中说："学制要缩短，教育要革命，资产阶级知识分子统治我们学校的现象，再也不能继续下去了。"这个明显带有"阶级斗争"倾向的错误论断被林彪、江青两个反革命团伙所利用，成为他们炮制教育战线"黑线专政"论、肆意破坏我国教育事业和迫害广大知识分子的依据。1971年，"四人帮"炮制了

① 君平. 建国以来教育事业发展的历史篇章 [J]. 教学与研究，1992（4）：59－63.

中国城乡教育关系制度的变迁研究

《全国教育工作会议纪要》，对新中国成立后 17 年的教育工作作了"两个估计"，即 17 年教育战线是资产阶级专了无产阶级的政，是"黑线专政"；大多数知识分子的世界观基本上是资产阶级的，是资产阶级知识分子。"两个估计"全面否定了"文化大革命"前 17 年教育战线所取得的成绩，使广大干部和教师遭到严重摧残，教育事业停滞不前，这个状况一直持续到"文革"结束。

3. 财政状况对教育发展的制约

教育是一项需要巨大投入的系统工程，经费投入是教育事业发展的必要保障。国家的经济发展水平与由此决定的财政状况是决定国家教育投入体制的客观条件。从 1949 年到 1970 年代末，中国发展教育事业虽然力图走依靠国家办学的道路，教育经费也试图由国家财政统包，如高等院校、中等专业学校和技工学校主要由中央部门和地方人民政府有关业务部门举办和管理，办学经费由中央和地方财政负担。但由于政府的财力有限，最终只能循历史的路子，发动群众办学。中央政府在 1962 年明确提出了"国家办学与厂矿、企业、农业合作社办学并举"、"免费教育与不免费教育并举，全党全民办教育"的"两条腿走路"方针。实际上，在明确这样的方针之前"教育革命"和在此之后"文革"期间的"教育革命"中，民办学校在各个地方都得到了极大的发展。这些民办学校都不同程度地会得到国家的一些资助，但相当大一部分投入是由集体供给的，包括财力投入、物力投入和一些人力投入。总起来说，这一时期的基础教育实行国家办学与厂矿企业、农村社队办学并举，城市县镇基础教育的办学经费由地方财政负担，厂矿企业所办中小学的经费主要由企业负担，农村基础教育的办学经费由地方财政和社队群众共同负担。这成为新中国成立后尤其是人民公社制度建立后农村小学发展的普遍状态。[①]

新中国成立后所面临的经济形势是十分严峻的。中国人民从蒋介石国民党手中接收过来的是一个经济残破不堪的烂摊子：工业凋敝、农业萎缩、交通瘫痪、贸易阻塞、通货膨胀、物价暴涨、经济混乱、失业现象严重，人民生活极端困苦。新中国的经济建设就是在这样一个千疮百孔的基础上起步

① 闵维方，等. 探索教育变革：经济学和管理政策的视角 [M]. 北京：教育科学出版社，2005：114.

的。当时，全国约有 900 万军政公教人员需要供给。1949 年，仅军费开支就占财政收入的一半左右。1950 年仍占到 41%。同时，已被破坏的工矿、交通和水利设施亟待恢复，城市 400 万失业人口和农村 4 000 万灾民需要救济，国家的财政支出增加很大。但当时国家的财政收入相当有限，入不敷出，出现巨大赤字。① 1949—1952 年的三年间，党和政府采取了一系列正确的方针、政策，使国民经济得到恢复，国家的财政经济状况开始好转。1953—1957 年，通过实施党在过渡时期的总路线和发展国民经济的第一个五年计划，建立了社会主义的经济体制，各项经济事业得到了迅速发展。1958—1960 年，国家开始了"大跃进"和人民公社化运动，"左"倾思想泛滥，造成了国民经济严重困难的局面。1961—1965 年，国家对国民经济进行全面调整，实行"调整、巩固、充实、提高"的经济方针，经济形势开始好转，国民经济重新得到了恢复和发展。1966 年，"文化大革命"开始，使经济工作遭到了严重干扰，随着"文化大革命"的进一步发展，全国出现了"打倒一切、全面内战"的动荡局面，使国民经济形势急剧恶化，陷入全面混乱，国民经济和人民生活遭到了严重的破坏。总起来说，从新中国成立后到改革开放的几十年间，我国的经济状况是在不断的起伏跌宕中困难前进的，取得了丰硕的成果。但由于党和政府是在一个经济十分落后、基础十分薄弱的状况下开始社会主义经济建设的，虽然其间取得了巨大成就，但就其经济总量来说，还是比较低下的，财政收入也很薄弱，如表 4-3 所示：

表 4-3　中国历年国家财政收入占国内生产总值的比重统计（1950—1978）

年份	财政收入（亿元）	国内生产总值（亿元）	财政收入占国内生产总值的比重（%）
1950	62.17		
1951	124.96		
1952	173.94	679.0	25.6
1953	213.24	824.0	25.9
1954	245.17	859.0	28.5
1955	249.27	910.0	27.4

---

① 柏福临. 中华人民共和国经济史 [M]. 哈尔滨：黑龙江教育出版社，1989：9—10.

年份	财政收入（亿元）	国内生产总值（亿元）	财政收入占国内生产总值的比重（％）
1956	280.19	1028.0	27.3
1957	303.2	1068.0	28.4
1958	379.62	1307.0	29.0
1959	487.12	1439.0	33.9
1960	572.29	1457.0	39.3
1961	356.06	1220.0	29.2
1962	313.55	1149.3	27.3
1963	342.25	1233.3	27.8
1964	399.54	1454.0	27.5
1965	473.32	1716.1	27.6
1966	558.71	1868.0	29.9
1967	419.36	1773.9	23.6
1968	361.25	1723.1	21.0
1969	526.76	1937.9	27.2
1970	662.9	2252.7	29.4
1971	744.73	2426.4	30.7
1972	766.56	2518.1	30.4
1973	809.67	2720.9	29.8
1974	783.14	2789.9	28.1
1975	815.61	2997.3	27.2
1976	776.58	2943.7	26.4
1977	874.46	3201.9	27.3
1978	1132.26	3645.2	31.1

注：本表财政收入中不包括国内外债务收入。

资料来源：中国财政杂志社．中国财政年鉴·2008：总第17卷［Z］．北京：中国财政杂志社，2008．

而在同一时期，美国、日本等国的国内生产总值已经达到几千亿甚至上万亿美元，而我国的国内生产总值只有200亿美元左右，国外发达国家的国内生产总值是中国的几倍、十几倍甚至几十倍。但我国财政收入占国内生产总值的比重与这些国家相比差别不是很大，甚至还低于这些国家。再加上我国实行计划经济，政府几乎包办了国民经济各部门的一切事务，经济建设支出、军费开支、行政支出等又占了政府财政收入的绝大部分。因此，能用在教育上的经费几乎所剩无几，这对教育的普及和发展是一个巨大的制约，如表4-4所示。在财力供给严重不足的情况下，为了教育的普及和发展，政府又不得不发动厂矿企业、农村社队等多种力量来办学。这也在一定程度上影响了城市与乡村教育的不均衡发展。

表4-4　中国历年国家财政用于教育的支出与有关指标的比例统计（1952－1978）

年份	教育支出（亿元）	教育支出占国内生产总值比例（%）	教育支出占财政支出（不含债务）比例（%）
1952	11.03	1.62	6.41
1953	19.25	2.34	8.78
1954	19.97	2.32	8.18
1955	19.00	2.09	7.23
1956	26.53	2.58	8.89
1957	27.98	2.62	9.45
1958	25.57	1.96	6.39
1959	33.36	2.32	6.14
1960	46.34	3.18	7.20
1961	32.96	2.70	9.26
1962	27.55	2.40	9.34
1963	29.62	2.40	8.92
1964	34.78	2.39	8.83
1965	35.81	2.09	7.79
1966	40.53	2.17	7.54
1967	36.92	2.08	8.39
1968	27.50	1.60	7.68

年份	教育支出（亿元）	教育支出占国内生产总值比例（%）	教育支出占财政支出（不含债务）比例（%）
1969	27.04	1.40	5.14
1970	27.56	1.22	4.24
1971	33.69	1.39	4.60
1972	39.38	1.56	5.14
1973	43.45	1.60	5.37
1974	51.02	1.83	6.46
1975	53.18	1.77	6.48
1976	57.20	1.94	7.10
1977	59.66	1.86	7.07
1978	75.05	2.06	6.69

注：从 2006 年起实行债务余额管理，国家财政预决算不再反映债务还本支出。

资料来源：中国财政杂志社. 中国财政年鉴·2007：总第 16 卷［Z］. 北京：中国财政杂志社，2007.

（二）社会在城乡教育制度变迁中的地位与作用

1. 社会主义建设良好愿望与热情的推动

新中国成立后，尤其是在新中国成立初期，人民建设社会主义的积极性是非常高涨的，对社会主义前景充满了美好的希望，这是有深刻历史原因的。

在官僚资产阶级和地主阶级专政的旧社会，工人阶级和贫下中农在经济上受剥削，在政治上受压迫，绝大部分土地和其他生产资料掌握在地主富农和资本家手里，无产阶级和贫下中农的生活处于水深火热之中。新中国成立前，旧中国的经济已处于崩溃的边缘，连年战争留下的国家满目疮痍，生产力遭到严重破坏、市场萧条、物价飞涨、失业现象严重，广大劳动人民在生存线上苦苦挣扎。1949 年，中国人民当家做了主人，当时大部分人的生活仍维持在最低的生存水平上。面对这样的局面，党和国家采取了一系列措施医治战争创伤，恢复和发展生产，稳定物价，安排就业，以安定人民生活。特别是经过土地改革，农民实现了几千年来"耕者有其田"的梦想，广大人民对救民于水火的共产党充满了热爱和感激，对自己当家做主充满了自豪和热情，广大人民以主人翁的精神和热情，投入到新中国的建设中去，为新中国的发展奠定了最初的物质基础。经过1953—1956年的社会主义改造，我国初步把资本主义私人所有制改造成为全民所有制，把以农民和手工业者个体劳动为基础的私人所有制改造成为劳动群众集体所有制，社会主义的基本经济制度在中国全面地建立起来了。这时候生产资料虽然由私有变为公有，但是人民建设社会主义的热情没有消退。1957年我国在人民的这种高涨热情下进入了全面建设社会主义的新时期，1958年中国又开始了"大跃进"，迎来了社会主义建设的高潮。同一时期，党和国家的主要领导人又提出了"政治挂帅、以阶级斗争为纲"的政治路线，这一路线与人们建设社会主义的良好愿望与热情相结合，造成了中国的泛政治化，国家建设的一切领域都有了政治运动的色彩，突出表现为各个领域不切实际的冒进主义。我们可以从新中国成立后到20世纪70年代末之前教育领域留下的一连串未能实现的教育发展目标来看出这一倾向，以下所列是直到1980年为止，由中央正式宣布过的教育发展目标（表4-5）：

表4-5 1949—1980年中央提出的教育发展目标一览表

年份	中央提出的教育发展目标
1951	1957年，全国学龄儿童入学率达80%；1952年起，十年内普及小学教育
1952	5—10年内基本扫除全国文盲
1954	15年左右扫除农村青壮年文盲
1955	8年内将中学教师全部提高到师专以上水平
1956	各地分别在7或12年内普及小学义务教育；各地分别在5或7年内基本上扫除文盲
1958	15年左右基本普及高等教育
1960	力争1962年完成农村扫盲
1980	全国中小学学制分别恢复为6年，1990年前基本普及小学教育

虽然这是由政府提出的教育发展目标，但它反映的不只是政府的行为，也是人民对于改变教育落后状况的迫切愿望和狂热的激情。事实上，人民也是积极响应政府号召，以疯狂的政治热情、尽最大努力来实现这一个个脱离

了实际的教育发展目标。由于政府财政能力有限，为响应"两条腿走路"的办学方针，村办小（中）学、社办小（中）学、厂矿企业所办学校大量出现，成为政府办学之外的另一种重要力量，最大程度地弥补了政府办学能力的不足。

2. 可资利用的集体财产

民国时期，乡村教育落后的外部原因有政府对乡村教育的轻视、教育投资的不足、师资的缺乏、教学内容的脱离实际等，内部原因主要为村落经济的凋敝和村落文化的影响。新中国成立初期，减租减息、民主反霸、剿匪肃特、破除迷信、妇女解放、土地改革等一系列运动改变了乡村的社会情况，但是，农村依然是小农经济的汪洋大海。那里贫穷落后、文盲充塞、迷信盛行，在这样的基础上是无法建设社会主义的。这一时期的地方政府及时利用解放、土改所提供的良好机会发展乡村教育，把乡村教育看做改造愚昧落后的农民、发展乡村经济和社会、建设社会主义新农村的重要手段。[①] 可以说，这一时期的政府是很重视乡村教育发展的，但由于政府经费投入不足，所以不得不依靠财政之外的其他财源来办教育。由于普及小学教育的号召得到了大多数农民的欢迎和支持，发展小学教育所遇到的许多困难均由政府和农民共同解决。发展小学需要教师，政府派师范毕业生下乡任教，农民推荐文化程度较高的优秀青年走上讲台；发展小学需要校舍，在当时政府难以拨付资金建造新校舍的情况下，农民腾出了自己的房子供学生们上课；发展小学需要资金，除政府提供必要的办公费用外，村小教师的工资（五十年代初期为每月 150—180 斤大米）完全由村内的农民提供。特别可贵的是，在当时农村生活条件还十分艰苦的情况下，许多农民克服种种困难送子女上学读书，而小学教员们也为减少流失生、提高小学普及率作了大量深入细致的工作。[②] 在政府、乡村干部、农民的共同努力下，乡村小学的普及率迅速提高。民国时期的人口识字率在 20% 左右，到了 1952 年，新中国的小学学龄儿童入学率达到了 49.2%，如果把入学率等同于识字率的话，那么新中国成立后的 1952 年比 1949 年增加了一倍多。总起来说，解放初期以普及小学

第四章 计划经济体制下的城乡教育关系

---

① 曹锦清，张乐天，陈中亚. 当代浙北乡村的社会文化变迁 [M]. 上海：上海远东出版社，
　　2001：386.

② 曹锦清，张乐天，陈中亚. 当代浙北乡村的社会文化变迁 [M]. 上海：上海远东出版社，
　　2001：388.

和扫除文盲为特征的乡村教育发展导向符合当时乡村社会的实际情况。因而，尽管当年政府经济拮据，根本拿不出与教育规模相适应的办学经费，但由于乡村教师们不畏劳苦、不计较报酬、任劳任怨地辛勤工作，更由于农民大众的积极支持和广泛参与，乡村教育才得到了较快的发展。[1] 小学学龄儿童入学率的迅速提高证明了这一点。

1958年，当从事乡村教育的干部和教师们还没有来得及总结和反思匆匆发展起来的乡村教育的经验教训的时候，随着人民公社的成立和轰轰烈烈的"大跃进"运动的开展，新的社会情况以及上级领导部门对于发展乡村教育的新导向又强烈地影响了乡村教育。乡村教育发生了"180度的大转弯"，主要特点是教育的"大跃进"和"教育的大革命"。[2] 从此以后，一直到"文化大革命"结束，农村教育的发展又几经起伏，其总体发展趋势是越来越好。到1978年为止，除一些老、少、边、穷地区外，我国农村小学阶段的教育基本普及，到1978年，包括城市，我国的小学学龄儿童入学率已达95.5%，小学的升学率也达到了87.7%。有些地方甚至各个大队都有小学，学校不仅为生活困难的学生免去了学杂费，甚至为个别学生支付书费。公社也都创办了初级中学，甚至办起了高中班。[3] 这些成就的取得是与人民公社制度的建立密切相关的，因为从经费上来说，这一时期的办学经费主要来自国家的拨款和集体的资助，其中国家拨款的份额较大，但人民公社集体资产的资助同样不可忽视。在人民公社的三级集体机构中，又以大队的资助为主。正是由于政府和集体均重视乡村教育，农村地区小学教育的普及和办学条件的改善才得以逐步实现。

农村地区教育的筹资渠道有两个：一个是政府的财政渠道，另一个就是集体的制度外渠道，只是由于学校办学主体和性质的不同，资金来源可能会各有侧重。那么，对于农村教育的这两种投资渠道，其投资规模比例会各占多少呢？当然，由于我们缺少精确而完整的数据，因而也无法对此作出精确的比较。但是有人曾经大致估算过公社和国家从农村中获取的财政收入以及

---

① 曹锦清，张乐天，陈中亚. 当代浙北乡村的社会文化变迁 [M]. 上海：上海远东出版社，2001：390.

② 曹锦清，张乐天，陈中亚. 当代浙北乡村的社会文化变迁 [M]. 上海：上海远东出版社，2001：390.

③ 张乐天. 告别理想：人民公社制度研究 [M]. 上海：东方出版中心，1998：389.

生产队和生产大队的集体提留情况。以 1978 年的数据资料为例，粗略估计出当年公社和国家从农村中获得的财政收入为 113.4 亿元，而同一年生产队和生产大队的集体提留约为 103 亿元。也就是说，即便是将国家从农村中获取的财政收入全部用于公社财政或县财政的乡村社区公共产品建设上（在当时体制下是不可能的），也不会比乡村社区公共产品的制度外供给（即集体经济组织提取的管理费、公积金和公益金，它尚未包括大量的劳动力投入）高多少。由此可以证明：在人民公社时期，乡村社区公共产品的集体（制度外）筹资占有极为重要的位置，[①] 是我国在经济比较困难的条件下教育得到迅速普及的主要原因之一（表 4-6）。

表 4-6　中国主要年份各级学校升学率和入学率统计（1949－1978）

年份	毕业生升学率（%）		小学学龄儿童入学率（%）
	初中	小学	
1949	—	—	20
1952	168.6	96.0	49.2
1957	39.7	44.2	61.7
1962	30.0	45.3	56.1
1965	70.0	82.5	84.7
1970	38.6	71.2	—
1975	60.4	90.6	96.8
1978	40.9	87.7	95.5

资料来源：国家统计局国民经济综合统计司. 新中国五十五年统计资料汇编（1949－2004）[Z]. 北京：中国统计出版社，2005.

（三）受教育者对城乡教育制度变迁的影响

乡村教育直接面对广大农民群众，它无疑会受到农村的社会情况和农民的教育期望的制约。乡村教育只有适合农村的社会情况，在某种程度上满足农民的教育期望，才能获得正常发展。[②] 除此之外，接受教育是要付出一定

---

① 林万龙. 乡村社区公共产品的制度外筹资：历史、现状及改革 [J]. 中国农村经济，2002
　　(7)：27—35，29.

② 曹锦清，张乐天，陈中亚. 当代浙北乡村的社会文化变迁 [M]. 上海：上海远东出版社，
　　2001：385.

成本的，这既包括直接成本也包括其他一些机会成本。如果广大农民群众终日饥肠辘辘，为填饱肚皮而整天忙碌，没有能力送子女上学读书的话，任凭办教育者有着再美好的愿望和大胆的行动，结果往往也是事与愿违。新中国成立前的农村教育就是因为上述两个原因而没有获得很好的发展。新中国成立以后，农村教育也因为多种原因而走了一条曲折的发展道路。

1. 农民及其子女受教育意愿的波动变化

新中国成立初期，党和国家采取的教育方针和一些教育措施在总体上是正确的，虽然政府财政能力有限，所提供的教育经费也不充足，但由于农民群众和乡村教师的积极参与和广泛支持，乡村教育的发展还是比较快的。但从全国范围来看，由于大部分农民的社会经济生活积贫积弱，生活状况并没有因为新中国的成立而突然改变，贫困依然困扰着广大农民的现实生活。因经济原因而引起的辍学和逃学现象妨碍了小学普及率和小学教学质量的提高。另一方面，当解放初年匆匆扩大乡村小学教育规模的时候，人们还来不及改革教学的内容和力法，以使之适合"乡村"的特点。乡村正规教育完全脱离了乡村生活实际，它仅仅为学生升入高一级学校服务。而那时的初中又特别少，小学升初中几乎是百里挑一。这就导致了两个不良后果：一部分农民在子女读完初小后就不再让他们上学了，理由是"读读算算，初小毕业就够了，再读上去没有什么用"。另一部分经济条件较好的农民虽然倾其全力支持子女读书，鼓励他们走"学而优则仕"的道路，结果却常常令他们失望。[①] 所以说，这一时期大部分农民子女只满足于接受小学阶段尤其是初小阶段的教育，能达到基本的识字和计算能力就可以了。表现在小学学龄儿童入学率上，1952 年为 49.2％，到 1957 年才上升到 61.7％。

1958 年后开始的"教育大跃进"和"教育大革命"，不仅造成乡村教育脱离乡村社会实际的盲目发展和违背教学规律的学校升级，而且片面强调劳动实践，完全忽视基础知识教育和基本技能训练，导致农村教育教学质量大幅下降。但与旧式乡村教育中长期存在并引起许多农民不满的教育严重脱离社会实际及仅仅为少数人升入高一级学校服务的倾向相反，乡村教育的大跃进本身带有矫枉过正的偏差。这时的乡村教育从脱离社会、脱离生产劳动的

---

① 曹锦清，张乐天，陈中亚. 当代浙北乡村的社会文化变迁 [M]. 上海：上海远东出版社，2001：390.

一个极端跳到了只注重劳动、忽视文化知识的另一个错误极端。因为这种教育方式不可能为农民子女提供扎实的文化知识，无法满足许多农民让子女通过读书的途径"跳出农门"的希望，因此他们对上学也就失去了兴趣。既然把教育等同于劳动，还不如离开学校，直接回家劳动。不仅如此，那时的教学条件很差，办学经费很少，校舍、教材、教师都很欠缺，这样的办学方式就很难长期维持，而"大跃进"的折腾所导致的普遍的饥馑（尤其是三年困难时期）又加速了它的失败。[①] 虽然国家的目的是通过革命式的教育运动来实现教育的非常规发展，但事与愿违，这一时期农民的受教育意愿是减弱的。小学学龄儿童入学率从 1957 年的 61.7％跌落到 1962 年的 56.1％。

直到 1961 年前后，党和国家开始对教育工作进行调整，因社会环境的影响和教育导向的偏差而引起的乡村教学秩序的混乱才开始得到纠正，乡村教学的正常秩序得到了恢复。文化知识又开始得到重视，旨在提高教学质量的各种手段普遍得到采用，下拨的教育经费也有所增加，校舍整修、扩建有步骤地进行，教学布点按行政村（当时称生产大队）逐步调整。[②] 小学教育在这一阶段发展迅速，人们的受教育意愿又开始回升。到 1965 年，学龄儿童入学率已经升高到 84.7％。

但好景不长，1966 年"文化大革命"开始后，乡村小学也开始了"停课闹革命"。教师被批斗、游街；教室的门窗、桌椅被砸破；教学秩序不复存在，乡村教育完全处于瘫痪状态。20 世纪 60 年代末 70 年代初，乡村的教育体系又开始得到恢复，到 1976 年"文革"结束时，小学学龄儿童入学率已超过 95％。

2. 经济能力对受教育者接受教育的影响降至最低

新中国成立之前，农民的经济能力一直是制约农村教育发展的主要因素。新中国成立初期，由于大部分农民的生活依旧贫困。因此，这一时期经济能力依然是制约农民子女接受教育的重要因素。但土地改革滞后，尤其是 1958 年人民公社制度的建立，使得农民总体性生存的意义得到了最大程度的强调，社会成员之间的差异降到了最小。计划体制下的人民公社制度是一

① 曹锦清，张乐天，陈中亚. 当代浙北乡村的社会文化变迁 [M]. 上海：上海远东出版社，2001：390－391.

② 曹锦清，张乐天，陈中亚. 当代浙北乡村的社会文化变迁 [M]. 上海：上海远东出版社，2001：392.

种福利制度，较穷的家庭在公社里可以得到救济。人民公社制度的这些特性对于到 1970 年代末小学教育得到基本普及所起的作用是至关重要的，它深深地影响了农民及其子女的教育选择。

从小学学龄儿童入学率来看，从 1940 年到 1978 年由 20％左右飙升到 95.5％，小学的升学率到 1978 年也已达到了 87.7％。这一数据从表面上看是农民及其子女接受教育意愿不断提高的结果，事实却不像数据反映的那样简单。在这一时期，农村曾经兴起过"读书无用论"，虽然并非所有的农民群众都持这种看法，因为在城乡二元分割的体制下，接受教育是农民子弟摆脱农民身份、从农村走向城市的唯一道路，但是"读书无用论"确实反映了当时许多农民的一种看法。

造成这种状况的原因之一就是，乡村学校的课本与城镇相同，教学内容脱离乡村的社会实际和生产劳动，农民的子女即使读完高中，也没有掌握可能在社会上发挥作用的知识或技能。虽然一部分农村学生能通过接受教育进入城市，但这毕竟是少数。教学脱离实际是导致"读书无用论"流行的原因之一。[①]

导致"读书无用论"的另一个原因是当时的招生制度。从 20 世纪 70 年代初恢复大学招生到 1976 年，农村一直推行以贫下中农推荐为标志的招生制度。推荐制度过分强调了报考者的政治表现，忽视文化知识，而政治表现难以计量，标准模糊不清，这就使得招生推荐过程可能存在营私舞弊，而事实上也确实存在营私舞弊行为。农民寄托于读书的传统期望（"读书做官"、"读书跳农门"）彻底破灭了，升学靠的是关系和后门。小学毕业的被推荐上了大学，品学兼优的中学毕业生在推荐的竞争中名落孙山，这是当年司空见惯的事情。[②]

一方面是"读书无用论"思想的盛行，一方面是小学学龄儿童入学率和

① 奇怪的是，与此看似矛盾的另一条教育发展取向同样会导致"读书无用论"思想的产生。如 1958 年后开始的"教育大跃进"和"教育大革命"，片面强调教育与生产劳动相结合，以劳动实践代替教育，完全忽视基础知识教育和基本技能训练，使得农民把教育的作用看得过低，既然教育等同于劳动，还不如离开学校，直接回家劳动。此外，由于学不到文化知识，农民通过读书"跳出农门"的希望破灭，较之于前种教育发展模式，它更容易导致"读书无用论"思想的产生。

② 曹锦清，张乐天，陈中亚. 当代浙北乡村的社会文化变迁 [M]. 上海：上海远东出版社，2001：395.

升学率的不断提高，这看似矛盾的两种现象出现在了一起，还得从人民公社这种集体制度形式中寻找原因。当时"读书无用论"以特殊的形式表现出来。在"队为基础，三级所有"的人民公社体制下，许多生产队规定小孩年满16岁才能参加集体劳动，而且即使生产队不规定小孩参加劳动的年龄，一个不满16岁的小孩在生产队里干一天活才两三个工分，价值几分钱，至多一角几分钱，这点收入对家庭没有多大意义，上学的机会成本很小，此其一；其二，小孩上学的直接成本也很少，当时的学费很低廉，一个学期最多几元钱，学校还会为生活困难的学生免去学杂费，甚至为个别学生支付书费。其三，在家庭生活确有保障的前提下，家长一般不愿让幼小的孩子整天参加劳动，因为这会妨碍正常的生长发育；其四，孩子放学后割草喂羊，同样可为家里赚钱。因此，当时的许多家长虽然知道读书没有什么用处，也仍送自己的子女到学校里去，他们说："把孩子关在学校里总比让他野在外面好。""读书无用论"当时并不表现为家长不让孩子读书，就像新中国成立前有些家长不让女孩子读书那样，而是表现为对孩子是否读好了书漠不关心。"读书无用论"的流行导致这一时期教学质量低下，那时的初、高中毕业文凭后来没有得到社会的承认。[①] 但由于成本较低的原因，有机会多读几年书总比少读书好，这成为当时教育普及率越来越高的重要原因之一。

---

① 曹锦清，张乐天，陈中亚. 当代浙北乡村的社会文化变迁 ［M］. 上海：上海远东出版社，2001：396.

第五章
市场经济体制下的城乡教育关系（1978年至今）

1978年，党的十一届三中全会召开，开始系统纠正"以阶级斗争为纲"的"左"倾错误，决定把党的工作重心转移到以经济为中心的社会主义现代化建设上来。同时，国家也开始放弃高度集中的计划体制，进行了财政等领域的分权化改革，并逐步确立了社会主义市场经济体制的目标。从城乡关系的角度看，虽然政府打破了一些造成城乡分割的制度壁垒，如户籍制度的松动，统购统销制度和人民公社制度的取消。但由于制度惯性的作用，城乡分割与城乡差距问题并没有马上得到解决，并继续延续下来。这些外部情况的改变，直接影响城乡教育关系制度的变迁。

一、市场经济体制下的社会特点

（一）城乡对立的延伸阶段

我国城乡二元对立格局的存在有四项制度是非常重要的：户籍管理制度、统购统销制度、人民公社制度、城市劳动就业和社会福利保障制度。在这一阶段，这四个方面的制度或者废除，或者松动，或者是发生了转化。但由于这四项制度发生变化的时间、程度以及方向有所不同，使城乡关系呈现出了新的特点，具有明显的阶段性特征。

1. 城乡二元结构的松动阶段（1978－1984）

中国城乡二元对立结构的变化与松动是从农村改革开始的。农村改革实质上是对城乡二元对立结构下农村人民公社制度的改革。因为人民公社制度与城乡户籍制度共同构成了中国二元结构的两个最稳定条件。因此，农村改革对人民公社制度的瓦解，就成为城乡二元社会结构演变的开端。[1] 1978年，安徽省凤阳县小岗村发起"包产到户"改革，1981－1982 年以"双包为主"的家庭承包经营制普遍实行。这一改革，实际上是把农村人民公社的集体经营变成了农民的家庭经营，把集体生产单位还原为家庭生产单位。到1983 年，全国农村"双包到户"的比重已达到 95％以上，彻底瓦解了人民公社制度。1982 年 12 月，国家宪法重新规定了乡镇是我国最基层的行政区域。到 1983 年，在我国农村延续了长达 25 年的人民公社制度宣告终止。1984 年，家庭联产承包责任制普及全国。随着农村经营管理体制改革由点到面的全面展开，我国的户籍管理制度、统购统销制度等也开始出现变化。如 1979 年国家开始对统购统销制度进行改革，除了大幅度提高粮食、棉花等农产品的收购价格外，还逐渐打破了农副产品的价格管制，减少国家定价范围，扩大议价收购范围。除此之外，各种传统的粮农市场也逐渐恢复，农村商品经济有所发展。1984 年，中共中央一号文件规定，务工、经商、办服装业的农民可以自带口粮在城镇落户；同年，国务院又发出《关于农民进入集镇落户问题的通知》，允许农民自理口粮进集镇落户。严格的户籍制度也开始有所松动。

人民公社制度的瓦解，户籍制度的松动，统购统销制度的削弱，也触发了城市的改革。这时城市的改革主要围绕扩大企业自主权、改革劳动就业制度、推行城市综合配套改革等进行的，同时还小幅提高城市农副产品和工矿产品售价，并补贴城市居民。[2] 总起来说，这一时期以农村的改革为先导和主体、城市改革相对来说处于次要地位。改革的结果也使原来城乡对立的局面开始有所松动，城乡关系朝着有利于城乡双方的方向发展。但由于农村的改革力度更大，人民公社制度的瓦解以及家庭承包经营制的实施，极大地激发了农民的生产潜能，再加上农产品价格的提升，农村居民的收入、消费水平迅速提高，城乡二元结构朝着有利于农村的方向演变。下面一组数据很能说明这种情况。从 1978 年到 1984 年，城乡居民的人均可支配收入之比从2.57：1 下降到 1.84：1（城市在前，农村在后，下同）；人均消费额之比从

① 刘应杰. 中国城乡关系与中国农民工人 [M]. 北京：中国社会科学出版社，2000：99.

② 蓝海涛. 改革开放以来我国城乡二元结构的演变路径 [J]. 经济研究参考，2005（17）：10－16，20.

2.93∶1下降到 2.34∶1。从居住条件来看，农村居民要比城市居民改善得快，在 1978 年，农村居民的人均居住面积只比城市多 1.4 平方米，到 1984年则多出 4.5 平方米。而最能反映人民生活水平的恩格尔系数，城乡之间也在拉近，1978 年相差 10.2 个百分点，到了 1984 年只相差 1.2 个百分点。[①]

2. 城乡对立的深化阶段（1985—2002）

(1) 党的十四大之前的城乡关系变化（1985—1991）。

1984 年的粮食大丰收，使人们对农村的形式估计过于乐观，城市的改革则显得步伐较慢，困难重重。1984 年《中共中央关于经济体制改革的决定》提出要加快以城市为重点的全面经济体制改革，国家开始将改革重心转向城市，财政资金和其他各种资源又开始大幅向城市倾斜。在收入分配方面，进行了企业、机关、事业单位工资制度改革，城市居民收入明显增加，各种财政性补贴总体也呈上升趋势。在社会保障制度方面，逐步改革职工基本养老保险制度、职工医疗保障制度、职工失业保险制度等，受益面不断扩大。在劳动就业制度改革方面，进行了以企业劳动合同制为核心的制度改革，逐步培育"劳务市场"。在推进城市改革的同时，农村也进行了一系列的改革。1985—1988 年农村改革的中心是流通体制。1985 年党中央和国务院发出《关于进一步活跃农村经济的十项政策》，提出改革农产品统派购制度，规定"除个别品种外，国家不再向农民下达农产品统派购任务，按照不同情况，分别实行合同订购和市场收购"。但由于旧体制的阻碍和 1985 年粮食的减产，改革的效果并不明显，农民的人均纯收入增长速度大幅下降。这一阶段农村的突出成就是乡镇企业的异军突起。由于乡镇企业的迅猛发展，1987 年乡镇企业产值已达到农村社会总产值的一半，1988 年占到 53％以上。1989—1991 年，农村主要以治理经济环境、整顿经济秩序为主，农村改革相对停滞。受大的经济环境的影响，国家出台的农村改革政策不多，也没有取得大的进展。乡镇企业发展受到抑制，市场收缩，农用生产资料价格上涨较大，农村社会总产值虽每年递增 14％以上，但农民人均纯收入的实际增长三年平均才为 1％左右，增长特别缓慢。[②] 这一时期户籍制度也有了

① 蓝海涛. 改革开放以来我国城乡二元结构的演变路径 [J]. 经济研究参考，2005 (17)：10—16，20.

② 张皓若. 辉煌的历程：中国改革开放二十年 [M]. 北京：中国商业出版社，1998：231—232.

进一步的松动，1985年7月，公安部颁布了《关于城镇人口管理的暂行规定》，规定"农转非"内部指标定为每年万分之二。对流动人口实行《暂住证》、《寄住证》制度，允许暂住人口在城镇居留，公民开始拥有在非户籍地长期居住的合法性。同年九月，《中华人民共和国居民身份证条例》颁布，居民身份证制度在我国开始实施。总起来说，这一时期城乡之间的交流增强，但由于改革重心由农村转向城市，利益中心还是集中在城市，城乡收入和消费差距重新扩大。

（2）党的十四大之后的城乡关系变革（1992—2002）。

1992年，党的十四大召开，我国确立了建立社会主义市场经济体制的目标。无论城市还是农村，都开始向市场经济体制转轨。在城市，进一步深化收入分配制度、社会保障制度、劳动就业制度等方面的改革。在收入分配制度方面，进一步提高企业、机关、事业单位人员的工资，减轻市民所得税负担；在社会保障制度方面，探索建立与市场经济相适应的新型职工基本养老保险制度、医疗保障制度和失业保险制度以及城市社会救济制度；在劳动就业制度方面，国家着手建立劳动力市场，实施国有企业富余人员"再就业工程"；探索签订集体合同制度；完善企业劳动合同制度，制定最低工资标准。针对1997年后通货紧缩、下岗职工大幅增加、就业严峻的形势，各地出台了限制甚至排斥农民工就业的政策，以维护城市工人的利益。在农村，改革也进一步深化，国家对农业和农村工作给予了高度重视，并出台一系列重要政策。包括：延长土地承包期；允许土地承包权的有偿转让；允许通过多种形式发展适度规模经营；进一步改革粮食购销体制，大幅度提高粮棉等农产品收购价格，除国家定购粮外，市场已基本放开；出台政策，减轻农民负担，保护农民利益；等等。但由于乡镇企业的发展速度和就业逐渐下滑，乡镇企业吸纳农村劳动力、增加农民收入、加快小城镇发展的作用日渐式微，农村地区的发展又陷入了新的困境。[①] 从户籍制度来看，1992年8月公安部发出通知，决定在小城镇、经济特区、经济开发区、高新技术产业开发区实行当地有效城镇户口制度。1992年底，国务院宣布自1993年1月1日起在全国放开粮油价格，停止粮票流通，户口与粮油挂钩的历史至此终结。

---

① 张皓若. 辉煌的历程：中国改革开放二十年［M］. 北京：中国商业出版社，1998：232—233.

1997年，国务院批转公安部《关于小城镇户籍制度改革试点方案》，1998年又批转《公安部关于解决当前户口管理工作中几个突出问题的意见》，不再提限制到中等城市落户的规定。2001年3月，国务院批转公安部《关于推进小城镇户籍管理制度改革的意见》，小城镇户籍制度改革全面推进。这些政策的实施，使得城乡居民收入和消费差距一度缩小。但是随着1997年亚洲金融危机的蔓延以及城市改革的深入，再加上市场机制的不健全，城乡差距重新拉大。虽然中央政府在缩小城乡差距方面不遗余力，但面对各种错综复杂的利益关系，改革也显得困难重重，并不能快速有效地扭转城乡分立发展的格局。

3. 城乡关系的转折阶段（2002年至今）

2002年，随着党的十六次全国代表大会提出要统筹城乡经济社会发展，我国的城乡关系开始出现转折。这一时期，农村税费改革的深入开展，农业税的取消，农村医疗保障制度的改革，农村义务教育全面免除学杂费，等等，国家在政策和实践层面都开始致力于消除城乡差距，并把城乡一体化建设提上日程。虽然消除城乡差距并不是几年时间就能完成的事情，但是，从总体上看，我国进入了"以工补农，以城带乡"的历史新阶段。这也正是本书研究的时代背景。

总起来说，从改革开放至今，我国处于城乡对立格局的延伸阶段。虽然城乡之间都进行了深入的改革，但由于城乡二元结构下的利益关系已经固化，这种结构具有很强的稳定性。如果没有超常规的改革措施，这种业已积累起来的城市强势地位和农村劣势地位就很难发生根本改变。

（二）资源配置的市场逻辑

1. 以市场机制为主的资源配置方式

1978年十一届三中全会以后，我国逐步向市场经济过渡。1992年，党的十四大召开，正式确立了建立社会主义市场经济的目标。到现在为止，我国的社会主义市场经济体系已经初步确立，并处在逐步完善中。市场经济是高度社会化和市场化的商品经济，在这种经济形式下，一切经济活动都以市场运行机制作为基础和主导，其实质是通过以价值规律为核心的规律体系来进行社会资源的配置和生产力布局。简言之，它是以市场为中心，并由市场机制组织和调节整个社会经济的经济形式。① 这里的市场有两重含义：第一重含义指市场是商品流通的领域；第二重含义指市场是商品交换关系的总和，主要是价值关系、供求关系、竞争关系以及它们之间相互关系的总和。这里的交换关系不仅是人们直接能观察和感觉得到的物与物或者借助于货币为媒介的商品之间的交换关系，还包含着商品交换关系背后隐藏的人与人之间的经济利益关系。② 在市场经济体制下，市场是配置资源的基础性手段，是经济活动和经济运行的手段或者说是载体。在市场经济中，经济活动都以市场活动的形式表现出来，人们也在这种市场活动中实现各自的经济利益。但是市场的运行与作用的发挥是需要一定机制的，这个机制就是市场机制。

市场机制是市场经济运行的实现机制，它构成了市场经济的核心内容。市场与市场机制是内在地统一在一起的，市场是内容，市场机制是表现形式。没有无市场的市场机制，更不存在没有市场机制的市场。所谓市场机制，简单地说，是指市场赖以存在的各种因素及其有机联系和制约关系的运动过程。③ 市场机制作为市场特有的运动过程，是对市场中各种机制的总称，它在现实经济运行中表现为许多分机制，即价格机制、供求机制、竞争机制、工资机制、利率机制、风险机制等。例如，在商品市场上表现为价格机制；在资金市场上表现为利率机制；在劳动力市场上表现为工资机制。这些机制与供求机制、竞争机制等市场要素相互结合、相互影响，在运动过程中产生功能并发挥作用，共同构成了统一完整的市场机制。这套机制可以概括为：在存在竞争的商品市场上，价格的涨落直接关系到商品生产者的利益，供不应求的商品，价格上涨，生产者由此能获得更多的经济利益，从而会有更多的生产资料和劳动力竞相投入到这种生产部门中去，这种部门的生产就会扩大；相反供过于求的商品，价格就会下跌，生产者由此获得的利润减少甚至亏本，于是就有一部分生产资料和劳动力从这一部门转移到有利可图的部门中去，这一部门的生产就会缩小。在价格涨落中，供给和需求逐渐趋于一致。可见，在商品市场上，竞争、价格、供求之间有着一种内在的联

① 萧成. 市场机制作用与理论的演变：西方市场机制的作用和理论发展的历史研究 [M]. 上海：上海社会科学院出版社，1996：12.
② 萧成. 市场机制作用与理论的演变：西方市场机制的作用和理论发展的历史研究 [M]. 上海：上海社会科学院出版社，1996：9—10.
③ 韩颂善. 市场机制概论 [M]. 济南：山东大学出版社，1997：3.

系，彼此之间相互作用，产生联动效应。在经济活动过程中，人们通过认识、利用市场机制来调节各种经济关系和物质利益关系，校正经济行为，减少或避免利益损失，增加获利机会。[①]

2. 社会主义市场经济的特点

以上是市场经济的共同特征。我国的社会主义市场经济体制是在打破旧有的高度集中的计划经济体制的基础上建立起来的，社会主义市场经济体制除了更加重视市场机制的力量即所谓"无形的手"，靠市场供求规律、价值规律等发挥作用外，还有其他一些特点：[②] 在政府职能方面，改变过去通过行政指令性计划直接干预经济活动的行为，建立以法律和政策间接管理为主的宏观调控体系；在权力配置关系方面，下放权力，调整中央和地方的利益关系，调动中央和地方两个积极性；在计划地位方面，对确有必要的指令性计划要建立在价值规律基础上，指导性计划则要着眼于宏观调控；在计划范围方面，主要体现在对事关全局的经济活动的规划上；在社会经济联系方面，遵循市场等价交换原则；企业在经济活动中的地位方面，把企业推向市场，让其真正成为自主经营、自负盈亏的商品生产者和经营者；在企业行为动机方面，以经济效益为中心；在劳动就业方面，企业内部建立全员劳动合同制等新的劳动管理体制；在工资分配方面，实行按劳分配为主、多种分配形式并存的分配体制；在市场流通方面，培育建设包括各生产要素市场在内的市场体系；在物质资料方面，除个别重要物资由国家掌握外，绝大多数都进入市场，放开经营，由市场进行调剂；在价格管理方面，建立价格形成新机制，从计划价格转变为市场价格；在财税管理方面，通过实行税利分流、复式预算制、分税制等财税管理办法，以及通过增设税种、调节税率等措施，保证国家财政收入。

（三）以经济建设为中心的时代背景

1978 年 12 月，党的十一届三中全会召开，会议决定党的工作重点从 1979 年开始转移到社会主义现代化建设上来。从此，"以阶级斗争为纲"这个长期困扰中国发展的"左"倾错误方针得到纠正，我国进入社会主义建设

---

① 韩颂善. 市场机制概论 [M]. 济南：山东大学出版社，1997：3.

② 王石奇. 高度集中的计划经济体制与社会主义市场经济体制的主要差异 [J]. 前线，1992 (10)：61—63.

的新时期。党的工作重点转移到以经济建设为中心的现代化建设上来。

在党的历史上曾经发生过三次比较大的工作重心转移。其中前两次发生在新民主主义革命时期，后一次发生在社会主义建设时期。每一次工作重心的转移都对中国革命和建设产生了深远的影响。第一次工作重心的转移发生在大革命失败以后，党的工作重心由城市转向农村，在理论和实践上为中国革命开辟了农村包围城市、最后夺取政权这样一条走向胜利的革命道路；第二次工作重心的转移发生在新中国成立前夕，在七届二中全会上，党决定把工作重心由农村转移到城市，解决了中国由新民主主义革命转变为社会主义革命的重大问题。党的第三次工作重心转移发生在"文化大革命"结束后不久，其标志是1978年党的十一届三中全会的召开。全会停止了"以阶级斗争为纲"的错误方针，决定把党的工作重点转移到社会主义现代化建设上来，这是新中国成立以来党的历史上具有深远历史意义的伟大转变，它标志着中国历史进入到社会主义现代化建设的新时期。此后，以经济建设为中心的思路越来越明确，并在此基础上逐渐形成了"一个中心，两个基本点"的党的基本路线，最终成为建设有中国特色社会主义理论的核心范畴。"以经济建设为中心"的社会主义现代化建设包括两个方面的内容：

第一，以经济建设为中心的社会主义现代化建设，涉及政治、经济、文化、国防、科学技术等多个方面，是全方位多层次的。但不管是哪个方面，都要服务、服从于经济建设这个中心，而不能偏离甚或背离它。邓小平指出："现代化建设的任务是多方面的，各个方面需要综合平衡，不能单打一。但是说到最后，还是要把经济建设当做中心。离开了经济建设这个中心，就有丧失物质基础的危险。其他一切任务都要服从这个中心，围绕这个中心，决不能干扰它，冲击它。过去二十多年，我们在这方面的教训太沉痛了。"[①]

第二，要紧紧抓住经济建设这个中心不放松。邓小平说：由于"始终没有把我们的工作重点转到社会主义建设这方面来，所以，社会主义优越性发挥得太少，社会生产力的发展不快、不稳、不协调，人民的生活没有得到多大的改善。十年的'文化大革命'，更使我们吃了很大的苦头，造成很大的灾难。现在要横下心来，除了爆发大规模战争外，就要始终如一地、贯彻始终地搞这件事，一切围绕着这件事，不受任何干扰。就是爆发大规模战争，

① 邓小平. 邓小平文选：第2卷 [M]. 北京：人民出版社，1994：50.

打仗以后也要继续干，或者重新干、我们全党全民要把这个雄心壮志牢固地树立起来，扭着不放，'顽固'一点，毫不动摇。"① 正是由于在历史上，我们偏离了经济建设这个中心，所以社会主义事业才遭受了重大的挫折。而改革开放以后我国社会主义现代化建设所取得的巨大成就，是与我们始终坚持这个中心分不开的。

客观地说，邓小平在提出以经济建设为中心的时候，同时也强调"各个方面需要综合平衡，不能单打一"。但在实际中，贯彻、落实以经济建设为中心时也出现了相当大的偏差。例如，以经济建设为中心，被狭隘地理解为唯经济建设论，忽略了经济社会的全面协调可持续发展，使经济社会结构的发展明显失衡。以经济建设为中心，本来的意思是，要把经济建设放在主要位置上，但还应重视社会其他方面的建设，而且经济建设与其他方面的建设是密不可分的。有主要工作，也有次要工作；有为主的，也有配套的。次要的、配套的同样重要，同样不可或缺。但实际的运作过程往往是将经济建设作为唯一的目标，而忽略了其他方面的发展。"唯 GDP"、"GDP 症合症"、"GDP 崇拜"就是这种理念的现实表现。② 在唯经济发展论思想的指导下，又助长了片面的政绩观和不合理的官员选拔制度，官员的考核、奖惩、选拔等都以经济发展为主要甚至是唯一的指标，导致部分政府官员一味地追求产值、数字，急功近利，甚至做表面文章，搞形象工程。这不仅违反了经济发展的内在规律，造成诸如资源浪费、环境污染等问题，影响了经济发展的可持续性，也对社会其他方面的发展带来了很大的冲击，如对一些不太容易体现政绩的公共物品的供给漠不关心，或是敷衍了事等，影响了社会发展的协调性。

二、市场经济体制下的城乡教育关系

（一）城乡教育体系及纵向关系

到了 1978 年，小学学龄儿童入学率为 95.5％，小学毕业生的升学率也已达到 87.7％（表 5‐1）。

---

① 邓小平. 邓小平文选：第 2 卷 [M]. 北京：人民出版社，1994：49.

② 邹农俭. 从以经济建设为中心到以社会建设为中心 [J]. 社会科学，2007（7）：4—7.

表 5 - 1 学龄儿童的入学率及小学毕业生的升学率（1949—1985）

年度	学龄儿童入学率（%）	学龄儿童未入学人数（万人）	小学毕业生的升学率（%）			小学未升学人数（万人）
			全国平均	城市	农村	
1949	20.0					
1952	49.2		96.0			
1957	61.7		44.2			
1962	56.1		45.3			
1965	84.7		82.5			
1970			71.2			
1975	96.8	393.4	90.6	101.8	89.0	188.9
1976	97.1	355.1	94.2	103.3	93.1	152.7
1977	96.5	421.5	92.0	104.0	90.8	215.3
1978	95.5	545.9	87.7	103.3	86.4	281.3
1979	94.0	743.2	82.8	101.7	81.1	360.1
1980	93.9	741.4	75.9	99.9	73.5	495.7
1981	93.0	843.0	68.1	97.6	65.0	663.0
1982	93.2	804.7	65.9	97.3	62.6	705.8
1983	94.0	673.4	66.5	97.8	63.3	663.6
1984	95.3	499.2	65.3	98.5	62.0	692.5
1985	96.0	419.5	68.4	101.0	65.0	632.9

资料来源：学龄儿童入学率和未入学人数以及小学毕业生升学率的全国数据出自《新中国五十年统计资料汇编》（国家统计局国民经济综合统计司．新中国五十年统计资料汇编［Z］．北京：中国统计出版社，1999），小学毕业生分城乡升学率及未升学人数系根据《中国教育事典》（《中国教育事典》编委会．中国教育事典·初等教育卷·中等教育卷［Z］．石家庄：河北教育出版社，1994．）初等及中等教育卷的相关资料算出。

所以说，这一时期的教育普及率已经达到了相当高的水平。从教育体系上看，1978 年以后的城乡教育体系与之前的城乡教育体系是相同的，各类教育在城乡的分布也与之前大体一致。但从纵向关系来看，这一时期除了保留上一阶段城乡教育体系纵向关系的特点之外，还出现了与上一阶段明显不同的一些新特点。城乡学校的学生除了从低一级学校向高一级学校流动之外，城市小学与农村小学之间，城市中学与农村中学之间也开始有了平行流动。这一点变化很值得注意，因为随着改革开放之后城乡二元制度壁垒的逐渐消失以及市场经济的发展，越来越多的农民开始涌入城市打工。一部分农民工的子女也随着父母进入了城市，他们本应该是在农村接受教育的，但是由于居住地的变化，现在只能在城市想办法接受教育（虽然面临重重困难）。这是造成农村学生向城市平行流动的原因之一。其二，由于城乡教育差距逐渐拉大，而人们接受优质教育的需求却越来越强烈，在户籍制度逐步松动的情况下，一部分农村家长为了让孩子接受更好的教育，主动把孩子送到城市学校来上学，这也导致了农村学生向城市学校的平行流动。这种复杂关系可以由图 5 - 1 来表示：

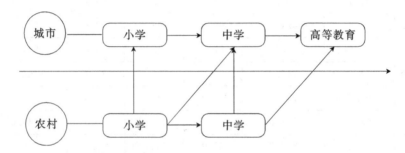

图 5 - 1　市场经济体制时期城乡教育体系的纵向关系图

（二）城乡教育关系的横向比较（中小学教育）

1. 农村的教育管理与投入体制

（1）"体制真空"下的农村教育管理与投入体制（1979－1982）。

新制度经济学认为，在某个制度结构（集合）中，各项制度的安排是紧密联系、相互依存的，结构中某一项制度安排的变化会引起其他相关制度的变化。改革开放以后，我国在政治、经济、文化等方面都发生了深刻的变化，这些变化包括抛弃了以阶级斗争为纲的政治路线，把以经济建设为中心作为新时期发展的主题；改变高度集中的计划经济体制，逐渐放开市场，发展商品经济；重新确立了"解放思想，实事求是"的思想路线，把实践作为检验真理的唯一标准。对于农村来讲，在改革开放初期发生的最大变化就是家庭联产承包责任制的兴起、人民公社制度的解体以及相应的财政体制的变化。这些变化使原有的制度均衡遭到破坏，深刻影响了包括农村教育在内的农村公共产品的供给。

改革开放前，我国农村公共产品的供给是由集体经济承担、依靠政治动员的方式实现的，其手段是直接从农村基层组织提取经济剩余，大规模的人民公社制度是保证这种方式得以实现的组织依托。虽然人民公社制度存在对个人激励缺失的问题，挫伤了农民的积极性，但是受政治压力的影响，改革开放前农村的公共产品供给还是维持了一个较高的水平。1978年改革开放以后，我国逐步实行了家庭承包经营制，原来人民公社制度下的集体生产队体制被以家庭为基础的私人农作制度所取代。从产权经济学理论来看，农作制度从集体化向个体私有化的转变，使农民由原来单纯的"生产者"变为独立自主的"生产经营者"，农民成了剩余权利的享有者，这深刻地改变了农民生产私人产品的激励结构，提高了农民生产的积极性。但由于家庭承包经营制取代人民公社制度下的集体农作制度只是针对私人产品供给所做的制度安排，它在极大地促进农村私人产品供给的同时，却使原来建立在人民公社集体农作制度基础上的公共产品的供给受到了巨大的冲击，也对农村公共产品的供给制度提出了新的要求。但是政府没有为此及时地提供新的有效的制度安排，由此"旧的制度已经失效、新的制度尚未确立时，不可避免地会出现一段'体制真空'"[1] 的情况，农村公共产品的供给水平大大降低。

作为农村地区重要的公共产品之一，农村义务教育也存在着由于制度变迁的不同步而出现的"体制真空"问题。1958年人民公社建立以后，乡村社区公共产品的集体（制度外）筹资占有极为重要的位置，它是我国在经济比较困难的条件下教育得到迅速普及的主要原因之一。因为在人民公社制度下，集体组织的办学成本可以通过两个途径来实现分摊：第一，物质成本可以通过公益金、公积金和管理费的方式进行筹集；第二，人力成本可以通过工分制得到实现。但是随着人民公社制度的逐步解体，乡村地区的生产体制和组织结构已经发生了根本的改变，通过直接提取经济剩余（公益金、公积金和管理费等）来发展农村教育的物质基础和资源动员结构（工分制等）已经不复存在，这直接导致农村教育供给"体制真空"的出现。面对这种"体制真空"，国家并没有迅速采取相应的措施给予弥补，而是把教育的政策重

---

① 张军，何寒熙. 中国农村的公共产品供给：改革后的变迁 [J]. 改革，1996 (5)：50—57.

点转移到了重建高等教育和提高教育质量上，教学人才和资金大量流向城镇地区。农村地区的中小学被大幅撤销或合并，造成农村学龄儿童的入学率和小学毕业生升学率持续下降。如农村小学由 1977 年的 94.9 万所减少到 1985 年的 76.6 万所，农村中学（包括初中和高中）也从 18.2 万所减少到不足 7 万所，分别减少了 19.3% 和 62%；而同期城市和乡镇小学则从 3.3 万所增加到 5.7 万所，中学从 1.9 万所增加到近 2.4 万所，分别增加了 72.7% 和 26.3%。[①] 从农村学龄儿童的入学率和小学毕业生升学率来看，1978—1982 年，全国学龄儿童的入学率从 95.5% 下降到 93.2%，而未入学人数则从 545.9 万人激增到 804.7 万人；同时期，全国小学升学率也从 87.7% 下降到 65.9%，其中农村由 86.4% 骤降至 62.6%，未能升学的小学毕业生从 281.3 万人增加到 705.8 万人（表 5-1），在未能升学的小学毕业生中，农村学龄儿童占了绝大多数。一方面是农村教育供给"体制真空"的出现，另一方面则是国家对高等教育和教育质量的重视，教育资源大量流向城市，农村教育受到忽视，其结果只能是农村教育的衰退。为了改变这种状况，中央连续发文要求加强农村小学教育。1980 年底，中共中央、国务院发布了《关于普及小学教育若干问题的决定》，提出要在 20 世纪 80 年代基本普及小学教育。1983 年中共中央、国务院又发布了《关于加强和改革农村学校教育若干问题的通知》，提出了在农村经济迅速发展和传统农业向现代农业转化的过程加快的新形势下普及初等教育的任务、规划和措施。同年 8 月国家教委发布《关于普及初等教育基本要求的暂行规定》，提出了各地普及初等教育应当达到的基本要求。但这些文件并没有彻底解决农村教育供给当中的"体制真空"问题，因而也就不能根本解决农村教育发展的衰退局面。

（2）"分级管理、以乡为主"的教育管理与投入体制（1983—2000）。

1983 年，我国开始"社改乡"改革，这使得我国人民公社及其下属生产队不复存在，代之而起的是 61766 个乡镇政府和 847894 个村民委员会。[②] 1984 年底国务院发布《关于筹措农村学校办学经费的通知》，其中对于农村

中国城乡教育关系制度的变迁研究

---

① 赵全军. 中国农村义务教育供给制度研究（1978—2005）：行政学的分析 [D]：[博士学位论文]. 上海：复旦大学，2006：69—70.
② 江文涛. 改革以来我国农村义务教育相关投入政策回顾与评价 [J]. 农业经济问题，2006（6）：11—14.

中小学办学经费的解决思路是"开辟多种渠道筹措农村学校办学经费。除国家拨给的教育事业费外，乡人民政府可以征收教育事业费附加，并鼓励社会各方面和个人自愿投资在农村办学"，首次提出了"乡人民政府可以征收教育事业费附加"，并将附加率的决定权交给了乡政府，这虽然对解决当时的农村学校办学经费短缺问题起到了很大的作用，但也为日后农民教育负担的增长埋下了隐患。

由于此时国家的政治架构、经济体制和财政体制都发生了深刻变化，客观上需要国家对教育体制也进行一次重大的调整，[①] 于是在 1985 年 5 月 27 日出台了《中共中央关于教育体制改革的决定》。文件中提出"把发展基础教育的责任交给地方，有步骤地实行九年制义务教育，实行基础教育由地方负责、分级管理的原则"。与此相适应，教育经费管理体制也分别由中央和地方两级财政负担。具体而言，基础教育由地方负担和筹集，中央只给予少量专项补助。其中规定，乡村义务教育实行"三级办学、两级管理"的体制，即县、乡、村三级办学，县乡两级管理。在实践中，这种"地方负责、分级管理"的教育体制转化为"县办高中、乡办初中、村办小学"的办学模式。在资金渠道上确立了利用财、税、费、产、社、基等多渠道筹措经费的机制。在当时实行"分灶吃饭"的财政体制下，这种办学模式确实极大地调动了地方各级政府，尤其是县、乡两级政府办学的积极性，促进了农村义务教育的发展。

1986 年 4 月 12 日六届全国人大四次会议审议通过了《中华人民共和国义务教育法》，自 1986 年 7 月 1 日起施行。这标志着我国重新以法律形式确定实施义务教育，使我国基础教育的发展进入到一个新的阶段。其中规定，我国义务教育要在国务院领导下，实行地方负责，分级管理的管理体制。所需事业费和基本建设投资，由国务院和地方各级人民政府负责筹措，予以保证。但在当时及以后一段相当长的时间内，我国农村义务教育实际上主要是由乡级政府负责的。1992 年，教育部又发布了《中华人民共和国义务教育

第五章 市场经济体制下的城乡教育关系

---

① 从政治架构上来说，1983 年开始的"社改乡"改革，使得人民公社被乡镇政府所取代；从经济体制上看，我国逐步由完全的计划经济向市场经济过渡，农村家庭联产承包责任制的推行，乡镇企业的迅猛发展使农村经济和农民收入水平迅猛增长；从财政体制上看，"统收统支"的财政体制被"分灶吃饭"的包干体制所取代，并在乡镇一级建立了财政。这一切都使农村义务教育供给责任的调整成为必然。

法实施细则》。其中第五条规定："农村以县为单位组织进行，并落实到乡（镇）。"第二十九条规定："依法征收的教育费附加……农村的，由乡级人民政府负责统筹安排，主要用于支付国家补助、集体支付工资的教师的工资，改善办学条件和补充学校公用经费等。"第三十条规定："实施义务教育的学校新建、改建、扩建所需资金……在农村由乡、村负责筹措，县级人民政府对有困难的乡、村可酌情予以补助。"

随着 1987 年进一步实行"财政大包干"体制，以及 20 世纪 90 年代后乡镇企业走向衰弱，县乡政府的财力增长势头开始减弱，这直接影响到对农村义务教育财力的供给。于是在 1986 年 4 月国务院发布了《征收教育费附加的暂行规定》，要求"扩大地方教育经费的资金来源"。在 1990 年 6 月国务院颁布［1990］第 60 号令《国务院关于修改〈征收教育费附加的暂行规定〉的决定》，将教育费附加率从 1986 年的 1％调整为 1990 年的 2％。[1] 1993 年 9 月又发出《国务院办公厅关于纠正一些地方取消农村教育费附加的通知》，强调"一些地方把农村教育费附加的征收作为减轻农民负担的一项内容予以取消或暂停执行，这是不妥的，应立即予以纠正"。到 1994 年由于实施分税制改革，在《国务院关于教育费附加征收问题的紧急通知》中再将教育费附加率提高到 3％。然而，这一系列的教育附加费政策并没有使县、乡政府的财政状况得到好转。县、乡政府对农村义务教育的公共投资变得捉襟见肘，弱小的乡镇财政无法满足农村义务教育的需求，于是拖欠教师工资、教育乱收费、乱集资等问题开始越发突出。[2]

1994 年，国务院实行分税制财政体制改革，使中央财力迅速增长，而地方财力的增长却受到了很大限制，造成地方财力特别是县乡级财政更加困难。这使得地方政府的财权和事权处于严重不对等的状态，财力薄弱却要负担大量包括义务教育在内的公共服务支出，地方政府显得有些捉襟见肘。就义务教育而言，虽然法律规定了义务教育政府责任中"事权与财权相统一"的原则，但事实上，农村义务教育经费投入依然主要由财力最为薄弱的县乡级财政来承担，中央和省级财政只通过转移支付来负担很小的一部分，这造

---

[1] 2005 年中华人民共和国国务院令第 448 号令又发布了同名文件《国务院关于修改〈征收教育费附加的暂行规定〉的决定》，将教育费附加率从 1990 年的 2％调整为 2005 年的 3％。

[2] 江文涛. 改革以来我国农村义务教育相关投入政策回顾与评价［J］. 农业经济问题，2006（6）：11－14.

成了乡级财政的不断恶化。在这种情况下，乡镇政府不得不将负担直接转嫁给农民，农民通过缴纳教育费附加和教育集资等承担了大量义务教育经费的投入责任，在支撑农村教育事业发展中起到了举足轻重的作用。

需要注意的是，除了财、税、费、产、社、基等一些常规的农村教育经费来源渠道外，"举债办教育"成为这一时期农村教育供给的一大特点。1994 年 7 月发布《国务院关于〈中国教育改革和发展纲要〉的实施意见》，决定到 2000 年我国基本实现"两基"（基本普及九年义务教育和基本扫除青壮年文盲）。随着"普九"步伐的加快，县乡政府仅通过上述几种资金来源已无法完成上级政府下达的目标任务，举债就成为地方政府不得已的选择。这就是我们现在还没有完全解决的"普九欠债"问题。当时，在全国范围内，农村普九欠债是很普遍的，不管是中西部欠发达地区还是东部沿海发达省份，这个问题都不同程度地存在，并且债务数额相当巨大。根据农业部的一份统计，截至 1998 年，全国农村义务教育负债 271.4 亿。2002 年，陕西省"普九"达标的 75 个县共负债 15 亿元，湖南省农村中小学负债 25 亿元，湖北省义务教育负债共 23 亿元。即便是经济发达的广东省，中小学负债也高达 73 亿元。①

（3）"以县为主"的教育管理与投入体制（2001—2005）。

农村税费改革前的农村义务教育投入体制，是依据《中国教育改革和发展纲要》、《中华人民共和国教育法》和《中华人民共和国义务教育法》逐步形成的，这是一个以政府财政拨款为主、多渠道筹措教育经费的体制。其中，农村教育事业费附加和农村教育集资是筹集农村教育经费的两条重要渠道。

从 1998 年全国农村小学和初中多渠道筹集教育经费情况看，农村教育事业费附加为 148.55 亿元，加上农村教育集资经费 64.04 亿元，两项合计为 212.59 亿元，约占农村中小学教育经费总投入 811.99 亿元的 26.18%。国家预算内教育拨款占农村教育总经费的 57.68%。② 可见，教育事业费附加和农村教育集资在农村教育投入中占据着非常重要的位置。但是，这两项

---

① 王梅雾. 农村义务教育债务问题研究：以江西 D 县为例 [D]：[硕士学位论文]. 南昌：江西师范大学，2006：9.

② 国家统计局. 中国统计年鉴 2000 [M]. 北京：中国统计出版社，2000：680.

教育费用的征收也给农民造成了不小的负担。

为了切实减轻农民负担，规范农村税费制度，从根本上治理农村各种乱收费现象，保护农民利益，2000年3月，我国在安徽省开始试行农村税费制度改革，江苏省2001年也启动了税费改革，随后税费改革在全国范围内展开。各省税费改革的内容基本一致，所采取的措施也大体相同。税费改革的主要内容是：取消乡统筹费（教育、计划生育、优抚、民兵、道路），取消农村教育集资等专门面向农民征收的行政事业性收费和政府性基金、集资，取消屠宰税，逐步减少直至取消劳动积累和义务工，调整农业税、农业特产税政策，改革村提留征收和使用方法。对于农村义务教育而言，税费改革意味着取消了约占农村中小学教育经费总投入30％的教育费附加和教育集资。这两项费用原本是用来维持学校正常运转的经费。取消之后，更加重了农村义务教育的运行困难，使农村义务教育的发展举步维艰。为了解决这一问题，许多地区对学校教师工资、公用经费和危房改造的资金来源分别作出了规定：教师工资由县里负责，普遍的做法是把乡镇的某些财政收入控制起来，用于乡镇教师工资发放，由县里设立专户，原乡镇财政不足的部分以及教师工资中新增部分由县进行补足。学校的运行费用由学杂费来保证，不足部分则由县里与乡里负责；危房改造由省里专项负责，县市进行配套。为了保证税费改革的进行，各省还对学校的收入进行了严格的规定，杜绝学校乱收费，对教材费用、课本费用给予明确，并要求合并乡村学校，进行布局调整，精简教师等。

税费改革对农村义务教育的最大影响就是取消了来自农民的专门用于教育的农村教育费附加和教育集资，由此引起的缺口由政府承担。但是，农村税费改革使得农村基层政府的财力进一步削弱，不仅在贫困地区，甚至在其他一般地区，这个缺口乡级财政也是无力承担的，就是县财政也难以承受。要想使税费改革不影响农村义务教育的维持和发展，就需要省及中央财政给予比在税费改革前更多的财政转移支付。事实上，在安徽，这个缺口主要是靠各级政府，包括中央政府的财政转移以及挤占其他方面的经费得以解决的。在2000年，中央给安徽省用于教师工资的专项转移支付是2.88亿元，省政府的配套经费是 2000 万元。从 2001 年起，安徽省调减市、县财政上解①1 亿元，全部用于农村义务教育。在危房改造方面，2001 年，中央拨给安徽省 15 亿元中小学布局调整专项资金。安徽省决定从 2001 年起至 2005 年，省财政每年安排 1.5 亿元资金，预计筹措 20 亿元，专项用于农村中小学危房改造。②

在新形势下，为了保障农村义务教育经费投入，促进农村义务教育发展，必须改变过去那种"以乡为主"的农村义务教育财政体制。为完善管理体制，保障教育经费投入，2001 年《国务院关于基础教育改革与发展的决定》规定，农村义务教育实行"在国务院领导下，地方政府负责、分级管理、以县为主"的体制。2002 年国务院出台了《关于完善农村义务教育管理体制的通知》，提出了保障义务教育投入的具体措施。因此，我国义务教育财政体制的基础是"以县为主"的义务教育管理体制，任何关于义务教育财政体制改革的设想都不应脱离这一体制构架。③

对比"以乡为主"的旧体制和"以县为主"的新体制，我们可以发现，各级政府在农村义务教育经费投入责任上发生了一些变化。"以县为主"的新体制对各级政府的财政责任规定很明确；同时义务教育的投资主体由原来的乡上升到县，从而使农村义务教育投资主体上移；中央政府也明显加大了对农村义务教育的投入与支持力度。

"以县为主"的新体制使原来多渠道筹措农村义务教育经费的投入体制被打破，政府承担起了更多的投入责任，投入行为开始向制度化和规范化的方向发展。但是，看似合理的"以县为主"农村义务教育经费投入体制，在现实运作中存在着诸多问题。一方面由于义务教育的经费投入缺口太大，以县为主的财政投入根本无法满足农村义务教育的实际需要。也就是说义务教育仍然是以基层政府作为投资主体的基本格局并没有因此改变。"以县为主"实施后的最大成就就是使教师工资有了比较稳定的保障，拖欠教师工资问题基本上得到了解决。但是由于原本用来维持学校正常运转的经费——约占农

---

① 财政上解是一个财政学的专有概念，指下级的财政部门将本年度的财政收入交到上一级的财政部门。

② 闵维方，等. 探索教育变革：经济学和管理政策的视角 [M]. 北京：教育科学出版社，2005：118.

③ 高如峰. 中国农村义务教育财政体制的实证分析 [J]. 教育研究，2004（5）：3—10.

村中小学教育经费总投入 30％的教育费附加和教育集资，在税费改革中被取消，县级财政和上级政府的转移支付也没有予以弥补，学校面临着运转困难。学校为了维持运转，只能通过增加学生学杂费的比例，来填补这一资金缺口。可见，税费改革实行"以县为主"的农村义务教育经费投入体制以后，政府从乡村地区汲取教育资金的传统并没有完全改变，只不过是在汲取资金的范围、对象以及方式上有所变化①。另一方面，虽然中央政府加大了对农村义务教育的专项转移支付，但是这种专项转移支付针对的只是中西部地区的贫困县，且投资比例较低，使农村义务教育的受惠面较窄。同时，中国农村义务教育当前设立的财政转移支付制度并不是建立在各级政府明确合理的经费分担机制之上的，只能说是在农村义务教育经费短缺情况下的一种权宜之计，具有明显的临时性和过渡性特征，既没有法律依据，也缺乏稳定性，需要进一步完善。

（4）农村义务教育经费保障新机制阶段（2005 年至今）。

随着我国经济的发展，城乡二元社会结构的弊端逐渐暴露，为了创造一个和谐的发展环境，"三农问题"成为我国政府关注的焦点，农村义务教育也是其中之一。近几年政府采取措施不断加大对义务教育的投入力度，取得了一定的成效，但是义务教育的财政体制并没有改变。这次改革与以往明显不同的是，对农村义务教育经费保障体系建设不仅从体制方面入手，还从理顺机制入手解决制约农村义务教育发展的经费投入等问题，把农村义务教育经费保障机制建设提到了更加突出的位置。2005 年 12 月 24 日国家发布了《国务院关于深化农村义务教育经费保障机制改革的通知》，提出按照"明确各级责任、中央地方共担、加大财政投入、提高保障水平、分步组织实施"的基本原则，逐步将农村义务教育全面纳入公共财政保障范围，建立中央和地方分项目、按比例分担的农村义务教育经费保障新机制。中央重点支持中西部地区，适当兼顾东部部分困难地区。2006 年 6 月 29 日，经过修订的《中华人民共和国义务教育法》获得通过，规定义务教育实行"经费省级统筹，管理以县为主"的投入制度，并将义务教育全面纳入财政保障范围。这种制度设计改变了以往投入主体和管理主体合一的局面。经费的省级统筹不

---

①　由面向全体农民征收教育费附加和教育集资等转变为只向有子女的家庭收取学杂费，使负担主体由全体农民转变为部分家庭。

仅使投入更有保障，而且使农村义务教育在省域范围内获得更为均衡合理的发展；而管理以县为主则由于县级基层政府直接面对公共服务群体，可以更直接地了解当地义务教育的现实需要，从而更有利于当地义务教育的发展。

中央为了保障农村义务教育经费按时足额到位，还规范了中央的专项转移支付制度。2006年4月6日，财政部、教育部联合印发了《农村义务教育经费保障机制改革中央专项资金支付管理暂行办法》，规定中央财政负担的免费教科书资金、免杂费补助资金、公用经费补助资金、校舍维修改造资金等中央专项资金纳入国库集中支付管理。这标志着农村义务教育中央专项资金支付管理有了新机制。在此机制下，农村义务教育中央专项资金纳入国库单一账户体系管理，省级财政部门要开设中央专项资金财政零余额账户，县级财政部门要开设中央专项资金特设专户，专门用于中央专项资金的支付核算管理；农村义务教育中央专项资金实行国库集中支付，专项资金拨付给省级财政后，由省级财政部门直接支付到收款人或县级财政，并由县级财政直接支付到收款人或学校。农村义务教育经费保障机制改革，提高了经费投入政府的层级，规范了县级政府的管理职能，加上中央和省级的专项转移支付制度，农村义务教育财政投入体制逐步走向完善。

2. 城市的教育管理与投入体制

（1）"分灶吃饭财政"下的城市教育管理与财政体制（1979－1994）。

随着经济和社会的发展，统收统支的集权型财政体制逐渐成为发展的桎梏。改革开放以来，针对过去中央集中过多、统得过死的体制格局，国家财政在遵循"统一领导、分级管理"的原则下，经过逐步深入的改革和探索，打破了"统收统支"的局面，增强了地方理财的积极性。

根据十一届三中全会精神，为了扩大地方财权，调动地方的积极性，1980年国务院颁发了《关于实行"划分收支、分级包干"财政管理体制的通知》和《实行"划分收支，分级包干"财政管理体制的暂行规定》，开始实行"划分收支、分级包干"的财政管理体制。其主要内容有：①明确划分中央和地方财政的收支范围，严格规定各自的收入来源和支出方向；②确定地方财政的包干基数，若结余则上缴中央，不足由中央给予定额补助；③民族自治地区也执行此财政管理体制，另外补助数额每年递增10%；④收支划分和分成比例一定五年不变。这种体制，由过去的"一灶吃饭"改为"分灶吃饭"，财力分配由过去以"条条"为主改为以"块块"为主。自此我国由统收统支的财政体制向分级财政体制跨出了第一步。[①]

自 1979 年扩大企业自主权改革以后，1984 年党的十二届三中全会召开，全会一致通过了《中共中央关于经济体制改革的决定》，第一次明确提出：社会主义经济"是在公有制基础上的有计划的商品经济"，突破了把计划经济同商品经济对立起来的传统观念。《决定》还在总结正反两个方面经验的基础上，着重阐明了城市经济体制改革的宏伟目标和基本政策，大大加快了城市改革的步伐，使城市经济体制改革全面展开，改革的中心也由农村逐渐转向城市。在财政体制方面，1980 年确立的"划分收支、分级包干"的财政体制，在实施中出现了许多问题，如体制中规定的"若结余则上缴中央，不足由中央给予定额补助"，造成地方政府只负盈不负亏，如发生亏损，就直接由中央财政给予补助。再如，由于财政收支基数的核定和包干比例的确定都采取了一刀切的办法，使得地方预算收入占国家总预算收入的比例达到了 60%—70%，而中央只占 30%—40%，在中央与地方财政支出相差不多的情况下，中央财政入不敷出的情况较为严重。此外，地方预算外资金也大量增加，亟须控制。为了适应形势发展的需要，国务院决定从 1985 年起实行"划分税种、核定收支、分级包干"的财政管理体制，继续一定五年不变。改革的主要内容有：①关于财政收支范围的划分。收入基本上按照第二步利改税后的税种设置，划分为中央固定收入、地方固定收入、中央和地方共享收入三大类；支出基本上仍按照原体制确定的范围不变，对少数不适宜包干的专项支出，仍由中央拨款。②关于地方收支基数确定和分成办法。地方的收支基数基本上按 1983 年的决算数调整确定，除中央财政固定收入不参与分成外，另两种收入同地方财政支出挂钩，实行总额分成的办法。③体制改革的主要形式有"总额分成"、"定额上解"和"定额补助"等。

由于实行"划分税种、核定收支、分级包干"这种新的财政体制条件还不成熟，而且问题也较多。1988 年以后，为了防止"鞭打快牛"和提高中央财政收入比例，国务院发布了《关于地方实行财政包干办法的决定》。其主要内容为：①将 13 种小税种划给地方作固定收入；②将 1987 年中央向地方的借款列入地方基数；③规定在 1988 年至 1990 年间，对财政收入上解中央的地区，多数实行"收入递增包干"办法，其他的则实行"总额分成"或

---

① 孙文学，等. 中国财政史 [M]. 大连：东北财经大学出版社，1997：434—435.

"定额上解"等办法。① 这一系列财政体制改革，使得地方财权扩大，地方政府财力大为增加。随着财政分权化体制改革的启动和深入发展，基础教育领域的财政体制改革也逐步开始实施。

1980年，在"划分收支，分级包干"的财政体制实行后不久，教育部就发布了《关于实行新财政体制后教育经费安排问题的建议》，建议规定：从1980年起，教育经费拨款由中央和地方两级财政切块安排。这意味着中央和地方开始根据学校的隶属关系来分别承担相应的教育经费，中央财政只负担直属中央各部委的各级各类学校的教育经费，属于省、市所管辖的中小学教育经费则由省、市人民政府负责。为了保障教育经费的安排落实，《建议》还要求各地方政府要重视教育，并尽量多安排一些教育经费，逐步增加教育经费的投入比例。1985年《中共中央关于教育体制改革的决定》提出："把发展基础教育的责任交给地方，有步骤地实行九年制义务教育"，并规定"基础教育管理权属于地方。除大政方针和宏观规划由中央决定外，具体政策、制度、计划的制定和实施，以及对学校的领导、管理和检查，责任和权力都交给地方。省、市（地）、县、乡各级管理的职责如何划分，由省、自治区、直辖市决定"。"为了保证地方发展教育事业，除了国家拨款以外，地方机动财力中应有适当比例用于教育。""地方可以征收教育费附加，此项收入首先用于改善基础教育的教学设施，不得挪作他用。地方要鼓励和指导国有企业、社会团体和个人办学，并在自愿的基础上，鼓励单位、集体和个人捐资助学，但不得强迫摊派。"此外，《决定》还规定"中央和地方政府的教育拨款的增长要高于财政经常性收入的增长，并使按在校学生人数平均的教育费用逐步增长"，即"两个增长"的标准。

新中国成立后，不论是三年国民经济恢复时期，还是社会主义改造时期，或者是人民公社时期，城市基础教育的办学经费都主要由国家财政负担。但到了1985年后，这一教育经费投入体制发生了明显的变化，城市开始多元化地筹措基础教育经费，"多条腿走路"成为这一时期的显著特征。以江苏省为例，1985年江苏省预算内教育经费为9.24亿元，而从预算外筹集的基础教育经费则达到了5.50亿元，占到了预算内教育经费的59.52%。其主要来源包括：①地方机动财力（包括当年增收分成）用于教育事业的经

---

① 孙文学，等. 中国财政史 [M]. 大连：东北财经大学出版社，1997：435－436.

费 7.095 万元，占地方机动财力总额的 17.6%；②城市维护和建设资金（即原来的工商税附加，公用事业附加和国拨城市维护费）用于中小学教育事业的经费 1.780 万元，占城建资金总额的 8.2%；③农村教育附加及农村集体和群众集资 19.541 万元；④城市教育附加及工矿企业办学经费 7.658 万元；⑤勤工俭学收入（包括高校创收收入）12.824 万元；⑥中小学杂费收入 6.064 万元。[①]

在国家财政预算内教育经费不足的情况下，面对基础教育的迅速发展，通过预算外教育资金来弥补教育经费的缺口，对城市教育事业的发展有着积极的作用。这一时期，城市基础教育经费来源主要有三个渠道：即国家渠道、社会渠道和个人渠道。从国家渠道来看，它包括国家预算内教育经费、各级政府依法征收的教育费附加、厂矿企业用于中小学的经费、学校校办产业或勤工俭学收入的减免税部分；从社会渠道来看，它包括社会集资和社会捐资；个人负担的渠道主要包括有子女受教育的家庭所缴纳的学杂费；等等。在国家、社会、个人共同负担教育经费的情况下，"多条腿走路"的城市基础教育经费筹措格局开始形成。

1986 年，《中华人民共和国义务教育法》和《关于实施〈义务教育法〉若干问题意见的通知》颁布实施，这些文件对义务教育的管理与投入问题都作了相关的规定。在义务教育的管理方面，文件规定"义务教育事业，在国务院的领导下，实行地方负责，分级管理"，而"实施义务教育所需事业费和基本建设投资"则"由国务院和地方各级人民政府负责筹措，予以保证"。"国家用于义务教育的财政拨款的增长比例，应当高于财政经常性收入的增长比例，并使按在校学生人数平均的教育费用逐步增长。地方各级人民政府按照国务院的规定，在城乡征收教育事业费附加，主要用于实施义务教育，国家对经济困难地区实施义务教育的经费，予以补助。""在城镇，义务教育设施应当列入城镇建设规划，并与当地实施义务教育规划相协调。凡国家举办的中小学和各级各类师范院校新建、扩建、改建校舍所需投资，按学校隶属关系，列入主管部门基本建设投资计划。""社会各界举办的中小学所需基建投资，由举办单位负责筹集。"

---

① 陈静漪. 中国义务教育经费保障机制研究 [D]：[博士学位论文]. 长春：东北师范大学教育科学学院，2009：63.

按照上述文件规定，实施义务教育所需事业费和基本建设投资应该由国务院和地方各级人民政府共同负责筹措，予以保证。但是，在实行地方负责、分级管理的体制下，中央政府在整个义务教育经费的筹措中所占比例很低，城市普及义务教育的经费主要由市、区政府来解决。根据国家有关教育经费统计资料提供的数据显示，1988年我国中小学教育经费来源构成中，国家预算内投资达到了190.33亿元，其中中央预算内投资所占比重仅为9.15%，地方预算内投资所占比重却高达90.85%。[①] 1992年，国务院批准施行《中华人民共和国义务教育法实施细则》，对我国义务教育的组织实施原则进行了细化，其中在总则中规定："实施义务教育，在国务院领导下，由地方各级人民政府负责，按省、县、乡分级管理。各级教育主管部门在本级人民政府领导下，具体负责组织、管理本行政区域内实施义务教育的工作。"省级人民政府应"根据本地区经济和社会发展状况，因地制宜，分阶段、有步骤地推行九年制义务教育"。但具体实施，在城市则由"市或者市辖区为单位组织进行"。根据规定，省级政府主要在业务上对义务教育的实施进行统一的组织和管理，而对教育经费的筹集则不负主要责任，最多只是提供一些专项补助。城市义务教育普及的真正主体是市或者市辖区，这两级政府承担了绝大部分的城市义务教育经费筹资责任。由于各市或市辖区的经济发展水平不同，对教育的重视程度不一，组织和动员非政府资金的能力也有很大差异，再加上上级政府及同级地方人大的监督力度也有所不同，造成了不同的城市或同一城市的不同区域，甚至同一城区的不同学校之间，教育经费的多少都有很大差别，城际之间、校级之间的教育不均衡问题开始凸现。

除了正常的财政拨款之外，政府还通过其他方式来筹集教育经费。如《中华人民共和国义务教育法》规定，"地方各级人民政府按照国务院的规定，在城乡征收教育事业费附加，主要用于实施义务教育"。《关于实施〈义务教育法〉若干问题意见的通知》也规定，"依法征收的教育费附加，纳入城市预算管理，用于改善中小学办学条件"。城市征收的教育费附加是教育资金来源的重要渠道之一。此外，《义务教育法实施细则》（1992）和《关于实施〈义务教育法〉若干问题意见的通知》还规定"实施义务教育的学校可

---

① 苌景州. 教育投资经济分析［M］. 北京：中国人民大学出版社，1996：181.

收取杂费"。"杂费收入全部留在学校，主要用于学生学习、生活等方面的开支。""小学、初级中等学校除国家举办外，鼓励集体经济组织、国家企事业单位、其他社会力量举办学校；对于个人依法举办学校，目前各地可进行试办。""地方各级人民政府应当鼓励各种社会力量以及个人自愿捐资助学。"同时，1987年颁布的《关于社会力量办学的若干暂行规定》也指出："社会力量办学是我国教育事业的组成部分，是国家办学的补充。各级人民政府及教育行政部门应鼓励和支持社会力量举办各种教育事业，维护学校正当权益，保护办学积极性，在条件允许的情况下，尽力帮助解决办学中存在的困难，对办学成绩卓著者给予表彰和奖励。"可见，学杂费以及社会力量及个人捐资助学也是城市义务教育经费的重要来源。

总之，除国家的预算内教育投资之外，城市教育费附加、学杂费、社会力量及个人捐资助学等也都是城市义务教育经费的重要组成部分。根据1988年的相关数据显示，国家预算内中小学教育投资为190.33亿元，教育费附加和学杂费收支分别达到了34.49亿元和16.32亿元，两者与国家预算内投资的比例达到了26.70%。[1] 如果再加上社会力量及个人捐资助学等其他非财政预算投资的话，这一比例还会大得多。

（2）分税制财政体制下的义务教育经费保障机制（1994—2008）。

从新中国成立到现在，中央与地方的财力和收支状况一直处于变化与调整中，并常常表现出事权与财权不对称的状态，收支不平衡。"一五"时期（1953—1958），中央财政收入占全国财政总收入比例平均为77.70%，财政支出占全国财政总支出比例平均为73.20%，地方分别平均为22.30%和26.80%，中央与地方的收支比例基本平衡，并稍偏向于中央。但随着财政体制的调整，从1958年到1980年期间，中央财政收入所占比例呈逐年下滑的趋势，"四五"期间仅占14.70%，支出却达到了54.20%，"五五"期间这个比例分别为17.80%和49.70%，收支极度不平衡。

20世纪80年代初，国务院颁布了《关于实行"划分收支、分级包干"财政管理体制的暂行规定》，开始实行新的分级包干财政管理体制。从这时起，中央财政收入占全国财政总收入比例急剧上升，而支出比例却呈下降趋势。在实行财政包干体制后的1980年至分税制前的1993年，中央财政收入

---

① 苌景州. 教育投资经济分析［M］. 北京：中国人民大学出版社，1996：181.

占全国财政总收入的比例平均为 30％左右，财政支出占全国财政总支出比例平均也为 30％，收支比例基本达到平衡。

表 5 - 2　全国财政收支总额及中央与地方所占比例（单位：亿元；％）

年份	财政收入					财政支出				
	全国总额	中央财政		地方财政		全国总额	中央财政		地方财政	
		收入	比例	收入	比例		支出	比例	支出	比例
"一五"时期	1291.07	1003.22	77.70	287.85	22.30	1320.52	966.85	73.20	353.67	26.80
"二五"时期	2108.64	736.56	34.90	1372.08	65.10	2238.18	1047.15	46.80	1191.03	53.20
1963－1965	1215.10	335.80	27.60	879.30	72.40	1185.81	701.34	59.14	484.47	40.86
"三五"时期	2528.98	790.09	31.20	1738.89	68.80	2510.60	1530.07	60.90	980.53	39.10
"四五"时期	3919.71	576.43	14.70	3343.28	85.30	3917.94	2123.64	54.20	1794.30	45.80
"五五"时期	5089.61	904.32	17.80	4185.29	82.30	5282.44	2625.34	49.70	2657.10	50.30
"六五"时期	7402.75	2583.02	34.90	4819.73	65.10	7483.18	3725.64	49.80	3757.54	50.20
"七五"时期	12280.60	4104.41	33.40	8176.19	66.60	12865.67	4420.27	34.40	8445.40	65.60
"八五"时期	22442.10	9038.39	40.30	13403.71	59.70	24387.46	7323.13	30.00	17064.33	70.00
"九五"时期	50774.39	25618.37	50.50	25156.02	49.50	57043.46	17481.55	30.60	39561.91	69.40
"十五"时期	115050.69	61888.28	53..80	53162.41	46.20	128022.85	36629.87	28.60	91392.98	71.40
2006	38760.20	20456.62	52.8	18303.58	47.2	40422.73	9991.40	24.7	30431.33	75.3
2007	51321.78	27749.16	54.1	23572.62	45.9	49781.35	11442.06	23.0	38339.29	77.0
2008	61330.35	32680.56	53.3	28649.79	46.7	62592.66	13344.17	21.3	49248.49	78.7

注：1. 中央、地方财政收入和支出均为本级收入支出。

2. 本表数字不包括国内外债务收入。

3. 本表 2000 年以前数字不包括国内外债务还本付息支出和利用国外借款收入安排的基本建设支出。从 2000 年起，全国财政支出和中央财政支出中包括国内外债务付息支出。

资料来源：中国财政年鉴编辑委员会．中国财政年鉴（2005）［Z］．北京：中国财政杂志社，2005：398，400.

2006，2007，2008 年数据来自《中国统计年鉴 2009》（中华人民共和国国家统计局．中国统计年鉴 2009［Z］．北京：中国统计出版社，2009.）

1992 年党的十四大召开，提出了建立社会主义市场经济体制的改革目标。1993 年中共中央发布《关于建立社会主义市场经济体制若干问题的决定》，《决定》把现行地方财政包干体制改为合理划分中央与地方事权基础上的分税制，以适应建立社会主义市场经济体制的要求。1994 年开始了"分税制"改革，这是新中国成立以来我国财政管理体制的一次重大变革，它标志着我国的财政体制由计划财政向市场经济财政框架迈出了实质性的一步。分税制改革使中央拥有消费税、关税、中央企业所得税，地方拥有营业税、个人所得税、地方企业所得税，增值税和资源税是中央和地方政府共享的税种。至于以下各级地方政府的财政关系，也基本上按照中央和地方的这个设计模式执行，只不过在收入的划分上更多的是对同一税种的多次分割。① 如果说 1980 年代实行的"财政包干"加强了地方政府财力的话，那么 1994 年的分税制则使地方财力的增长受到了限制。分税制改革后，中央与地方的财政收支状况发生了巨大的变化，因为从税种分类可以看出，中央分到的都是较好的税种，这种分税形式增强了中央的财力，使中央有能力集中财力办大事；但地方财力更加困难。由于财力逐年逐级上收，而事权层层下放，导致地方政府面对大量的公共服务群体和公共服务项目，财力却相对薄弱，财权和事权失衡的情况越来越严重。如 1994 年中央的财政收入占总收入的比例达到 55.7%，比 1978 年增加了 40 个百分点，比 1993 年的 22.0% 增加了 33.7 个百分点，但中央财政支出占财政总支出的比例和以往对比变化不大，仅为 30.3%。从 1994 年到 2008 年的连续十几年间，中央财政收入占国家财政总收入的比重平均为 52.6%，但财政支出平均只占国家财政总支出的 28.2%，地方的财政收入占国家财政总收入的比例还不到 47.4%，但财政支出占国家财政总支出的平均比例却为 71.8%。这反映了我国在整体上存在着财权和事权不对等的状况。

虽然分税制改革并没有对城市义务教育的管理和财政投入体制造成太大的影响，仍然是按照学校的行政隶属关系分别由中央与地方各级政府管理和划拨教育经费。但分税制改革使地方政府财力大为减弱，中央政府财力迅速增强。再加上地方政府其他方面的事权大为增加，财政支出项目也随之增多，压缩教育经费的支出空间成为必然选择。一方面是地方政府财力的减弱，另一方面是财政支出项目的增加，这很快造成了城市中小学教育经费投

---

① 贺沁源. 农村义务教育经费投入体制改革研究综述 [J]. 辽宁教育行政学院学报，2006
(9)：35—36，38.

入不足的局面。而在同一时期，中央层面对教育重要性的认识越来越深刻，并把教育提升到"科教兴国"的战略高度，并为此采取了一系列措施。1993年，中共中央、国务院印发《中国教育改革和发展纲要》。1994年，国务院又颁布了《关于〈中国教育改革和发展纲要〉的实施意见》。这两份文件提出，"逐步提高国家财政性教育经费支出（包括：各级财政对教育的拨款，城乡教育费附加，企业用于举办中小学的经费，校办产业减免税部分）占国民生产总值的比例，本世纪末达到4%"。"各级政府要树立教育投资是战略性投资的观念，合理调整投资结构，在安排财政预算时，优先保证教育的需求并切实做到《纲要》提出的'三个增长'。"① 除了国家财政投入教育的主渠道外，《纲要》还提出，"随着经济体制、政治体制和科技体制改革的深化，教育体制改革要采取综合配套、分步推进的方针，加快步伐，改革包得过多、统得过死的体制，初步建立起与社会主义市场经济体制和政治体制、科技体制改革相适应的教育新体制"。"要逐步建立以国家财政拨款为主，辅之以征收用于教育的税费、收取非义务教育阶段学生学杂费、校办产业收入、社会捐资集资和设立教育基金等多种渠道筹措教育经费的体制。"地方政府面对教育投入压力日益增大而投入能力不足的状况，再加上通过体制外渠道筹集教育经费越来越具有合法性，借助建立社会主义市场经济体制改革的东风，逐步开始了以解决教育经费短缺为主要目的的教育市场化改革。

这一时期，教育的市场化改革引发了城市教育两个方面比较大的问题。第一个问题是城市校际之间的发展差距越来越大，引发了择校行为的越演越烈以及择校费的居高不下；第二个问题就是由于各级政府财政性教育经费投入不足，在多元化筹集教育经费的名义下所引发的教育乱收费问题。这两个问题成为20世纪中后期乃至21世纪初期城市教育发展的显著特征。

1994年，国务院发布《关于〈中国教育改革和发展纲要〉的实施意见》，意见指出："基础教育主要由政府办学，同时鼓励企事业单位和其他社会力量按国家的法律和政策多渠道、多形式办学。有条件的地方，也可实行'民办公助'、'公办民助'等形式。企业举办的中小学应继续办好，有条件的地方在政府统筹下也可以逐步交给社会来办。"1996年，原国家教委颁布

---

① 中央和地方政府教育拨款的增长要高于财政经常性收入的增长，并使按在校学生人数平均的教育费用逐步增长，切实保证教师工资和生均公用经费逐年有所增长。

实施了《全国教育事业"九五"计划和 2010 年发展规划》，其中规定："积极发展各类民办学校。现有公办学校在条件具备时，也可酌情转为'公办民助'学校或'民办公助'学校。"这就是所谓的公办转制学校，公办学校通过转制以"公办民助"或者"民办公助"的形式表现出来。转制学校是一种新型的办学形式，其性质介于公办和民办之间，其基本模式为"学校国有、社团公民承办、经费自筹、办学自主"。① 转制学校有相当一部分本来就是城市中基础比较好的学校，转制后除了能得到国家的一些财政拨款外，还可以通过市场化的手段，多渠道地筹措学校发展所需要的经费。在这种条件下，转制学校的办学条件、师资水平都很快得到了改善，成为城市中的优质学校。20 世纪 90 年代中后期，随着人们的教育需求越来越旺盛，这些摇摆于公办、民办之间的转制校和原来就存在的重点校成为人们争相涌入的对象，择校问题日益严重。随着择校竞争的日益加剧，择校费也被越抬越高。据统计：哈尔滨市择校费小学生均 7 273 元，初中生均 8 635.5 元；长沙市择校费小学生均 8 500 元，初中生均 12 000 元；北京市择校费则更高，小学生均 13 694.9 元，初中生均 19 637.8 元。② 虽然择校费深刻影响着城市义务教育的均衡发展，挑战着义务教育的公平底线，但它是城市义务教育经费的重要来源之一。

新中国成立后不久，我国就确立了基础教育发展要实行两条腿走路的方针。自 1985 年《中共中央关于教育体制改革的决定》颁布实施以来，以后发布的每一个比较重要的教育文件几乎都提到要鼓励社会力量办学，采取多元化的筹资方式，这种投资格局在实践中也逐步形成。到了 20 世纪中后期，由国家、社会和个人共同负担的基础教育投资格局日益完善。随着人们教育需求日趋旺盛，个人投资教育的积极性也日益高涨。由于城市基础教育经费投入中财政主渠道的作用逐渐弱化，各级政府财政性教育经费投入不足。面对人们旺盛的教育需求，政府开始把教育的筹资责任转嫁给个人，城市基础教育的乱收费问题日益凸显，家庭教育负担加重，成为一个人们广泛关注的社会问题。为此，原国家教委、国务院等部门从 1995、1996、1997、1998、

---

① 顾明远. 改革开放 30 年中国教育纪实 [M]. 北京：人民教育出版社，2008：178−179.
② 陈静漪. 中国义务教育经费保障机制研究 [D]：[博士学位论文]. 长春：东北师范大学教育科学学院，2009：66.

2001、2002等几年连续发布《关于治理中小学乱收费工作的实施意见》、《关于1996年在全国开展治理中小学乱收费工作实施意见的通知》、《关于规范当前义务教育阶段办学行为的若干原则意见》、《1997年治理中小学乱收费工作的意见》、《关于义务教育阶段办学体制改革试验工作的若干意见》、《关于进一步做好治理教育乱收费工作的意见》、《关于加强基础教育办学管理若干问题的通知》等文件，对不合理的公办学校办学和收费行为进行禁止，其中择校费问题是重点解决的问题。虽然国家几乎每年都要发文对教育乱收费问题进行治理，但效果并不理想，甚至有愈演愈烈之势。究其原因，主要在于政府教育投入不足、政府间教育投入责任不明以及政府教育卸责，要制止教育乱收费、抑制择校行为就应当落实各级政府的教育投入责任，加大政府对教育的投入力度，教育财政拨款重点扶持薄弱学校，促进教育均衡。[①]

为进一步规范中小学收费管理，治理教育乱收费，切实减轻学生家长的经济负担，落实政府对义务教育的投入责任。2004年，教育部、国家发展和改革委员会、财政部联合发布了《关于在全国义务教育阶段学校推行"一费制"收费办法的意见》，决定从2004年秋季新学年开始，在全国义务教育阶段学校推行"一费制"收费办法，即"在严格核定杂费、课本和作业本费标准的基础上，一次性统一向学生收取费用"。《意见》还指出"义务教育阶段学校的经费来源必须坚持政府投入为主、学生缴费为补充的原则"。为了使"一费制"标准真正贯彻落实，"各地在制定'一费制'标准时，应分别核定杂费、课本和作业本费的标准"，并同时制定"中小学生均公用经费基本标准和财政预算内生均公用经费的拨款标准"，与"一费制"同时执行。这实际上是对各地政府财政预算内教育经费拨款标准提出了明确的要求，强调了教育投资的政府责任。此后，义务教育的政府拨款比例明显上升，教育乱收费问题得到缓解，但是择校和择校费问题依然严重。在政府三令五申取缔择校费的压力下，学校收取择校费的方式更加隐晦，明目张胆收取择校费的情况逐渐减少，择校费变相地以家长"自愿"缴纳捐助款或赞助费的方式出现，这一问题直到今天仍未完全解决。

[①] 陈静漪. 中国义务教育经费保障机制研究 [D]：[博士学位论文]. 长春：东北师范大学教育科学学院，2009：67.

（3）全部免除城市义务教育学杂费阶段（2008年至今）。

2005年，按照"明确各级责任、中央地方共担、加大财政投入、提高保障水平、分步组织实施"的基本原则，国家逐步将农村义务教育全面纳入公共财政保障范围，建立中央和地方分项目、按比例分担的农村义务教育经费保障新机制。到了2007年，西、中、东部地区农村义务教育阶段中小学生已经全部免除学杂费。在这一背景下，国家开始推动城市义务教育免除学杂费工作。2008年4月，教育部发布《关于进一步做好城市义务教育免除学杂费试点工作的通知》。按照国务院的要求，免除城市义务教育学杂费将在试点的基础上，从2008年秋季开始在全国全面实施。2008年8月，国务院发布《关于做好免除城市义务教育阶段学生学杂费工作的通知》，决定从2008年秋季学期开始，全部免除城市义务教育阶段公办学校学生学杂费，切实解决好进城务工人员随迁子女就学问题。为了把好事办好，要强化省级统筹，确保免除城市义务教育阶段学生学杂费工作落到实处。至此，我国城乡义务教育阶段学生全部免除学杂费，义务教育全面纳入了公共财政的保障范围。

综上所述，改革开放以来，城市与农村的义务教育供给存在着很大的差别。农村义务教育的管理与投入体制与农村经济体制和经济运营模式高度相关，而与国家财政体制的相关度较低；而城市义务教育的管理与投入体制则与国家经济体制和财政体制有高度相关。[①] 但是，随着我国政府从"建设型财政"向"公共服务型"财政的转变，两者的差别逐渐降低，"合流"的迹象越来越明显。

三、市场经济体制下城乡教育关系的制度分析

（一）政府在城乡教育制度变迁中的地位与作用

1. 新时期的教育方针对城乡教育关系的影响

（1）新时期教育方针的演变历程。

1976年粉碎"四人帮"以后，尤其是1978年十一届三中全会彻底否定了"文化大革命"的错误路线以后，和其他领域一样，教育领域也开始了拨

---

① 陈静漪. 中国义务教育经费保障机制研究 [D]：[博士学位论文]. 长春：东北师范大学教育科学学院，2009：68.

乱反正。首先是批判了旨在否定新中国成立后全国教育战线 17 年工作的"两个估计"，并对毛泽东 1957 年的教育方针进行了新的全面的阐释，同时采取恢复高考等一系列措施，使教育秩序逐步得到恢复。拨乱反正的目的是整顿并结束长期以来混乱的教育秩序，使教育工作走上按教育规律办事的轨道上来。因此，拨乱反正本身是不具有适应新时期社会发展状况性质的。在这种情况下，必须根据社会发展的新情况，提出新的教育工作方针。

1982 年，国家在《中华人民共和国宪法》第四十六条中对我国现阶段的教育目的作了这样的规定："国家培养青年、少年、儿童在品德、智力、体质等方面全面发展。"这是中国当代历史上第一个以法的面貌出现的教育目的。

1983 年，邓小平为北京景山学校题词："教育要面向现代化，面向世界，面向未来"，简称"三个面向"。"三个面向"反映了新时期社会主义现代化建设的客观需要，反映了国际政治经济和文化发展的新形势，并且反映了我国教育改革的实际情况，是 80 年代中期以来我国教育改革和发展的基本指针。在其精神指导下，中央制定了一系列教育改革和发展的工作方针。

1985 年，《中共中央关于教育体制改革的决定》指出："教育必须为社会主义建设服务，社会主义建设必须依靠教育。""教育体制改革的根本目的是提高民族素质，多出人才，出好人才。""社会主义现代化建设的宏伟任务，要求我们不但必须放手使用和努力提高现有的人才，而且必须极大地提高全党对教育工作的认识，面向现代化、面向世界、面向未来，为 90 年代以至下世纪初叶我国经济和社会的发展，大规模地准备新的能够坚持社会主义方向的各级各类合格人才。""所有这些人才都应该有理想、有道德、有文化、有纪律，热爱社会主义祖国和社会主义事业，具有为国家富强和人民富裕而艰苦奋斗的献身精神，都应该不断追求新知，具有实事求是、独立思考、勇于创造的科学精神。"这个教育方针，是新中国成立以来教育方针的重要转折，比较好地总结了历史经验，反映了社会发展的客观要求，遵循了教育发展的客观规律。它既体现了德、智、体全面发展的一贯思想，又融入了新的时代发展对人才规格的新要求，具有时代气息和国家强盛对人才要求的紧迫感。

1986 年 4 月 12 日第六次全国人民代表大会通过的《义务教育法》提出："义务教育必须贯彻国家的教育方针，努力提高教育质量，使儿童、少年在品德、智力、体质等方面全面发展，为提高民族的素质，培养有理想、有道德、有文化、有纪律的社会主义人才奠定基础。"

1993 年，中共中央和国务院印发的《中国教育改革和发展纲要》总结了新中国成立 40 多年来，特别是十一届三中全会以来教育改革和发展的经验，提出了 20 世纪 90 年代乃至 21 世纪初我国教育改革和发展的蓝图。《纲要》指出，随着社会主义市场经济体制的初步建立和发展，社会生产力水平的进一步提高，教育工作既面临着机遇又面临着挑战。新形势下教育工作的任务是："遵循党的十四大精神，以建设有中国特色社会主义理论为指导，坚持党的基本路线，全面贯彻教育方针，面向现代化，面向世界，面向未来，加快教育的改革和发展，进一步提高劳动者素质，培养大批人才，建立适应社会主义市场经济体制和政治、科技体制改革需要的教育体制，更好地为社会主义现代化建设服务。"《纲要》制定了到 20 世纪末我国教育事业发展的总目标："全民受教育水平有明显提高；城乡劳动者的职前、职后教育有较大发展；各类专门人才的拥有量基本满足现代化建设的需要；形成具有中国特色的、面向 21 世纪的社会主义教育体系的基本框架。再经过几十年的努力，建立起比较成熟和完善的社会主义教育体系，实现教育的现代化。"为了实现这样的总目标，《纲要》明确指出："教育改革和发展的根本目的是提高民族素质，多出人才，出好人才。"我们现阶段的教育方针是："教育必须为社会主义现代化建设服务，必须与生产劳动相结合，培养德、智、体全面发展的建设者和接班人。"

1995 年 3 月在《中华人民共和国教育法》中对"纲要"提出的教育方针进一步确认，重新表述为："教育必须为社会主义现代化建设服务，必须与生产劳动相结合，培养德、智、体等方面全面发展的社会主义事业的建设者与接班人。"在新的提法中对人才素质的培养规格提出了德、智、体"等方面"的全面发展；对于培养什么人的问题更强调是"社会主义事业的建设者和接班人"的性质和方向，这就更进一步明确了我国教育的社会主义性质和方向。

（2）科教兴国战略的提出。

早在 1956 年党的八大时期，就已经把科学和教育作为国民经济发展的战略重点之一，但并没有明确提出科教兴国战略。在此后到"文革"结束前的一段时间内，教育并没有得到足够的重视。粉碎"四人帮"后，邓小平主抓科学和教育工作，把科学和教育事业看成经济建设的两个坚实的支柱，多次论述经济、科技与教育之间的关系。这些为后来提出科教兴国的战略决策提供了思想基础。

1977年，邓小平在科学和教育工作座谈会上提出："我们国家要赶上世界先进水平，从何着手呢？我想，要从科学和教育着手。""不抓科学、教育，四个现代化就没有希望，就成为一句空话。"明确把科教发展作为发展经济、建设现代化强国的先导，摆在我国发展战略的首位。从20世纪70年代后期到90年代初期，邓小平同志坚持"实现四个现代化，科学技术是关键，基础是教育"的核心思想，为"科教兴国"发展战略的形成奠定了坚实的理论和实践基础。

1992年，在中国共产党第十四届全国代表大会上，江泽民指出："必须把经济建转移到依靠科技进步和提高劳动者素质的轨道上来。"

1995年5月6日颁布的《中共中央国务院关于加速科学技术进步的决定》，首次提出在全国实施科教兴国战略。江泽民在会上指出："科教兴国，是指全面落实科学技术是第一生产力的思想，坚持教育为本，把科技和教育摆在经济、社会发展的重要位置，增强国家的科技实力及实现生产力转化的能力，提高全民族的科技文化素质。"同年，中国共产党第十四届五中全会在关于国民经济和社会发展"九五"计划和2010年远景目标的建设中把实施科教兴国战略列为今后15年直至21世纪加速我国社会主义现代化建设的重要方针之一，"科教兴国"成为我们的基本国策。

1998年，在北京大学百年校庆上，江泽民再次指出："当今世界，科学技术突飞猛进，知识经济初见端倪，国力竞争日趋激烈……全党和全社会都要高度重视知识创新、人才开发对经济发展和社会进步的重大作用，使科教兴国真正成为全民族的广泛共识和实际行动。""教育应与经济社会发展紧密结合，为现代化建设提供各类人才支持和知识贡献。这是面向21世纪教育改革和发展的方向。"

不管是从教育方针提到的教育要为社会主义现代化建设服务，还是从把教育提高到强国兴邦的战略高度，政府对教育作用的认识无疑越来越深刻。政府已从主观上认识到了教育发展的巨大作用，并体现在一系列的方针政策中。

（3）国家城乡基础教育培养目标的矛盾与分化。

国家的教育方针与科教兴国战略表明了国家对教育作用的认识以及对发展教育的重视，不管是城市教育还是农村教育，如果经济条件允许，政府都会不遗余力地大力发展。但是这种重视并没有体现出国家对发展城乡教育培养目标的差别。因为，即使对农村教育和城市教育同样重视，也可能存在培养规格与目标的不同。

其实，如何分别对待城乡教育发展的取向问题，自近代以来就开始了。只不过发展到这一阶段，政府对这一问题的自觉意识更加突出，明确提出了城乡有别的教育发展目标，导致人们对这一问题的争论更加激烈。

在古代中国传统社会，由于城乡处于一种"无差别的统一状态"，因此，当时城乡的教育培养目标是一致的，即都以儒家经典为主要教育内容。到了近代，中国城市的西方现代化因素越来越多，而农村相对保守，在相当长一段时期内保留了传统社会的大部分特征。处在这一时期的清末和民国政府为了达到富国强兵和救亡图存的目的，全盘借鉴了欧美或者是日本的学制，并没有考虑中国城乡有别的现实，乡村教育与城市教育在培养规格上是一体化和同质化的（即都以现代化的工业知识为主要学习内容），也正是由于这个原因，导致了现代教育在农村地区的推行不力。新中国成立之后，我国确立了赶超型的重工业发展战略，并建立了城乡分割的二元社会体制，但从城乡教育的培养目标来看，国家并没有提出城乡有别的教育培养目标。首先，这时的教育方针以为无产阶级政治服务为首要目的，在这一点上并没有城乡之别；其次，这一时期的学习内容并不以学习间接经验为主，而是强调教育为工农兵服务，城乡学生不仅要学文，更要学工、学农、学军，也就是直接从生产劳动中学习知识，即所谓的开门办学。不仅农村学生可以通过教育（主要是政治表现）进入城市，大批知识青年也通过上山下乡进入农村。这在很大程度上改变了清末民国以来以城市化为唯一取向的教育发展方向。

1976年随着"文化大革命"的结束，"教育革命"、"开门办学"等一些激进做法逐步纠正，"尊重知识、尊重人才"的方针政策重新得到确立，各种考试制度也开始回复。在这种背景下，城乡教育各自的定位问题重新得以提出。城市教育自不必说，很自然地恢复了自身的本来面貌，城市知识分子也不必再到农村"接收贫下中农再教育"，城市就是他们的乐园。农村教育的价值定位依然是个难题，是走城市化的发展道路还是走为当地农村服务的乡土化发展道路，成为政府的一个艰难抉择。从国家的政策角度讲，自改革开放以来，我国关于农村教育培养目标的政策表现出明显的"留农"倾向。

1978年召开的全国教育工作会议指出："农村要大量发展农业中学，多学一些农业科学技术知识，直接为社队的需要服务。"1983年中共中央、国务院颁发的《关于加强和改革农村学校教育若干问题的通知》提出："农村学校的任务，主要是提高新一代和广大农村劳动者的科学文化水平，促进农村社会主义建设。一定要适应广大农民发展生产，劳动致富，渴望人才的要求。一定要引导广大学生热爱农村，热爱劳动，学好知识和本领。"1985年《中共中央关于教育体制改革的决定》和1987年《关于农村基础教育管理体制改革若干问题的意见》都指出"基础教育是地方事业，担负着为地方培养和输送劳动后备力量的重要任务"。因此，"把发展基础教育的责任交给地方"。2003年，《国务院关于进一步加强农村教育工作的决定》中提出，要"深化农村教育改革"，坚持农村教育为"三农"服务的方向。

这些都反映了政府对农村教育发展方向的定位。但是，这种城乡有别的教育发展取向，造成了政府和民间两种不同教育意愿的对立，对城乡教育关系的制度变迁也产生了一定的影响。

2. 经济状况对教育发展的制约作用逐渐减弱

自先秦以来，经济能力一直是制约政府大力发展教育的主要原因之一。在经济能力有限的情况下，不同时期的政府都采取了非均衡的发展战略。不管是清末之前政府只投资中等教育以上的官学而对城乡的蒙学教育不闻不问，还是清末到民国时期对基础教育发展采取先东部沿海和城市、后边远地区和农村的选择性发展战略，亦或是新中国成立后实行城乡有别的非均衡教育发展战略，其主要原因都是政府财政能力有限的缘故而不得不采取的一种发展策略。改革开放以后，尤其是从改革开放初期一直到20世纪末之前的一段时期，党和政府的中心工作转移到了"以经济建设为中心"的社会主义现代化建设上来，改革开放的层次和水平也不断提高，使我国的经济发展和财政收入都极为迅速地增长，但是要让中国成为经济强国并非一朝一夕的事情，再加上我国人口众多，再大的经济总量一经平均就会变得相对较小。因此，20世纪八九十年代，经济和财政能力依然是制约我国教育发展的主要

原因，实行城乡有别的教育发展战略似乎也在所难免。（表5-3）

表5-3 1979—2008年我国国内生产总值和财政收入状况（单位：亿元；％）

年份	财政收入（亿元）	国内生产总值（亿元）	财政收入占国内生产总值的比重（％）
1979	1146.38	4062.6	28.2
1980	1159.93	4545.6	25.5
1981	1175.79	4891.6	24.0
1982	1212.33	5323.4	22.8
1983	1366.95	5962.7	22.9
1984	1642.86	7208.1	22.8
1985	2004.82	9016.0	22.2
1986	2122.01	10275.2	20.7
1987	2199.35	12058.6	18.2
1988	2357.24	15042.8	15.7
1989	2664.90	16992.3	15.7
1990	2937.10	18667.8	15.7
1991	3149.48	21781.5	14.5
1992	3483.37	26923.5	12.9
1993	4348.95	35333.9	12.3
1994	5218.10	48197.9	10.8
1995	6242.20	60793.7	10.3
1996	7407.99	71176.6	10.4
1997	8651.14	78973.0	11.0
1998	9875.95	84402.3	11.7
1999	11444.08	89677.1	12.8
2000	13395.23	99214.6	13.5
2001	16386.04	109655.2	14.9
2002	18903.64	120332.7	15.7
2003	21715.25	135822.8	16.0

年份	财政收入（亿元）	国内生产总值（亿元）	财政收入占国内生产总值的比重（%）
2004	26396.47	159878.3	16.5
2005	31649.29	183084.8	17.2
2006	38760.20	210871.0	18.4
2007	51300.00	246619.0	20.8
2008	61330.35	300670.0	20.4

注：本表财政收入中不包括国内外债务收入。

资料来源：中国财政杂志社．中国财政年鉴・2007［Z］．北京：中国财政杂志社，2007.2007－2008 年数据来自网上公布的相关统计公报。

从表 5－3 中可以看出，从 1978 年开始，我国 GDP 和财政收入的增长是十分迅速的。这一时期 GDP 年均增长率达到了 15.4%，全国财政收入的年均增长率也达到了 14.2%。到 2008 年为止，我国已成为世界上仅次于美国和日本的世界第三大经济体。虽然财政收入不可谓不丰裕，但与世界上其他国家的教育投入力度相比，我国还有不小的差距。世界发达国家的财政性教育经费投入占国内生产总值的比例一般在 5% 以上，甚至达到了 6% 或 7%，即使欠发达国家这一比例的平均值也超过了 4%，而我国的这一比例很少超过 3%，且常年处于 2.5% 以下。早在 1993 年《中国教育改革和发展纲要》中就提出到 2000 年我国的财政教育投入占国内生产总值的比例要达到 4%，即使到了 2008 年，这一比例也没超过 3.5%（表 5－4）。是什么原因导致我国的财政教育投入占国内生产总值的比例偏低呢？如果说 20 世纪八九十年代以前我国的经济发展水平有限，没有更多的钱投资教育的话，似乎还可以接受。但是当我国成为世界第三大经济体，还没有实现这一目标，似乎显得有些不合情理。况且我国已经把教育提高到强国兴邦的战略高度，对教育重要性的主观认识也不可谓不高。既然党和政府已经提出 4% 的目标，那么对实现这一目标的可能性也早就应该有所估计，这一目标也并非高不可攀，那么这一目标为什么迟迟没有实现呢？

表 5 - 4　1980—2008 年国家的财政性教育支出状况（单位：亿元；%）

年份	教育支出（亿元）	教育支出占 国内生产总值比例（%）	教育支出占财政支出 （不含债务）比例（%）
1980	—	—	8.81
1981	—	—	10.33
1982	—	—	10.83
1983	—	—	10.78
1984	—	—	10.57
1985	—	—	11.37
1986	—	—	12.26
1987	—	—	12.64
1988	—	—	13.68
1989	503.9	3.15	14.08
1990	548.7	3.10	14.07
1991	617.8	3.02	13.57
1992	728.7	2.65	14.40
1993	867.8	2.46	13.88
1994	1174.7	2.44	15.26
1995	1411.5	2.32	15.07
1996	1671.7	2.35	15.27
1997	1862.5	2.36	14.70
1998	2032.4	2.41	14.50
1999	2287.2	2.55	13.77
2000	2562.6	2.58	13.13
2001	3057	2.79	13.66
2002	3491.4	2.90	14.12
2003	3850.6	2.84	14.01
2004	4465.9	2.79	14.14

年份	教育支出（亿元）	教育支出占国内生产总值比例（%）	教育支出占财政支出（不含债务）比例（%）
2005	5161.1	2.81	13.75
2006	6348.4	3.00	14.34
2007	8280.21	3.32	16.63
2008	10449.63	3.48	16.69

　　注：本表中所用的国内生产总值指标，1993 年及以后的数据为第一次全国经济普查后调整数，1992 年及以前的数据未作调整。

　　资料来源：1980－2006 年数据摘编自《中国科技统计年鉴 2008》，2007－2008 年数据来自网上公布的相关统计公报。

　　3. 义务教育供给责任变迁的制度逻辑

　　（1）分权化改革与政府间利益的分化。

　　制度变迁的根本动力在于制度环境的变化所引起的潜在获利机会的增加，各个行为主体为了使潜在的获利机会变成现实的利益，就会主动寻求制度创新。对于财政体制来说同样如此，中央政府与地方政府之间的经济利益关系将根本地决定他们之间的财政关系，[①] 政府间利益格局的调整是促使其发生变迁的根本原因。在 1978 年改革开放以前，我国实行的是高度集中的计划经济体制，中央掌握着绝大部分的财政资源，并以“条条”为主进行资源配置，在配置形式上也以行政性的指令性计划为主。这时，中央与地方政府同吃大锅饭，共同服务于国民经济发展的整体利益。在“全国一盘棋”利益格局的影响下，中央政府作为全局利益的代表，十分强调全局利益的优先性，要求地方必须无条件地服从中央，与中央保持一致。当两者出现利益不一致时，中央政府也会为了全局利益而牺牲地方利益。在这种体制下，地方政府类似于一个派出机构，其独立利益主体地位很难得到确立，在行为上也很难有对自身利益的追求。与这种政府间利益格局相适应，统收统支的财政体制就显得正常而有效。这一时期，虽然中间也有过两次比较大的财政权力下放的改革，一次是在“大跃进”运动时期，另一次是在“文革”时期。但

---

　　① 蒋洪. 财政学教程［M］. 上海：上海三联书店，1996：490－491.

这两次改革都是在中国极不正常的政治背景下进行的，而且是在计划经济体制这个大前提下进行的，并没有根本改变中央和地方的依附关系。在继续吃"大锅饭"的背景下，地方作为一个独立的利益主体地位并没有得到体现。直到"文化大革命"结束，中央政府再次面临崩溃的国民经济和严重的财政危机，才不得不主动推行分权化改革来调整利益格局，以渡过难关。

"文化大革命"刚刚结束后的1978年，中央财政收入占全国财政收入的比重只有15.5％，而财政支出却达到全国财政支出的47.4％，中央政府处于收支严重不对称的境地。为了摆脱这种困境，中央政府试图向地方政府分派支出责任来减轻自身的财政压力。但由于1979年中央政府采取的一系列旨在推进经济改革和补偿国民经济建设中的历史"欠账"举措，包括安置和扩大就业、调整部分职工工资、提高农副产品收购价格、减免部分农业税收、试行企业基金制等，使得地方政府财政也很吃紧，不得不向中央政府求援。一方面是中央政府向地方政府分派支出责任，另一方面地方政府又向中央政府求援，中央政府试图向地方政府分派支出责任来摆脱困境的目标并没有实现。迫于财政压力，中央政府不得不从经济和财政领域同时入手，开始推行分权化改革。在经济领域，党和国家提出以经济建设为中心、坚持改革开放的方针，在农村逐步推行分田到户的产权改革；在财政领域，推行以"财政包干"为特征的分级财政体制，逐步扩大地方政府的事权和财权。

在这一政府间纵向分权改革措施的影响下，中央和地方各级政府实现了"分灶吃饭"。中央政府通过扩大地方财权和事权以及财政收支的相关性，来对地方政府提供强烈的财政激励，并借以达到"甩包袱"的目的。而地方政府在经济、财政等领域获得了相当的权力后，自身的利益主体地位也开始显现，并表现出强烈的追求和维护自身利益的欲望，地方利益与中央利益不一致的矛盾也开始凸显，甚至出现了地方政府为争取自身利益而与中央政府讨价还价的行为。自此，我国各级政府开始进入利益多元化时期。以后财政体制历经变革，一直到1994年的分税制改革，虽然财政权力有所上收，但是各级政府作为一个利益主体的地位已经固定下来，各级政府之间围绕着财权与事权的划分而展开的博弈一直延续下来，影响了农村教育供给的制度安排。

（2）政府间的利益博弈与教育筹资责任的基层化。

政府间一旦成为独立的不同的利益主体，他们就会就利益与责任分担问题进行博弈。但是，由于上级政府掌握着比下级政府更多的行政权力，而且在我国这样一个有着大一统传统的国家，强调下级政府必须服从上级政府的领导。因此，博弈的结果是教育筹资的责任集中在了基层政府。

对于义务教育来讲，中央政府为什么要把义务教育的筹资责任交给地方政府，地方政府又是怎样再把这一责任逐级下放，以至于最终落到基层政府的身上呢？从中央出台的一系列文件来看，其把义务教育的筹资责任划归地方政府是有着明确的理由的。1985年出台的《中共中央关于教育体制改革的决定》称原来的基础教育管理"权限过于集中，责任划分不明，效率低下，不利于发挥地方各级政府和人民群众办学和振兴教育的积极性"。因此，要"把发展基础教育的责任交给地方，有步骤地实行九年制义务教育，实行基础教育由地方负责、分级管理的原则"。1987年6月，国家教委和财政部又共同制订《关于农村基础教育管理体制改革若干问题的意见》，意见认为"我国基础教育的大头在农村……基础教育是地方事业，担负着为地方培养和输送劳动后备力量的重要任务。基础教育办得好坏，直接关系到地方经济和社会的发展与进步……我国是一个人口众多、地域辽阔的大国，各地区、各民族的经济、文化发展很不平衡……把发展义务教育的责任交给地方，实行地方负责、分级管理，正是从实际出发，推动基础教育更好地面向当地经济和社会发展的需要、稳步健康发展的需要"①。中央政府把义务教育的筹资责任划归地方的原因在于把义务教育定性为地方性的公共物品。对于义务教育到底是全国性的公共物品还是地方性的公共物品，世界各国并没有一个统一的结论，而我国中央政府为什么偏偏在此时要把义务教育定性为"地方事业"呢？是认识问题还是另有其他原因呢？这还得从当时的社会政治经济背景谈起。

1978年，刚刚从"十年浩劫"中走出不久的中国，国民经济陷于崩溃的边缘，政府财政压力巨大，为了摆脱危机，中央政府不得不进行以财政体制改革为核心的分权化改革。中央政府进行改革的目的就是希望通过"放权让利"来调动各级政府以及企业和个人的积极性，促进经济和社会发展，使我国尽快从十年"文革"的困境中走出来，并为自己重新找回统治的合法

---

① 国家教育委员会. 中华人民共和国现行教育法规汇编（1949—1989）[M]. 北京：人民教育出版社，1991：74—75.

性。在重塑统治合法性的过程中，作为世界公认的一种公共物品，义务教育的供给问题必须是中央政府要认真对待的一个问题。随着党和国家的工作重心从"以阶级斗争为纲"向"以经济建设为中心"的战略转变，教育工作越来越受到重视，国家、社会和公民个人对义务教育的需求也急剧增长。因此，从必要性上来说，中央政府必须要满足人们日益增长的教育需求。但要满足急剧增长的义务教育需求，必然需要筹措和投入大量的经费，分权化改革的实施却又使我国的国民收入分配格局发生了显著的变化。一方面，在国民收入中分配给个人的部分不断增加，从国家、企业和个人三大收入主体所得占国民经济总产值的比重看，国家所得份额是直线下降，由 1978 年的 31.5％下降到 1995 年的 10.37％，下降了 21.21 个百分点，年均下降 1.25 个百分点。另一方面，即使是在政府系统内部，实行财政包干体制以后，财权的中心也开始相对下移，地方政府的财力相对增长较快；同时，刚从"文革"中走出来的中国，百废待兴，无处不需要在计划主导下的财政资金注入。这使得中央政府不仅无法满足新增的义务教育需求，甚至无法继续维持"统收统支"体制下的教育支付能力。面对着这样的供给困境和财政压力，中央政府需要进行制度创新以消除制度非均衡的存在，所以，对原有的农村义务教育财政体制（即成本分摊制度）进行改革也就成了历史的必然。①

面对这些困境和非均衡的存在，中央政府又该采取什么样的措施来消除呢？进行制度创新是必然选择。如前所述，"文革"后中央政府需要尽快改变人们的失望心态，重塑自身统治的合法性。要达到这一目的，就需要尽快发展经济，安定社会，给人民以尽可能多的实惠。因此，与人民生活密切相关的基本公共物品的供给，国家必须尽全力进行保障，它是事关政府威信的重大问题。义务教育恰恰就属于此类公共物品，国家必须对它的发展给予高度重视，1980 年代中期我国的《义务教育法》就是在这种背景下出台的。不能减少甚至还要增加供给，而自身的财力又很有限，中央政府面对这样的状况，只能向地方政府、向社会、向公民个人"甩包袱"。而且中央政府进行的以财政体制改革为核心的分权化改革，使地方财力得到显著增强，中央政府也有充足的理由让地方政府承担更多的支出责任（事权）。因此，20 世

---

① 赵全军. 中国农村义务教育供给制度研究（1978－2005）：行政学的分析 [D]：[博士学位论文]. 上海：复旦大学国际关系与公共事务学院，2006：168.

纪 80 年代初期国家推行分权化改革之后，紧接着就出台了"把发展基础教育的责任交给地方"的规定，由地方政府具体负责农村义务教育的筹资和管理责任。但问题是，在中国的行政架构中，地方政府是一个拥有省、地级市、县、乡四个行政层级的概念，而上述制度设计并没对每一个层级的地方政府的义务教育财政责任作出具体、明确的规定，即使有一些规定也只是对各方权责的笼统划分，在操作中有很多细节是模糊的，至少从中看不出省级政府和地市级政府在义务教育经费筹集方面有什么具体的责任。在这种情况下，通常的趋势是力量决定权力，谁的力量大谁的权力就大，谁就相应地占据着资源空间中更为有利的位置，拥有更强的挤占、控制和调配能力。而在行政集权体制没有发生根本改变的条件下，在这四个层级政府的博弈与互动中，处于行政末梢的乡村组织自然缺乏主张权利的能力，不能在权利安排过程中使制度博弈的趋势向对自己有利的方向发展。这样一来，博弈的结果必然是基层政府要承担起更多的责任。[①] 事实上，三级办学体制，即县、乡、村三级办学，县、乡两级管理政策出台以后，"基础教育由地方负责"的原则就逐渐转化为"县办高中、乡办初中、村办小学"的办学体制，乡镇政府和村级组织成了农村义务教育实质意义上的经费筹集主体，中央和省市级政府除了在宏观政策上对农村义务教育的发展进行统一的指导和管理外，只对农村义务教育提供很少的专项补助，除此之外几乎不再承担其他责任。

这一制度和路径形成以后，农村基础教育供给中的筹资和管理的责任落在了处于行政末梢的县乡政府甚至是村级组织的身上。虽然又经过历次的财政体制调整，尤其是 1994 年的分税制改革，较高层级的政府特别是中央政府的财政能力得到了实质性的加强。但是由于制度路径依赖的惯性作用，基础教育供给责任的基层化状况并没有因此改变。即使是在税费改革后农村教育的发展陷入困境的情况下，也只是进行了有限度的供给责任上移，基础教育的主要供给责任依然集中在基层。

（3）财权和事权的不对等与对制度外筹资的依赖。

改革开放之前，我国实行的是高度集中的计划经济体制，财政体制与此相适应，也呈现出财权与财力高度集中的特点。这一时期的事权划分与财权

---

① 赵全军. 中国农村义务教育供给制度研究（1978—2005）：行政学的分析 [D]：[博士学位论文]. 上海：复旦大学国际关系与公共事务学院，2006：78.

划分相一致，共同呈现出"政府统包统揽，财政统收统支"的特点。在高度集中的传统计划经济体制下，政府是全体社会利益的代表，包揽了一切社会经济事务，集财权、事权、财力于一身。对中央政府来说，它又是各级政府的代表，代表着国家的全局利益。中央政府把各级政府的财权与事权集于一身，通过行政性的指令性计划，控制社会生产生活的方方面面，企事业单位和作为消费者的公民个人的选择权被剥夺，地方政府作为中央政府的派出机构也没有多少决策自主权。由于权力高度集中在中央，所以地方政府组织的财政收入要统一上缴中央政府，地方所需财政支出统一由中央政府拨付，地方财政收支不挂钩，仅有零星财力。所以从实质上讲，这一时期只有中央一级财政，在财政安排上实行统收统支，没有实际意义上的各级政府间财权与事权的划分，由中央政府代表社会和各级政府统一行使财权和事权。

从 1980 年起，传统高度集中的统收统支财政体制开始向财政包干体制转变。1980 年，国务院决定实行"划分收支、分级包干"（通常叫做分灶吃饭）的新财政体制，1985 年改为"划分税种，稳定收支，分级包干"体制，1988 年又采取了各种不同形式的大包干体制。这些体制虽然在形式上有所差别，但本质上都属于一种"委托—代理"关系的分权体制，其特点是：中央有政策决定权，地方政府只是政策的执行者；划归中央的税收和利润委托地方征收；中央与地方政府之间的财力划分不是依据事权与财权相统一的原则，而是很大程度地依附于企业的行政隶属关系。这一体制最大的弊端是制度软化，留有大量的讨价还价余地，地方政府容易产生"逆向选择"行为和短期行为。在财政分权逐步进行的同时，传统高度集中的事权管理模式逐渐被打破，地方政府在取得一定财政自主权的同时，也"承包"了一定的事权。[①] 农村基础教育的三级办学体制就是在这时形成的。这一时期，各种社会主体的积极性都不同程度地得到了激发。对于地方政府来讲，财政分权使其财力得到增强，对他们起到了较好的激励作用；也由于改革之初实行的是"摸着石头过河"的渐进式改革，对各方利益的触动不是很大。因此，虽然农村基础教育财权与事权不统一的问题开始显现，但并没有受到广泛关注。

为适应建立社会主义市场经济体制的要求，合理划分中央和地方财政之

中国城乡教育关系制度的变迁研究

---

① 王乃斌. 中央与地方政府财权与事权划分中存在的问题及对策分析 [D]；[硕士学位论文]. 重庆：重庆大学贸易与行政学院，2008：25.

间的财权和事权范围，1994 年开始了分税制改革，这是新中国成立以来我国财政管理体制的一次重大变革，它标志着我国的财政体制由计划财政向市场经济财政框架迈出了实质性的一步。分税制财政体制改革，使中央财力迅速增长，而地方财力的增长却受到了很大限制，造成地方财力特别是县乡级财政更加困难。这使得地方政府的财权和事权处于严重的不对等状况，财力薄弱却要负担大量包括义务教育在内的公共服务支出，地方政府显得有些捉襟见肘。就义务教育而言，虽然法律规定了义务教育政府责任中"事权与财权相统一"的原则，但事实上，农村义务教育经费投入依然主要由财力最为薄弱的县乡级财政来承担，中央和省级财政只通过转移支付来负担很小的一部分，这造成了乡级财政的不断恶化。在这种情况下，乡镇政府不得不将负担直接转嫁给农民，农民通过缴纳教育费附加和教育集资等承担了大量的义务教育经费投入责任。据 1998 年 7 省市 26 个县抽样调查显示，在义务教育经费总支出（含预算外）中，地市以上政府的教育支出只占 12%，县级政府支出占 9.8%，其余 78.2% 为乡镇政府和行政村负担。[1] 其中，教育事业费附加和农村教育集资是仅次于国家预算内拨款的第二大教育经费来源，在支撑农村教育事业发展中起到了举足轻重的作用。

正是由于这种财权和事权失衡的状况才使得基层政府不得不考虑通过制度外的方式完成基础教育的供给责任。虽然 2000 年经过税费改革以后，国家逐步把农村义务教育的筹资和管理责任上收到县级，使原来多渠道筹措农村义务教育经费的投入体制被打破，政府开始承担更多的投入责任，投入行为开始向制度化和规范化方向发展。但地方财权与事权不对称的状况并没有彻底改变。无论是以县为主还是以乡为主，制度外的筹资方式都是基层政府完成农村义务教育筹资责任的主要途径之一，只不过是在不同的模式下所采用的具体形式有所变化罢了。在以乡为主的模式下，集资、摊派等是常用的手段，而在以县为主的模式下，学杂费则成为主要途径。

（4）激励、约束机制不兼容与政府的卸责化冲动。

依据委托代理的激励理论模型，在缺少有效的监督问责机制和激励机制的条件下，地方政府及其教育行政部门未必会按照中央制定的政策去执行，

---

[1]　曹莲娜. 从教育的外部性角度看中国农村义务教育投入机制的转变 [J]. 特区经济，2006（8）：121－122.

更何况我们的政策规定还不健全或存在缺失。每个理性的个体包括政府部门，在缺少有效的监督问责和激励机制条件下，很有可能会按自利的规则行动而损害公共利益。事实上，个人利益与社会利益不一致的情况又是一种常态，因此，一套完善的制度设计需要有良好的激励和问责机制。激励机制从内部激发行动者从事某项活动，使他们愿意这样做；而监督问责机制则主要从外部给政策执行者以压力，使他们不得不这样做。如果某一项制度设计缺乏激励与问责机制，那么政策在执行过程中很可能就不能有效实施。①

依据现行的激励与约束机制，是否意味着经济发达地区，事权与财权不平衡矛盾相对较小的情况下，基层政府对"制度外筹资"的路径依赖就会比较低呢？现实中的情况远远不是这样。据资料显示，在义务教育生均经费中，政府拨款所占比例的梯度差异与经济发展水平的梯度差异正好相反，也就是说，越是在经济发达地区，以弥补财政经费不足为理由的集资、收费等制度外供给就越高。② 由此可见，担负着农村义务教育主要供给责任的县乡基层政府在筹集教育经费的过程中，对"制度外筹资"的依赖是根深蒂固的。除了财力不足和财权与事权不对称等客观原因以外，从主观方面来讲，县乡基层政府对农村义务教育投资意愿的高低也是一个重要影响因素。换言之，对于具有理性计算能力的县乡政府来说，即使其制度内的财力相对充足（对于任何一级政府而言，其财力都不可能做到绝对充足），并且有能力承担农村义务教育的供给责任，但如果缺乏足够意愿的话，它也会选择逃避责任，即通过选择制度外筹资的方式来达到目标。比这更为严重的情况是，在一些经济较发达、居民生活水平较高的地区，由于通过教育附加、教育集资、学校收费等方式筹集义务教育经费的条件更便利，受到的抵制更小，县乡政府甚至还会通过这些途径加大制度外筹资的比例。这说明在基层政府众多的支出项目和议事日程中，与经济建设等其他支出项目相比，农村义务教育并没有被安排在优先地位，也不是他们的偏好所在。虽然地方政府时常面临上级政府巨大的政绩考核压力而不得不为农村义务教育的发展负责，但就其自身内在的驱动力来讲，无论财力充裕与否，都不太愿意拿出更多的制度

---

① 邬志辉，王存. 农村被撤并学校资产处置的政策选择 [J]. 教育发展研究，2009（21）：6—10.

② 赵全军. 中国农村义务教育供给制度研究（1978—2005）：行政学的分析 [D]：[博士学位论文]. 上海：复旦大学国际关系与公共事务学院，2006：176.

内财力用于当地义务教育的发展。他们的做法往往是在政策允许的范围内，并且是在不影响其他优先支出项目的前提下，尽可能地通过制度外筹资方式来完成义务教育的筹资责任。从中我们可以看出，这样一种制度逻辑，中央政府凭借着自身所拥有的行政权力把农村义务教育的供给责任下放给了地方政府，但是地方政府并没有充足的意愿来接收这一责任，因此较高层级的地方政府就效仿中央政府的做法又把责任推给了更低层次的地方政府，这样经过层层传递，责任最终落到了最基层政府的身上。但问题是最基层政府同样也没有完成这一职责的内在驱动力，只是由于处于行政的最末梢，没有再可以进行转移的行政空间了，所以，就只能在制度外寻找空间。简单点说，由于农村义务教育并非基层政府的偏好所在，因此无论本身是否有能力承担筹资的"包袱"，县乡政府都有强烈的再甩"包袱"的意愿和冲动。①

这留给我们一系列需要深入思考的问题：为什么各级政府尤其是基层政府有如此强烈的卸责冲动？为什么在政府的政策宣传中对教育（包括农村义务教育）的发展越来越重视而财政拨款的比例却始终增长缓慢？为什么教育始终不能成为基层政府的优先支出偏好？从现实来看，这显然与现行行政体制中的激励与约束机制相关。

对于以基层政府负担为主的农村义务教育来讲，上级政府对下级政府的激励与约束机制一直是比较薄弱的，这使得各级政府对教育特别是农村义务教育投入的动力严重不足。"一公交，二财贸，不三不四是文教"是各级政府对教育投入的普遍心态。在现有的评价机制和激励机制约束下，单纯的责任分担和财政分权并不能保证地方政府特别是县乡级政府对农村义务教育经费投入的增加，这是因为在"经济第一"、"发展是硬道理"的口号下，大多数地方政府及其官员的政绩化倾向非常突出，常常以是否能带来经济总量和财政收入增长为自身的行动指南和目标，对发展经济有着迫切的愿望和渴求。教育在短时间内难于观测绩效，实际中的考核目标也比较模糊，这就使得地方政府降低了对义务教育投入的努力程度，即使把教育纳入政绩考核体系中，由于这些原因，发展教育也不是地方政府的优先选择目标；而经济增长则易于观测绩效，并且在短期内有可见的政绩，作为一个理性的行为主

① 赵全军．中国农村义务教育供给制度研究（1978—2005）：行政学的分析［D］；［博士学位论文］．上海：复旦大学国际关系与公共事务学院，2006：176．

体，在缺少有效的评价机制和激励机制的条件下，在经济增长和义务教育之间，地方政府的理性选择是倾向于不努力投入义务教育，一旦有机会，也尽可能地通过"甩包袱"的形式在制度外筹集资金。所以在实际工作中，虽然上级财政给予了转移支付，但是县级政府并没有相应地增加义务教育的经费投入，而是产生挤出效应。县级政府对义务教育投入的努力程度是低水平的，即使具备较充分的财政资源，也只满足于达到"及格"水平，不愿意响应上级财政转移支付而增加对义务教育的投入，而是把财政资源更多地用于发展地方经济和增加本地财政收入上去。①

（二）社会在城乡教育制度变迁中的地位与作用

1. 市场化改革与社会利益主体的多元化

计划经济体制向市场经济体制的转轨过程，在一定意义上也就是利益主体由单一走向多元化的过程。所谓利益主体多元化，是指个人利益独立化和多种利益群体并存格局的形成。② 在传统的计划经济体制下，国家片面强调社会利益的一致性，要求个人利益与国家和集体利益保持一致。每个人不是作为一个独立的人，而是作为一个"社会人"或"集体人"而存在，必须参加组织的活动，个人利益被所谓的共同利益所淹没。不仅如此，在这种体制下，价值规律、商品货币关系都受到排斥，公有制（包括全民所有制和集体所有制）成为唯一的所有制形式；企业也成为政府的附属物，受到国家计划的严格控制，所有利润都要上缴国家，并由国家统一进行分配，其并不具有独立的经济利益。

但随着我国市场化改革逐步走向深入，计划经济体制下那种利益一致性的神话被彻底打破。社会主义市场经济体制完全不同于传统的计划经济体制，它强调利益主体的多元化，承认不同利益个体的存在正是市场经济得以存在的前提条件。美国得克萨斯 A&M 大学教授田国强博士说，市场经济的良好运行必须具备四项前提条件：承认人的自利性；给予人经济自由选择的权力；实行分散化决策，引进激励机制。③ 这四项基本条件都要求市场参

① 张强，等. 农村义务教育税费改革下的政策执行 [M]. 北京：中国社会科学出版社，2004：212－213.

② 赵长茂. 正确认识利益主体多元化 [J]. 瞭望新闻周刊，2001 (40)：18－20.

③ 美国 A&M 大学教授田国强博士谈市场经济的四项前提条件 [J]. 领导决策信息，1999 (6)：11.

与主体成为不同的利益个体，自由选择、自由决策，以促进经济机制良好运行。改革开放以后，我国对单一的公有制进行了重大调整，逐步确立了以公有制为主体、多种所有制经济共同发展的基本经济制度，国民收入分配格局开始朝着有利于企业和公民的方向发展。与此同时，我国的资源配置方式也发生了重大转变，国家作为唯一的权力与资源控制主体的局面被打破，市场和社会力量开始兴起，政府、企业、各种组织、个人都成为不同层次的利益主体，我国开始进入利益多元化时期。

2. 摊派与营利：城乡社会力量办学的不同表现

在市场化改革的推动下，社会不同主体之间的利益开始分化，市场主体之间的关系是一种利益关系。在政府不断转嫁教育投资责任的背景下，市场力量也开始进入教育领域，成为教育提供的方式之一。除了少数组织和个人的捐资办学行为以外，更多的甚至是绝大多数的社会力量办学都是有营利要求的[①]，在这里，教育服务以商品的形式表现出来。这在城市表现得最为突出（表 5 - 5），1990 年以后开始大量出现的营利性民办教育就是政府转嫁责任和社会力量自利性动机联合激发的产物。

表 5 - 5　北京市 2001 年民办教育（普通中小学）分城乡基本情况统计（单位：人）

类　别	合　计	城　市	县　镇	农　村
校数（所）	64	37	19	8
毕业生数	2725	1778	843	104
招生数	5220	3406	995	819

① 根据王善迈等所作的调查，民办学校举办者对学校投入资金的性质大致可以分为三类：一是捐赠，没有任何经济回报的要求，这类学校约占 10.8%；二是借贷，要求学校还本或还本付息，甚至有一定的补偿，这类学校约占 23%；三是投资，要求投资增值，产权归投资者，这类学校占到了 66.2%。通过对民办学校办学动机的调查，王善迈等还得出这样的结果：没有经济利益回报要求的是少数人，约占 10%，而希望从办学中得到经济收益的占相当大的比例。从问卷调查结果看，在现有学校中，对举办者实际有利息回报和利润回报的占到 90% 左右。从学校举办者对回报的期望"度"的调查看，认为应当无回报的学校占 15.6%，认为应当按银行存款利息回报的学校数占 11.1%，认为应当按银行贷款利息回报的学校数占 33.3%，认为应当高于银行贷款利息回报的学校数占 40%。见：王善迈. 2000 年中国教育发展报告：教育体制的变革与创新 [M]. 北京：北京师范大学出版社，2000：89，98.

类 别	合 计	城 市	县 镇	农 村
在校学生数	14489	9535	3240	1714
教职员工数	3121	1943	885	293
专任教师数	1988	1296	559	133
代课/兼任教师数	271	249	4	18

数据来源：根据《北京统计年鉴2002》（北京市统计局．北京统计年鉴·2002［Z］.北京：中国统计出版社，2002）相关数据计算而得。

　　需要指出的是，这时城市的社会力量办学主要是以民办教育的形式表现出来的，而在广大农村，教育市场化的脚步显得比较缓慢，农村社会力量办学以另外一种形式表现出来。不管是清朝以前，还是清末民国，乃至新中国成立后到改革开放之前的一段时间，社会力量都是农村中小学教育的主要提供者，只是各个时期的办学主体不太一样。清末之前农村教育的主要提供者是乡村士绅及家族势力；虽然清末民国时期国家成了主要的办学主体之一，但由于私塾的大量存在，农村遗留下来的传统士绅力量与家族势力依然是农村教育的重要提供者，王铭铭对闽台三村初等教育历史轨迹的考察证实了这一点。① 新中国成立以后，尤其是1958年人民公社制度确立以后，国家的力量延伸到农村社会的最基层，国家力量与社会力量合二为一，但是基层的村和公社作为农村教育主要提供者的状况并没有实质性的改变。1978年改革开放以后，特别是随着1986年《中华人民共和国义务教育法》的确立，义务教育作为一项制度安排有了法律依据。作为法律规定的一项基本义务，国家需要对义务教育的普及与发展承担更多的供给责任。但由于制度路径依赖的作用，也由于前文所述的财权与事权不对称、激励与约束机制不兼容等原因，国家（基层政府）在农村教育的供给方面，又通过教育集资、摊派、教育附加费等手段把责任转嫁给了农民。在农村，社会力量办学又通过国家强制性的摊派、集资等途径，以另一种形式表现出来，表现出与城市社会力量办学不同的另一种景观。为什么同在一个国家，城市的社会力量办学和农

---

① 王铭铭．教育空间的现代性与民间观念：闽台三村初等教育的历史轨迹［J］．社会学研究，1999（6）：103－116.

村社会力量办学在表现形式上，一个主要表现为自愿的、以营利为目的的自利性行为，而另一个主要表现为被动的、以国家摊派等为手段的强制性行为呢？笔者认为可能有以下几个方面的原因：

第一，从外部环境来看，城市和农村的市场化程度不同。在市场经济国家，市场化程度是衡量一个国家资源配置自由度的重要指标。市场化程度越高，表明一个国家资源配置的自由度越高，计划干预度越低；市场化程度越低则与此相反。虽然由于使用的指标和汇总方法不同，最终对我国市场化程度的测算结果相差很大，但从已有的研究结果来看，它们都毫无例外地表明农村的市场化程度要远远低于城市的市场化程度。如果以北京师范大学经济与资源管理研究所的认定标准[①]为例对中国的市场化程度给予评估的话，那么中国 2003 年市场化程度达到了 73.8%，而农村的经济市场化程度仅为66.8%，两者相差 7 个百分点。考虑到中国城乡差异的不同，中国农村的经济市场化程度与中国城市的经济市场化程度的差距保守估计会在 10% 以上。尤其是"生产要素市场化"和"政府行为的规范化程度"这两个指标，农村与城市相比差距更大。[②] 正是由于这个原因，城市的社会力量办学更多的是采取了市场化的手段，而农村的社会力量办学则延续了以往的计划经济传统，被摊派和被集资等成为主要手段。

第二，城乡教育各自发展状况的不同也导致了城乡社会力量办学形式的不同。从近代开始，中国教育走的就是一条等级式的不均衡发展道路，教育资源的流动也遵循着国都→大都市→省会城市→县城→乡镇→农村这样一种次序，即上一等级链的教育需求基本得到满足以后，教育资源才会大规模地向下一等级链流动。因此，在中国教育的近代化乃至现代化过程中，中国的城市教育整体水平总是高于农村的教育整体水平。到了 20 世纪八九十年代乃至 21 世纪初的几年，中国城市教育的总体发展状况已经达到"温饱水平"，正在向"全面小康"迈进；而农村教育的整体发展状况离"温饱水平"还有很大距离，"保工资、保安全、保运转"是农村教育在相当长一段时期内的工作重点。城乡教育发展的这种差距也直接影响了城乡社会力量办学形

[①] 这个认定标准为：政府行为规范化、经济主体自由化、生产要素市场化、贸易环境公平化和金融参数合理化。

[②] 许旭. 提高农村市场化程度促进新农村建设 [J]. 湖南广播电视大学学报，2008 (1)：72—75.

式的不同。对于城市教育来讲，由于已经满足了"温饱"，政府对于城市教育的投资压力相对较小，而且也没有足够的动力再在教育领域投入更多的经费。但对于城市居民来讲，虽然"有学上"的问题已经得到解决，但是由于城市内部不同学校间的发展差距在不断拉大，因此到更好的学校接受更好的教育就成为他们的新目标。为了满足不同教育消费者的这种多元化需求，政府就把这一责任部分地交给了市场。社会力量在营利动机的推动下，开始介入教育市场，发展民办教育，这也是 20 世纪 90 年代以后城市民办教育热和学校改制热兴起的重要原因。对于农村教育来讲，由于尚未解决"工资、安全、运转"等"温饱"问题，教育市场很难像城市那样发展起来。再加上前文所述的种种原因，农村教育的供给责任被推给基层政府，基层政府在财权与事权不对等的情况下，只有把农村教育的供给责任又转嫁给社会。因此，被集资、被摊派、被征收教育费附加等就成为农村社会力量办学的主要途径。①

(三) 受教育者对城乡教育制度变迁的影响

1. 经济发展水平的提高与公民义务教育需求的变化

一般而言，人们教育需求程度的高低主要受意愿和经济能力的影响，具体来说，这些影响因素主要包括家庭对教育价值的认识、家庭的经济状况及教育成本②等。改革开放后，由于这些影响因素发生了巨大的变化，公民的教育需求也相应地发生了改变。

首先，从家庭对教育价值的认识来看。我国是一个有着悠久的教育历史和教育传统的国家。历代朝廷都设置了通过各种分级考试来选拔人才的制

---

① 农村和城市同样都有教育费附加，但农村教育费附加与城市教育费附加有所不同。根据相关制度的规定，农村教育费附加的征收对象是农村居民的收入，由乡政府组织征收，征收比例全国没有统一规定，各省、市、自治区或以下各级政府根据当地义务教育经费状况确定，所以，农民个人是农村义务教育经费的直接承担主体。城市教育费附加是以产品税、增值税、营业税为征收对象的，这三税属于流转税，不直接由个人负担，而是由相关的经营实体承担。

② 教育成本可以分为两个部分。一部分是直接成本，是接受教育的子女家庭直接负担的经济成本，包括学费、书本费、交通费等；另一部分是间接成本，是指因接受教育而丧失的经济收入，这种成本也叫机会成本。一般来说，在儿童未成为一个完整的劳动力之前，接受教育所失去的机会成本较少。

度，并确立了根据人的教育程度、学习水平来划分人的社会地位、分配社会资源的原则。在这种利益机制的驱动下，我国形成了尊师重教的社会传统，人们一直都非常重视儿童的教育问题。[①] 但是在人民公社时期，屡屡掀起的"教育革命"、高考制度的取消、保送推荐上大学制度的实行，使农村地区一度出现过"读书无用"的思潮。改革开放以后，我国逐步恢复了包括高考制度在内的各项考试制度，知识分子的地位得到提高，依据教育程度来划分社会地位和分配社会资源的传统在一定程度上得到了恢复。对于农村来讲，在城乡二元分割的体制下，通过"读书"流向城市并进入上层社会，是农民子弟及其家庭改变"命运"的唯一出路。所以，许多农村家庭和个人都对教育非常重视；退一步讲，即使不能最终跳出"农门"走进城市，人们也还是愿意接受一定程度的教育。因为一定程度的教育不仅可以开阔农民的视野，促进他们价值观念的转变，增加农民掌握新技术的能力，而且在人口流动日益增加、产业结构日趋多元、非农就业机会日渐增多的条件下，接受一定年限的教育可以增加农民的选择能力和就业机会。[②] 所以，不管是农村还是城市，人们越来越认识到，教育不仅是人的一种消费性投资，更是一种生产性投资。在现代社会，教育的作用越来越重要，一个没有接受过教育的人，将很难在社会上立足。因此，父母对子女的教育达到了前所未有的重视程度。如果有可能，他们会让子女接受尽可能多和尽可能好的教育。争夺优质教育资源的现象也越来越激烈。

其次，从家庭的经济状况来看。改革开放后，由于我国经济发展水平的提高，再加上城市一系列的工资福利改革和农村经营体制的改革，不管是城镇居民还是农村居民，家庭收入都有了突飞猛进的增长（表 5 - 6）。经济发展水平的提高和居民可支配收入的增长，使得居民的支付能力越来越强。这造成的一个结果是，即使在政府不进行补贴的情况下，他们也愿意、也有能力支付教育费用。

233

第五章 市场经济体制下的城乡教育关系

---

① 赵全军. 中国农村义务教育供给制度研究（1978—2005）：行政学的分析 [D]：[博士学位论文]. 上海：复旦大学国际关系与公共事务学院，2006：67.

② 赵全军. 中国农村义务教育供给制度研究（1978—2005）：行政学的分析 [D]：[博士学位论文]. 上海：复旦大学国际关系与公共事务学院，2006：68.

表 5 - 6 1978—2007 年我国城乡居民家庭人均可支配收入情况

年份	城镇居民家庭人均可支配收入		农村居民家庭人均纯收入	
	绝对数（元）	指数（1978＝100）	绝对数（元）	指数（1978＝100）
1978	343	100	134	100
1980	478	127	191	139
1985	739	160	398	269
1990	1510	198	686	311
1991	1701	212	709	317
1992	2027	233	784	336
1993	2577	255	922	347
1994	3496	277	1221	364
1995	4283	290	1578	384
1996	4839	302	1926	418
1997	5160	312	2090	437
1998	5425	330	2162	456
1999	5854	361	2210	474
2000	6280	384	2253	483
2001	6860	416	2366	504
2002	7703	472	2476	528
2003	8472	515	2622	551
2004	9422	554	2936	588
2005	10493	607	3255	625
2006	11760	671	3587	671
2007	13786	752	4140	734

数据来源：中华人民共和国国家统计局网站，http：//www. stats. gov. cn/tjsj/ndsj/ 2008/indexch. htm.

第三，从教育成本的变化情况来看。改革开放之前，城市居民的教育费用大部分由国家财政承包下来，个人缴纳的学费只占很小的比例；而农村居民由于公社制度的存在，集体性生存的意义得到了最大程度的强调，教育费用主要由社队集体负担，由家庭直接负担的教育费用也很少。所以，在计划经济时期，家庭几乎不直接承担教育成本。但随着改革开放后经济与分配体制的巨大变化，每一个家庭都成为一个独立的经营和利益主体，他们对公共物品供给和消费过程中的成本收益分析更为重视，尤其是对成本分摊更为敏感，因为成本分摊意味着对家庭利益的损害。更重要的是，从1978年起，尤其是从20世纪80年代中期以后，我国在教育领域进行了大规模的管理与投入体制改革，开始探索多元化的教育筹资渠道，制度外筹资，包括学生直接缴纳的学杂费比重越来越高，成为影响人们教育需求的不利因素。

但由于经济发展水平的提高和农民可支配收入的增加，以及人们对教育的价值认识越来越深刻，这在很大程度上降低甚至消解了由教育直接成本的增加给人们的教育需求带来的消极影响。这些因素变化的综合结果是，人们的教育需求不仅在数量上有所增加，而且在需求质量和需求结构上也有了更高的追求。

2. 从被动接受到主动选择：受教育者交费方式的改变

从受教育者接受教育的角度来看，教育的发展经历着一个从普及到提高、从关注数量扩张到关注质量提升的过程。前一阶段以"有学上"为主要发展目标，后一阶段则以"上好学"为旨归。在国家发展义务教育的"普及"阶段，"生存性"需要是义务教育发展的第一需要，在国家与社会力量不足以承担全部义务教育的费用时，通过向受教育者收取一定的费用来弥补教育成本的不足，就成为普遍的做法。事实上，在中国几千年的初等教育发展历程中，这一做法一直保留下来，直到21世纪第一个10年的后半期。但是，义务教育的"生存性"需要和"发展性"需要在时间上和空间上从来就不是泾渭分明的，它们之间往往互相交叉。从时间上说，即使在义务教育普遍处于"生存性"需要的历史时期，学校和受教育者的"发展性"需要依然存在；从空间上看，在同一时期，区域之间、城乡之间义务教育的发展阶段也并不同步，有些地方以"生存性"需要为主，有的地方则以"发展性"需要为主。从改革开放以来，我国正经历着义务教育从"生存性"需要向"发展性"需要的整体转型，受教育者在交费方式上也出现了从被动接受向主动选择的转变。

随着社会主义市场经济体制的建立和不断完善，我国已初步形成了利益主体多元化的局面，教育领域同样如此。首先，政府成为一个独立的利益主体。国外的公共选择理论早就认为，政府是一个具有自利性倾向的组织，也会追逐自身利益的最大化。在市场经济大潮下，政府是多元利益主体中的"利益主体之一"，国家行政机关和公务员也都具有了"经济人性质"①。其次，学校也成为一个独立的利益主体，并在国家的政策文件中有所体现。如1993年颁布的《中国教育改革和发展纲要》规定："按照政事分开的原则，明确学校的权利和义务，使学校真正成为面向社会自主办学的法人实体。"1995年颁布的《中华人民共和国教育法》也指出："学校及其他教育机构具备法人条件的，自批准设立或者登记注册之日起取得法人资格。"政校分开以及学校法人资格的取得，表明学校利益主体地位的确立。第三，家庭及其学生也成为一个独立的利益主体。在市场经济条件下，国家"统包统分"的就业政策得到废除，开始实行"双向选择"、"自主择业"的就业政策。在这种背景下，学生个体的利益主体地位也开始凸现。利益主体多元化带来的变化，一是利益目标的多样化，二是利益实现手段的市场化，即通过市场交换的方式来实现自己的利益目标。在新的历史条件下，教育既是为国家培养人才的手段，也是个人进行人力资本投资的主要方式。②

在我国义务教育由"生存性"需要向"发展性"需要整体转型以及社会主义市场经济利益主体多元化格局的双重影响下，农村和城市在义务教育的交费方式上产生了分化。对于农村义务教育来说，"生存性"需要一直处于主导地位，直到现在大体也是这样。所以对于农村的受教育者来说，由于农村教育发展水平整体薄弱，在农村范围内选择更好学校的机会并不多，再加上选择成本以及家庭经济水平的制约，所以通过主动性选择所缴纳的择校费、赞助费等费用在农村并没有大量出现。倒是由于国家对农村义务教育的整体投入水平较低，有时候农村学校的"工资、安全、运转"等都成了问题，所以学校向农村的受教育者收取一定的学杂费也就显得很正常。在农村，受教育者缴纳的主要是学杂费等一些有法律依据的费用，择校费用并不

---

① 王盛业，刘力，农卫东. "教育乱收费"的制度分析 [J]. 改革与战略，2006（2）：99—101.

② 王盛业，刘力，农卫东. "教育乱收费"的制度分析 [J]. 改革与战略，2006（2）：99—101.

多见。①

  对于城市义务教育来说，由于已经实现了全面的"温饱"，"生存性"需要已经基本得到了满足，对于广大的城市居民来说，接受更优质的教育就成了迫切的需求。城市义务教育阶段的学校，包括高中教育，虽然"生存"已经不是问题，但是学校与学校之间的差距是巨大的，少数的优质学校与多数的一般和薄弱学校并存。在少数的优质学校无法满足所有城市居民子女的需求时，占有较多城市经济、政治、社会等资源的家庭就在争夺优质教育资源方面占得了先机。只要一有机会，人们就会想方设法把自己的子女送到好的学校去。而其他一些中间群体，即使没有充裕的资金，但为了孩子的未来，也不得不凑钱选择学校，从而形成择校风潮。对于已经成为相对独立利益实体的学校来说，它们自然也会为了自身的利益而对城市居民的这些需求作出回应，择校费、赞助费、借读费等名目繁多但本质相同的择校费用应运而生。相对于农村，城市居民除了缴纳学杂费外，为了接受更好的教育，他们主动选择了一些好的学校，并交纳不菲的择校费用。

---

① 当然也有一些农村家庭家长主动为子女选择到城市上学并交纳借读费、择校费等行为，但其地域已超出了农村，也超出了农村教育的范围。

第六章
城乡教育关系制度变迁的规律性探索及启示

对城乡教育关系制度的变迁史进行研究，是为了总结规律，改造当下。在对我国几千年的城乡教育关系制度变迁史进行回顾与分析之后，我们不禁要问：城乡教育关系制度的变迁有没有规律可循，这种规律的表现是什么样子的，如何利用这种规律对我国当下的城乡教育关系进行恰切的制度安排，等等，成为我们必须要思考的问题。

一、城乡教育关系制度变迁的规律性探索

制度变迁的根本原因在于生产力的变化，直接原因在于各主体之间的利益冲突及相对力量的变化。制度变迁还会受到政治、经济、文化等方面因素的影响和制约。生产力对制度变迁的决定作用主要体现在社会的基本制度方面，并且主要是从整个社会发展史的角度来说的，是对人类社会发展规律的一种总体性的认识。对于某个历史时段的具体领域的制度变迁来说，虽然从最终的决定力量上可以归结为生产力的方面，其直接推动力量却在于该制度领域外部具体环境的变化以及由此引起的相关主体利益格局及力量强弱的变化。这可以从前几章我们对城乡教育关系制度变迁的历史分析中得到印证。

（一）外部条件变化是城乡教育关系制度变迁的诱因

1. 作为非基本制度的教育制度

作为社会交往关系结构的制度本身具有结构性。这种关系的结构性意味着其空间上的层次性与多维性，意味着制度本身的层次性与多维性。社会交往关系基本结构，是社会的基本制度及其规范秩序。在这种基本结构基础之上的社会各具体交往领域，有其具体交往关系结构，以及由这种具体交往关系结构所规定的规范秩序。正是在这个意义上，制度的结构性、系统性，就

不仅仅意味着在一般意义上制度自身是一个具有内在结构的系统，还意味着制度可以进一步被划分为基本制度与非基本制度。制度是一个由基本制度与基于基本制度之上的各种具体的非基本制度所构成的复杂系统。[①] 社会基本制度是指反映某一关系方面的本质内容和根本特征，是体现它内在的、本质的、一般的规定。也就是说，社会基本制度是特定社会在生产关系上层建筑方面的本质内容和根本特征，是特定社会在经济、政治、思想文化方面内在的、本质的、一般的规定。它不只是各方面制度中最基本的办事规程和行为准则的总和，更是经济制度、政治制度中最基本的办事规程和行为准则的总和。它是社会基本的、普遍的经济关系和政治关系的法律形式。所以，社会基本制度是社会制度系统的基础和核心。具体制度是特定社会在经济、政治、思想文化方面的基本制度的具体表现形式或实现形式。社会的基本制度是比较原则、笼统的东西，它要在社会生活中得以贯彻、实施，必须通过一系列的具体制度。[②] 基本制度与非基本制度主要是从纵向维度来划分的，其划分依据主要是根据制度的作用范围、强度和方式的不同。但从横向上来说，社会又是多方面的，是由不同的领域组成的，在政治、经济、文化、组织和社会其他领域及其各自的子领域都存在制度。这就相应地又有了政治制度、经济制度、军事制度、教育制度等的划分。如果再加上时间和空间维度的话，我们可以有如下几种方式来划分制度系统：一是纵向地按社会活动的不同层次、不同规模进行划分；二是横向地按社会活动的不同领域、不同内容进行划分；三是时序动态地按社会活动发展的过程进行划分；[③] 四是同一领域在不同国家出现的不同制度。相应地，就有不同层次的制度，不同领域的制度，不同发展形态的制度，不同地域的制度，等等。

对教育制度来讲，它自身虽然也有较为稳定的方面，但它更多地受到政治、经济、文化等其他领域制度的影响，并不属于社会基本制度的范畴。因此，对教育制度来讲，政治制度、经济制度、文化制度就构成了其赖以存在和发展的制度环境。这些制度环境的变化就成为教育制度变迁的外生因素。

---

① 高兆明. "制度"概念的存在论辨析 [J]. 南京师范大学学报：社会科学版，2007 (4)：5—12.

② 庄江山. 制度的哲学思考 [D]. [博士学位论文]. 上海：复旦大学哲学学院，2007：19—20.

③ 杨伟敏. 制度本体论研究 [D]. [博士学位论文]. 北京：中共中央党校，2008：70.

2. 历史的证据

城乡教育关系的外生变迁是指由教育之外的社会因素的变化所引起的城乡教育关系制度的变迁。这些因素是在长期演化过程中积累而成的，较少受到个人或某一集团的直接影响，这些积累变量可以是经济性的，也可以是政治性、社会性乃至文化性、军事性的，不同时期可能侧重点有所不同，这与当时的时代主题有关。但这些因素都能够在既定制度中向某一方向发生积累性变化。如果这些因素在既定制度中不发生积累性变化，而是趋于某一均衡水平，则这些变量就不会成为城乡教育关系制度变迁的外生因素。这些因素中的一种或几种发生的积累性变化超过一定的临界点后，就会引起城乡教育关系的制度变迁。

在清末之前数千年的历史中，中国属于前工业社会。由于自然经济占统治地位，城市与乡村的经济基础在本质上是相似的，商品生产不够发达，城乡生产者之间的商品交换很有限。农业居民自己进行农产品的生产和加工，城市中的手工业产品主要供城市人口消费，与农民的产品相交换很少，城乡间社会分工非常落后，城乡经济的同质性和社会分工的落后性实现着"城市与乡村无差别的统一"，城市与乡村的关系表现为一种牧歌般的天然联系。正是由于这种经济上无差别统一的城乡关系，使得城乡教育关系并没有分化的经济基础。再加上清末之前的中国传统社会，城市和乡村由官府统一管理，没有专门的城市政府，市政与乡政并无严格区别，实行的都是"城乡合治"的管理体制，这也为城乡教育实行一体化的管理提供了行政基础。

这时候，城乡一体的教育体制主要表现在以下两个方面。第一，从蒙养教育来讲。清末之前的中国传统社会，国家并不负责提供蒙养教育，蒙养教育一般都是在民间完成的。遍布城乡的私塾、家塾是蒙养教育的主要形式。所以蒙养教育实行的是城乡无差别的体制。第二，从官学体制来讲。官学体制自上而下可以分为中央官学以及府、州、县学。从官学所建地址来看，它们都地处城市，这好像与前边所作的"城乡实行一体的教育管理体制"结论有所矛盾。但一个社会实行的是否是城乡一体的教育管理体制，并不能从学校所处的位置来判断，而应该从学校所面对的人口以及由此决定的城乡人口的受教育机会来决定。设在城市的官学，除了作为统治阶级的皇族、贵族、官僚子弟享有一定的特权外，在对待被统治对象的城市社会和乡村社会上是一致的，隋朝科举制产生以后尤其如此。和现在的高考制度一样，科举制采取分科考试的形式，无论贫富贵贱，在形式上都有机会通过科举考试步入仕途。就像现在的高等教育一般都建在城市，我们不能说它实行的是城乡有别的管理体制一样，清末之前的官学体系同样如此。

实行城乡一体的教育管理体制，并不能说明清末之前的中国传统社会的教育制度是公平的，要说公平，也只能说作为被统治主体的城市民众与乡村民众之间是公平的，而作为统治主体的城市皇族、贵族、官僚子弟是享有特权的。[①] 因为不管是奴隶制社会还是封建制社会，都是典型的阶级社会，政府机构的存在都是为了维护以国王或皇帝为核心的家天下，并由此形成了森严的等级制度。为了维护这种等级制度，统治阶级垄断了部分教育权利，以使自身的统治得以延续。同样也是为了自身统治的需要，他们又需要教化民众并从民众中选拔一部分优秀人才参与国家的管理。因此，教育又是部分地向民众开放的，但这种开放是有限度的，是为统治阶级的统治服务的。所以说，这一时期的政治制度使教育带有明显的阶级性质。

到了清末民国时期，由于外国资本主义的入侵，我国的自然经济遭到了破坏，商品经济得到了发展，城市工业和农村农业的分化格局开始加剧，城乡关系走向分离。最终，城市与乡村无差别的统一关系，被"外国帝国主义和本国买办大资产阶级所统治的城市极野蛮地掠夺乡村"和压迫乡村的关系所取代。与此相适应，中国的行政管理也开始实行城乡有别的管理制度。这些都为城乡教育的分化奠定了基础。同时由于我国面临着内忧外患的双重困境，救亡图存与实现近代化的重任就成为这一时期的时代主题，这些又都不可避免地对教育造成了影响。

新中国成立以后，我国建立了高度集中的计划经济体制。为了快速实现工业化，我国又实行了重工业优先发展的赶超型发展战略。为了实现这一战略，国家必须集中有限的资源来支援城市。因此，农村和城市被人为地分成两个不同的世界，形成了一整套包括统购统销、人民公社、户籍制度等在内的城乡隔离的二元体制。这一时期与清末民国时期相比，城乡关系有了进一步的分化，从城乡分离走向了二元对立。作为社会的一个基本领域，教育在

---

① 对于城市来讲，它首先是作为统治阶层的庇护地和享乐地而存在的，但是，城市中不仅有统治阶层，还有士、农、工、商、贱民等其他被统治阶层。因此，城市就被分成一个两重世界，即作为统治主体的城市和被统治主体的城市这一双重身份而存在。

投入、管理等方面也实行了城乡有别的体制。但由于这一时期我国强调公平甚至是绝对的公平，城乡有别的教育制度并没有造成城乡教育的巨大差距。同时，政治挂帅、以阶级斗争为纲的政治路线给教育也造成了很大的影响。

改革开放以后，我国把工作重心转移到以经济建设为中心的社会主义现代化建设上来，并逐步取消了城乡对立的二元体制。但由于体制的惯性作用，再加上几十年来城市已经积累起来的先发优势，城乡差距并没有在优胜劣汰的市场经济大潮下缩小，反而有逐步拉大的趋势。对教育来讲，城乡有别的教育体制并没有改变，"城市教育政府办、农村教育人民办"的体制在相当长的一段时期内被延续下来。城乡教育差距逐步拉大。同时，以经济建设为中心的时代背景，资源配置的市场逻辑又严重地影响了人们的教育选择。教育提供与教育选择呈现了多元化的态势。

通过对历史的简单回顾可以看出，几乎每一次教育制度的大变迁，都是由教育外部条件的变化所诱发的。虽然每个时期引起教育制度变迁的外部条件大致都集中在政治、经济、文化及城乡关系等方面，但每个时期这些因素所起的作用都是有差别的。可能有的时期政治起着更大的作用，有的时期经济因素是更大的诱因。但总起来说，教育的外部因素对教育的制度变迁起着很大的先导作用，这一点毋庸置疑。

（二）教育主体的互动是城乡教育关系制度变迁的直接推动力

各主体之间的利益冲突及相对力量的变化是制度变迁发生的直接原因。城乡教育制度的变迁也同样如此。按照科斯的定义，制度是调节人与人之间、人与组织之间以及组织与组织之间互动的规则，那么制度变迁的主体也只能是个人和组合起来的个人——组织两种类型了。从制度运行的主体来看，包括个人、组织、团体、法人及国家等。本书把城乡教育关系制度变迁的主体分为国家、社会以及个人，不同的利益主体在变迁中的权力结构、偏好体系和利益结构的相互冲突和相互制衡共同决定制度变迁的方向。虽然制度变迁的方向由各个利益主体共同决定，但各利益主体对制度变迁作用的大小是不一样的。其中，国家在城乡教育关系制度变迁过程中发挥着主导作用，社会和个人则起着重要的制约作用。

1. 作为一种制度的城乡教育关系

（1）城乡经济关系与制度。

从城乡经济关系来看，人类的发展历史可以概括为乡育城市→城乡分离

→城乡对立→城乡融合等几个阶段，这是一个客观的历史过程。城乡分离、城乡对立、城乡二元结构等是发展中国家普遍存在的一种状况。是什么原因导致城乡经济的二元结构呢？它源自城乡经济结构的不同。在发展中国家，城市主要是以工业为主导的现代部门，而农村则主要是以农业为代表的传统部门，由于工业和农业本身生产效率的不同，导致城乡二元经济结构的形成。解决城乡经济二元结构的关键是消除城乡之间生产效率的差距。由于农村农业部门存在着劳动力无限供给的状况，使得传统农业部门的边际生产率为零或成负数。因此要想提高农村的边际生产率，必须转移农村剩余劳动力。只有当农村的剩余劳动力转移到一定程度、城乡之间的生产效率趋同的时候，城乡的二元结构才会消除。虽然从根本上说，经济活动和教育活动一样，都是由人的活动构成的。但是城乡经济二元结构的形成不是人的活动有意识建构的结果，而是源自社会自然分工所造成的工农差别。所以，城乡经济二元结构的生成更多的是一个自然历史过程。

新制度经济学把制度问题纳入到经济学研究的核心位置，将制度分析作为影响经济的内生变量，用制度来解释经济发展的效率问题。我们暂且不论制度到底是影响经济的外生变量还是内生变量，但有一点可以肯定，就是制度是作为影响经济发展的一个要素而存在的，这一点无可怀疑。用新制度经济学的话来说就是，制度规定了人们的游戏规则，规定了产权结构，从而约束着人们的经济行为。但制度只是作为影响经济发展的一个要素，它本身并不等同于经济。

制度作为影响经济发展的一个变量，它的制定也并不是随意的，因为经济本身有自己的发展规律。例如，在商品生产条件下，必然存在着供求规律、竞争规律和作为商品生产基本规律的价值规律。尤其是价值规律，被马克思认为是商品经济的基本规律，价格、竞争、供求等市场要素的相互作用构成了市场经济的运行机制，市场机制是价值规律的外在表现。正因为经济活动中存在着客观的经济规律，所以说，人们对经济制度的建构并不能随心所欲，而只能依循客观经济规律来行事，才能促进经济的健康发展。对于城乡经济关系来说，它同样也要受到客观经济规律的制约，对制度的不同选择可能会影响城乡经济关系的不同走向，但是不会改变经济规律本身。

（2）作为制度的城乡教育关系。

与制度外在于城乡经济关系不同，城乡教育关系与制度是内在的统一的，可以说，城乡教育关系就是城乡教育关系制度。这是因为经济活动与教育活动有很大的差别，城乡经济关系与城乡教育关系也有很大不同。

第一，与经济活动相比，教育活动并没有公认的教育规律。也许是人们尚未发现，但到目前为止，人们尚缺乏足够的证据来使多数人信服教育有其自身的规律。正是由于教育没有或人们尚未发现教育中所存在的规律性的东西，这就使人们有理由认为，既然没有这样一种教育规律的制约，那么人们就可以凭借自己的主观意愿即人们的价值取向构建教育制度，从事教育活动。从这个角度说，教育就等同于教育制度。

第二，从发生学的角度看，正规的学校教育产生于国家之后。经济活动是人类社会的第一种活动，自从人类产生以后，经济活动也就相伴而生，它产生于国家之前。虽然从广义的教育来看，教育活动也是与人的产生相伴而生的。但就正规的学校教育来看，学校教育诞生是在国家之后的。这也使人们有理由相信，教育是作为一种制度建构而存在的，尤其是作为国家的一种制度建构而存在。

第三，从分配领域来看，教育处于再分配领域。经济活动中，人们根据对生产要素的占有情况和谈判能力的强弱，实现了对生产收益的初次分配。教育不属于直接的生产活动，它的运行需要政府通过税收、政策、法律等措施对直接生产活动的收益进行再分配。从这个角度看，教育不仅受制于经济，而且更依赖于政府的税收及其他方面的制度保障。

第四，从近代以来，世界各国都把教育当成一种公共产品或者准公共产品，为了解决外部性以及由此引发的"搭便车"问题，各个国家都直接把教育尤其是义务教育当成一种国家事业，直接给国家所有适龄儿童提供免费的义务教育。由国家来供给本质上就是一种制度供给。

基于以上几个理由，我们可以作出如下结论：从宏观意义上说，教育与教育制度是一回事。如果我们把这个结论推延到城乡教育关系领域，城乡教育关系自然也就等同于城乡教育关系制度。这个制度是由政府、社会、个人在互动中共同建构的，国家在这个制度建构中起着主导作用。

2. 政府是城乡教育关系制度变迁的主导力量

不管是从发生学的角度看（正规的学校教育产生于国家之后），还是从分配领域看（教育处于再分配领域），再或是从公共产品的角度看，教育都与国家（政府）的制度安排息息相关。

依据实施主体的不同，制度变迁可以分为两种形式：一种是政府主导的变迁方式，即由政府通过强制力来实施完成；另一种是社会和个人引发或推动的制度变迁，这种制度变迁是由行动主体（社会或个人）为捕捉获利机会而自发进行的制度创新。林毅夫把前一种制度变迁方式称为政府主导的强制性制度变迁，后一种称为需求主导的诱致性制度变迁。对于城乡教育关系制度来说，政府同样是促使其发生变迁的主导力量，而社会或个人则对变迁起着重要的推动或制约作用。

新制度经济学派认为，在制度变迁过程中到底采用或选择何种方式，主要取决于一个社会的利益集团之间的权力结构、谈判能力、资源可用量以及社会的偏好结构。[①] 代表国家的政府是"在暴力方面具有比较优势的组织"，因而"处于界定和行使产权的地位"[②]，并能够通过提供其他的一系列规则来减少统治国家的交易费用。特别是在中国的集权式政治结构中，政府拥有绝对的政治力量对比优势，而且拥有很大的资源配置权力，能通过行政、经济和法律等手段在不同程度上约束其他社会行为主体的行为。[③] 在历史上，我国城乡教育关系制度的变迁主要是由政府主导的，主要表现如下：

第一，由政府设置制度变迁的基本方向、基本架构和坚持的原则。[④] 历史上，不同时期城乡教育关系的制度变迁都会有一些大的前提条件，这些前提条件决定了制度变迁的可能限度，无论怎么变迁，政府都不会让这些制度变迁超过这些界限，超过这些界限就意味着政权的更迭或是其他大的社会变迁。如在清末之前的传统社会，城乡教育关系的制度变迁不能超越"三纲五常"的范畴，不能威胁朝廷的统治；清末民国时期教育以救亡图存与政治稳定为发展目的，城乡教育关系的制度变迁也必须以此为准则；新中国成立后的城乡教育关系变迁同样如此，在以阶级斗争为纲的政治背景下，不管是城市教育还是农村教育都成了阶级斗争的工具；改革开放后，"一个中心两个基本点"逐渐成为党的基本路线，城乡教育关系的制度变迁也必须要遵守这

① 田克桢. 农村制度变迁中政府主导逻辑的困境与超越 [D]：[博士学位论文]. 长春：吉林大学哲学社会学院，2009：54.

② [美] 道格纳斯 C 诺思. 经济史中的结构与变迁 [M]. 陈郁，罗华平译. 上海：上海三联书店，上海人民出版社，1994：21.

③ 陈天祥. 论中国制度变迁的方式 [J]. 中山大学学报：社会科学版，2001 (3)：86—93.

④ 陈天祥. 论中国制度变迁的方式 [J]. 中山大学学报：社会科学版，2001 (3)：86—93.

条基本路线。在制度变迁过程中，任何制度创新主体，不管是政府还是社会或是个人所追求的目标都是自身效用或利益的最大化。而政府尤其是中央政府在制度创新决策时的首要目标就是维护和加强其政治权威，使自己获得最大限度的社会支持，并使公开的和潜在的反对自己的政治力量降到最小，以维持其统治地位的合法性。①

第二，政府以制度供给者的身份，通过法律、法规、政策等手段实施制度供给。② 不管是政府主导的强制性制度变迁，还是社会、个人推动的需求诱致性制度变迁，政府作为制度的最终供给者，是制度的权威认证机构，任何形式的正式制度都必须经过政府在政治程序上的确认，才能够得以在全社会范围内的扩散和推广。从这个意义上讲，并不存在单纯意义上的需求诱致性的制度变迁。在历史上，我国城乡教育关系的制度变迁同样表现出此种特征。

第三，政府设置制度进入壁垒，限制微观主体的制度创新活动。政府的制度安排总是根据自身的目标函数和约束条件来评估和选择的，即使微观主体感知到获利机会，如果没有政府的许可或授权，也不能自主进行可能导致自身利益最大化的制度创新，也难以"退出"由政府作出的制度安排。政府通过法律、法规和行政命令等手段，限制微观主体的制度进入权，使制度创新活动被控制在政府允许的范围内，避免偏离政府设定的制度变迁轨迹的情况出现。③ 如我国古代在大部分时间内是鼓励私学发展的，但是在秦代，秦始皇焚书坑儒，颁布"挟书令"和"禁私学以吏为师"，就使教育事业的发展受到了限制。

第四，政府有选择地放松制度准入条件，促进诱致性制度变迁的发生，并提高其规范化和制度化水平。中国的制度变迁是政府主导型的制度变迁，这并不否认中国同时也存在一定的由微观主体自愿的合作性制度安排。但这种自愿的安排，是在制度供给不足的情况下，政府对制度创新的需求方是在实行一定的进入许可的条件下发生的。④ "取消一种带限制性的政府政策的

---

① 陈天祥. 论中国制度变迁的方式 [J]. 中山大学学报：社会科学版，2001 (3)：86—93.
② 陈天祥. 论中国制度变迁的方式 [J]. 中山大学学报：社会科学版，2001 (3)：86—93.
③ 陈天祥. 论中国制度变迁的方式 [J]. 中山大学学报：社会科学版，2001 (3)：86—93.
④ 陈天祥. 论中国制度变迁的方式 [J]. 中山大学学报：社会科学版，2001 (3)：86—93.

效应，相当于扩大制度选择集合。"① 哪些制度创新被许可，哪些制度创新不予许可，均由政府根据自己的效用和偏好来决定，所以，微观主体的自愿安排始终控制在政府手中。② 不管是强制性制度变迁，还是诱致性制度变迁，必须通过政府的强制实施或放松约束才能实现。而且，自发性的制度安排一般规范化水平和制度化水平较低，需要政府的介入，加以完善。③ 因此，从这个意义上讲，政府有时候对制度的不安排也是一种制度安排，正如人们对各种可能性的选择一样，有时候不选择也是一种选择，只是选择了不选择而已。在很多情况下，正是政府对制度的不安排才给社会和个人进行制度创新提供了很大的空间。在城乡教育关系制度变迁的过程中，很典型的一个例子就是，在中国传统社会国家并未对蒙养教育进行过专门的制度安排，正是由于政府制度供给的不足，才造成了遍布城乡的私塾教育的出现。

3. 社会与个人是城乡教育关系制度变迁的重要影响因素

政府是城乡教育关系制度变迁的主导力量，在城乡教育关系制度变迁过程中起主导作用，但这并不意味着社会和个人对城乡教育关系制度的变迁无足轻重。事实上，社会和个人对城乡教育关系制度变迁起着重要的制约作用，在某些时候甚至会起到关键性作用。从政府强制性制度变迁和社会、个人诱致性制度变迁的关系来看，一个完整意义上的制度变迁的成功进行，变迁方式表象上可能存在很多不同的情形，这些不同只是各个制度创新行动团体处在变迁过程阶段的不同以及发挥的作用不同而已，而且任何一个变迁的阶段都不可能缺少政府和社会、个人的共同作用。④ 那么，社会和个人到底对城乡教育关系制度变迁起着什么作用呢？

第一，社会与个人可能是一项制度变迁的启动者。任何一个制度变迁都不可能缺少政府、社会与个人的共同作用，只是各个主体所处的变迁过程阶段和发挥的作用不同而已。在制度变迁的启动阶段，启动者可能是政府，也

---

① 林毅夫. 关于制度变迁的经济学理论：诱致性变迁与强制性变迁 [A]. [美] R·科斯，A·阿尔钦，D·诺思，等. 财产权利与制度变迁：产权学派与新制度学派译文集 [C]. 刘守英，等译. 上海：上海三联书店，上海人民出版社，1994：386.

② 陈天祥. 论中国制度变迁的方式 [J]. 中山大学学报：社会科学版，2001 (3)：86—93.

③ 郭小聪. 中国地方政府制度创新的理论：作用与地位 [J]. 政治学研究，2000 (1)：67—73.

④ 冷雄辉. 政府主导的需求诱致性制度变迁：一个理论假说 [J]. 现代商业，2009 (21)：208—209.

可能是社会或个人。由于社会和个人往往会对潜在的获利机会更为敏感，所以他们往往会成为一项制度变迁的最初发起者。能够证明这一结论的一个经典案例就是我国改革开放初期土地承包制度创新的例子。家庭承包经营制首先是由农民自己发明创造的，只是初期这种制度安排并不规范，后来由于政府的作用，才逐渐规范起来。城乡教育关系的制度变迁同样也存在着类似的情况，如在清末之前的中国传统社会，由于国家并不对初等教育担负供给责任，只是通过各种选士制度对教育发展方向起引导作用。为了迎合国家的这种政策，同时也为了满足自己向上层社会流动的需要，在广大的城乡地区就由士绅等阶层建立了大量的私学，以满足人们的求学要求。

第二，社会与个人还可能对政府主导的制度变迁起到推动或者阻碍的作用。由于制度变迁直接源自于各主体之间的利益冲突及相对力量的变化，所以，当政府主张某项制度变迁时，能否考虑社会和个人的利益需求就成为制度变迁能否顺利进行甚至成败的关键因素。一般来说，三者利益一致时，制度变迁就很容易发生；反之，制度变迁就会遇到障碍，特别是当社会和个人力量非常强大的时候，这种障碍就会越加明显。在中国的城乡教育关系制度变迁史上，这样的例子比比皆是。以清末之前的中国传统社会为例，虽然政府并不担负对初等教育的供给责任，但是由于政府采取了以各种选士制度（尤其是隋唐以后的科举制度）为手段的激励措施，鼓励民间兴办私学。这既调动了人们接受儒家传统教育的积极性，也激发了乡村士绅兴办私学的积极性，因为兴办私学既可以满足他们自己子女的受教育需求，还可以巩固他们作为当地统治权威的地位。正因如此，中国的传统教育制度才会延续数千年。但是到了清末民国时期，随着内外部环境的变化，国家开始自上而下地推行义务教育，新式的义务教育在教学内容与教学形式乃至教育目的上都与传统的儒家教育有着根本的不同。新式教育在向农村推行的过程中，由于不适合农村的实际，在农村受到了严重的抵制。而传统的私塾等教育形式由于教学内容和教学形式上都贴近农村实际，在农村依然受到了欢迎。虽然国家屡次取缔、改造农村私塾，但效果并不理想，私塾与新式小学堂并存的局面一直持续到新中国成立。

（三）路径依赖对城乡教育关系制度变迁的阻碍作用

道格拉斯·C·诺思把路径依赖的分析方法应用于制度分析，创立了制度变迁的路径依赖理论。他认为，路径依赖是分析并理解长期经济变化的关键。但是，路径依赖的思想并非诺思的原创，他主要受益于阿瑟（William Brian Arthur）对技术变迁中的自我增强机制和路径依赖性质所作的开创性研究的启示。1988年阿瑟指出，新技术的采用往往具有报酬递增和自我强化的性质。首先，采用的新技术可以凭借其领先优势，实现规模经济，降低单位成本，诱使同行采用相同的技术，从而产生协调效应，技术在行业中的流行就会促使人们相信它会进一步流行，这样就实现了技术的自我增强，并很难为其他潜在的甚至更优的竞争技术所替代，这就是技术变迁的路径依赖问题。[①] 后来，诺思把技术演变过程中的这一现象和性质推广到制度变迁中，成功地阐释了经济制度的演进。诺思认为，"路径依赖"类似于物理学中的惯性，是指"人们过去的选择决定了他们现在可能的选择"，事物一旦进入某一路径，就可能对这种路径产生依赖。"历史是最重要的"，我们今天的各种选择实际上受到历史因素的影响。[②] 人们作了某种选择，就好比走上了一条不归路，惯性的力量会使这一选择不断自我强化，并让你轻易走不出去。"路径依赖"理论被总结出来之后，人们把它广泛应用在选择和习惯的各个方面。在一定程度上，人们的一切选择都会受到路径依赖的可怕影响，人们过去作出的选择决定了他们现在可能的选择，人们关于习惯的一切理论都可以用"路径依赖"来解释。

既然制度变迁中路径依赖问题是一个普遍现象，那么路径依赖现象为什么会存在？它的存在对于制度变迁会产生什么样的影响呢？我们可以从以下几个方面分析或理解制度变迁具有"路径依赖性"的原因：

1. 制度所具有的结构性特征决定了制度变迁的非随意性

制度作为一种社会交往关系结构，天然地具有稳定性和凝固化的特征，对结构中的要素（包括人及人的联合体）具有逻辑的先在性，处于一种决定者的地位。这一点决定了人们并不能随意地进行各项制度安排，改变原有的制度结构。制度变迁的路径依赖问题也会由此产生。

2. 初始路径选择的惯性影响

制度变迁受初始路径的约束，也受由此引起的规模效应、学习效应、协

---

① 陈波，孙承志. 路径依赖、制度变迁与创新：关于军工企业制度演进的一种解释 [J]. 军事经济研究，2001（2）：26—30.

② 卢现祥，朱巧玲. 新制度经济学 [M]. 北京：北京大学出版社，2007：471—472.

调效应和适应性预期导致的自我强化机制的制约。① 制度变迁能否成功，目标能否实现，不仅取决于制度变迁的方向是否正确，还取决于制度安排的初始选择。制度安排的初始选择会对以后的制度安排带来影响，尤其是前后的制度安排差别很大的时候，这种影响作用可能更为明显，甚至使制度变迁"锁定"在某种无效状态中。

3. 利益因素的制约

路径依赖形成的深层次原因是利益因素。在任何一种制度安排中，都会存在着不同的利益集团，既得利益集团会对现存的制度安排（现存路径）有着强烈的需求。他们想尽办法巩固维持现有的制度，妨碍选择新的制度路径，哪怕新的制度安排比现有的制度更有利于社会公平、更有效率。因为，新的制度安排可能意味着既得利益集团利益的减少、地位的下降和权利的失去，他们会极力维护现有制度，并反对各种企图进行制度路径替代的其他利益集团的活动，以维护自身的利益不被损害。

4. 制度运行环境的影响

制度运行环境的改变是产生制度变迁的外在动因。如果制度的运行环境不发生改变，便不会打破制度的均衡状态，潜在的获利机会也不会出现，制度变迁便不会发生。因此，制度运行环境也是制度变迁产生路径依赖的重要原因。制度的运行环境包括制度性环境和非制度性环境。对于制度性环境来说，基础性制度安排即宪法秩序（规则）又起着至关重要的作用，因为宪法秩序是一系列用来建立生产、交换、分配、消费的基础性社会规则。它对各项具体的制度安排具有决定作用，一经确定，很难变动。所以，它也是制度变迁中形成路径依赖的一个重要因素。

5. 非正式制度安排的影响

诺思非常重视非正式制度对形成制度变迁路径依赖的作用。在北京大学中国经济研究中心成立大会上（1995），诺思指出，当一种社会制度演进到一定的阶段，总是要受已存的文化、传统、信仰体系等因素的制约。"这也就是说我们的社会演化到今天，我们的文化传统，我们的信仰体系，这一切都是根本性的制约因素，我们必须仍然考虑这些制约因素。这也就是说我们必须非常敏感地

---

① 高倩云. 明清晋商文化传统、制度绩效与路径依赖 [D]：[博士学位论文]. 沈阳：辽宁大学，2007：27.

注意到这样一点：你过去是怎么走过来的，你的过渡是怎么进行的。我们必须非常了解这一切。这样，才能很清楚未来面对的制约因素，选择我们有哪些机会。"诺思在这里所说的"路径依赖"就指今天的选择受历史因素的影响。① 诺思这里所说的已存的文化、传统、信仰体系等实际上就是指非正式制度，它是一种植根于文化传统的制度类型，对正式制度的变迁起着很重要的作用。

路径依赖对制度变迁具有极强的制约作用是客观存在的。初始的制度选择会强化现有制度，使制度变迁沿着原有制度变迁的路径和既定方向前进。但是，路径依赖不同于历史决定论，它并不意味着路径轨迹方向永不改变。事实上，我们需要不断地解决"路径依赖"的问题，并促使制度变迁的发生。通过诱致性制度变迁和强制性制度变迁改变初始路径的自我强化机制的来源，消除低效率制度路径依赖的自强化机制，或是改变一个特殊集团的相对收入状况以使原有利益集团瓦解，或是降低信息成本，使人们能够认识到不同的或更优惠的交换条件可能在别处占优势等方法来改变路径轨迹的发展方向，② 最终达到制度变迁的目的。

城乡教育关系与其他领域的制度变迁一样，有着自己特定的演进路径，同样也会受到路径依赖作用的制约。这些路径依赖有些贯穿于中国城乡教育关系制度变迁史的始终，如集权主义的文化传统导致我国自上而下、政府主导的制度变迁始终处于强势地位；有些则存在于较短的一段时期，如某一时期特定的利益结构。一般来说，由制度环境、非正式制度安排所导致的路径依赖是相对稳固的，在较短的一段时期内很难破解。而由特定的利益结构所造成的路径依赖则有可能在短时期内得到破解。但无论如何，有意识地进行城乡教育关系的制度变迁，必须对制度的路径依赖问题有清晰的了解，只有打破这种路径依赖，才有可能实现城乡教育关系制度的变迁。

二、我国现阶段城乡教育关系制度变迁的路径选择

（一）城乡教育关系制度的构成要素

任何事物都是本质与现象、共性与个性、一般与具体、形式与内容的统

---

① 尧凤仁. 制度变迁中的路径依赖研究 [D]：[硕士学位论文]. 广州：暨南大学，2006：17.
② 高倚云. 明清晋商文化传统、制度绩效与路径依赖 [D]：[博士学位论文]. 沈阳：辽宁大学，2007：27.

一体。对于制度来讲，从具体的经验角度来说，它是各项具体制度的总和；从抽象的角度来讲，它是去除各项具体制度的个性、特殊性，抹去它们表面现象的内容差异后所得到的制度的本质、共性和一般。制度的这种共性就是制度的形式或结构。

系统论作为一个相对成熟的研究领域和思维方法，对于制度研究具有很好的启发和借鉴作用。如贺培育在《制度学：走向文明与理性的必然审视》中，从结构系统的角度解释了制度的构成和本质。他认为，制度可以分解为四个不同的构成体系，分别是目标系统、规则系统、组织系统和设备系统。四个系统组成一个制度整体，分别承担不同的职责，发挥不同的功能。目标系统约定着社会关系的动机、目的和要求，决定着制度的性质，规定着制度运动和发展的方向，是制度系统的灵魂所在；规则系统是约定行为关系的原则、规范和程序，规则系统服从和服务于目标系统，体现着目标系统的精神实质，合乎目标的要求，目标系统的变化将带来规范系统的大变动；组织系统是实现、贯彻和执行规则系统的组织或社会主体，组织系统与规则系统的协调和认同程度决定了目标系统的实现程度；设备系统是行为关系得以规范、约束的保障机制。[①] 贺培育的研究线索是从两个方面展开的，包括宏观描述和内涵延展。通过动态的观察和探究，对制度的整体特征和构成要素进行了剖析和论述。

另一位学者辛鸣在《制度论——关于制度哲学的理论建构》一书中，也对制度的结构进行了分解。他认为，制度系统是由规则、对象、理念、载体四大要素构成的。规则是制度的实体内容，是一些基本的准则、标准、规定等，它通过权利、义务、责任，或者是赋予某种事实状态以意义而具有约束力，实质上就是以法律、法规、契约、公约等形式规定下来的准则，可对应于前述的规则系统；制度对象指制度所涉及的范围、领域与方面，对应于前述的组织系统；理念是制度规则体现出来的价值判断与目标定位，每项具体的制度安排都要受一定的制度理念的支配。制度的理念可以对应于前述制度的目标系统；载体是制度内容赖以体现的形式，有了载体，人们便可以把握制度的现实样式。这些载体一般以法律条文、规章等形式表现出来。此外，

---

① 贺培育. 制度学：走向文明与理性的必然审视 [M]. 长沙：湖南人民出版社，2004：17—22.

习惯甚至不可言传的心理认同等也可能成为制度的载体。[1]

以上两位学者的共同点就是舍弃了制度的具体差异，而从制度的共性出发来分析制度的共同结构，即作为制度全体或制度抽象的一般系统构成。基于这样的思路，综合上述两位学者的观点，笔者认为一项制度安排应该包括以下几大要素：目标价值系统、规则表达系统、调整对象系统和实施保障系统。

目标价值系统指的是制度的理想价值目标，是制度期望的应然状态的最高概括。[2] 一项制度的目标价值可能是公平、正义、效率等普世价值的体现，也可能是强势利益集团利益的体现。它是制度的灵魂所在，决定了制度的性质和运行方向。

规则表达系统是制度的物质外壳和表现形式，通过一定的法律条文、行为准则、文字说明、合同契约、规则条例等直观地展示出来。制度是一种社会交往关系结构，调整的是人与人之间的利益关系，规则表达系统则是对这些客观的社会利益关系的规范化表达。

调整对象系统指制度所涉及的范围和领域。制度按纵向、横向、时间、空间四个维度可以划分为不同层次的制度、不同领域的制度、不同发展形态的制度和不同地域的制度等。因此，制度的调整对象也就有了不同层次、不同领域、不同发展形态和不同地域的区别。制度调整对象的不同，反映的是人们活动领域和范围的不同。

实施保障系统是制度目标得以执行和实现的关键部分。目标价值系统、规则表达系统以及调整对象系统都属于"意识"或"文本"层面的部分，真正的制度运行需要实施主体和实施手段。实施主体和实施手段的综合构成制度的实施保障系统。

对于城乡教育关系制度来说，它同样也包含上述四个要素，即：城乡教育关系制度的目标价值系统，规则表达系统，调整对象系统，实施保障系统。在这四个要素中，城乡教育关系制度的调整对象系统已经明了，它主要反映的是在城乡教育关系制度安排中各利益主体的地位与作用，并由此调整和限制着各教育主体的行为。在这些教育主体中，个人、社会与国家是具体

---

① 辛鸣. 制度论：关于制度哲学的理论建构 [M]. 北京：人民出版社，2005：84—113.

② 杨伟敏. 制度本体论研究 [D]：[博士学位论文]. 北京：中共中央党校，2008：68—69.

表征，是城乡教育关系制度的利益调整对象。本章以下几个部分主要讨论城乡教育关系制度的其他三个要素系统。

（二）我国现阶段城乡教育关系制度变迁的价值选择

当前，我国的城乡教育关系制度变迁主要是以政府为主导的自上而下的强制性制度变迁。在这一制度变迁的过程中，对于制度变迁的价值选择至关重要，它关系到我国城乡教育关系发展的基本走向，同时也关系到人们的基本教育权益。

1. 教育制度价值选择的依据

制约教育制度价值基础的因素包括外部因素和内部因素两类。外部因素主要是指特定的社会制度、社会历史发展阶段、国家的大政方针政策等影响教育制度价值选择的外在条件。内部因素包括现代教育自身所固有的价值追求以及教育发展的现实状况。教育制度价值选择的外部因素一般来说是相对客观的，在特定时期是已经"存在"的因素，影响着人们对教育制度的价值选择，如我国的社会主义国家性质、当前我国的政策重点（科学发展观、构建和谐社会）等。在绪论研究背景中的相关论述，也可看成对教育制度价值选择依据的相关因素的论述，如我国所处的历史阶段、城乡教育二元结构的现实状况以及城乡一体化、城乡教育一体化的政策背景等，这既包含了外部因素也包含了内部因素。对于这些内外部因素，笔者在此不再赘述，现仅对现代教育的产品属性及自身所固有的价值追求作一简要分析。

教育产品，是指教育部门和教育单位所提供的产品，这种产品又称为教育服务。对教育产品属性的讨论是建立在公共产品理论基础上的。公共产品理论最先由美国著名经济学家萨缪尔森（Paul A. Samuelson，1915－2009）提出，他1954年在《经济学与统计学评论》发表的《公共支出的纯理论》一文中对此进行了系统论述，此后在经济分析（特别是公共选择和公共经济学领域）中被广泛运用。

依据公共产品理论，全部社会产品可以分为三类，即公共产品、私人产品、准公共产品。萨缪尔森在2004年修订出版的第17版《经济学》中，把公共产品定义为：将该商品的效用扩展于他人的成本为零；无法排除他人参与分享。① 根据这个定义，人们普遍认同公共产品有两个典型的特征：一是消费的非竞争性，二是消费的非排他性。消费的非竞争性是指增加一个消费者的边际成本为零，或增加新的消费者后不会减少原有消费者的消费水平；消费的非排他性是指公共产品的受益是无法排他的，即无法基于市场交易原则来达到谁付费谁受益，将一部分人排除在公共产品的消费之外，或者即使能排除，那么这种排除的技术难度也将会很大或者成本很高。同时具有这两个特征的产品（或服务）为公共产品。典型的公共产品有国防、社会治安等。与公共产品相反，私人产品是同时具有消费的竞争性和排他性的产品，如食品、衣物等生活用品。介于公共产品与私人产品之间的产品属于准公共产品。

对于教育的直接产品——教育服务来说，直接提供教育服务的机构是学校。学校提供教育服务类似于电影院、演唱会等所提供的娱乐服务，具有"效用可分性"的加和特征，即接收的学生越多，需要的教师就越多，校舍就越大，因而成本也就越高；另一方面，在达到一定规模后，教育成本逐渐降低，当学生群体扩大到一定数量时边际成本又开始上升，而且继续扩大到某一数量时，其边际成本变得非常大甚至是无穷大。② 所以，教育具有竞争性。从排他性的角度来说，学校在技术上完全有能力将教育的消费者（如不付费者）排除在学校或教室之外，这也和电影院、演唱会等的运行规则是相似的。从这个意义上说，教育的直接消费具有私人产品的性质。公共经济学权威阿特金森（Anthony B. Atkinson）和斯蒂格利茨（Joseph E. Stiglitz）就是从教育的直接消费特点出发，把教育看成"公共供应的私人产品"。③ 所以，学校完全有可能像电影院、演唱会那样进行商业化运作，尤其是在知识经济的大背景下，教育越来越成为一种生存性消费，以文化、知识为核心的人力资本对一个人的经济和社会地位起着越来越重要的作用，一个没有文化知识的人将很难在社会上立足。所以，随着经济的发展、科学技术的进

---

① ［美］保罗·萨缪尔森，威廉·诺德豪斯. 经济学［M］. 萧琛译. 北京：人民邮电出版社，2004：29.

② 郭垒. 公共物品抑或私人物品：关于教育社会定位的一个理论困境及分析［J］. 国家教育行政学院报，2005（2）：43—48.

③ ［英］安东尼·B·阿特金森，［美］约瑟夫·E·斯蒂格里茨. 公共经济学［M］. 蔡江南，等译. 上海：三联书店上海分店，上海人民出版社，1994：637.

步，人们会越来越重视自己及其后代的教育问题，可以预见，未来人们对教育的需求会越来越旺盛。在这种背景下，也为学校进行市场化运作（不等于教育的市场化）提供了理论上的可能。

教育服务的这种直接消费特征，决定了由市场来提供学校教育服务是有效率的，能够达到教育资源的有效配置。但这并不能成为完全由市场提供教育服务的充足理由，学校提供的教育服务与电影院、演唱会等所提供的娱乐服务虽有共同性，但也有着本质的区别。这种区别在于，教育具有巨大的正外部效益，一个人接受了教育，不仅受教育者可以获得经济的、非经济的收益，同时社会也可以获得巨大的经济与非经济收益，全体社会成员都可以从中受益。对社会而言，增加消费者的边际成本为零，无法排除任何成员得到这种利益，因而没有竞争性和排他性。所以，教育的外部效益具有公共产品的性质。而电影院、演唱会等所提供的娱乐服务主要是供个人消费，并且消费者在享受了这种服务后所产生的外部效益（社会获得的经济和非经济收益）为零或很少，这是教育服务与以上两种娱乐服务的根本区别。正是这种区别使得世界各国都把教育（尤其是义务教育）看成一种公共事业而非私人事务，以保障每一个公民都有平等的接受教育的机会，防止一些社会弱势群体的子女由于支付能力不足而无法接受教育，以最大限度地增加社会收益。因此，由国家来提供教育服务就成为世界绝大多数国家的通例。

教育从提供到产生结果的整个过程我们可以用图 6 - 1 来表示：

图 6 - 1　教育从提供到产生结果过程图

从教育的整个生产过程以及对教育产品的属性分析可以看出，教育制度在调整社会利益关系方面具有不同于一般制度的特征。由于教育价值是通过培养人、促进人的身心发展体现出来的，所以它具有不同于一般的经济、政治或文化制度的利益调整特征。教育制度所进行的利益分配和调整实际发生在两个层次：第一个层次是教育服务的提供方面。这一阶段，教育更多地具有私人产品的性质，单就这一点来讲，教育应该遵循效率原则。第二个层次是教育所产生的社会结果方面。学生接受教育之后，身心发生积极变化，各

中国城乡教育关系制度的变迁研究

方面素质得到提高，最终以劳动力的形式显现出来。学生在社会活动中（包括工作、交往等活动），由于接受教育而产生一定的个人收益和社会收益，使教育的价值得以实现。正是由于教育不仅能产生个人收益还会产生社会收益，所以教育被看做一项于国于民都具有切身利益关系的公益性事业，应该是非营利性的事业，其目的不是为了谋求利益，获取利润，而是从文化、精神、体制、社会、环境诸方面开发人的潜能，造福他人、社会乃至整个人类，为人类社会生存和发展创造各种基本条件。[①]由于涉及人与社会存在和发展的基本价值，教育又对第一层次追求效率的价值原则有了限定，它不应该成为商品进入市场，而更应该追求公平和质量，即要给每一位适龄儿童提供高质量的教育。第二层次的教育价值相对于第一层次的教育价值来说具有优先性。正是由于这个原因，教育公平与教育效率问题往往比其他社会领域表现得更为错综复杂。国家是教育制度供给的决策主体，借助于一定的制度安排来对教育进行管理，包括必要的干预。而社会组织和公民个人在教育方面的利益追求也是在国家制定的制度框架内实现的，既受其保护又受其制约。

2. 城乡教育关系制度的基本价值追求

根据教育本身的属性以及我国当前城乡教育发展的现实状况和各利益主体的利益追求，我国当前城乡教育制度的选择应建立在"公平"、"质量"、"效率"三大基本价值追求方面。同时，在完全实现这三大基本价值追求之前，由于人们存在客观的利益差别，受教育者会尽可能选择好的教育服务，社会力量也可能会从办学中获取一定的利益。因此，择校问题、民办教育问题将会在我国较长时期内存在，"可选择性"、"多样性"也将成为现阶段我国城乡教育关系制度安排的重要价值追求。这里仅就"公平"、"质量"、"效率"三大城乡教育关系制度安排的价值追求进行论述。

（1）公平性。

教育公平是社会公平的重要基础，是现代教育的基本价值选择，新近发布的《国家中长期教育改革和发展规划纲要（2010－2020年）（公开征求意见稿）》（以下简称《纲要（2010－2020年）》）也把促进公平作为国家基本

---

① 劳凯声，刘复兴. 论教育政策的价值基础 [J]. 北京师范大学学报：人文社会科学版，2000（6）：5－17.

教育政策。但教育公平是涉及多学科、多层面、多因素的复杂问题。一般认为，教育公平包括教育机会公平、教育过程公平、教育结果公平。翁文艳从伦理、经济、法学等视角对教育公平进行了分析：[①]

① 从伦理学角度而言，罗尔斯的公平原则是对教育公平的规范，他提出了公平三原则：自由原则、机会平等原则、差别原则。

② 从经济学角度来说，教育公平是与教育资源的分配与享受联系在一起的。教育资源是有限的，且分布具有不平衡性，即教育资源的地区分布、学校分布、时间分布不平衡。

③ 从法学视角看，教育公平就是受教育权利的普遍化问题，是一个基本人权问题。《纲要（2010－2020年）》对教育公平的不同视角进行了很好的概括，它认为，"教育公平的基本要求是保障公民依法享有受教育的权利，关键是机会公平，重点是促进义务教育均衡发展和扶持困难群体，根本措施是合理配置教育资源，向农村地区、边远贫困地区和民族地区倾斜，加快缩小教育差距"。而实现"教育公平的主要责任在政府"，并需要全社会的共同促进才能实现。

城乡教育公平是教育公平的一个重要内容。从经济学视角来看，城乡教育公平是指城乡教育资源配置的公平和均衡，亦即教育经费投入的公平和均衡[②]。从教育经费投入的状况来看，是否公平和均衡可以通过城乡教育经费的分布差异来衡量。一般认为，城乡差异越小，教育经费投入越公平、越均衡；反之，越不公平、越不均衡。对于义务教育来说，由于其公共产品的性质，它的运行主要是靠政府的投入，所以义务教育公平的实现在很大程度上与教育财政制度密切相关。如果义务教育投资的城乡差异过大，将不利于我国义务教育，特别是农村地区义务教育的普及和质量保证，不利于社会对公平性追求的实现，并进而加剧城乡间在经济、文化等各方面的不平衡。目前我国的城乡义务教育存在着严重危害教育公平的现象，主要表现为义务教育的投资存在着巨大的城乡差异。这就需要通过财政转移支付活动，调整城乡之间的教育资源占有量，使城乡之间的教育差别不至于过大，以免引起极度

---

① 翁文艳. 教育公平的多元分析 [J]. 教育发展研究，2001 (3)：62－64.

② 义务教育的均衡配置包括教师、设备、图书、校舍等各项资源的均衡配置，尤其是教师资源的均衡配置。但在市场经济条件下，这些资源都以商品的形式表现出来，都需要一定的经费投入。因此，教育资源配置的均衡在很大程度上表现为经费投入的均衡。

的不平等和剧烈的利益冲突。

对于国家财政来讲，要消除城乡教育发展的不平衡，维护教育公平，就需要采取一系列措施。而财政中立原则、能力支付原则、横向公平原则、纵向公平原则及资源从富裕地区流向贫穷地区的原则构成了义务教育财政公平的政策基础。[①] ①财政中立原则。财政中立原则体现为教育财政体制必须保证无论儿童所在地区的情况如何，每个儿童都应该接受同样（或至少达到最低限度）的教育。尽管城乡的富裕程度有很大差异，但义务教育投资差距不应超过一定范围，以保证学生获得均等的教育机会。②能力支付原则。即有能力多负担、没能力少负担。各级政府的教育事权应与其财政能力相适应，避免出现财权与事权不对等的情况。③横向公平原则。经济状况相当的人应被公平地对待，即资源分配均等，也就是说对义务教育同一阶段的学生、学校应同等对待，同样的拨款，而不应该因学生或学校在城市或农村而有所不同。④纵向公平原则。不同对象应不同对待。由于学生出身和身心发展的差异，所以政府要对处于弱势的孩子给予更多的资源分配，以便保障结果上尽可能地平等。⑤资源从富裕地区流向贫穷地区的原则。教育财政的最高目标是资源从富裕地区流向贫穷地区，这也是实现教育机会均等最根本的要求。由于我国现阶段城市地区普遍富裕，而农村地区相对贫穷，这一原则要求政府在城乡之间调整教育经费资源，以达到城乡义务教育投入的均衡化。

（2）教育质量。

教育质量同教育公平问题一起是当今世界教育改革与发展的主题，是教育研究的永恒话题。从美国基础教育财政的发展历史看，在20世纪的大部分年代里，公平性是教育财政关注的焦点。伴随着教育自身的改革，在20世纪80年代和90年代，美国公立中小学教育已经开始更多地关注教育质量，关注学生的教育成绩与教育效果。对教育效果的关注使得人们将教育投入与产出结果联系起来。如果说，对财政公平的关注使人们将注意的焦点集中在教育投入上的话，那么对财政充足的关注则使教育投入和产出有机地联系起来。于是，单纯从投入角度考虑的财政公平的焦点问题逐步被连接着投入和产出的财政充足问题所取代。人们对教育财政充足问题的关注从20世

---

① 陶红，杨东平．我国农村义务教育财政政策公平性研究 [J]．教育发展研究，2007（3A）：74—77．

纪 90 年代始至今丝毫不亚于对财政公平的关注，并呈有过之而无不及之势。①

教育充足指的是要筹集足够的资源以提供理想水平的（包括数量和质量上）教育服务。② 学校提供充足的教育资源使得每一个普通的学生都能够享受到规定标准的教育服务，同时为特殊需要的学生提供额外需要的教育资源，使之能够享受到特殊规定标准的教育服务。教育的充足性与教育的效果密切相关，要达到一定水平的产出结果，特定水平的教育投入必须得到保障。对于义务教育来讲，如果使每一名学生都能获得足够的教育资源，达到了所要求的学业成绩标准，那么财政投入的公平性也就随着充足资源的获得而达到。因此，如果说追求教育投入公平有可能带来低水平的公平的话，那么连接着教育结果和充分教育资源的教育充足带来的将是高水平的公平。

教育"充足"的关键在于教育经费的充足。由于义务教育的公共产品属性，其经费一般主要是由政府提供，因此，义务教育的经费充足又主要是指义务教育的财政充足。和其他大部分资源一样，教育资源总是稀缺的，所以义务教育的"充足经费水平"事实上是指"最低充足经费水平"，即能满足一定理想水平的教育目标的教育服务所需要的最低经费水平。③ 在我国农村义务教育资源比较贫乏的情况下，近期需要实现的教育充足只能是最低的水平，即"最低充足经费水平"。那么，以什么来确定我国义务教育"最低充足经费水平"所要满足的"理想教育服务的水平"呢？《纲要（2010－2020年)》指出："提高义务教育质量。建立国家义务教育质量基本标准和监测制度。严格执行义务教育国家课程标准、教师资格标准。深化课程与教学方法改革，逐步推行小班教学。配齐音乐、体育、美术等薄弱学科教师，开足规定课程。大力推广普通话教学，使用规范汉字。"因此，应该由国家建立义务教育质量基本标准，并以此作为确定我国义务教育"最低充足经费水平"所要满足的"理想教育服务的水平"，并以此标准来衡量教育经费是否充足。

---

① 李文利，曾满超. 美国基础教育"新"财政 [J]. 教育研究，2002（5）：84－89.

② 曾满超，丁延庆. 中国义务教育财政面临的挑战与教育转移支付 [J]. 北京大学教育评论，2003（1）：84－94.

③ 张强等. 农村义务教育税费改革下的政策执行 [M]. 北京：中国社会科学出版社，2004：68－69.

（3）教育效率。

教育资源稀缺、教育投资不足是当今世界的普遍性问题，尤其对于中国这样的发展中国家来说，教育投入的需求和供给矛盾更加尖锐。义务教育的公平性和充足性原则要求政府为所有的学校和学生提供平等的机会和条件，公平地分配教育资源，保证基本的教育需求。但由于历史和政策制度等方面的原因，农村义务教育面临着教育资源投入严重不足的状况。虽然如此，长期以来人们却并不重视教育效率：第一，人们视教育特别是义务教育为一种消费和福利，教育只有投入，而没有产出；第二，义务教育具有公益性，学校属于非营利性机构，它们既无提高教育资源利用率的动力，也无提高效率的外在压力。这就导致我国一方面面临着教育资源投入严重不足的问题，而另一方面在经费使用上又存在着截留、浪费、贪污等现象，使有限的教育经费得不到很好的利用，更加重了教育经费短缺的状况。强调效率性是缓解教育投入不足状况或者是用同样的投入达到更高教育质量的一种方式。

教育效率也称为教育投资效率、教育资源利用效率、教育投资内部效益等，是从经济学中移植过来的将教育视为生产或经济活动而出现的范畴，指教育资源消耗与教育直接产出成果的比较。简言之，教育效率就是教育投入与直接产出之比。[①] 即在假定产出（学生）质量合格的情况下，研究一定投入产出最大化或一定产出投入（成本）最小化问题。一般而言，教育直接成本用教育投入资金表示，假定学生知识、能力、素质的提高和增进为教育的产出，用一定质量和数量的学生表示教育的直接产出。如果单位教育投资产出的成果多、质量高，表明教育效率高；反之，则表明教育效率低。或者单位教育成果所费教育投资少，表明教育效率高；反之，则表明教育效率低。[②] 以往大多数教育研究中的一个误区，就是把教育产出片面地理解为教育的规模和数量，因而在谈到教育效率时，通常都是在特定的教育投入规模范围内，分析入学率、毕业率、升学率和学生的学业成就。但由于教育具有不同于经济部门的属性，因而单从数量和规模的视角来理解教育的产出，不能从根本上反映教育投入与教育产出的关系。教育效率的特殊性在于其产出

---

① 王善迈. 教育投入与产出研究 [M]. 石家庄：河北教育出版社，1996：188.
② 王善迈. 教育投入与产出研究 [M]. 石家庄：河北教育出版社，1996：189.

不仅有数量或规模，还有质量；不仅有对个人的贡献率，还有对社会的贡献率。① 教育效率高意味着在单位投入（人力、物力、财力）内培养数量更多、质量更高的学生。也就是说，教育效率是教育规模（数量）与教育质量的统一。②

公平、质量、效率这三大价值追求，共同构成了一个理想的现代城乡教育体系必须符合的三个标准，缺一不可。公平和效能（质量）问题是密切联系的，城乡教育差距在本质上是质量差距，因此，城乡教育关系制度变迁所追求的目标是"有质量的公平"、"又好（质量、公平）又快（效率）的教育发展"③。实质上，这个目标也正是我国政府当前所倡导的城乡教育一体化建设所要追求的目标。因此，现阶段我国城乡教育关系制度的变迁也就是进行城乡教育一体化的制度建设，亦即体制机制的建构。

（三）城乡教育一体化建设的体制机制架构④

明确了城乡教育关系制度变迁的基本价值选择，确立了城乡一体化的教育发展目标后，我们就需要构建城乡教育一体化的规范表达系统，即需要重构城乡一体化的教育体系。我国的城乡教育一体化建设属于政府主导的强制性制度变迁，因此从制度的规则表达系统到实施保障系统（制度建构与制度实施）都主要是由国家制定或保障实施的。我国正处在统筹城乡教育发展的初始阶段，需要集中精力重点解决制约城乡一体化发展的重大体制机制问题。为此，根据以上城乡教育关系制度变迁的价值追求，我们应该集中精力解决以下几大体制机制问题。

1. 城乡教育一体化的动力机制和统筹规划机制问题

推进城乡教育一体化，涉及诸多部门、要素和环节，它们之间的协同运作是构建城乡一体化教育机制的关键。在制约诸多要素功能发挥和关系运作的目标机制、动力机制、保障机制、监督机制中，动力机制是核心。在以农促工阶段，城市是有积极性的，在以城带乡阶段，城市的积极性在哪里？要

---

① 鲍传友，冯小敏. 徘徊在公平与效率之间：中国基础教育管理体制变迁及其价值向度 [J]. 教育科学研究，2009 (5)：27—33.

② 褚宏启. 教育发展评论 [M]. 北京：教育科学出版社，2007：75.

③ 褚宏启. 城乡教育一体化：体系重构与制度创新：中国教育二元结构及其破解 [J]. 教育研究，2009 (11)：3—10，26.

④ 本节主要参考自邬志辉教授的观点和论述，相关内容均未公开发表。

建立政府主导的推进城乡教育一体化的动力机制；要统筹规划城乡教育布局，建立城市扩容（空间城市化）过程中配套学校建设机制；要建立省域内城乡教育一体化的评价公示机制和上级政府对先进典型的重奖机制；要建立公共教育资源向农村倾斜的法律机制。

2. 城乡一体化的教育管理体制机制构建

管理体制机制是关于城乡教育一体化的实施主体、主体间的责任边界及权力配置问题的制度安排。目前"县级人民政府管理为主"的教育管理体制，导致县级各行政部门之间各自为政、关系协调困难，人事部门、财政部门控制教育的人财命脉，教育部门事责无法有效履行。要建立与"省直管县"行政管理体制相适应的城乡教育管理体制，建立以县级教育行政部门为主，各相关部门配合、监督，人财事权统一、问责到位的教育管理运行机制；要建立县域内城乡校际均衡发展的管理机制和保障机制；要在省域内区分经济发达县市、中等发达县市和欠发达县市三类地区，建立向欠发达县市教育倾斜的均衡化管理机制。

3. 城乡一体化的教育财政体制机制构建

目前省域内城乡之间的生均教育经费、生均预算内公用经费不均衡，县域内教育财权与事权相分离，教育经费常被调控、挤占、挪用，农村学校无法及时方便地使用经费。要制定《教育投入法》，建立不分城乡的一体化的现代公共教育财政体制，实行均等化的义务教育全额拨款机制；建立各级政府提供农村教育初始资金的责任分担体制；建立规范透明的政府间财政转移支付制度；要建立新增教育经费70％用于农村的增量分配机制；要建立城乡统一的教育经费标准，提高农村生均预算内公用经费标准和农村困难寄宿生生活补助标准；要健全农村普通高中学生学费减免补充机制和由政府全额承担、分级按比例负担的普通高中债务化解机制；建立健全学校财务信息公开制度和学校投入绩效考核制度。

4. 城乡一体化的教育办学体制机制构建

办学体制是国家规范办学行为的体系和制度。目前城乡学校办学标准二元化，城市运用市场机制诱导农村优秀教师和生源向城市流动，农村学校缺少法人自主权，现代学校制度难以建立。要建立城乡统一规划布局、统一学校建设标准、统一办学标准、统一教师编制，实行标准化寄宿制学校建设并重点向农村倾斜的办学资源配置机制；要建立政府主导、校本管理、社区参与的城乡学校治理体制与机制；建立校长和教师归区县所有、校长和教师津补贴不与所在学校挂钩的校长教师轮岗机制；建立家校互动制度；建立城乡统一的教育质量保证和监测体系；建立有利于推进素质教育的招生考试和学生评价新体制；建立农村贫困地区基础教育课程改革支持保障制度；建立县区直管农村学校、城乡学校捆绑式发展的对口帮扶机制；健全企业、社团、个人援助农村教育新机制；建立城乡教育资源共享的学校共同体制度。

5. 城乡一体化的教师体制机制构建

目前，城乡教师同工不同待遇，城乡义务教育阶段学校执行二元化的编制标准，城乡教师实行不同的住房政策，结果导致农村学校教师总量缺编、结构缺编、优秀教师外流、不合格教师退不出的"体制病"。要建立城乡义务教育学校教师的教师公务员制度；建立区域内城乡教师工资和津补贴统一制度，全面实施城乡义务教育教师绩效工资制度；建立农村教师特殊津补贴制度；建立城乡教师编制标准一致化的宏观编制调控监测机制；严格教师准入制度，统筹配置城乡教师，建立适应教育改革需要的城乡教师管理体制和用人机制；建立农村学生家长评教的不合格教师退出机制；加强农村教师周转房建设，建立吸引优秀大学生到农村任教的激励机制；提高农村教师培训经费标准，建立城乡统筹的教师培训体系和农村教师全员免费培训的新机制；建立城乡义务教育教师和校长区域内轮岗制度和城乡双向交流机制。

6. 进城务工人员随迁子女城市就学升学的体制机制构建

以户籍制度为核心的城乡分割教育体制，导致进城务工人员随迁子女在城市难以享受与城市儿童相同的就学升学机会。要完善以常住地为主（"流入地"概念存在较大问题，因为对于在城市里出生的务工人员子女来说，城市已不是他们的流入地）、以公办学校为主、不收借读费的保障进城务工人员随迁子女免费接受义务教育的体制；建立电子学籍管理制度，确保流动儿童完整地接受义务教育；建立将常住学龄人口全部纳入城市教育发展规划、义务教育经费全部纳入当地财政保障范围的制度，确保与户籍地城市儿童享受相同的市民教育待遇；建立中央对跨省接受义务教育的进城务工人员随迁子女全额资助制度；完善城市务工人员聚集地的配套学校建设；取消分地区定高考分数线的体制，建立进城务工人员随迁子女在常住地接受教育和按学籍身份参加中考和高考的升学考试制度；建立农村留守儿童的关爱机制。

7. 以信息化推进城乡教育一体化的体制机制构建

目前，城乡学校等级化管理，信息化水平呈分层化分布，信息教育资源城乡二元分割现象严重。要建立打破"空间界限"的内容丰富、结构合理、全面开放、城乡共享的基础教育信息资源库；要统筹配置城乡信息教育资源，实现城乡师生人机比均等化；让所有的农村学校都建立接入 Internet 的校园网，逐步实现计算机网络的"校校通"、"班班通"；建立城乡教育信息化硬件、远程教育、教育资源平台建设的经费投入保障机制；建立城乡均衡的教育信息化法律保障机制；完善农村中小学现代远程教育支持服务体系，建立向农村倾斜的信息技术教师配置与培训制度。

8. 城乡幼儿教育一体化的体制机制构建

目前，城乡幼儿教育二元分割现象严重，政府办园的主体地位尚未确立，农村幼儿教育普及率低、办园不规范。要建立学前三年幼儿教育义务化制度，优先实施农村学前教育免费制度；建立以政府办园为主、公办教师为主、财政投入为主的农村幼儿教育办园体制；建立农村幼儿教育发展的经费保障机制；建立以乡镇中心幼儿园为中心的农村幼儿教育辐射、指导、管理体制，实施城乡幼儿园身份平等化、资源配置均衡化；建立贫困家庭幼儿入园资助制度。

9. 城乡普通高中教育一体化的体制机制建构

目前，政府对普通高中的投入保障水平不到位，城乡普通高中在商业化和市场化机制框架下运行，普通高中负债严重；学校在升学考试取向下运行，部分学校超大化、集团化发展导致其他普通高中荒芜化；普通高中办学模式齐一化，缺乏办学特色。要建立政府投入为主、学生家庭适当分担教育成本的经费保障机制；要建立政府为主导的普通高中债务化解机制；建立农村普通高中生源有序流动、城市优质高中支持农村高中的共同发展机制；改革高考制度，建立城乡学生公平竞争、以素质教育为导向的考试机制；建立普通高中家庭经济困难学生的资助机制。

10. 城乡职业教育一体化的体制机制构建

目前，教育部门和劳动部门同时管理农村职业教育，宏观管理体制混乱、政出多门、职责交叉；农村职业教育缺乏行业参与机制；农村职业学校办学重心过低，校企合作困难；缺乏城乡联动、合作培养机制；国家就业准入制度和职业资格证书制度不完善。要实行农村中等职业教育免费制度；要建立国务院领导下分级管理、地方为主、省级统筹、社会参与的职业教育管理体制；建立城市高职院校与农村职业学校联合办学、城乡互动、集团化办学以及行业、企业与学校共同参与的办学机制；建立满足培养新型农民与农村劳动力转移双重需要的职业教育选择机制和有序规划制度；完善国家就业准入制度和资格证书制度；要建立开放式、资源共享的职业教育实训新机制。

构建城乡一体化的教育体制机制，核心是强化政府的教育责任，重点是保障资源在城乡之间的均衡配置和有效使用，目的是让城乡孩子享受公平的受教育权利。

（四）实现城乡教育关系制度变迁目标的保障系统

以上城乡教育关系制度变迁的价值选择与需要重点解决的几大制度问题只是一种应然选择。既然是应然的选择，就不是现实中的实然存在，那么，我们接下来要思考的问题就是如何使这些价值选择与需要解决的制度问题变为现实。由于制度反映了价值选择，所以，这一问题的实质就是如何使应然的制度变为现实的制度，这就需要建立制度的实施保障系统。制度的实施保障系统包括实施主体和实施手段。我国的城乡教育一体化建设属于政府主导的强制性制度变迁，其实施主体毫无疑问就是国家（政府）。国家应该采取什么措施来保障城乡教育一体化建设几大制度的构建与实施呢？

由于对城乡教育关系制度的调整实质上是一种利益关系的调整，因此要确保城乡教育一体化制度的实现，就必须调整各种利益关系。对政府来讲，它要调整的利益关系主要有两大类。从横向来说，主要调整的是国家、社会与个人之间的利益关系，解决的主要是政府如何兼顾各方利益，如何合理决策的问题；从纵向来说，调整的主要是各级政府之间的内部利益关系，解决的主要是如何把科学的决策落实到位的问题。只有将这两类关系都处理好了，城乡一体化的教育制度才能够顺利地建构起来并能得到有效实施；否则将会遇到很多阻力，达不到预期的目标。机制设计理论则为我们解决这两个问题提供了很好的借鉴。

1. 机制设计理论及可能的应用范围

机制设计理论（Mechanism Design Theory）是微观经济学和博弈论的分支领域，是博弈论和社会选择理论的综合，其代表人物主要为利奥·赫尔维茨（Leonid Hurwicz）、罗格·迈尔森（Roger Myerson）和埃瑞克·马斯金（Eric Maskin）三位美国经济学家。机制设计理论起源于赫尔维茨 1960 年和 1972 年的开创性工作，后来又由芝加哥大学的马斯金和迈尔森加以改善和应用，极大地推动了机制设计理论的发展。

（1）机制设计理论的产生。

机制设计理论的最初思想可以追溯到 20 世纪二三十年代关于社会主义经济机制可能性问题的"社会主义大论战"。在这场论战中，米塞斯（Ludwig von Mises，1881－1973）和哈耶克（Friedrich August von Hayek，1899－1992）等自由主义经济学家认为，社会主义不可能获得维持经济有效运转的信息；而兰格（Oskar Ryszard Lange，1904－1965）和雷纳（Abba Ptachya Lerner，1903－1982）等人作为论战的另一方则认为，利用一种分散化的社会主义经济机制，通过边际成本定价的方式能够解决信息量要求过大的问题，并进而保证资源的有效配置。[①] 针对兰格和雷纳的反驳，哈耶克等人所思考的问题进一步深化，即在企业拥有私人信息的情况下，政府怎么才能让企业真实地显示其边际成本，怎样才能激励企业按照边际成本来定价并完成生产任务呢？随着论战的不断深入，学者们思考的问题早已超出了"分散化的社会主义经济机制能否最终导致资源的有效配置"这一范围，而开始转向更为一般化的问题，即什么样的经济机制才是好的？或者说，当一个国家面临两种或多种不同的可供选择的经济制度时，应该如何进行取舍？其判断的依据又是什么？[②]

亚当·斯密曾用"看不见的手"来比喻市场能在理想状态下保证稀缺资源的有效分配。但现实情况经常是不理想的。例如，竞争并不完全是自由的，消费者无法获得全部的信息，个人所需的产品和消费可能会消耗社会的开支和福利。此外，外部性、公共物品、规模报酬递增以及不可分商品等问题也大量存在。在这种状况下，市场机制并不能自动实现资源的有效配置。既然市场机制并不天然就是完美无瑕的，那么是否存在其他机制能够替代或改进市场机制，以保证资源的有效配置呢？或者更一般地，对于给定的经济环境，是否存在一个或多个机制来保证既定社会目标（通常是资源配置实现

---

① 何德旭，王朝阳，张捷. 机制设计理论的发展与应用：2007 年诺贝尔经济学奖评介 [N]. 中国经济时报，2007－10－23（004）.

② 何德旭，王朝阳，张捷. 机制设计理论的发展与应用：2007 年诺贝尔经济学奖评介 [N]. 中国经济时报，2007－10－23（004）.

帕累托最优）的达成。如果存在，那么什么样的机制能够用更少的信息或更低的成本就能实现既定目标？[①] 借助于由赫尔维茨开创并由马斯金、迈尔森进一步发展的机制设计理论，经济学家目前已经较好地回答了上述具有重大理论和实践意义的问题。正如瑞典皇家科学院的声明所说，由赫维茨提出并经由马斯金和迈尔森进一步发展的机制设计理论，有助于经济学家、各国政府和企业识别在哪些情况下市场机制有效，在哪些情况下市场机制无效。借助机制设计理论，人们还可以确定最佳和最有效的资源配置方式。[②]

（2）机制设计理论的基本思路与核心观点。

机制设计理论所讨论的一般问题是，对于任意给定的一个经济或社会目标，在自由选择、自愿交换、信息不完全等分散化决策条件下，能否设计以及怎样设计出一个经济机制，使经济活动参与者的个人利益和设计者既定的目标一致。从研究路径和方法来看，与传统经济学把市场机制当做已知，研究它能导致什么样的配置有所不同，机制设计理论把社会目标当做已知，试图寻找实现既定社会目标的经济机制，即通过设计博弈的具体形式，在满足参与者各自条件约束的情况下，使参与者在自利行为下选择的策略经相互作用能够让配置结果与预期目标相一致。[③] 机制设计理论主要解决了两个问题：一是信息效率或信息成本问题，即所设计的机制需要较少关于消费者、生产者以及其他经济活动参与者的信息和信息成本。任何一个机制的设计和执行都需要信息传递，而信息传递是需要花费成本的，因此，对于制度设计者来说，自然是信息空间的维数越小越好。二是机制的激励问题，即在所设计的机制下，使得各个参与者在追求个人利益的同时能够达到设计者所设定的目标。在很多情况下，在别人都讲真话的时候，讲真话就不满足激励兼容约束，因此必然会有一个或几个人可以通过说谎而得到好处。因此，在机制设计中，要想得到能够产生最优配置的机制，很多时候必须放弃均衡假设，即放弃每个人都讲真话办真事的假定。因此，任何机制设计，都不得不考虑激励问题。我们要实现某一个目标，首先要使这个目标限定在技术可行性的

中国城乡教育关系制度的变迁研究

---

① 何德旭，王朝阳，张捷. 机制设计理论的发展与应用：2007 年诺贝尔经济学奖评介 [N]. 中国经济时报，2007—10—23（004）.

② 朱慧. 机制设计理论：2007 年诺贝尔经济学奖得主理论评介 [J]. 浙江社会科学，2007（6）：188—191.

③ 周小川. 机制设计理论 [N]. 中国城乡金融报，2008—1—4（B03）.

范围内；其次要使它满足个人理性，即参与性。如果一个人不参与你提供的赛局，因为他有更好的选择，那么你的机制设计就是虚设的；它要满足激励兼容约束，要使个人自利行为自愿地实现制度设计的目标。

机制设计理论其实就是一种冲突解决方案，设计者首先必须确定希望达成什么目标，再依其条件去设计足以成功的机制。只要能设计出适当的激励，让冲突的参与者愿意达成设计者所要的结果，就可以让利益冲突的双方达成最大公约数的共识。机制设计的基本思想可以用"分苹果"的案例加以阐释。妈妈要将苹果分给 A、B 两个小孩，公平对妈妈们来说是一大考验。A 和 B 都至少想分到一半的苹果。如果妈妈自己把苹果切开，即使妈妈认为已经均分，但两个孩子都有可能认为自己拿的比较小，都可能会不高兴。怎么办呢？妈妈可以设计一套方法，即由小孩 A 去切，但由小孩 B 先选，A 一定会用心切成平均的两块，否则 B 就可能选到大块。同时 B 也会很高兴，因为如果切得不平均，他就可以先把大块拿走。这个规则在"平均分"问题上对 A、B 两个小朋友都有激励作用。妈妈这样做可以创造多赢，不仅孩子开心，妈妈也省了不少麻烦。这就是机制设计所要达到的目标。

（3）机制设计理论是否能应用到城乡教育一体化的制度设计上。

机制设计理论不仅是要提出各种不可能性的困境，更是要提供在特定环境下走出困境的办法。作为一种方法论，它将不同机制的共同属性抽象出来，同时又能够通过具体问题的应用展现出来，用于甄别现有机制的优劣和构建实现目标的最优机制。虽然机制设计理论的研究起源于对经济机制的考察，但随后的推进一直与社会选择、公共品供给、双边交易等问题紧紧联系在一起。[①]

由于机制设计理论蕴涵着非常深刻和丰富的内容，它已经触及了社会互动和制度分析中的一些核心问题，因此对构建城乡一体化的体制机制具有很重要的启示意义。譬如，该理论为我们认识市场和政府在公共物品供应方面的功能提供了独特的理论视角，也为我们确立了政治、经济、法律和社会机制设计需要遵循的基本原则，使得我们可以事先排除那些不可能的和低效的

---

① 陈静漪. 中国义务教育经费保障机制研究 [D]：[博士学位论文]. 长春：东北师范大学教育科学学院，2009：28.

机制改革方案，减少由此产生的社会成本。[①] 由于互动可以在最微观的两个人之间展开，也可以在宏观社会层面上进行，因此机制设计理论的应用前景是非常广阔的。大到宏观经济政策、制度的制定，小到企业的组织管理问题都可以纳入到统一的分析框架中，对现实问题具有很强的解释力和应用价值。例如，对于实践中一些出发点很好的规章制度却得不到有效的贯彻执行，甚至参与者还利用既有政策来实现个人利益最大化，从而造成巨大效率损失的问题，机制设计理论认为这不仅仅是因为物质和技术等方面的约束，最主要的还是设计的制度不能满足激励相容，因而无法保证个人理性与集体理性的同时实现。[②] 正是由于这个原因，我们可以得出这样的结论，即任何承认"个人是理性的行动者"这一预设的社会科学理论流派，都可以借鉴机制设计理论的某些研究思路、分析工具、概念和结论，来解决现实的实际问题。[③] 当然，在具体的应用中，我们必须要注意其理论预设在不同情景、不同社会、不同互动模式中的适应性与差异性问题。

我国正处于改革和发展的关键时期，信息分散与不对称、个人理性和集体理性不一致是普遍现象。要在这种社会背景下实现个人利益、集体利益和社会利益的和谐一致，构筑健康稳定的经济运行和社会发展体系，使整个社会人尽其才，物尽其用，充满生机和活力，最终实现社会的和谐发展，引入机制设计理论及其相关研究成果是必要的。就我国教育制度改革而言，长期以来，信息和激励问题一直未受到充分重视。尽管新中国成立后我国城乡教育制度经过数次的调整和改革，但在城乡教育的管理、投入和办学体制等方面，在政府、社会、个人之间，在政府各层级之间仍然存在诸多信息不对称与激励不相容的问题，由此引发的逆向选择与道德风险问题十分突出，影响着城乡教育资源的合理分配。如何调动各个教育参与主体的积极性，使个人利益、集体利益、公共利益相协调，最终实现城乡教育的一体化，机制设计理论给予我们很大的启发，对于发现现有城乡教育关系制度固有的缺陷、设计合理的城乡一体化教育体制机制都具有很大的借鉴价值。

---

① 严俊. 机制设计理论：基于社会互动的一种理解 [J]. 经济学家，2008 (4)：103－109.

② 何德旭，王朝阳，张捷. 机制设计理论的发展与应用：2007 年诺贝尔经济学奖评介 [N]. 中国经济时报，2007－10－23 (004).

③ 严俊. 机制设计理论：基于社会互动的一种理解 [J]. 经济学家，2008 (4)：103－109.

2. 城乡教育一体化制度建设横向关系的处理——利益协调

"最大多数人的利益和全社会全民族的积极创造性，对党和国家事业的发展始终是最具有决定性的因素。"[1] 当前我国正处于社会发展和改革的关键时期，新的情况和新的问题不断涌现，社会利益关系的协调和分配成了一个非常重要也非常棘手的问题。能否处理好各方面的利益关系，成为党和政府非常关注的重要内容。对于这个问题我们党进行了专门的讨论，并制定了相关的方针政策。党的十六届四中全会通过的《中共中央关于加强党的执政能力建设的决定》提出，要"妥善协调各方面的利益关系"，"坚持把最广大人民的根本利益作为制定政策、开展工作的出发点和落脚点，正确反映和兼顾不同方面群众的利益。高度重视和维护人民群众最现实、最关心、最直接的利益，坚决纠正各种损害群众利益的行为"。"建立健全社会利益协调机制，引导群众以理性合法的形式表达利益要求、解决利益矛盾。"

对于城乡一体化的教育制度建设来说，处理好各方面的利益关系同样重要。它对于各利益主体的积极参与、合理决策都具有重要意义。但是利益关系的协调不是自动达到的，它同样需要建立健全社会利益协调机制。

（1）健全多层次的利益表达机制。

合理的利益表达机制是保证社会利益公平、公正、科学分配的重要前提。各利益主体只有通过有效的利益表达途径，进行利益诉求和谈判，才能够保证自身在利益博弈过程中不被边缘化，切实享受到社会整体繁荣所带来的实惠，而不把某些人排除在外。利益表达的方式具体来讲包括两种：个人表达和团体表达。在现代民主社会中，公民表达利益的途径主要有利益团体的结成、利益代表的选举、利益要求的提出、利益受侵害的申诉等。按照现代政治学的理论，在民主选举的国家，公共决策过程其实是公民利益表达、集中和实现的过程。[2] 公共政策制定过程的逻辑起点是公共政策问题的确立。一项利益诉求要想得到满足，其前提是要通过政策输入途径到达政策制定系统，形成政策议程，否则就永远不可能得到满足。公共政策要发挥其整合、均衡社会利益和维护社会和谐的作用，首要的前提是政策主体的利益综

---

① 江泽民. 全面建设小康社会，开创中国特色社会主义事业新局面：在中国共产党第十六次全国代表大会上的报告 [M]. 北京：人民出版社，2002：14.

② 黄子建，申永丰. 和谐社会视角下公共决策利益协调机制的优化 [J]. 求索，2006（6）：166－168.

合必须建立在充分的利益表达上，必须能够充分反映各阶层公众的利益诉求。这就需要健全为各社会阶层提供利益表达的制度保障机制。[①] 但由于现实情况的复杂性和利益主体的多元性，以及相关制度的不健全，我国处于弱势地位的利益主体在利益诉求方式上处于非常不利的境地。表现在利益表达途径不顺畅，且缺乏有效性。在利益诉求得不到很好表达的情况下，必然有一部分社会群体不能充分分享社会发展所带来的实惠，出现了局部的社会不公平现象。

对于城乡教育关系来说，由于农村长期处于弱势地位，农民及其子女的教育相对于城市来说也处于不利的境地。所以造成这种状况，就是因为农村与城市相比，不能通过有效的渠道来表达和伸张自己的利益。因此，建立有效的利益表达机制，是协调城乡教育关系，缩小城乡教育差距的重要环节。作为制度供给的主体，政府应为城乡各社会阶层尤其是农民及农民工子女的教育诉求提供制度性平台，使他们的合理教育诉求能通过正当、合法的渠道在政府的政策议程中体现出来。因此，要建立和完善多层次的教育利益表达机制。概括起来，这些利益表达渠道主要有以下几种：[②] 一是进一步推动人大代表和政协委员结构的多元化，适当增加农民、农民工和其他弱势群体成员名额，以疏通社会弱势群体表达利益要求的渠道；二是切实发挥政府咨询机构和专家学者的参谋作用；三是加快推进信访制度、民意调查制度、信息公开制度、听证会制度、公民投票制度等的制度化和程序化；四是充分利用广播、电视、报刊、网络等大众传媒的开放性和社会性，使其成为不同利益群体表达要求和呼声的有效渠道。

（2）利益补偿机制。

由于公共政策的适用范围具有一定的局限性，在现实社会生活中几乎没有任何政策可以实现利益兼顾的绝对公平和公正。在政策制定过程中，总是会出现相对的利益倾斜，无法实现理想状态中的均衡配置。由此导致的问题就是，在一部分社会群体获得较多利益的同时，另一部分社会群体的利益则可能受损。改革或制度创新总会有代价，这些代价总会有一部分人承担。如果利益受损者无法获得应有的代价补偿，就会造成社会的不公平，也容易激

[①] 徐增辉．和谐社会与公共政策利益协调机制研究 [J]．改革与战略，2008（3）：142－144.
[②] 徐增辉．和谐社会与公共政策利益协调机制研究 [J]．改革与战略，2008（3）：142－144.

发社会的不稳定因素，形成社会矛盾。解决这个问题的基本准则就是向利益受损的一方提供有效的补偿，尽量减少其损失，以有效缓解社会矛盾。在城乡教育关系制度这个问题上，建立利益补偿机制的出发点，就是应该尽量减少由于城乡地域差异、户籍差异以及阶层差异所造成的教育机会和教育结果的不平等。作为政策制定和执行的主体，政府则需要建立相应的利益补偿机制，保证农村地区，城市地区的农民工子女以及其他弱势群体的子女都能享受到基本平等的教育机会。

（3）利益导向机制。

在利益诉求问题上，每个人都有利益最大化的倾向，然而利益都是有限度和边界的。这就要求利益主体在追求和实现自身利益的过程中，遵守一定的制度和规范约束，保证自身的行为不会伤害到他人的利益。制度具有利益导向功能，必须对民众的利益要求加以正确的引导。也就是说，制度必须通过其产品提供，告诉人们什么样的利益要求是合理的，什么样的利益要求是可以满足的；同时，还要使人们认识到只有合理的、正当的利益要求才能变为现实。制度在协调社会利益关系时，必然要抑制社会成员不合理、无法实现的利益要求，满足大部分社会成员合理的、可以实现的利益要求。使不同社会群体利益之间相互补偿、相互促进、合理流动、协调发展。国家所设计的制度就是通过利益调控来调整社会的利益结构，抑制、转化不合理、无法实现的利益要求，鼓励和保护合理的、可以实现的利益要求，促进社会利益结构的合理化。① 当前，在城乡教育关系制度领域，还存在着教育腐败、教育经费截留、教育营利、乱收费等一系列通过教育来谋取不正当利益的行为。健全利益导向机制，就要引导各教育利益主体，包括政府、社会力量、学校、家庭、个人等认识到教育的公益性质，自觉规范自身行为。

（4）健全利益监督约束机制。

绝对的权力必然导致绝对的腐败。利益分配需要以公共制度和公共权力为支撑。而公共权力的合理行使则需要一定的监督机制。如果没有监督机制的约束和规范，公共权力则很容易产生异化，导致社会利益分配的不公平、不公正。对于现阶段我国城乡教育关系制度的变迁来说，它主要是以政府为

① 黄子建，申永丰. 和谐社会视角下公共决策利益协调机制的优化 [J]. 求索，2006（6）：166—168.

主导的强制性制度变迁带动的。因此，各教育主体的利益诉求能否表达和实现，在相当程度上取决于政府的制度安排。在政府具有有限理性和自利性的前提下，就需要各教育主体积极参与到公共决策中来，并对政府的公共决策进行监督。公共决策监督是指公共权力主体和社会权力主体以法律法规为依据，对决策系统运行过程所进行的监视和督促行为，一般包括三个步骤：一是建立规章制度，确立监督的依据和标准，明确监督主体的职责范围；二是监督决策系统的运行，了解决策系统的运行情况；三是向决策主体反馈信息，督促其采取必要行动，控制决策运行，防止决策主体为牟取私利的不作为和过度作为。① 在法制社会，公共决策监督机制需要按照法定的程序运行，避免由于过度自由主义和无政府主义所造成的社会混乱。建立并完善权力监督机制的途径概括起来主要有三种：一是要加强行政法律体系建设，按照依法行政的要求把政府的行为约束在法律的范围内，避免公共权力异化；二是加强政治系统内部的人大、政协、纪检、审计、司法等部门对政府行政的监督和制衡作用，规范政府的权力行使过程；三是发挥舆论监督、民主监督的作用，充分发挥社会公众、民间组织、新闻舆论部门的监督职能。

3. 城乡教育一体化制度建设纵向关系的处理——激励相容约束

科学合理的决策作出以后，接下来的问题就是如何使决策有效落实。在现实的政策实践中，最大的问题往往并不是决策问题，而恰恰是决策的执行问题。"有法可依，有法必依，执法必严，违法必究"，在这四个环节中，法律的制定问题固然重要，但是能否严格执行法律更为根本。制度建设同样如此。我们常常有这样的感觉，那就是上级政府制定的政策是好的，但是一经各级政府的实施便走了样，"上有政策，下有对策"便是这个问题的真实写照。这个问题的出现固然有其客观原因，但实施机制不健全则是更为根本的原因。机制设计理论则为我们解决这一问题提供了很好的借鉴作用。

机制设计理论告诉我们，如果一个机制满足参与约束②，就是可行机制；如果满足激励相容约束，就是可实施机制；如果一个机制既满足参与约

---

① 黄子建，申永丰. 和谐社会视角下公共决策利益协调机制的优化 [J]. 求索，2006（6）：166-168.

② 代理人参加工作的收益不小于不参加工作的收益，即参与约束。对独立董事而言，参与约束是指努力工作获得的期望效用至少要和其他地方工作获得的效用一样大，这个要求保证了独立董事愿意留在这家公司工作。

束，又满足激励相容约束，则这个机制就是一个可行的可实施机制。^① 对于政府而言，在上级政府设计机制时，是不需要考虑下级政府的参与约束的。因为，在现实中，执行上级政府决策具有制度刚性，下级政府很少出现为了逃避上级的行政任务而辞职的情况，即使出现这种状况，也马上会有其他人补充上去。在中国这样一个官本位的国家，行政官员是一个很有吸引力的职业。所以说，上级政府设计机制时，并不需要太考虑下级政府的参与约束。下级政府不能很好地执行上级政府的决策，问题就在于激励相容约束机制出现了问题。因此，设立一套激励规则，使下级政府在追求自身合法利益的前提下同时也能达到上级政府所设定的整体目标。

以城乡教育一体化建设最为重要的经费投入来说，财权与事权不对称，激励、约束机制不兼容问题一直是我国农村义务教育供给制度中的两大难题。与财权和事权不对称问题相比，激励、约束机制不兼容问题是一个更难解决的问题。因为对于财权与事权不对称问题来说，即使在不改变现有的财权与事权结构的前提下，掌握较多财权的上级政府也可以通过转移支付来缓解这一矛盾。事实上，2005年开始的农村义务教育经费保障新机制就是在这一原则的指导下进行的，并取得了一定的成效，财权与事权不对称的矛盾也确实得到了一定程度的缓解。要彻底解决这一矛盾，在不改变现有的财权与事权结构的前提下，关键是要看上级政府转移支付的力度到底有多大。

对于更为棘手的激励、约束机制不兼容问题，其难度在于，对于地方基层政府来说，发展农村义务教育与发展当地经济之间是有直接冲突的，在我国大力强调"以经济建设为中心"、"发展是硬道理"并以此作为政绩考核主要内容的今天，这种冲突可能更为明显。虽然从理论上说，教育与经济发展之间具有正相关关系，但这需要在较长的一段时间内才能体现出来，而当地政府官员的任期是有限的。况且，经济增长则易于观测绩效，在短期内有可能形成客观的政绩，而农村义务教育在短时间内难于观测绩效，在实际中考核目标也比较模糊，这就使得地方政府倾向于降低对义务教育投入的努力程度。因此作为一个理性的个体，在缺少有效的评价机制和激励机制的条件下，在经济增长和义务教育之间，地方政府的理性选择是倾向于不努力投入

---

① 李阎魁. 机制设计理论对城市规划的启示：兼议《城乡规划法》[J]. 规划师，2009（7）：73—81.

义务教育。所以在实际工作中，虽然上级财政给予了转移支付，但县级政府并没有相应地增加义务教育的经费投入，而是产生挤出效应。县级政府对义务教育投入的努力程度是低水平的，即使具备较充分的财政资源，也只满足于达到"及格"水平，不愿意响应上级财政转移支付的号召而增加对义务教育的投入，而是把财政资源更多地用于发展地方经济和增加本地财政收入上去。①

那么如何才能防止农村义务教育的供给责任被过度地边缘化呢？依据委托代理的激励理论模型，② 在缺少有效的监督问责机制和激励机制的条件下，地方政府及其教育行政部门未必会按照中央制定的政策去执行，何况目前的政策还不是特别健全。每个理性的个体包括政府部门，在缺少有效的监督问责机制和激励机制的条件下，很有可能会按自利的规则行为行动而损害公共利益。事实上，个人利益与社会利益不一致的情况是一种常态，因此，一套完善的制度设计需要有良好的激励和问责机制。激励机制从内部激发行动者从事某项活动的积极性，使他们愿意这样做；而监督问责机制则主要从外部给政策执行者以压力，使他们不得不这样做。如果某一项制度设计缺乏激励与问责机制，那么政策在执行过程中就很可能无法有效实施。③ 显然，具有理性经济人特征的地方官员一般不会有太多供给这一服务的主观意愿和内在激励，那只有从外在的压力与激励中寻求解决之道。以下两个实例也许会为防止农村义务教育被边缘化提供一点启示。一个实例就是 2000 年以前许多地方政府不惜举债来实现普九目标；另一个实例就是税费改革时期有些地方政府不惜挤占其他方面的开支来保障教育经费。为什么呢？因为在这两个时期农村义务教育的治理具有了政绩的内涵和政治符号的意义，其成败直

① 张强，等. 农村义务教育税费改革下的政策执行 [M]. 北京：中国社会科学出版社，2004：212—213.

② 委托代理模型分析的核心是解决代理人的道德风险和逆向选择问题，这一问题产生的根源是由于委托人和代理人的信息不对称。激励机制的设计原理是，委托人通过一种制度设计来奖励代理人提供更多的信息，以缩小委托人和代理人之间的信息不对称。制度设计必须满足两个约束，即参与约束与激励相容约束。参与约束是指代理人执行此契约的效用大于不执行的效用，而激励相容约束是指代理人执行此契约的收益不但大于其采取其他行动的收益，而且委托人的收益也可以得到有效保证，符合其收益最大化的预期目标。只有满足这两个条件的激励制度才会被有效的实施。

③ 邬志辉，王存. 农村被撤并学校资产处置的政策选择 [J]. 教育发展研究，2009（21）：6—10.

接影响着任期内地方官员的政绩，在这种巨大的政治压力下，发展农村义务教育在短期内就成了地方政府的优先选择项目。这两个实例的确具有启示意义，但是这种激励与约束机制毕竟不具有长期性。对于特定时期，在上级政府的高压下，农村义务教育的供给的确可以成为地方政府工作的"重中之重"，但是短期目标一旦完成，上级政府的注意力有所转移的话，就有可能回到原来的状态，农村教育就又处于不被重视的地位。因此，问题的关键是如何根据这两个实例所体现出来的激励与约束机制的原理来建立长效机制，这才是解决问题的根本之道。

用历史的眼光看城乡教育关系制度的变迁

　　何谓历史的眼光，从哲学层面上来讲，就是唯物辩证的眼光。辩证唯物主义要求人们从普遍联系和永恒发展中认识和把握事物。历史由无数事件和人物组成，对于这些事件和人物不能用孤立、静止、片面的眼光来看待，而必须将其放到历史发展的长河中去考察，放到具体的历史背景、历史条件中去分析，这样才能看得更全面、更准确、更深入。① 2003 年 11 月 24 日，中共中央政治局进行第九次集体学习。胡锦涛在学习时指出：浩瀚而宝贵的历史知识既是人类总结昨天的记录，又是人类把握今天、创造明天的向导。昨天发生的已经成为历史，而人们今天所做的和明天将要做的也将随着时间的流逝而成为历史。因此，所谓历史、现实和未来，昨天、今天和明天，既是紧密相连的，也是相对而言的。由此来看，所谓历史的眼光，就不仅意味着"向后看"，还意味着"向前看"，即把今天的实践看做正在形成的历史，高度重视并努力把握其对未来的影响和作用。② 对于城乡教育关系来说，它同样有着自身发展的昨天、今天和明天。因此，我们在这里回顾城乡教育关系的制度变迁史，就不仅仅具有怀旧的意味，更主要的是通过回顾历史，总结历史规律，并以此来改造当下，创造未来。如果不把城乡教育关系放在一个较长的历史时段来考察，我们就很难认清自己所处的历史位置，也不能给自身一个很好的定位。当前，我国所进行的城乡教育一体化建设，从城乡教育关系制度变迁史的角度看，它只是这条历史长河中的一个截点而已。从这个意义上讲，城乡教育一体化建设就具有了历史的局限性和相对性，它只是一

---

① 苏世隆. 何谓历史眼光 [N]. 人民日报，2009-6-1 (007).
② 苏世隆. 何谓历史眼光 [N]. 人民日报，2009-6-1 (007).

个阶段性的发展目标。在彻底消除城乡差别（不只是差别问题，现在还是实实在在的差距问题）之前，城乡之间的教育差别（差距）也会一直存在。"公平、质量、效率"也许只是一个终极意义上的价值追求，我们可能只能不断地接近它们，却总也不能完全实现它们。或者正是这个原因，人类的发展才有了无穷的动力，我们才需要朝着这个目标不断前进。

结语　用历史的眼光看城乡教育关系制度的变迁

参 考 文 献

【著作类】

[1] [德] 马克思，恩格斯. 马克思恩格斯选集：第1卷 [M]. 中共中央马克思恩格斯列宁斯大林著作编译局. 北京：人民出版社，1972.

[2] [德] 马克思，恩格斯. 马克思恩格斯全集：第1卷 [M]. 中共中央马克思恩格斯列宁斯大林著作编译局. 北京：人民出版社，1956.

[3] [德] 马克思，恩格斯. 马克思恩格斯选集：第4卷 [M]. 中共中央马克思恩格斯列宁斯大林著作编译局. 北京：人民出版社，1958.

[4] [德] 马克思，恩格斯. 马克思恩格斯全集：第3卷 [M]. 中共中央马克思恩格斯列宁斯大林著作编译局. 北京：人民出版社，1960.

[5] [美] 舒尔茨. 制度与人的经济价值的不断提高 [A]. [美] 科斯，阿尔钦，诺斯. 财产权利与制度变迁：产权学派与新制度学派译文集 [C]. 刘守英，等译. 上海：上海三联书店，上海人民出版社，1994.

[6] [美] 拉坦. 诱致性制度变迁理论 [A]. [美] 科斯. 财产权利与制度变迁：产权学派与新制度学派译文集 [C]. 刘守英，等译. 上海：上海三联书店，上海人民出版社，1994.

[7] [美] 道格纳斯 C 诺思. 经济史中的结构与变迁 [M]. 陈郁，罗华平译. 上海：上海三联书店，上海人民出版社，1994.

[8] [日] 青木昌彦. 比较制度分析 [M]. 周黎安译. 上海：上海远东出版社，2001.

[9] [日] 青木昌彦. 什么是制度？我们如何理解制度 [A]. 孙宽平. 转轨、规制与制度选择 [C]. 北京：社会科学文献出版社，2004.

[10] 黄少安. 产权经济学导论 [M]. 济南：山东人民出版社，1995.

[11] 卢现祥. 西方新制度经济学 [M]. 北京：中国发展出版社，2003.

[12] K J 巴顿. 城市经济学：理论和政策 [M]. 中译本. 北京：商务印书馆，1984.

[13] 黄坤明. 城乡一体化路径演进研究 [M]. 北京：科学出版社，2009.

[14] 中国社会科学院语言研究所词典编辑室编. 现代汉语词典：第 5 版 [Z]. 北京：商务印书馆，2005.

[15] 傅筑夫. 中国经济史论从 [M]. 北京：三联书店，1979.

[16] 柯武刚，史漫飞. 制度经济学：社会秩序与公共政策 [M]. 北京：商务印书馆，2001.

[17] 托马斯 A 凯尔布尔. 政治学和社会学中的"新制度学派"[A]. 苏国勋，刘小枫. 社会理论的知识学建构：第 3 卷 [C]. 上海：三联书店，华东师范大学出版社，2005.

[18] [英] 汤因比，索麦维尔. 历史研究：上 [M]. 曹未风，等译. 上海：上海人民出版社，1986.

[19] [美] 罗尔斯. 正义论 [M]. 何怀宏，等译. 北京：中国社会科学出版社，1988.

[20] 苏宏章. 利益论 [M]. 沈阳：辽宁大学出版社，1991.

[21] [德] 马克思，恩格斯. 马克思恩格斯全集：第 42 卷 [M]. 中共中央马克思恩格斯列宁斯大林著作编译局. 北京：人民出版社，1979.

[22] 辞海编辑委员会. 辞海（1979 年版缩印本）[Z]. 上海：上海辞书出版社，1980.

[23] 张循理. 利益论九讲 [M]. 北京：中国青年出版社，1987.

[24] [德] 汉斯 J 沃尔夫，奥托·巴霍夫，罗尔夫·施托贝尔. 行政法：第 1 卷 [M]. 高家伟译. 北京：商务印书馆，2002.

[25] 陈新民. 德国公法学基础理论：上 [M]. 济南：山东人民出版社，2001.

[26] 马德普. 社会主义基本价值论 [M]. 北京：中央编译出版社，1997.

[27] 邓小平. 邓小平文选：第 2 卷 [M]. 北京：人民出版社，1994.

[28] 卢现祥，朱巧玲. 新制度经济学 [M]. 北京：北京大学出版社，2007.

[29] 赵汀阳. 天下体系：世界制度哲学导论 [M]. 南京：江苏教育出版

社，2005.

[30] [德] 马克思，恩格斯. 马克思恩格斯选集：第 2 卷 [M]. 中共中央马克思恩格斯列宁斯大林著作编译局. 北京：人民出版社，1972.

[31] [德] 马克思. 资本论：第 1 卷 [M]. 北京：人民出版社，1975.

[32] [德] 马克思，恩格斯. 马克思恩格斯全集：第 19 卷 [M]. 中共中央马克思恩格斯列宁斯大林著作编译局. 北京：人民出版社，1963.

[33] [德] 马克思，恩格斯. 马克思恩格斯全集：第 2 卷 [M]. 中共中央马克思恩格斯列宁斯大林著作编译局. 北京：人民出版社，1957.

[34] [美] 科斯，阿尔钦，诺斯. 财产权利与制度变迁：产权学派与新制度学派译文集 [C]. 刘守英，等译. 上海：上海三联书店，上海人民出版社，1994.

[35] [美] 戴维·菲尼. 制度安排的需求与供给 [A]. [美] 奥斯特罗姆等. 制度分析与发展的反思：问题与抉择 [C]. 王诚，等译. 北京：商务印书馆，1992.

[36] [美] 道格拉斯 C 诺思. 制度、制度变迁与经济绩效 [M]. 杭行译. 上海：格致出版社，上海三联书店，上海人民出版社，2008.

[37] 顾炎晴，王洪蹼. 市政管理 [M]. 天津：天津人民出版社，1996.

[38] 费孝通. 乡土中国，生育制度 [M]. 北京：北京大学出版社，1998.

[39] 梁漱溟. 中国文化要义 [M]. 上海：学林出版社，1987.

[40] [英] 安东尼·吉登斯. 民族、国家与暴力 [M]. 胡宗泽，赵刀涛译. 北京：生活·读书·新知三联书店，1998.

[41] 赵秀玲. 中国乡里制度 [M]. 北京：社会科学文献出版社，1998.

[42] 张静. 基层政权：乡村制度诸问题 [M]. 杭州：浙江人民出版社，2000.

[43] 柳海民. 教育原理 [M]. 长春：东北师范大学出版社，2000.

[44] 王先明. 近代绅士：一个封建阶层的历史命运 [M]. 天津：天津人民出版社，1997.

[45] [德] 马克思，恩格斯. 马克思恩格斯选集：第 1 卷 [C]. 中共中央马克思恩格斯列宁斯大林著作编译局编. 北京：人民出版社，1995.

[46] [苏] 列宁. 俄国社会民主党的土地纲领 [A]. 列宁全集：第 6 卷 [C]. 中共中央马克思恩格斯列宁斯大林著作编译局编. 北京：人民

中国城乡教育关系制度的变迁研究

出版社，1986.

[47] 施治生，徐建新. 古代国家的等级制度 ［M］. 北京：社会科学出版社，2003.

[48] 孙培青. 中国教育史 ［M］. 上海：华东师范大学出版社，2000.

[49] 吴霓. 中国古代私学发展诸问题研究 ［M］. 北京：中国社会科学出版社，1996.

[50] 俞启定，施克灿. 中国教育制度通史：第 1 卷 ［M］. 济南：山东教育出版社，2000.

[51] 乔卫平. 中国教育制度通史：第 3 卷 ［M］. 济南：山东教育出版社，2000.

[52] 吴宣德. 中国教育制度通史：第 4 卷 ［M］. 济南：山东教育出版社，2000.

[53] 马镛. 中国教育制度通史：第 5 卷 ［M］. 济南：山东教育出版社，2000.

[54] 毛礼锐，沈灌群. 中国教育通史 ［M］. 济南：山东教育出版社，1986.

[55] 林新樵. 孟子选（注译）［M］. 福州：海峡文艺出版社，1990.

[56] 朱熹. 朱文公文集 ［M］. 四部丛刊初编本. 第 176 册，卷 15《经筵讲义》.

[57] 朱熹. 四书章句集注. 朱杰人，严佐之，刘永翔主编. 朱子全书 ［M］. 上海，合肥：上海古籍出版社，安徽教育出版社，2002.

[58] 王定保. 《唐摭言》卷一《述进士上篇》. 上海：上海古典文学出版社，1957.

[59] ［美］彼德 M 布劳. 社会生活中的交换与权力 ［M］. 李国武译. 北京：华夏出版社，1988.

[60] 王炳照. 中国古代私学与近代私立学校研究 ［M］. 济南：山东教育出版社，1997.

[61] ［美］格尔哈斯·伦斯基. 权力与特权：社会分层的理论 ［M］. 关信平，陈宗显，谢晋宇译. 杭州：浙江人民出版社，1988.

[62] ［美］吉尔伯特·罗兹曼. 中国的现代化 ［M］. 国家社会科学基金"比较现代化"课题组译. 南京：江苏人民出版社，1988.

[63] [美] 珀金斯. 中国农业的发展：1368－1968 年 [M]. 宋海文译. 上海：上海译文出版社，1984.

[64] 奉新县志编委会. 奉新古代书院 [Z]. 1985.

[65] 张仲礼. 中国绅士—关于其在十九世纪中国社会中作用的研究 [M]. 上海：上海社会科学院出版社，1991.

[66] [苏] 列宁. 列宁全集：第 3 卷 [M]. 中共中央马克思恩格斯列宁斯大林著作编译局. 北京：人民出版社，1959.

[67] 毛泽东. 毛泽东选集：合订一卷本 [M]. 中共中央毛泽东选集出版委员会. 北京：人民出版社，1964.

[68] 朱有瓛. 中国近代学制史料：第 1 辑下册 [M]. 上海：华东师范大学出版社，1986.

[69] 陈学恂. 中国近代教育文选 [C]. 北京：人民教育出版社，1983.

[70] 田正平，肖朗. 世纪之理想：中国近代义务教育研究 [M]. 杭州：浙江教育出版社，2000.

[71] 马戎 等. 中国农村教育问题研究 [M]. 福州：福建教育出版社，2000.

[72] 朱有瓛 等. 中国近代教育史资料汇编：教育行政机构及教育团体 [M]. 上海：上海教育出版社，1993.

[73] 宋恩荣，章咸. 中华民国教育法规选编 [Z]. 南京：江苏教育出版社，1990.

[74] 教育部公布全国教育行政会议记略 [Z]. 中国第二历史档案馆. 中华民国史档案资料汇编：第三辑·教育 [Z]. 南京：江苏古籍出版社，1991.

[75] 中国第二历史档案馆. 中华民国史档案资料汇编：第五辑第一编·教育 [C]. 南京：江苏古籍出版社，1994.

[76] 舒新城. 中国近代教育史资料：上册 [M]. 北京：人民教育出版社，1961.

[77] 顾树森. 中国历代教育制度 [M]. 南京：江苏教育出版社，1981.

[78] 教育年鉴编纂委员会. 第二次中国教育年鉴：第一编·总述·第一章 [M]. 上海：商务印书馆，1948.

[79] 周志初. 晚清财政经济研究 [M]. 济南：齐鲁书社，2002.

[80] 李龙潜. 明清经济史 [M]. 广州：广东高等教育出版社，1988.

[81] 刘秉麟. 近代中国外债史稿 [M]. 北京：三联书店，1962.

[82] 中国近代经济史资料丛刊编辑委员会. 中国海关与义和团运动 [M]. 北京：中华书局，1983.

[83] 周棠. 中国财政论纲 [M]. 上海：政治经济学社民国图书集成公司，1912.

[84] 王树槐. 庚子赔款 [M]. 台北：中央研究院近代史研究所，1974.

[85] 刘克详. 清代全史：第 10 卷 [M]. 沈阳：辽宁人民出版社，1993.

[86] 董长芝，马东玉. 民国财政经济史 [M]. 大连：辽宁师范大学出版社，1997.

[87] [清] 刘锦藻. 清朝续文献通考：卷 97·学校 4. 上海：商务印书馆，1936：8572.

[88] 吴晗，费孝通，等. 皇权与绅权 [M]. 天津：天津人民出版社，1988.

[89] [美] 杜赞奇. 文化、权力与国家：1900—1942 年的华北农村 [M]. 王福明译. 南京：江苏人民出版社，1994.

[90] 陈学恂. 中国近代教育大事记 [M]. 上海：上海教育出版社，1981.

[91] 故宫博物院明清档案. 清末筹备立宪档案部史料：下册 [Z]. 北京：中华书局，1979.

[92] 沈云龙. 近代中国史料丛刊：第 3 编第 10 辑第 94 册 [M]. 台北：文海出版有限公司，1986.

[93] 黄炎培. 八十年来：黄炎培自述 [M]. 上海：文汇出版社，2000.

[94] 奏定学堂章程·初等小学堂章程 [Z]. 湖北学务处本.

[95] 江西巡抚冯汝骙奏宜春县乡民抗捐仇绅聚众攻城折 [A]. 中国历史第一档案馆，北京师范大学历史系. 辛亥革命前十年间民变档案史料：上册 [Z]. 北京：中华书局，1985.

[96] 张晴仪. 另一种童年的告别：消逝的人文世界最后回眸 [M]. 北京：商务印书馆，2001.

[97] 毛泽东. 湖南农民运动考察报告 [M]. 北京：人民出版社，1975.

[98] 许仕廉. 中国人口问题 [M]. 北京：商务印书馆，1930.

[99] 卜凯. 中国土地利用 [M]. 金陵大学，1937.

[100] 薛暮桥. 中国农村常识 [M]. 大连：大众书店，1947.

[101] 郭德宏. 中国近现代农民土地问题研究 [M]. 青岛：青岛出版社，1993.

[102] 章有义. 中国近代农业史：第2辑 [M]. 北京：三联书店，1957.

[103] 李桂林. 中国近代教育史料汇编·普通教育 [M]. 上海：上海教育出版社，1995.

[104] 陈果夫. 陈果夫先生全集：第5册 [M]. 台北：陈果夫先生遗著编印委员会，1991.

[105] 王卓然. 中国教育一瞥录 [M]. 上海：商务印书馆，1923.

[106] 民国政府教育部. 各省市实施义务教育办法选辑（初辑）[Z]. 南京：民国政府教育部，1937.

[107] 俞子夷. 一笔教育上的旧账 [A]. 董远骞. 俞子夷教育论著选 [C]. 北京：人民教育出版社，1991.

[108] 乔启明. 中国农村社会经济学 [M]. 上海：商务印书馆，1946.

[109] 旬阳县地方志编纂委员会. 旬阳县志 [M]. 北京：中国和平出版社，1996.

[110] 王春元，周祜光. 原武县教育视察报告（二十三年六月）[Z]. 二十三年上期河南地方教育视察报告 [Z]. 河南教育厅编辑处印行，1934.

[111] 舒新城. 小学教育问题杂谈 [A]. 吕达，刘立德. 舒新城教育论著选 [C]. 北京：人民教育出版社，2004.

[112] 陶行知. 中国乡村教育之根本改造 [A]. 董宝良. 陶行知教育论著选 [M]. 北京：人民教育出版社，1991.

[113] 薄一波. 若干重大决策与事件的回顾：上卷. 北京：中共中央党校出版社，1991.

[114] 刘应杰. 中国城乡关系与中国农民工人 [M]. 北京：中国社会科学出版社，2000.

[115] 《中国教育年鉴》编辑部编. 中国教育年鉴（1949－1981）[Z]. 北京：中国大百科全书出版社，1984.

[116] 中华人民共和国国家统计局. 1954年我国农家收支调查报告 [M]. 北京：统计出版社，1957.

[117] 王英杰，曲恒昌，李家永. 亚洲发展中国家的义务教育 [M]. 北京：人民教育出版社，1997.

[118] 邱兴和. 乡镇财政管理 [M]. 上海：上海财经大学出版社出版，1996.

[119] 高英，崔国忠. 乡财政管理 [M]. 大连：东北财经大学出版社，1998.

[120] 林万龙. 中国农村社区公共产品供给制度变迁研究 [M]. 北京：中国财政经济出版社，2002.

[121] 中央教育科学研究所. 中华人民共和国教育大事记（1949－1982）[M]. 北京：教育科学出版社，1984.

[122] 何东昌. 中华人民共和国重要教育文献 1949－1997 [M]. 海口：海南出版社，1998.

[123] 国家高级教育行政学院. 新中国教育行政管理五十年 [M]. 北京：人民教育出版社，1999.

[124] 苏渭昌，雷克啸，章炳良. 中国教育制度通史：第8卷 [M]. 济南：山东教育出版社，1999.

[125] 毛泽东. 毛泽东选集：第5卷 [M]. 北京：人民出版社，1977.

[126] 闵维方等. 探索教育变革：经济学和管理政策的视角 [M]. 北京：教育科学出版社，2005.

[127] 柏福临. 中华人民共和国经济史 [M]. 哈尔滨：黑龙江教育出版社，1989.

[128] 曹锦清，张乐天，陈中亚. 当代浙北乡村的社会文化变迁 [M]. 上海：上海远东出版社，2001.

[129] 张乐天. 告别理想：人民公社制度研究 [M]. 上海：东方出版中心，1998.

[130] 张皓若. 辉煌的历程：中国改革开放二十年 [M]. 北京：中国商业出版社，1998.

[131] 萧成. 市场机制作用与理论的演变：西方市场机制的作用和理论发展的历史研究 [M]. 上海：上海社会科学院出版社，1996.

[132] 韩颂善. 市场机制概论 [M]. 济南：山东大学出版社，1997.

[133] 邓小平. 邓小平文选：第2卷 [M]. 北京：人民出版社，1994.

[134] 国家统计局. 中国统计年鉴 2000 [M]. 北京：中国统计出版社，2000.

[135] 闵维方等. 探索教育变革：经济学和管理政策的视角 [M]. 北京：教育科学出版社，2005.

[136] 孙文学等. 中国财政史 [M]. 大连：东北财经大学出版社，1997.

[137] 袁景州. 教育投资经济分析 [M]. 北京：中国人民大学出版社，1996.

[138] 顾明远. 改革开放 30 年中国教育纪实 [M]. 北京：人民教育出版社，2008.

[139] 蒋洪. 财政学教程 [M]. 上海：上海三联书店，1996.

[140] 国家教育委员会. 中华人民共和国现行教育法规汇编 1949－1989 [M]. 北京：人民教育出版社，1991.

[141] 张强等. 农村义务教育税费改革下的政策执行 [M]. 北京：中国社会科学出版社，2004.

[142] 王善迈. 2000 年中国教育发展报告：教育体制的变革与创新 [M]. 北京：北京师范大学出版社，2000.

[143] 林毅夫. 关于制度变迁的经济学理论：诱致性变迁与强制性变迁 [A]. [美] R·科斯，A·阿尔钦，D·诺思，等. 财产权利与制度变迁：产权学派与新制度学派译文集 [C]. 刘守英，等译. 上海：上海三联书店，上海人民出版社，1994.

[144] 贺培育. 制度学：走向文明与理性的必然审视 [M]. 长沙：湖南人民出版社，2004.

[145] 辛鸣. 制度论：关于制度哲学的理论建构 [M]. 北京：人民出版社，2005.

[146] [美] 保罗·萨缪尔森，威廉·诺德豪斯. 经济学 [M]. 萧琛译. 北京：人民邮电出版社，2004.

[147] [英] 安东尼·B·阿特金森，[美] 约瑟夫·E·斯蒂格里茨. 公共经济学 [M]. 蔡江南，等译. 上海：三联书店上海分店，上海人民出版社，1994.

[148] 王善迈. 教育投入与产出研究 [M]. 石家庄：河北教育出版社，1996.

[149] 褚宏启. 教育发展评论 [M]. 北京：教育科学出版社，2007.

[150] 江泽民. 全面建设小康社会，开创中国特色社会主义事业新局面：在中国共产党第十六次全国代表大会上的报告 [M]. 北京：人民出版社，2002.

【论文类】

[151] 马国贤，马志远. 教育支出占 GDP 的比重：国际比较与政策建议 [J]. 教育发展研究，2009 (3).

[152] 焦建国. 农村教育与二元经济社会结构：城乡教育比较与我国教育当前急需解决的问题 [J]. 学习与探索，2005 (3).

[153] 张金英，陈通. 我国城乡教育资源配置的实证分析 [J]. 中国农机化，2009 (6).

[154] 邬志辉. 正确理解城市义务教育免费政策 [J]. 教育发展研究，2009 (1).

[155] 温家宝. 百年大计　教育为本 [N]. 人民日报，2009-1-5 (002).

[156] 樊继达. 公共经济视角下的城乡义务教育：差距及收敛 [J]. 中央财经大学学报，2009 (9).

[157] 学习月刊编辑. 重视城乡教育的巨大差距 [J]. 学习月刊，2009 (7上半月).

[158] 黄龙威，邹立君. 城乡教育统筹发展：目标、责任与监测 [J]. 教育研究，2009 (2).

[159] 高惠芳. 马克思、恩格斯城乡关系理论与中国城乡关系问题 [D]：[硕士学位论文]. 兰州：兰州大学，2008.

[160] 李泉. 中外城乡关系问题研究综述 [J]. 甘肃社会科学，2005 (4).

[161] 邬志辉，杨卫安. "离农"抑或"为农"：农村教育价值选择的悖论及消解 [J]. 教育发展研究，2008 (3/4).

[162] 袁振国. 缩小教育差距促进教育和谐发展 [J]. 教育研究，2005 (7).

[163] 杨东平. 对我国教育公平问题的认识和思考 [J]. 教育发展研究，2000 (8).

[164] 曾天山，等. 义务教育均衡发展是实现教育公平的基石 [J]. 当代教育论坛，2007 (1).

[165] 张力. 促进城乡义务教育均衡发展，加快普及农村高中阶段教育 [J]. 人民教育，2009 (1).

[166] 陈敬朴. 城乡教育差距的归因分析 [J]. 教育发展研究，2004 (11).

[167] 杨东平. 影响我国教育发展的制度原因 [J]. 科学咨询：教育科研，2003 (3).

[168] 张乐天. 城乡教育差别的制度归因与缩小差别的政策建议 [J]. 南京师范大学学报：社会科学版，2004 (3).

[169] 鲍传友. 中国城乡义务教育差距的政策审视 [J]. 北京师范大学学报：社会科学版，2005 (3).

[170] 张玉林. 分级办学制度下的教育资源分配与城乡教育差距：关于教育机会均等问题的政治经济学探讨 [J]. 中国农村观察，2003 (1).

[171] 汪时珍. 统筹城乡教育发展的制度安排与体制选择：福州市统筹城乡教育发展的思路与对策 [J]. 福建教育学院学报，2005 (10).

[172] 范诚梅. 对建立义务教育城乡教师交流制度的思考 [J]. 教育探索，2006 (7).

[173] 沈立人. 城乡一体化：统筹城乡协调发展的终极目标 [J]. 唯实，2005 (10).

[174] 姜作培. 城乡一体化：统筹城乡发展的目标 [J]. 攀登，2003 (6).

[175] 赵立新. 城乡统筹、城乡和谐与胶东半岛城乡一体化研究 [J]. 华东经济管理，2006 (10).

[176] 陈叶军，王景新. 十七届三中全会最大突破是城乡一体化？意义非凡 [EB/OL]. http：//theory. people. com. cn，2008－10－14.

[177] 王克勤. 论城乡教育一体化 [J]. 普教研究，1995 (1).

[178] 廖德斌. 推进成都市城乡教育一体化过程中加强中学化学教师队伍建设的研究 [D]：[硕士学位论文]. 成都：四川师范大学，2006.

[179] 李敏，万正维. 城乡教育一体化进程中的文化建设初探 [J]. 成都大学学报：教育科学版，2007 (4).

[180] 褚宏启. 城乡教育一体化：体系重构与制度创新：中国教育二元结构及其破解 [J]. 教育研究，2009 (11).

[181] 《淄博市城乡一体化教育发展研究》课题组. 淄博市城乡一体化教育发展研究 [J]. 1998 (4).

[182] 杨伟. 加快城乡教育一体化步伐，办人民满意的教育 [J]. 成都教育学院学报，2005 (1).

[183] 汤翠娥等. 城乡教育一体化的嘉兴实践 [J]. 今日浙江，2008 (19).

[184] 刘铁芳. 乡村教育的问题与出路 [J]. 读书，2001 (12).

[185] 盛连喜. 提高农村教育质量的几点思考 [J]. 教育研究，2008 (3).

[186] 盛连喜. 大教育观视野下的农村教育审视 [N]. 光明日报，2008－9－20 (7).

[187] 丁艳华，万江红. 对中国农村教育"泛城市化"的反思 [J]. 农村经济，2007 (2).

[188] 李政涛. 城市化进程中的乡村教育发展模式研究 [J]. 江西教育科研，2001 (9).

[189] 邬志辉，马青. 中国农村教育现代化的价值取向与道路选择 [J]. 中国地质大学学报：社会科学版，2008 (6).

[190] 张济洲. 和而不同：城乡教育关系的现实定位 [J]. 内蒙古师范大学学报：教育科学版，2008 (8).

[191] 周金玲. 基础教育制度变迁的经济学分析 [J]. 学术月刊，2003 (11).

[192] 周晓红，李宁. 免费义务教育：实现义务教育公平的制度变迁 [J]. 东北师范大学学报：哲学社会科学版，2006 (2).

[193] 郭建如. 基础教育财政体制变革与农村义务教育发展研究：制反舍析的视角 [J]. 社会科学战线，2003 (5).

[194] 史云峰，许艳丽. 农村义务教育财政制度变迁路径依赖及创新 [J]. 教育科学，2004 (4).

[195] 武恒光，王爱华，綦好东. 我国农村义务教育融资制度变迁模式及其影响因素研究 [J]. 经济体制改革，2005 (3).

[196] 葛新斌. 农村教育在国家现代化进程中究竟位居何处：从"分级办学"到"以县为主"的制度变迁分析 [J]. 华南师范大学学报：社会科学版，2005 (3).

[197] 程琪. 我国教育制度变迁的合理机制研究：我国当前农村义务教育制度变迁的实证分析 [D]：[硕士学位论文]. 长春：东北师范大学，2005.

[198] 王忠生. 我国金融监管制度变迁研究 [D]：[博士学位论文]. 长沙：湖南大学，2008.

[199] 潘祥辉. 中国媒介制度变迁的演化机制研究：一种历史制度主义的视角 [D]：[博士学位论文]. 杭州：浙江大学，2008.

[200] 陈希敏. 中国农村合作金融制度变迁研究 [D]：[博士学位论文]. 西安：西北大学，2008.

[201] 孙志河. 教育为农村转型服务：2003 年国际农村教育研讨会综述 [J]. 职教通讯，2003 (5).

[202] 陈敬朴. 农村教育概念的探讨 [J]. 教育理论与实践，1999 (11).

[203] 张乐天. 重新解读农村教育 [J]. 教育发展研究，2003 (11).

[204] 陈俊山. 农村教育是什么：基于时代背景的考察 [J]. 教育学术月刊，2008 (2).

[205] 明庆华，程斯辉. 发展我国农村教育要处理好几个关系 [J]. 中国教育学刊，2004 (10).

[206] 蔡云辉. 城乡关系与近代中国的城市化问题 [J]. 西南师范大学学报：人文社会科学版，2003 (5).

[207] 傅筑夫. 中国经济史论从 [M]. 北京：三联书店，1979.

[208] 马军显. 城乡关系：从二元分割到一体化发展 [D]：[博士学位论文]. 北京：中共中央党校，2008.

[209] 杜成宪. 中国教育史学科体系试构 [J]. 华东师范大学学报：教育科学版，1997 (1)：19—26.

[210] 王志军. 马克思对传统形而上学本体论的双重态度 [J]. 北方论丛，2005 (3).

[211] 本体论 [EB/OL]. http：//baike. baidu. com/view/61457. htm，2010—01—22.

[212] 高兆明. "制度"概念的存在论辨析 [J]. 南京师范大学学报：社会科学版，2007 (4).

[213] 于海. 结构化的行动，行动化的结构：读吉登斯《社会的构成：结构化理论大纲》[J]. 社会，1998 (7).

[214] 卢乃桂. 能动者的思索：香港学校改进协作模式的再造与更新 [J]. 教育发展研究，2007 (12B).

[215] 硕博网. 社会学理论 [EB/OL]. http：//zx. china－b. com/jedx/zixun _ 63880 _ 2. html，2008－4－28.

[216] 价值论 [EB/OL]. http：//baike. baidu. com/view/680338. htm，2009－12－25.

[217] 杨伟敏. 制度本体论研究 [D]：[博士学位论文]. 北京：中共中央党校，2008.

[218] 周思玉. 从社会到国家：当代中国制度变迁的动因与过程分析 [J]. 中共浙江省委党校学报，2001 (1).

[219] 庄江山. 制度的哲学思考 [D]：[博士学位论文]. 上海：复旦大学哲学学院，2007.

[220] 周执前. 国家与社会：清代城市管理机构与法律制度变迁研究 [D]：[博士学位论文]. 成都：四川大学历史文化学院，2007.

[221] 万太勇. 中国城乡关系与城乡合治 [D]：[硕士学位论文]. 成都：四川大学公共管理学院，2006.

[222] 贺雪峰. 中国传统社会的内生村庄秩序 [J]. 文史哲，2006 (4).

[223] 陈柯云. 明清徽州宗族对乡村统治的加强 [EB/OL]. http：//www. studa. net/shehuiqita/060420/11424979－2. html，2006－04－02.

[224] 国风. 中国的乡及乡官的演变：下 [J]. 农村工作通讯，2007 (7).

[225] 黄宗智. 集权的简约治理：中国以准官员和纠纷解决为主的半正式基层行政 [J]. 开放时代，2008 (2).

[226] 栗劲. 封建等级制度和法及其影响 [J]. 吉林大学社会科学学报，1980 (3).

[227] 方行. 中国封建等级制度的一种开创性研究 [J]. 中国社会科学，1994 (2).

[228] 熊明安. 我国古代学校教育制度的形成、发展及其历史作用 [J]. 西南师范学院学报，1985 (3).

[229] 吴霓. 试述中国古代私学类型的历史演变 [J]. 江西教育科研，1995 (6).

[230] 李星云. 中国古代教育财政考略 [J]. 教育与经济，2006 (4).

[231] 吕达. 元、明、清三代的社学考略 [J]. 上海师范大学学报：哲学社会科学版，1986 (3).

参考文献

[232] 柏燕. 我国教育目的的历史演变及其发展规律 [J]. 曲靖师专学报，2000 (4).

[233] 刘守刚. 传统中国帝国制度的财政基础探究 [J]. 浙江学刊，2008 (3).

[234] 胡青. 家族经济、道教与华林书院 [J]. 宜春师专学报，1994 (3).

[235] 王日根. 明清时期社会管理中官民的"自域"与"共域" [J]. 文史哲，2006 (4).

[236] 赵华富. 明清徽州西递明经胡氏的繁盛 [J]. 安徽史学，1994 (4).

[237] 肖宏发. 五代宋元，中国文化的多彩升华与农牧融合 [EB/OL]. http：//jpkc. gxun. edu. cn/zgwhs/songyuan2. htm，2009—10—12.

[238] 谷更有. 宋代乡村户之生活水平析议 [EB/OL]. http：//www. paper999. com/paper _ efnc5l/，2009—10—13.

[239] 陈炜. 近代中国城乡关系的二重性：对立与统一 [J]. 宁夏大学学报：人文社会科学版，2008 (1).

[240] 戴宗芬. 救亡图存：中国近代爱国主义的历史主题 [J]. 中南民族学院学报：人文社会科学版，2000 (4).

[241] 许毅. 重视历史教育，认识基本国情 [EB/OL]. http：//www. czs. ac. cn/html/kexueyanjiu/20090101/294. html，2009—01—01.

[242] 董少辉. 略论中国近代化的特点 [J]. 黑龙江教育学院学报，2007 (10).

[243] 王铭铭. 教育空间的现代性与民间观念：闽台三村初等教育的历史轨迹 [J]. 社会学研究，1999 (6).

[244] 赵全军. 清末民国时期中国农村义务教育供给责任机制研究 [J]. 云南社会科学，2007 (3).

[245] 马戎. 试论我国农村基础教育的经费问题 [J]. 西北民族研究，1998 (2).

[246] 季云飞. 清末"中体西用"思想新议 [J]. 求索，1991 (3).

[247] 傅志明. 试论洋务运动对清末财政的影响 [J]. 贵州社会科学，1988 (4).

[248] 梁义群. 清末新政与财政 [J]. 历史档案，1990 (1).

[249] 马自毅. 辛亥前十年的学堂、学生与学潮 [J]. 史林，2002 (1).

[250] 崔效辉. 论 20 世纪中国地方国家政权的内卷化 [J]. 公共管理高层论坛，2006（1）.

[251] 王奇生. 民国时期乡村权力结构的演变 [EB/OL]. http：//www. studa. net/nongcun/060421/10265123－2. html，2006－04－21.

[252] 汪林茂. 江浙士绅与辛亥革命 [J]. 近代史研究，1993（1）：163－182.

[253] 张小莉. 清末"新政"时期政府对教育捐款的奖励政策 [J]. 历史档案，2003（2）.

[254] 陈敏. 清末士绅在新式教育领域内的活动 [J]. 安庆师范学院学报：社会科学版，2003（6）.

[255] 罗志田. 失去重心的近代中国 [J]，清华汉学研究，1997（11）.

[256] 李涛. "失去重心的传统"：略论清季科举制度废除的社会影响 [J]. 中共浙江省委党校学报，2002（4）.

[257] 俞可平，徐秀丽. 中国农村治理的历史与现状（续）：以定县、邹平和江宁为例的比较分析 [J]. 经济社会体制比较，2004（3）.

[258] 张生. 王宠惠与中国法律近代化：一个知识社会学的分析 [J]. 比较法研究，2009（3）.

[259] 朱汉国等. 民国时期社会阶层的分化与层间流动 [J]. 历史教学问题，2006（3）.

[260] 三明境域民国时期各阶层土地占有情况 [EB/OL]. http：//www. sm. gov. cn/zjsm/smgk/nlsl/200510/t20051019 _ 61272. htm，2005－10－19.

[261] 张学强. 山东省莒南县的拔地斗争：抗日战争时期减租减息运动中的一个特例分析 [J]. 临沂师范学院学报，2004（5）.

[262] 廖鲁言部长的发言 [N]. 人民日报，1955－07－26（6）.

[263] 郝锦花，王先明. 论 20 世纪初叶中国乡间私塾的文化地位 [J]. 浙江大学学报：人文社会科学版，2005（1）.

[264] 田正平. 清末毁学风潮与乡村教育早期现代化的受挫 [J]. 教育研究，2007（5）.

[265] 佚名. 四川省内江县视察报告 [J]. 四川教育，1937，1（6）.

[266] 田正平，陈胜. 清末及民国时期乡村教育的困境及其调适 [J]. 华中师范大学学报：人文社会科学版，2008（5）.

[267] 王树春. 中国二元经济结构的转化特征及其趋势：简论制度变迁的重

要性 [J]. 天津商学院学报, 2002 (1).

[268] 寻广新. 统筹城乡视域中的社会主义新农村建设研究 [D]: [博士学位论文]. 北京: 中共中央党校, 2007. 69.

[269] 王石奇. 高度集中的计划经济体制与社会主义市场经济体制的主要差异 [J]. 前线, 1992 (10).

[270] 国家教育发展研究中心专题项目组. 我国农村地区非正规初等教育案例调查报告 [EB/OL]. http://www. moe. edu. cn/moe—direct/fazhanyjzx/146. htm, 2010—03—15.

[271] 林万龙. 乡村社区公共产品的制度外筹资: 历史、现状及改革 [J]. 中国农村经济, 2002 (7).

[272] 赵全军. 中国农村义务教育供给制度研究 (1978—2005): 行政学的分析 [D]: [博士学位论文]. 上海: 复旦大学, 2006.

[273] 君平. 建国以来教育事业发展的历史篇章 [J]. 教学与研究, 1992 (4).

[274] 闵维方等. 探索教育变革: 经济学和管理政策的视角 [M]. 北京: 教育科学出版社, 2005.

[275] 蓝海涛. 改革开放以来我国城乡二元结构的演变路径 [J]. 经济研究参考, 2005 (17).

[276] 邹农俭. 从以经济建设为中心到以社会建设为中心 [J]. 社会科学, 2007 (7).

[277] 张军, 何寒熙. 中国农村的公共产品供给: 改革后的变迁 [J]. 改革, 1996 (5).

[278] 江文涛. 改革以来我国农村义务教育相关投入政策回顾与评价 [J]. 农业经济问题, 2006 (6).

[279] 王梅雾. 农村义务教育债务问题研究: 以江西 D 县为例 [D]: [硕士学位论文]. 南昌: 江西师范大学, 2006.

[280] 高如峰. 中国农村义务教育财政体制的实证分析 [J]. 教育研究, 2004 (5).

[281] 陈静漪. 中国义务教育经费保障机制研究 [D]: [博士学位论文]. 长春: 东北师范大学教育科学学院, 2009.

[282] 贺沁源. 农村义务教育经费投入体制改革研究综述 [J]. 辽宁教育行

政学院学报，2006（9）.

[283] 王乃斌. 中央与地方政府财权与事权划分中存在的问题及对策分析 [D]：[硕士学位论文]. 重庆：重庆大学贸易与行政学院，2008.

[284] 曹莲娜. 从教育的外部性角度看中国农村义务教育投入机制的转变 [J]. 特区经济，2006（8）.

[285] 邬志辉，王存. 农村被撤并学校资产处置的政策选择 [J]. 教育发展研究，2009（21）.

[286] 赵长茂. 正确认识利益主体多元化 [J]. 瞭望新闻周刊，2001（40）.

[287] 美国 A&M 大学教授田国强博士谈市场经济的四项前提条件 [J]. 领导决策信息，1999（6）.

[288] 许旭. 提高农村市场化程度促进新农村建设 [J]. 湖南广播电视大学学报，2008（1）.

[289] 王盛业，刘力，农卫东. 教育"乱收费"的制度分析 [J]. 改革与战略，2006（2）.

[290] 田克祯. 农村制度变迁中政府主导逻辑的困境与超越 [D]：[博士学位论文]. 长春：吉林大学哲学社会学院，2009.

[291] 陈天祥. 论中国制度变迁的方式 [J]. 中山大学学报：社会科学版，2001（3）.

[292] 郭小聪. 中国地方政府制度创新的理论：作用与地位 [J]. 政治学研究，2000（1）.

[293] 冷雄辉. 政府主导的需求诱致性制度变迁：一个理论假说 [J]. 现代商业，2009（21）.

[294] 陈波，孙承志. 路径依赖、制度变迁与创新：关于军工企业制度演进的一种解释 [J]. 军事经济究，2001（2）.

[295] 高倚云. 明清晋商文化传统、制度绩效与路径依赖 [D]：[博士学位论文]. 沈阳：辽宁大学，2007.

[296] 尧凤仁. 制度变迁中的路径依赖研究 [D]：[硕士学位论文]. 广州：暨南大学，2006.

[297] 郭垒. 公共物品抑或私人物品：关于教育社会定位的一个理论困境及分析 [J]. 国家教育行政学院报，2005（2）.

[298] 劳凯声，刘复兴. 论教育政策的价值基础 [J]. 北京师范大学学报：

人文社会科学版，2000（6）.

[299] 翁文艳. 教育公平的多元分析 [J]. 教育发展研究，2001（3）.

[300] 陶红，杨东平. 我国农村义务教育财政政策公平性研究 [J]. 教育发展研究，2007（3A）.

[301] 李文利，曾满超. 美国基础教育"新"财政 [J]. 教育研究，2002（5）.

[302] 曾满超，丁延庆. 中国义务教育财政面临的挑战与教育转移支付 [J]. 北京大学教育评论，2003（1）.

[303] 鲍传友，冯小敏. 徘徊在公平与效率之间：中国基础教育管理体制变迁及其价值向度 [J]. 教育科学研究，2009（5）.

[304] 褚宏启. 城乡教育一体化：体系重构与制度创新：中国教育二元结构及其破解 [J]. 教育研究，2009（11）.

[305] 何德旭，王朝阳，张捷. 机制设计理论的发展与应用：2007 年诺贝尔经济学奖评介 [N]. 中国经济时报，2007-10-23（004）.

[306] 朱慧. 机制设计理论：2007 年诺贝尔经济学奖得主理论评介 [J]. 浙江社会科学，2007（6）.

[307] 周小川. 机制设计理论 [N]. 中国城乡金融报，2008-1-4（B03）.

[308] 严俊. 机制设计理论：基于社会互动的一种理解 [J]. 经济学家，2008（4）.

[309] 黄子建，申永丰. 和谐社会视角下公共决策利益协调机制的优化 [J]. 求索，2006（6）.

[310] 徐增辉. 和谐社会与公共政策利益协调机制研究 [J]. 改革与战略，2008（3）.

[311] 李阎魁. 机制设计理论对城市规划的启示：兼议《城乡规划法》[J]. 规划师，2009（7）.

[312] 苏世隆. 何谓历史眼光 [N]. 人民日报，2009-6-1（007）.

【外文类】

[313] Howard E. *Garden Cities of Tomorrow* [M]. Cambridge, Mass：MIT Press. 1984.

[314] Lipton Michael. *Why Poor People Stay Poor：Urban Bias in World Development* [M]. Cambridge, MA：Harvard University

中国城乡教育关系制度的变迁研究

Press, 1977.

[315] Krueger A. *Economic Policy Reform in Developing Countries* [M]. Oxford: Basil Blackwell, 1992.

[316] Preston D. *Rural-urban and Inter-settlement Interaction: Theory and Analytical Structure* [J]. Area, 1975 (7).

[317] Unwin Tim. *Urban-rural Interaction in Developing Countries: a Theoretical Perspective* [A]. //Poter Unwin. *The Geography of Urban-rural Interaction in Developing Countries: Essays for Alan B* [C]. Mountjoy, Routledge, London, 1989.

[318] McGee TG. *Urbanisasi or Kotadesasi? Evolving Patterns of Urbanization in Asia* [A]. //COSTA F J, DUTT A K, MA L J C, et al. *Urbanization in Asia: Spatial Dimensions and Policy Issues* [C]. Honolulu: University of Hawaii Press, 1989.

[319] Douglass M. *Rural-urban Linkages and Poverty Alleviation: Toward a Policy Framework* [M]. International Workshop on Rural-Urban Linkages, Curitiba, Brazil, 1998a.

[320] Douglass M. *A Regional Network Strategy for Reciprocal Rural-urban Linkages. An Agenda for Policy Research with Reference to Indonesia* [J]. Third World Planning Review, 1998b, 20 (1).

[321] Tacoli C. *Rural-urban Interactions: A Guide to the Literature.* Environment and Urbanisation, 1998, 10 (1).

[322] Lynch K. *Rural-urban Interaction in the Developing World* [M]. Routledge Perspective on Development, 2005.

[323] Friedmann John. *Four Theses in the Study of China's Urbanization* [J]. International Journal of Urban and Regional Research, 2006, 2 (30).

[324] EFA Global Monitoring Report. *Education for All: s the world on track?* [R]. UNESCO, 2002.

[325] EFA Global Monitoring Report. *Education for all (EFA) in least developed countries* [R]. UNESCO, 2006.

[326] EFA Global Monitoring Report. *Education for All the Quality Im-*

参
考
文
献

perative [R]. UNESCO, 2005.

[327] Robin Alexander. *Education For All, The Quality Imperative and the Problem of Pedagogy* [M]. CREATE, 2008.

[328] Relatore, Corsista. *Education for rural people-main policy issues* [R]. ERP, 2007.

[329] Ivan Muse, Ralph B Smith, Bruce O Barker. *The One-Teacher School in the 1980s* [M]. Las Cruces N M: Fort Collins, Colo: ERIC Clearinghouse on Rural Education and Small Schools, 1987.

[330] Bethann Berliner. *Alternatives to School District Consolidation* [J]. Knowledge Brief, 1990 (2).

[331] Kieran Killeen, John Sipple. *School Consolidation and Transportation Policy: An Empirical and Institutional Analysis* [R]. Educational Resources Information Center, 2000.

[332] Kate V Wofford. *Modern education in the small rural school*. New York: The Macmillan Co. , 1943.

[333] Brian Irby. *The Consolidation Battle of 1966 and the Creation of the Arkansas Rural Education Association* [R]. Educational Resources Information Center, 1998.

[334] Louis Wirth. *Urbanism as a Way of Life* [J]. The American Journal of Sociology, 1938, 44 (1): 1—24.

[335] ChangChung-Li. *The Income of the Chinese Centry*. Seattle, 1962: 197.

后　记

　　本书是在我的博士学位论文《我国城乡教育关系制度的变迁研究》基础上修改而成的。根据论文评阅人和答辩委员会各位专家——孙绵涛教授、张新平教授、杨颖秀教授、王景英教授、李天鹰教授等人的意见，我对论文进行了认真的修改。

　　首先，我要特别感谢我的导师邬志辉教授。还记得 2005 年大四的最后一个学期，我有幸听到了邬老师那节关于后现代主义教育思潮的课，邬老师睿智、犀利而不失幽默的讲课风格让我听得心潮澎湃，如痴如醉，第一次惊诧于思想的感染力原来可以如此强大。之后怀着崇拜的心情拜入邬老师门下，开始了我的研究生生涯。两年的硕士生活，碌碌无为，乏善可陈。但邬老师没有因此嫌弃我的"鄙陋"，经过努力争取名额把我"拽"进了博士生的殿堂，我才得以有机会继续学习，并慢慢对教育科学研究的真谛开始有所领悟。如果说读博士期间有些许成果的话，那都应该归功于邬老师的栽培、指导和帮助。邬老师对我的关怀和帮助不只是学术上的，他经常给予我一些经济上的补助，使我暂时困顿的生活有了很大改善。

　　本书是在邬志辉教授的悉心指导和鼓励下完成的。从本书的选题、拟定框架、写作、修改到最后定稿等，邬老师都付出了很多心血，给予了耐心的指导。我们的每一次讨论，邬老师提出的每一个问题都会使我陷入思想的困顿当中，而当我经过冥思苦想试图解除这种困顿时，总会受益匪浅。但遗憾的是，老师提出的许多问题我并没有给予很好的解决，这也是本书有诸多缺憾的主要原因。但这一责任并不在老师，而在于学生的愚钝与冥顽不化。幸好，经过恩师的争取，我有机会作为同事继续呆在恩师身边，我想，我会用一生的时间来报答老师的恩情。同时，我也要感谢师母张培老师，在我本科和研究生学习期间，她在生活和学习上都给了我很大的帮助。师母心地善良，感情细腻，还记得每年中秋节她都会给我们亲自送上可口的月饼，使远在异乡求学的我们感受到了亲情的温暖。我的本科学位论文就是在张老师的悉心指导下完成的，对此，我一直怀着深深的感激之情。

我还要感谢曲铁华教授，曲老师从本科到研究生期间对我的学习和生活都给予了很大的帮助，她严谨的学术风范和平易近人的品格同样是我学习的榜样。

感谢东北师范大学的柳海民教授、于伟教授、马云鹏教授、杨兆山教授、周晓红教授和院党委副书记韩非老师，感谢在开题当中给予我指导并提出中肯意见的杨颖秀教授、王景英教授、李天鹰教授、孙鹤娟教授，感谢农村教育研究所的李伯玲老师、秦玉友老师、洪俊老师、刘善槐老师等，感谢师门所有的兄弟姐妹，在这个大家庭里，我从不会感到孤单和寂寞。没有他们长期以来对我的教育、关心和帮助，我不会取得今天的成绩。

感谢父母这么多年的养育之恩和对我不求回报的付出。感谢我今生的另一半——袁媛，谢谢你对我的垂爱，谢谢你能与我一起甘受清贫而无怨无悔。感谢我刚满周岁的女儿，乖巧而可爱的宝贝"懂事"地给了我更多学习和工作的时间和空间，并为我增添了在皓首穷经的学术之路上不断前行的动力与勇气！

感谢所有帮助过我的人，我会更加努力工作，勤奋学习，作出更大成绩，以报答所有人对我的关心和帮助。

杨卫安

2012 年 3 月于长春

中国城乡教育关系制度的变迁研究